Die tausend Namen der göttlichen Mutter mit Kommentar

SRI LALITA

DIE TAUSEND NAMEN DER GÖTTLICHEN MUTTER

Śrī Lalitā Sahasranāma

mit Kommentar von
T.V. Narayana Menon

Herausgegeben von
Prof. K.V. Dev

Übersetzung ins Englische von
Dr. M.N. Namboodiri

Übersetzung ins Deutsche von
Klaus-Peter Geiger

Mata Amritanandamayi Center, San Ramon
Kalifornien, Vereinigte Staaten

Die tausend Namen der göttlichen Mutter mit Kommentar

Herausgegeben von:
Mata Amritanandamayi Center
P.O. Box 613
San Ramon, CA 94583
Vereinigte Staaten

——*The Thousend Names of the Divine Mother with Commentary (German)* ——

Erstausgabe vom MA Center: September 2016

In Deutschland: www.amma.de

In der Schweiz: www.amma-schweiz.ch

In India:
inform@amritapuri.org
www.amritapuri.org

Dieses Buch wird
Sri Mata Amritanandamayi,
der Verkörperung der göttlichen Mutter,
Śri Lalitā Devi, in aller Demut gewidmet.

Sā-jayati-śaktirādyā-nijasukhamayanirupamākārā |
Bhāvicarācarabhījam-śivarūpavimarśanirmalādarsaḥ ||

Sie ist die uranfängliche Kraft, alles überschreitend und dem Wesen nach ewige und unbegrenzte Glückseligkeit. Sie ist der Keim aller bewegten und unbewegten Dinge, die entstehen sollen, und Sie ist der reine Spiegel, in dem sich Śiva, das Absolute selbst erfährt.

Kāma Kalā Vilāsa. Vers 2

INHALT

ANMERKUNGEN

Über den Kommentator T. V. Narayana Menon

Narayana Menon wurde 1855 in Mancheri, Kerala, geboren; er war ein großer Verehrer der Göttlichen Mutter. Er betete Sie - symbolisch inkorporiert in einem goldenen Sri Cakra - täglich mit der Rezitation der Lalita Sahasranama an. Aufgrund seiner unermüdlichen Anstrengungen konnte er, bevor er mit 72 Jahren verstarb, einen Malayalam-Kommentar zur Lalita Sahasranama fertigstellen.

Nach dem Tod von Menon ging der Kommentar in die Hände seiner Tochter Meenakshi Amma über, die ebenfalls die Göttliche Mutter verehrte. Sie gab das Manuskript an ihre Tochter Kalyanikutty Amma und ihren Schwiegersohn Dr. K. P. N. Menon weiter. Dr. Menon, Präsident der Shornur-Außenstelle der Mata Amritanandamayi Seva Samiti, legte diesen ausgezeichneten Kommentar des Großvaters seiner Frau 1988 zu den heiligen Füßen Ammas nieder. Auf Ammas Anweisung bearbeitete und aktualisierte Prof. K. V. Dev das Manuskript. Die erste Ausgabe des Malayalam-Kommentars wurde 1994 veröffentlicht.

Verschiedene Kommentare zur Lalita Sahasranama

Der bekannteste und sachkundigste Kommentar zur Lalita Sahasranama ist wohl die Schrift Saubhagya Bhaskara, von Sri Bhaskararaya (Bhasurananda) im 18. Jahrhundert in Sanskrit verfaßt. Bhaskararaya war ein großer Gelehrter und praktizierender Sri Vidya-Anhänger, der viel dafür tat, die (an der Göttinmutter orientierte) Shakta-Doktrin zu propagieren. Man nimmt an, daß sein Kommentar um 1785 verfaßt wurde. Die anderen frühen und prominenten Kommentatoren der Sahasranama sind Vimarsanandanatha, Vidyaranya Muni und Bhattanarayana.

Der vorliegende Kommentar stützt sich vornehmlich auf das Werk von Bhaskararaya. Dazu kommen eigene Auslegungen, zu denen sich der Verfasser aufgrund seiner tiefen Verehrung der Göttlichen Mutter inspiriert fühlte. Soweit es nötig war, wurden hilfreiche Interpretationen aus anderen Kommentaren mitverwendet.

Die englische Übersetzung

Die englische Übersetzung aus der ursprünglichen Malayalam-Version des Kommentars wurde von Dr. M. N. Namboodiri vorgenommen. Er ist als Wissenschaftler in der Nuklearforschung tätig gewesen, zuerst in Indien, dann in den USA, und lebt jetzt in der Nähe von Ammas Ashram in San Ramon, Californien.

Die deutsche Übersetzung

Die deutsche Übersetzung und Redaktion erfolgte durch Klaus-Peter Geiger und geht von der englischen Version aus, nimmt hin und wieder zur Klärung die von der Ramakrishna Mission, Mylapore, Madras, edierte Übersetzung der Sanskrit-Mantren zu Hilfe und gibt sinnvoll getätigte Auslassungen durch eckige Klammern [...] an, fügt auch in eckigen Klammern Hinweise hinzu, die für den deutschen Leser des Kommentars den Text etwas plastischer erscheinen lassen mögen.

VORWORT

Vor vielen Zeitaltern erklärten unsere Rishis: “Es gibt nur eine Wahrheit - und viele Wege führen zu ihr.” Der Grund für Krieg, Streit und Gewalt im Namen der Religion und der Weltanschauung ist die Besessenheit, die meinen läßt: “Mein Weg ist der einzig richtige, deshalb sollten alle diesen Weg gehen.” Diese Einstellung motiviert alle religiösen Bekehrungsversuche und sie führt - zu Konflikt und Haß. Die Stimme Indiens hingegen ist sanft: “Was auch immer der Weg sein mag, er soll zur Wahrheit führen.” Es ist eine Stimme der Toleranz; es ist die Stimme der Freundschaft und Anpassung. Doch wie kann dort Toleranz oder Anpassung herrschen, wo universelle Brüderlichkeit laut verkündet wird, im gleichen Atemzug aber die eigenen engen oder dogmatisch-fundamentalen Ansichten anderen aufgenötigt werden?

Unser Gebet ist:

Sarve bhavantu sukhinaḥ
Sarve santu nirāmayāḥ
Sarve bhadrāni paśyantu
Mā kaschid duhkhabhagbhavet

Laß jeden glücklich sein! - Laß keine Krankheit sein! - Laß uns in allem das Gute sehen! - Laß nicht Kummer des Menschen Los sein!

‘Laß jeden glücklich sein!’ Doch - wo ist das Glück für jemand, der nicht wenigstens zwei Mahlzeiten am Tag, genügend zum Anziehen und ein Dach über dem Kopf hat, unter dem er ohne Angst schlafen kann? Jeder sollte zumindest das Existenzminimum haben. Das rangiert an erster Stelle.

Wir alle sind anfällig für Krankheiten und brauchen deshalb die Hilfe der Medizin. Die Inkarnation Dhanvantaris (des Begründers der Ayurveda) diente eben diesem helfenden Zweck. Was ist denn die wirkliche Bedeutung des Gebetes, ‘laß keine

Krankheit sein'? Es wird immer Krankheit geben, jedoch wünschen wir uns, daß die medizinische Versorgung jedem zugute kommt. Heutzutage jedoch ist selbst eine elementare medizinische Versorgung zu einer Art Luxus geworden. Sie sollte aber jeden erreichen. Nur dann hat jeder die Möglichkeit, 'frei von Krankheit' sein zu können.

Trotzdem - auch wenn all dies gewährleistet ist, gibt es immer noch einen dem Menschen eingeborenen Fehler: die Eifersucht [eigentlich ist die negative Scheel- oder Kritiksucht gemeint, die den "Splitter" sehen läßt, aber nicht den "Balken"]. Sie treibt ihn dazu, in anderen die Fehler zu suchen; sie gefährdet die Gesellschaft. Sie sitzt an der Wurzel aller religiösen Konflikte! Welche Medizin kann diese Sucht heilen?

'Laß uns in allem das Gute sehen!' Gott ist in allem. Deshalb ist der Funke des Guten in allem und jedem, wie und wo er auch versteckt sein mag. Von Kindheit an sollten wir versuchen, diesen Funken zu sehen. Wenn wir überall und in jedem das Gute sehen, enden Konflikt und Haß; selbst unsere niederen Triebe werden dann gereinigt. *'Sarve bhadrani pasyantu!'* Laß uns in allem das Gute sehen!

Sobald wir diese Stufe erreicht haben, wird niemand mehr Opfer des Elends sein. Und nur dann wird das Gebet

> *Lokāḥ samastāḥ sukhino bhavantu.*
> Möge die ganze Welt glücklich sein!

eine gewisse Bedeutung haben.

Diese Vision Indiens ist nicht die einer speziellen Religion. Sie kann als die Vision einer universalen Religion bezeichnet werden, akzeptierbar für jede zivilisierte Gesellschaft, gültig in allen Zeitaltern und von ewigem Charakter. Aus diesem Grund wurde sie, wurde die ihr zugrunde liegende Philosophie *sanatana dharma* genannt, das ewige Gesetz des Lebens.

'Leben und leben lassen' - das ist das Fundament dieser Philosophie. Also ein für Tiere unpraktischer Moralkodex. Das

Tier mag Mitglieder der eigenen Art verschonen, doch es tötet Mitglieder anderer Gattungen. Töten und Getötetwerden findet sich überall in der Tierwelt. Niemand bekümmert das. Doch wenn ein Mensch auf dieses Niveau sinkt, dann ist das äußerst deprimierend und schlimm. Daher verdient der Mörder seine Bestrafung in der menschlichen Gesellschaft.

'Mögen wir hundert Jahre leben!' - Jivema sarad satam. Für unsere Vorfahren hat sich dieses Gebet erfüllt; sie sollen die volle Länge eines Menschenalters gelebt haben. Wie aber sehen unsere heutigen Lebensumstände aus? Wie zahllos sind die Leben, die durch Haß, Eifersucht, Scheelsucht und Intoleranz noch vor Beginn der Jugendblüte zerstört werden! In Voraussicht dieser Umstände verankerten die Weisen Indiens (und Tausende von Jahren später die großen Seelen anderer Nationen) jene Verbindung zwischen Leben und Religion, zwischen Leben und Gott [verankerten also das sanatana dharma].

An dieser Stelle erhebt sich die Frage: Ist es dem Menschen nicht möglich, ohne Religion, ohne Gott zu leben? Doch, es ist möglich. Aber selbst dann muß er bestimmte Werte als Grundlage seines Lebens, als seine Glaubensartikel annehmen. Fehlen sie, so verliert er den Boden unter den Füßen und gleitet in ein übles Leben ab, auch wenn seine Lippen große Ideale verkünden. Glaube ist das Licht des Lebens, das innere Zentrum von allem. Ohne dieses Licht des Glaubens wird der Mensch im Dunklen straucheln und in jede Grube fallen. Sind seine Werte an Gott orientiert, dann wird er wie ein auf Fels gebautes Haus sein. Anderenfalls zerfällt sein Fundament in zugemessener Zeit.

Gott ist das Licht des Bewußtseins, gegenwärtig in jedem und allem, dem Blick aber entzogen. Die Feststellung der Rishis, *"Isavasyamidam sarvam"*, "alles ist von Gott verdeckt", - ist eine wissenschaftliche.

Wir können unser Gesicht nicht beschreiben, indem wir es an einer Stelle berühren. Wo wir es auch berühren, da ist immer nur ein Teil des Gesichts - das Auge, die Stirn, die Wangen, Lippen,

Kinn usf. Trotzdem schließen wir nicht daraus, daß es kein Gesicht gebe. Oder nehmen wir die Erdachse. Wo ist sie? Wer hat sie gesehen? Niemand. Doch wird keiner leugnen, daß es jene Kraft ist, die die Erdrotation lenkt. Amma sagt: "So wie der Baum im Samen enthalten ist, die Butter in der Milch, das Eis im Wasser, genauso erfüllt Gott das ganze Universum. Die Mutter verweist implizit auf einen vorhandenen Vater des Kindes, und genauso verweist die Natur auf Gott. Auch wenn ein Kind dem Vater nicht gehorcht, kann es die Existenz dieses Vaters doch nicht leugnen!"

Der alten Weisheit zufolge wird die Wolke von der Sonne, die Nahrung von der Wolke, der Same des Lebens von der Nahrung und jedes lebende Wesen aus diesem Samen geboren. Jedes menschliche Wesen beginnt mit der Suche nach dem Glück, sowie es geboren ist. Es trägt das Glück in sich wie eine geschlossene Knospe, und es beginnt seine Lebensreise damit, herauszufinden, wie und auf welche Weise diese Knospe zum Blühen gebracht werden kann.

Das Ziel der Reise ist vielleicht ganz nah, doch der Weg dahin ist unbekannt; so mag man lange suchen, ohne es zu erreichen. Man mag sich nach der Richtung erkundigen, aber nur die Wegkundigen können da helfen. Folgt man den Angaben jener, die den Weg nicht kennen, so mag man lange Zeit umherwandern, um schließlich weit vom Ziel entfernt anzukommen.

An diesem Punkt tritt der Satguru auf. Er wird Isvara, Gott, genannt. Isvara oder Isa ist der, der beschützt. Und Iso (Jesus) [auch Issu geschrieben] ist niemand anderer als Isa, der Beschützer. Isa ist tatsächlich Shiva, der Shiva der Glückseligkeit. Menschen, die diese subtile Wahrheit kennen, werden nicht über Gott streiten. Aber unser Blick ist nicht auf das Fein-Subtile gerichtet, sondern immer auf das Grob-Physische - das ist die Ursache aller Probleme! Wir sind wie die blinden Männer, die auf den Elefanten treffen [und ihn entsprechend der von ihnen ertasteten Teile interpretieren, fest meinend, sie hätten das Ganze ertastet]. Oder wie jene, die sich mit der äußeren Faser und der äußeren

Schale der Kokosnuß enorm aufhalten, die Kokosmilch innen aber gänzlich ignorieren.

Indien, *Bharata*, ist nicht das Land der Blindheit. Es ist das Land des Lichts, das Land, das sich am Licht erfreut (bha: Licht, rata: erfreut). Das Licht in diesem Lande ist das Wissen vom Selbst. Das Glück hierzulande besteht in der Glückseligkeit des Selbst. Und sie zu erreichen, das gilt als das höchste Lebensziel. Um dieser Glückseligkeit habhaft zu werden, sucht man nach einem Guru, der sie schon erlangt hat. Bharata ist das Land solcher Gurus und Meister. Milliardäre werden hierzulande vergessen, Gurus aber werden verehrt. Die Geschichte dieses Landes ist nicht die Geschichte von Königen, sondern die von Rishis. Deshalb ist Indien auch bekannt als *arshabumi*, als Land der Rishis.

Wer nun ist ein *rishi*? Kein anderer als der Guru. Der Guru ist Gott. Gäbe es einen Zustand jenseits von Gott, so wäre das auch der Guru. Deshalb heißt es: "Der Guru ist Brahma, der Guru ist Vishnu, der Guru ist Maheshvara. Der Guru ist wahrlich das oberste Brahman. Wir grüßen und verehren diesen heiligen Guru!"

Amma sagt: "Ein Gebildeter mag vielleicht meinen, er sei Gott gleich; doch auch er wird nicht behaupten, er sei dem Guru gleich." Darin besteht die Größe des Guru.

Ein Mantra, jahrtausendelang gesungen, besagt: *"Matru devo bhava."* "Die Mutter ist (nichts anderes als) Gott." Sogar Sri Shankaracharya, der verkündete, "ich habe keinen Gott außer Hari, Lord Vishnu", merkt in der *Saundarya Lahari* an:

"Nur wenn Shiva mit Dir zusammen ist, o Shakti, vermag Er seine kosmischen Aufgaben zu verrichten; ansonsten kann Er sich nicht einmal umherbewegen! Deshalb verehren Dich Brahma, Vishnu, Maheshwara und all die anderen Gottheiten. Wie vermag jemand, der kein Verdienst erworben hat, sich vor Dir zu verbeugen oder Deinen Ruhm zu verkünden?"

Über die Zeitalter hinweg existiert [in Indien] der Glauben, daß schon ein wohlwollender Blick von dieser *Adi Parashakti*, der Urkosmischen Kraft, alle Knoten unsrer Leben löst und Glück und Stärke schenkt. Und das ist ein Glaube, der auf tatsächlicher Erfahrung beruht. Das ist der Grund, weshalb die Lalita Sahasranama zum Ankerpunkt des gläubigen Lebens von Millionen wurde. Wann immer das Boot des Lebens von heraufziehenden Stürmen bedroht wird, bewahrt es dieser Ankerpunkt vor dem Schlimmsten.

Ammas spirituelle Tourneen um den Globus ließen die Sahasranama international bekannt werden. Wo sie auch hinkommt, da spricht das *archana*, die hymnische Rezitation der 1000 Namen, mehr und mehr zu den Herzen der Devotees in Ost und West, unabhängig von Kaste, Schicht oder Glaube.

Die heilige Lalita Sahasranama ist Teil des zweiten Gesangs der Brahmanda Purana. Darin sagt Hayagriha zum Weisen Agastya, daß nur Gläubige mit festem Glauben in diese Verse initiiert werden sollten. Die bedeutungsschweren Mantren, an die Göttin gerichtet, sollten nie Personen schwachen Glaubens preisgegeben werden. "Sie sollten nie an jene, die falsch, von böser Gesinnung oder ungläubig sind, weitergegeben werden." Es ist also niedergelegt, daß "diese Hymne der 1000 Namen nur an einen *upasaka* (gläubiger Verehrer) mit reiner Gesinnung, voller Hingabe zur Göttlichen Mutter und die königliche Sri-Vidya-Verehrung praktizierend, übermittelt wird."

Die Lalita Sahasranama soll täglich rezitiert werden. Sie dauert erwa eine Stunde. Amma sagt häufig: "Wer die Lalita Sahasranama täglich mit Hingabe rezitiert, dem wird es nie an Nahrung oder Kleidung mangeln. Er wird neben materiellem auch mit spirituellem Fortschritt gesegnet sein."

Man glaubt, daß die Präsenz der Göttlichen Mutter immer in einem Haus bemerkt werden kann, in welchem Ihre 1000 Namen täglich rezitiert werden. Die Armut kehrt darin nicht ein, und die Devotees versichern aufgrund eigener Erfahrungen, daß selbst ernste Krankheiten durch die tägliche gläubige Rezitation dieser Namen der Göttinmutter geheilt werden. Es nimmt Wunder, daß der Mensch, trotz seines Glauben an die vom Verstand konzipierten Maschinen, nicht an Mantren glaubt, die doch auch der Verstand erschuf. *Tantrashastras* (die tantrischen Schriften) bezeichnen Chakras und Symbole, wie das Sri Chakra, mit dem Begriff *yantra*. Mantras sind nicht weniger wirksam als Yantras – technische Kreationen. Und die Mantren dieser 1000-Namen-Hymne tragen prompt Früchte – so die Erfahrung der Gläubigen.

Jedes in diese Welt geborene Wesen ist in sich ganz und vollkommen. Der in sich vollkommene Baum bringt einen Samen hervor, der gleicherweise in sich vollkommen ist. Die Kuh, in sich ganz und komplett, gebiert das Kalb, das ebenso ganz und komplett ist. Dies ist generell die Natur der Schöpfung. Es mag davon ein paar Ausnahmen geben, mit jeweils besonderen Gründen.

Immer muß solcher Nachwuchs eine Mutter haben. Auch Brahma, Vishnu und Shiva. Und deren Mutter wird *Lalitambika* genannt. Mit diesem Namen meinen wir die letzte, oberste Wahrheit, das Höchste Brahman – und das ist *Adi Parashakti* selbst.

In diese Sphäre kann der Intellekt nicht eindringen. Die letzte Wahrheit kann aber auf einer persönlichen Erfahrungsebene, aktiviert durch die Praktizierung des Verehrungsrituals, also jenseits der intellektuellen Wahrnehmung erlebt werden. Darin müssen wir den Worten der großen Weisen glauben, denen diese Verwirklichungen widerfuhren. Sind wir nicht auch bereit, den Zeitungsjournalisten zu glauben, die ihre Geschichten für ein Honorar schrieben, obgleich diese Geschichten sowohl wahr wie auch falsch sein können? Trotzdem betrachten wir die wahren Worte der großen Rishis, die der Menschheit nur zum Wohl gereichen, als unglaubwürdig! Die Veden selbst sagen klar, daß "die Worte der Rishis die Worte Gottes sind".

Die Weltenmutter ist Adi Parashakti, die uranfänglich-kosmische Kraft. Niemand, der bei Ihr Zuflucht sucht, bleibt ohne Ihren Schutz. Es mag Kinder geben, die ihre Mutter vergessen, aber es gibt keine Mutter, die ihr Kind vergißt. Kommt das doch einmal vor, dann verliert das Wort "Mutter" dort seine Bedeutung.

Für die Mutter des Universums jedenfalls sind die Guten und die Bösen gleichermaßen Ihre Kinder.

Und die mißratenen Kinder werden auch gut werden. Es mag eine Weile dauern, vielleicht gar einige Leben. Aber wir brauchen nicht daran zu zweifeln, daß die schlecht Geratenen wieder zu ihrer Gutheit kommen werden. Denn es sind die Kinder der Weltenmutter. Sie sind nichts anderes als die Wahrheit.

Amma hat uns darin unterwiesen, wie wir die Göttliche Mutter visualisieren und wie wir Sie durch die Rezitation Ihrer Namen verehren können (im Anhang näher ausgeführt). Wir sollten ihren Worten gläubig und aufmerksam folgen. Die Praxis ist wichtiger als theoretisches Wissen. Wie Amma sagt: "Wenn der Samen für die Aussaat im Vorratsraum bleibt, dient er vielleicht als Mäusenahrung; aber wenn er unter die Erde gelangt, dann wird das Unwesentliche - *asat* - in ihm verrotten und seine Essenz - *sat* - wird sprießen, an der Oberfläche erscheinen und wachsen. Er wird unzählige neue Samen hervorbringen." Darin besteht die Bedeutung einer andauernden Praxis.

Das Kind, das mit Spielsachen spielt, wird nach seiner Mutter schreien, wenn es sich langweilt oder jemand ihm die Spielsachen wegnimmt oder es Hunger verspürt. Das Kind, das auf dem Jahrmarkt verloren geht, wird auch nach seiner Mutter schreien. Die faszinierenden Dinge des Jahrmarkts sind nicht mehr faszinierend, und das einzige, was das Kind möchte, ist, zurückzukommen zu seiner Mutter. Alle Objekte der Lust und des Vergnügens, die wir in dieser Welt erlangen können, sind wie jenes Spielzeug - auch unsere Ehefrauen und -männer, auch unsre Kinder. Der Lustgewinn, den eine individuelle Seele (jiva) daraus ziehen kann, hat seine Grenze. Ist diese Grenze erreicht, dann schreit sie nach ihrer Mutter. Auch wenn die Mutter das Kind bestraft, wird es nur nach ihr jammern. Der Vater kommt erst nach der Mutter. Selbst das Kind, das sich mehr zum Vater hingezogen fühlt, wird seiner müde werden, falls es zu lange von der Mutter weg war. Aber niemand wird der Mutter müde. Das ist eine wundersame Erfahrung: Mitten in weltlichen Angelegenheiten sehnen wir uns insgeheim danach, uns am Rockzipfel der Mutter festzuhalten.

Die Mutter kann vielleicht nicht alle Wünsche ihrer Kinder erfüllen – wie reich sie auch sein mag. Und wie liebevoll sie auch ist, zu einem bestimmten Zeitpunkt wird sie gezwungen sein, die Kinder zu entlassen, damit diese für sich selber sorgen. Aber die Weltenmutter - Parashakti, Amma - hält immer die Hände Ihrer Kinder und führt sie auf den rechten Weg. Für Sie stellt sich die Frage nach dem Alter der Kinder nicht.

Und der rechte Weg ist der Weg zur Befreiung. "Wo das Verlangen nach sinnlichem Vergnügen herrscht, da kann es keine Befreiung geben. Wo die Sehnsucht nach Befreiung herrscht, da gibt es keine Spur des Wunsches nach sinnlichem Vergnügen. Wo aber jemand sich der Verehrung Lalitambikas ergibt, da gehen Wunscherfüllung und Befreiung Hand in Hand." Die Lalita Sahasranama ist also die goldene Kette, die den materiellen und den spirituellen Bereich verbindet.

Prof. K. V. Dev

EINFÜHRUNG

"O Mutter, für die Unwissenden ist der Staub Deiner heiligen Füße wie die Inselstadt der Sonne, die Dunkelheit ihres Verstandes vertreibend; für den Stumpfsinnigen ist er der Nektar eines Blütenstraußes, Blütenstrauß des Reinen Bewußtseins; für den Armen ist er wie eine Juwelensammlung, die all seine Wünsche erfüllt; und für jene, die im Meer des Samsara untertauchten, ist er der Hauer des Ebers, als welcher Gott Vishnu inkarnierte."

Saundarya Lahari, Vers 3

Was ist die größte Gabe, die Gott allen lebenden Wesen, einschließlich der Menschen, schenkte? Ohne zu zögern, können wir antworten: die Mutterliebe! Dermaßen heilig ist das Band zwischen Mutter und Kind. "Was ist in Zeiten der Gefahr zu tun?" Die generelle Antwort [in Indien] ist: "Erinnere dich der Füße der Weltenmutter." Die Große Mutter verkörpert Verzeihung, entschuldigt alle Fehler und spendet Ihren Kindern immer wieder Ihre Liebe. "Es mag mißratene Kinder geben, aber nie eine mißratene Mutter", sagt Sri Shankaracharya. Die traute Nähe und die Freiheit, die der Sohn in Beziehung zu seiner Mutter fühlt, findet er in keiner anderen Beziehung. Das Gefühl der Sicherheit bei Kindern, die von der Mutter beschützt werden, ist einzigartig. Es gibt tatsächlich keine andere Liebe, die so voller Reinheit, Selbstlosigkeit, Wärme und Beständigkeit ist, wie die Liebe der Mutter für ihr Kind. Die Liebe der körperlichen Mutter ist jedoch nur ein kleiner Bruchteil jener Liebe der Mutter des Universums. Während die Mutter, welche uns in das Leben gebiert, uns teilweise beschützt vor den Widrigkeiten und Kämpfen des Lebens, beschützt uns die Weltenmutter in all unseren Wiedergeburten. Sie ernährt alles und jedes im Weltenall mit Ihrer Milch - dem ewigen Nektar der Liebe.

Die Tradition der Verehrung Gottes als Mutter existiert in Indien seit altersher und ist sehr verbreitet. Auch in Ägypten und Griechenland, im römischen Reich und in Japan fand sich die Verehrung der göttlichen Kraft in ihrer weiblichen und mütterlichen Erscheinungsform. Allerdings wird sich, falls wir uns auf Gott als Mutter beziehen, die Frage erheben, ob es denn eine Form, ob es männliche bzw. weibliche Eigenschaften Gottes gibt. Obgleich der Begriff "Gott" tatsächlich eine Idee jenseits von Denken und Sprache impliziert, so ist der Mensch doch immer geneigt, Gott in Form einer Person zu sehen. Der Allerhöchste ist Seinem Wesen nach zwar eigenschafts-, form- und aktionslos; aber auf der Ebene, auf der wir von *Paramatman* und *jivatman* sprechen, stellt sich Gott dar mit Eigenschaften, Form und Taten. Der Devotee braucht für die Verehrung eine Erscheinungsform, eine Gestalt, die zu seinem Herzen spricht. Die Bhagavat Gita betont in diesem Zusammenhang gleichfalls, daß es äußerst schwierig ist, das nicht-manifestierte, eigenschaftslose Brahman zu verehren.

Da sich die Geschmäcker von Land zu Land, von Mensch zu Mensch sehr unterscheiden, pflegen die Einzelnen in den verschiedenen Gegenden der Erde das transzendente, allgegenwärtige Allerhöchste unter variierten Formen und Attributen zu sehen und zu verehren. Im Sanatan dharma (der in den Schriften des alten Indiens niedergelegte Kodex des Lebens) wird durchweg die Freiheit des Individuums respektiert, Gott in jeder Form zu verehren, die zu seinem Herzen spricht. Und Er wird wahrlich in vielfältigen Formen verehrt - als Shiva, Vishnu, Shakti, Kumara (Jüngling), als Mutter, Vater und Liebhaber, etc. Der Devotee sieht seine jeweils erwählte Gottheit als den obersten Herrn/die oberste Herrin und alle anderen Gottheiten als Seine/Ihre in Ihm oder Ihr enthaltenen Teile. [Das ganze kann man also eigentlich nicht als polytheistische Anschauung bezeichnen.] Es gibt bei dieser Verehrung vieler Erscheinungsformen keinen Anlaß für Konflikte oder Rivalitäten. Sie ist eingebettet in eine weite Sicht: "Herr, Du bist in allem, Du bist alles-durchdringend; alles sind

Deine Formen; Du bist der Ursprung von allem, bist die Seele von allem." (*Vishnu Purana*)

Name und Form der jeweils verehrten Gottheit verhindern nicht die Erfahrung des Allerhöchsten. Der Devotee, der sich ursprünglich von den unendlich göttlichen Eigenschaften seiner gewählten Gottheit angesprochen fühlt, meditiert andauernd über diese Eigenschaften. Am Ende werden Verehrer und Objekt der Verehrung eins, und der Devotee verschmilzt mit der absoluten Wahrheit, die namen- und formlos ist.

Wohl infolge der besonderen Wichtigkeit der Mutter-Kind-Beziehung war die Verehrung Gottes als Mutter weit verbreitet. In Indien begann die Shakti-Verehrung in prähistorischer Zeit. In den Veden erscheint die Gottheit als Göttin der Morgendämmerung, die die Zeit verwebt, die Wahrheit als Fundament legt und *tamas* (die Dunkelheit) auflöst. Dieses Konzept weitete sich aus; Mutter Erde, alles ertragend (*sarvamsaha*), die Göttin der Sprache, den Klang verkörpernd, und die Göttin der Nacht, die Zeit symbolisierend, treten im Verlauf der Jahrhunderte hinzu. In der Kena Upanishad wird die Göttin Umamaheshvari als der Guru dargestellt, der das Wissen über das Selbst vermittelt. In den Veden wird die Verehrung der Gottmutter durch etliche Hymnen wie der *Devisukta, Lakshmisukta* und der *Durgasupta* bereichert. Im Lauf der Zeit entstehen auch mehrere Upanischaden zu Ihrer Verehrung, wie die Bhavana Upanishad, Tripura Upanishad, Bhahvrija Upanishad, Kaula Upanishad und Tripuratapini Upanishad.

Im Ramayana betet Rama zur Göttin Durga um Erfolg im Kampf, und im Mahabharata tun die Pandavas vor Krishna dasselbe. In der *Bhagavata* beten die Gopis zur Göttin: "O Katyayani, Du, die Du Mahamaya bist, die große Yogini und Meisterin von allem! Laß Dich dazu herbei, mir Krishna, den Sohn Nandas, zum Gemahl zu geben! Kniefällig bitt´ ich Dich!" Das Bild der Göttinmutter leuchtet in einigen Puranas auf, wie der Brahmanda Purana, Markandeya Purana, Devi Purana, Devi Bhagavata und

Kalika Purana, wo Sie als Verursacherin der Welten-Schöpfung, -Erhaltung und -Zerstörung portraitiert wird, d. h. wo Sie die Trinität Brahma, Vishnu und Shiva regiert. In den tantrischen Texten nun gelangen die Vorstellung von der göttlich-weiblichen Energie und ihre Verehrung als höchstes Prinzip, als Verkörperung des Brahman-Bewußtseins, zur schönsten Blüte. Die Lalita Sahasranama (aus der Brahmanda Purana), Devi Mahatmya (aus der Markandeya Purana) und Saundarya Lahari, die Shankaracharya zugeschrieben wird, sind kostbare Juwelen in der Überlieferung der Shakti-Verehrung.

Mit der weiteren Verbreitung der Verehrung der Devì werden bestimmte Aspekte von Ihr dominant. Die Göttliche Mutter als Gayatri, Mutter und Verkörperung der Veden, als Lakshmi, Sitz der Schönheit und der Prosperität, als Sarasvati, das Wissen und die Künste regierend, als Durga, der das Lebensgesetz (*dharma*) festigenden und den Sieg schenkenden Kraft, als Mahakali, die Natur verkörpernd und Befreiung schenkend, und als Lalita Tripurasundari, Verkörperung von Shiva und Shakti in einem - all diese Aspekte beginnen nun in der Gottesmutter-Verehrung vorzuherrschen.

Auch wenn Sie in ganz Indien während des Navaratri-Festes (neun Nächte zu Ehren der Göttlichen Mutter) als Durga, Lakshmi und Sarasvati gefeiert wird, sieht jeder Landesteil einen anderen Aspekt der Göttlichen Mutter als wichtig an. So wird Sie in Tälern des Himalayas als Uma verehrt, als Amba in Kashmir, als Kamakhyai in Assam, in Maharashtra als Bhavani, als Minakshi und Kanyakumari in Tamil Nadu, als Chamundeshvari und Sarada in Karnataka, als Bhagavati in Kerala, als Durga und Kali in Bengalen, als Bhadrakali in Dörfern Südindiens, und als Lalita Tripurasundari in ganz Indien, besonders im Süden. 51 Wohnstätten der Shakti (*Shaktipithas*) wurden über ganz Indien als Wallfahrtsorte (*tirthas*) berühmt. Die 51 Buchstaben des Alphabets sollen diese Wohnstätten bzw. die 51 Shakti-Prinzipien repräsentieren.

"O Heilige Mutter Du, Gemahlin des Allerhöchsten Brahman! Die die Essenz der Veden kennen, nennen Dich die Göttin der Sprache, Gemahlin des Gottes Brahma. Bekannt bist Du auch als Lakshmi, Gemahlin des Gottes Vishnu, und als Parvati, Gefährtin des Gottes Shiva. Doch in Wahrheit bist Du Turiya, die unendlichen Ruhm besitzt jenseits unserer Vorstellung, und bist Mahamaya, die das Weltenall in Täuschung hält!"

Saundarya Lahari, Vers 97

Die Philosophie der Shakti-Verehrung

Der Shakteya-Philosophie (*shakteya*: zur Shakti gehörig) zufolge repräsentiert Shiva-Shakti die oberste Wahrheit und die erste Ursache des Universums. Shiva und Shakti sind voneinander nicht unterschieden. Das Shiva-Prinzip ist die Essenz des Bewußtseins, eigenschaftslos, nicht handelnd und ungeteilt. Shakti ist die Energie zur Handlung, wie sie in diesem Bewußtsein latent vorhanden ist. Wenn Shiva *cit* (reines Bewußtsein) ist, so ist Shakti dessen Manifestation. Wenn Shiva *prakasha*, ungeteiltes Bewußtsein ist, dann ist Shakti *vimarsha*, was Shiva die Erfahrung seiner eigenen Existenz verleiht. Shakti ist von Shiva so untrennbar wie die Hitze vom Feuer und das Licht von der Sonne.

Die Erschaffung des Universums beginnt, sowie Shakti von Shiva sich löst und verselbständigt. Shakti durchdringt alles und ist in allem präsent. Die Shakteya-Doktrin erklärt, daß Shiva, Shakti, die individuelle Seele (jiva) und das Universum wesensmäßig ein und dasselbe sind. Ihr zufolge manifestiert sich im Universum das Höchste Prinzip.

Diese Lehre beschreibt weiterhin 36 *tattvas*, Prinzipien, auf denen das Weltall basiert. Die Ursache der Schöpfung ist die fortschreitende Entwicklung von fünf Formen der Energie, nämlich Bewußtsein, Glückseligkeit, Wille, Wissen und Tat (*cit, ananda, iccha, jnana und kriya*). Die ersten fünf dieser 36 Prinzipien werden als rein bewertet, die nächsten sieben als gemischt (rein-unrein) und die letzten 24 als unrein. Die ersten fünf sind Shiva, Shakti, Sadashiva, Ishvara und Suddavidya. Solange Shakti in Shiva latent ruht, ist Sie *citshakti*, Shakti des Bewußtseins. In der ersten Manifestationsphase erscheint dann Shakti getrennt von Shiva, als *anandashakti*, als Shakti der Glückseligkeit. Dies ist also das zweite Prinzip.

Ähnlich erscheint die Willensenergie *(icchashakti)* in Sadashiva, die Energie des Wissens *(jnanashakti)* in Ishvara und die Energie der Handlung *(kriyashakti)* in Suddavidya. [...]

Die nächsten sieben Tattvas der Schöpfung sind *maya, kala, niyati, raga, vidya, purusha* und *jiva.* Dabei ist Maya die Kraft, die das Wissen des jiva verbirgt, und die folgenden fünf Tattvas sind die Hüllen, die den jiva, das siebte Tattva, [an die Erde] binden. Die danach kommenden, als unrein betrachteten, 24 Tattvas sind Natur *(prakriti)*, Intellekt *(buddhi)*, Ich-Sinn *(ahamkara)*, Verstand und Gemüt *(manas)*, die fünf Sinnesorgane, die fünf Organe der Handlung, die fünf *tanmatras* (feinstofflichen Elemente) und die fünf Elemente; diese Anordnung stimmt mit jener der Samkhya-Philosophie überein. Die ganze Reihe der Tattvas entsteht durch Maya. Die Shakteyas betrachten Maya als den Mutterleib der Shakti. Manchmal werden 51 Tattvas angeführt, die die drei *gunas* (Prinzipien der Reinheit, der Aktivität und der Untätigkeit), die fünf psychischen Vitalkräfte *(pranas)* und die sieben Beimengungen des Körpers *(dhatus)* zusätzlich zu den oben erwähnten 36 Tattvas einschließen. Die Liste der Tattvas differiert leicht von Text zu Text. Neben der gerade beschriebenen, kategorienmäßigen Aufschlüsselung der Schöpfung erscheint in der Shakteya-Philosophie auch eine, die den Klang als Basis hat. Letztere wird im Kommentar zum Mantra 366 *(para)* der Lalita Sahasranama besprochen.

Sadhana und Moksha

Die Shakteya-Lehre spricht von drei Arten von jívas: *pashu*, *vira* und *divya*. Der gefesselte jiva beginnt seine spirituelle Evolution, indem er die *pashu*-Riten beobachtet. Durch Anwendung der *vira*-Riten erreicht er daraufhin den *rudra*-Zustand, um schließlich mit Hilfe von *divya*-Riten die Vereinigung mit Shakti zu erlangen. Befreiung der Seele *(moksha)* folgt aus dem Wissen um die Einheit von Shiva und Shakti. Auf dem Gipfel der Glückseligkeit erfährt der jiva die Verschmelzung von Shiva und Shakti. Genauso wie die Shaiva-Methode hat auch die Shakteya-Methode die vier Arten der Verehrung, *carya, kriya, yoga* und *jñana* übernommen. Carya bezeichnet Handlungen, die voller Hingabe zu Gott ausgeführt werden. Kriya besteht aus der Verehrung durch Mantren, *mudras* (besondere Finger- und Handhaltungen) und *pranayama* (Atemkontrolle). Yoga beinhaltet *kundalini*-Meditation und andere Meditatationsformen. Jñana ist in diesem Kontext das Wissen um die Einheit von Shiva und Shakti.[...]

In der Shakteya-Doktrin überwacht die Skakti die Evolution der Natur und die geregelte Höherentwicklung der individuellen Seele. Und die Shakti sollte der Gläubige verehren, denn sie ist nichts anderes als das empirisch erfahrbare Shiva-Prinzip. Shakteyas betonen die Notwendigkeit eines Guru. Sie sehen den Guru als menschliche Verkörperung von Shiva-Shakti, des Höchsten Guru. In ihrer Sicht ist auch das ganze Weltall göttlich, und in allem ist das zweckvolle Wirken Shaktis am Werk.

Tantras

Tantras sind die Texte über Theorie und Praxis des *sadhana* der Shakti-Verehrung. Die Wortdefinition (*tan*: ausdehnen, propagieren; *trai*: schützen, bewahren, retten) sagt uns, warum diese Wissenschaft *tantra* heißt: sie hält die Prinzipien fest und erklärt sie, samt den Mantren, und sie führt zur Befreiung von *samsàra.* *Shakteya tantras* teilen sich in drei Gruppen auf, nämlich *samaya, kaula* und *misra.* Wissen *(jñana)* wird in *samaya* betont, die spirituelle Erhebung durch Mantren erhält mehr Gewicht in *kaula,* und *misra* gibt beidem gleiche Bedeutung. Es finden sich 8 Tantras in der *samaya-*, 64 in der *kaula-* und 8 in der *misra-*Gruppe. Tantrische Texte [allgemein gesagt] handeln von Methoden der spirituellen Praxis, wie etwa *sodasopacaras* (16 vorgeschriebene Rituale), Verehrung mit Yantras, Mantras und Mudras oder die Formen der Kundalini-Meditation.

Samaya- und Kaula-Doktrin

Samaya und Kaula sind zwei Hauptbereiche der Shakti-Verehrung. Samaya folgt dem Pfad der Veden, während Kaula davon relativ unabhängig ist. Die Samaya-Lehre bewertet Shakti als vorrangig während der Schöpfung und Shiva als dominant während der kosmischen Auflösung. Anhänger der Kaula-Lehre glauben, daß Shakti zu allen Zeiten allem übergeordnet sei. Während Samaya-Vertreter behaupten, Shakti sei latent in Shiva lebendig, versichern die Kaula-Repräsentanten, Shiva existiere latenterweise in Shakti. [...]

Dakshinamurti ist der Weise des Samaya-Pfades, Kameshvara und Kameshvari sind die verehrten Gottheiten. Das Hauptwerk der Samaya-Doktrin ist *Subhagamapancaka*, das die Lehren der Weisen Sanaka, Sanatkumar, Sananda, Suka und Vashista enthält. Die hauptsächlichen Abhandlungen der Kauladoktrin sind *Parasuramakalpa Sutra* sowie die 64 Tantras.

Sri-Vidya-Verehrung

Die Verehrung der Göttlichen Mutter als Lalita Mahatripurasundari wird Sri-Vidya-Verehrung genannt. Lalita stellt dabei die Verbindung von Shiva und Shakti dar, ist die Verkörperung von *prakasha* und *vimarsha,* die Ursache von Schöpfung, Erhaltung und letzter Auflösung. Die Hauptelemente dieser Verehrung sind das Mantra, das Yantra und Kundalini- Yoga. Das Yantra dieses Verehrungsrituals heißt Sri Chakra bzw. Sri Yantra, und das Mantra ist das 15-silbige *pancadasaksari mantra.* Wird die Silbe *Sri* hinzugefügt, so erhält man das 16-silbige *sodasaksari mantra.* Das Sri Chakra soll die physische Form und das 15-silbige Mantra die ätherisch-feinstoffliche Form der Devi repräsentieren. [...] Die Sri-Vidya-Verehrung erreicht ihre höhere Ebene, wenn alle Handlungen und inneren wie äußeren Bewegungen der Göttlichen Mutter gewidmet und sie als unterschiedliche Manifestationen des *citshakti*-Bewußtseins in der Meditation gesehen werden. Die Brahmanda Purana schreibt die Rezitation der Lalita Sahasranama als wesentlichen Bestandteil der Sri-Vidya-Verehrung vor.

Amma und Lalita Sahasranama

Generell gilt: das menschliche Leben ist voller Sorgen. Sorgen, Fehlschläge, Wünsche und Enttäuschungen plagen den Menschen von Geburt bis zum Tod. Philosophen und Dichter beschreiben die Welt und das Leben in ihr als vergänglich und sorgenvoll, als Jammertal, als Übergang ... Die Rezitation der 1000 Namen der Göttlichen Mutter - allein, als tägliche Routine oder in größeren Gruppen - ist eine der praktischsten Methoden, das menschliche Leiden zu lindern und auch spirituell zu wachsen. Sie wurde uns von Amma, die sich die Sorgen von Millionen von Menschen anhört und die dafür lebt, deren Schmerzen und Sorgen zu erleichtern, - dringend empfohlen. Als Ergebnis ihrer unermüdlichen Anstrengungen sind *Sahasranama arcana* und Rezitation der Mantren auch in einer breiteren Öffentlichkeit populär geworden. Die großen *Sahasranama yajñas,* die sie regelmäßig in Indien und im Ausland initiiert, sind Ausdruck ihres Wunsches, das zu stärken, was ihr am Herzen liegt - das Glück der Welt.
Über die Bedeutung der Verehrung der Göttlichen Mutter und der Rezitation der Lalita Sahasranama in der jetzigen Zeit sagt Amma:

"In unserer Zeit sind die Instinkte des Herzens und die mütterlichen Instinkte verloren gegangen. Mutterschaft steht für

Liebe, Mitleid und geduldiges Ertragen. Weibliche Eigenschaften wie Mitgefühl und Liebe sollten in Männern stärker werden, und männliche Qualitäten wie Beständigkeit und Mut sollten in Frauen wachsen. So würde ein schneller Fortschritt im weltlichen wie im spirituellen Leben möglich sein. Die Verehrung der Göttlichen Mutter eignet sich ideal dafür, diese guten Eigenschaften zu kultivieren. Die Anbetung *(arcana)* durch die Lalita Sahasranama ist von größtem Wert für das Wohlergehen der Familie und den Frieden in der Welt. In dem Heim, in dem die Lalita Sahasranama täglich rezitiert wird, wird es nie an Nahrung oder Kleidung fehlen. In früheren Zeiten, wenn Gurus ihren Schülern Krishna- oder Vishnu-Mantren gaben, wiesen sie sie gewöhnlich an, auch das Anbetungsritual mit der Lalita Sahasranama durchzuführen."

Die Bedeutung von Upasana

Auch wenn das menschliche Leben voller Sorgen ist, so ist doch die wahre Natur des Menschen glücklich. Die Sorge und die Versklavung von Gemüt und Körper entstehen aus der Überzeugung, "ich bin dieser Körper, ich bin begrenzt". Stärkt man mit spirituellen Übungen schrittweise die Wahrnehmung des "Ich bin Brahman/Gott", dann sieht man sich vom andauernden Sorgendruck befreit und gelangt dazu, andauernde Seligkeit zu erfahren. Dies ist das Ziel des menschlichen Lebens. Aber ohne die Wahrnehmung der eigenen tiefinneren Fülle fährt der Mensch fort, seine vielgestaltigen Wünsche zu nähren und sich in Handlungen zu verstricken, die nicht zu diesem Ziel führen. Die meisten Fehlschläge im Leben kommen von solchen früher getätigten Handlungen. Wer die wirkliche Wahrheit kennt, dem wird klar, daß die Phänomene von Natur [und Welt] den Àtman nicht tangieren, und der akzeptiert mit seelischem Gleichmut die Freuden und Sorgen, die ihm sein individuelles *prárabdha* bringt. Für die normale Person, auch für den spirituellen Sucher ist das nicht so leicht. Und da erhält die Verehrung - *upasana* - ihre

Bedeutung: Durch die Verehrung des Höchsten (in der gewählten Lieblingsform) enden die Sorgen, und man wird im Leben erfolgreich; gleichzeitig entwickelt man sich spirituell weiter. Auf die Weise festigt sich allmählich die innere Haltung der liebevollen und gläubigen Hingabe *(premabhakti)* im Suchenden, und er wird glücklich leben können und Freude wie Sorge als den Willen Gottes akzeptieren; schließlich vermag er mit der verehrten Gottheit zu verschmelzen.

Der besondere Charakter der Lalita Sahasranama

Amma ist die unvergleichliche Größe dieser Hymne völlig klar, und sie wählte daher die Rezitation der Lalita Sahasranama als tägliche Praxis für die Menschen - zum Schutz gegen die Gefahren des Lebens und zu weiterem spirituellen Fortschritt [...] Unter der großen Zahl der Hymnen, Mantren und devotionalen Lieder sind diese "1000 Namen" besonders geeignet für das morgendliche Anbetungsritual und erbringen rasche Resultate. [...]

Die Lalita Sahasranama erscheint als einzigartige Komposition; sie verbindet in einnehmender Manier die tiefe Aussage der Mantren mit poetischer Schönheit und Musikalität. Die 1000 Namen sind in einem rhythmischen Rahmenwerk arrangiert, wobei jeder Name bzw. Beiname der Göttlichen Mutter ein Mantra ist. Diese Hymne dient der Verehrung der Lalita Maha-Tripurasundari, der Höchsten Göttin, der Vereinigung von Shiva und Shakti. [...] Die Namen werfen ein Licht auf die Form und das Aussehen der Devì, auf Eigenschaften, Ihren Aufenthaltsort, die Geschichten Ihrer Verkörperungen und auf Ihre physische, ätherisch-feinstoffliche und höchst-göttliche Natur. Unter den zahlreichen Sahasranamas, die die Größe der Parashakti, der Höchsten Energie lobpreisen, sind zehn sehr wichtig, und unter diesen zeichnet sich die Lalita Sahasranama, den Gelehrten zufolge, besonders aus. Die Brahmanda Purana erklärt, daß unter den Mantren das Sri-Vidya-Mantra, unter den Gottheiten Lalitambika und unter den Städten Sri Pura jeweils am preiswürdigsten ist. In der Lalita Sahasranama können wir das wunderbare Zusammenspiel der höchsten Ideale, der Methoden spiritueller Disziplin *(sadhana)* und der Konzepte von Mantras, Tantras und Yantras sowohl der Shaiva- wie auch der Shakteya-Doktrin beobachten. Wir bemerken auch den Zusammenschluß der hier gleichberechtigten Kaula- und Samaya-Sektionen der Shakteya-Verehrung, widergespiegelt in göttlichen Beinamen, die beiden Bereichen entstammen, wie Kaulini, Kulayogini, Kaulamargatatpara, Samayacara, Samayantastha und Samayacaratatpara. Alles in allem erscheint die Lalita Sahasranama als die reife Frucht einer mehrtausendjährigen Shakti-Verehrung.

Die Göttin Lalita der Lalita Sahasranama

Der Name Lalita, wörtlich genommen, drückt aus: "Sie, die dem Spiel gänzlich hingegeben ist und sich damit vergnügt." Und Ihr Spiel besteht eben in der Erschaffung, Bewahrung, Zerstörung, völligen Auflösung und Segnung des Universums. (Die fünf Funktionen werden in den Mantren 264 - 274 beschrieben.)

Obgleich die Devì alles transzendiert, porträitiert die Lalita Sahasranama Sie als Wesen mit unzähligen wohltätigen Eigenschaften, reich an menschlicher Qualität und für alle Verehrer leicht zugänglich. Schon der erste Name stellt Sie als die Mutter vor, die voller Liebe ist. In der Folge wird erklärt, daß Sie, die Herrscherin des Weltalls, aus der Feuergrube des Wissens heraus inkarnierte, um das *dharma* (Gerechtigkeit, Rechtschaffenheit) zu verankern. Der Eindruck, den uns die Lalita Sahasranama von der Devì gibt, läßt sich so umreißen: Sie ist immer von angenehmer Art, strahlt wie tausend aufgehende Sonnen, besitzt die samtige Kühle von tausend vollen Monden, hält in Ihren Händen einen Stachelstock (den Ärger), ein Seil (die Liebe) und Pfeile, die die fünf *tanmatras* (die fünf feinstofflich-immateriellen Elemente) symbolisieren; Sie sitzt auf dem Schoß von Shiva Kameshvara oder auf einem Kissen, das Sadashiva ist und das auf einem Bett liegt, dessen Beine von Brahma, Vishnu, Rudra und Ishana gebildet werden. Bemerkenswert ist, daß dieses Kameshvara-Kameshvari-Bild höher bewertet wird als das Bild des bewegungslosen Sadashiva. Die Schilderung der wunderschönen Göttlichen Mutter von Kopf bis Fuß entfaltet sich in schmückenden Formulierungen, die vor poetischem Charme überquellen.

Sie taucht das ganze Universum in Ihr rotes Strahlen. Sie ist die Königin des Wohlstands - Lakshmi - für Kameshvaras Ehestand. Ihre Augen sind gleich Fischen, die im See der Schönheit Ihres Antlitzes schwimmen. Devìs Ohrenschmuck sind Sonne und Mond und die beiden Zahnreihen sind die Knospen reinen Wissens. Ihre Stimme klingt süßer als Sarasvatis *vina.*

Nach der Schilderung des Aussehens der Göttlichen Mutter in solch poetischen Bildern, die die Meditation des Verehrers erleichtern sollen, werden die *lilas* Ihrer Inkarnationen und die von Ihr demonstrierten Qualitäten und ruhmreichen Akte beschrieben. Die Blumenliebhaberin Devì mag besonders die *campaka-* und die *ashoka*-Blumen neben anderen. Sie fördert Dichtung, Tanz, Musik und andere Künste. Über die verdienstvollen Taten Ihrer Verehrer freut Sie sich sehr.

In all diesen Beschreibungen der Großen Mutter - eigentlich ist Sie transzendentaler Natur - sehen wir das Physisch-Körperliche mit dem Feinstofflich-Ätherischen, das Geformte, Gestalthafte mit dem Form- und Gestaltlosen aufs schönste verbunden. Das mag den Devotee an die wahre Natur der Devì zurückerinnern, auch dann, wenn Ihre so menschlich erscheinenden Aspekte dargestellt werden. Es wird z. B. betont, daß die Gottesmutter, die gerade zuvor als Schatzkammer überwältigender Schönheit gezeichnet wurde, den Wesensstempel von "Sein-Bewußtsein-Seligkeit" trägt, daß Sie reines Bewußtsein und reine Intelligenz und ohne Namen und Formen ist. Sie ist die Verkörperung von Brahma, Vishnu und Shiva. Sie ist die Seele aller Mantras, Tantras und Yantras. Sie ist der Sitz allen Wissens, aller heiligen Schriften und aller Künste.

Zwar ist Sie die Befreiung an sich und gewährt die erlösende Seelenbefreiung, doch verkörpert Sie zur gleichen Zeit die [versklavenden] Wünsche und erfüllt sie. Sie stärkt die menschliche Tugend, steht jedoch jenseits des Konzepts von Sünde und Tugend. Sie hat Ihre Verehrer lieb, ist generell die verkörperte Liebe, ein Ozean an Mitgefühl und leicht zu erfreuen. Devì ist wie der Wirbelsturm, der die Baumwollflocken [ein indisches Bild] der Lebenswidrigkeiten Ihrer Devotees hinwegbläst. Sie ist die strahlende Sonne, die die Dunkelheit ihrer *samsàra*-Versklavung vertreibt. Sie ist die Perle in der Muschelschale, die aus allen [vedischen] Schriften gebildet wird. Sie ist die Axt, die den Baum des Todes fällt. Sie ist der Mond, der die Flut im Meer des Glücks den Devotees zuliebe ansteigen läßt.

Mit solchen Bildern und Metaphern schildert die Sahasranama die glorreichen Qualitäten und die Spiele der Devì. Wir können dabei die Synthese von *karma, bhakti* und *jñana yoga,* von Verehrungspraktiken der Samaya-, Kaula-, Dakshina- und Vama-Schule und die Synthese von allem Wissen beobachten. Wir sehen, wie sich der Weg des *sadhana* allmählich entwickelt, beginnend mit Ritualen, vorwärtsschreitend durch Handlungen, reifend durch Yoga und seine Fülle in Jñana erreichend.

Der puranische Hintergrund

Die Lalita Sahasranama erscheint im 36. Kapitel der *Lalitopakhyana*, die ihrerseits in der Brahmanda Purana enthalten ist. Sie wird in Form einer lehrhaften Unterweisung für den Rishi Agastya durch Hayagriva, einer Inkarnation Vishnus, präsentiert. Die Instruktion besteht aus drei Teilen; im ersten Teil wird die Entstehungsgeschichte der Hymne nachgezeichnet, der mittlere Teil enthält die Sammlung der Mantren, die die Hymne bilden, und der letzte zählt die positiven Resultate auf, die sich aus ihrer täglichen Rezitation ergeben. Wir wollen den Hintergrund nun kurz umreißen.

Hayagriva erzählt Agastya die Geschichte der Inkarnation von Lalita Devì und schildert Ihren Zeitvertreib. Darauf beschreibt er die Stadt Sri Pura, Ihren Wohnsitz, die Größe Ihres Mantras - des *panchadasaksari* - die grundsätzliche Identität von Sri Yantra, Sri Vidya, Lalitambika und Sri Guru, und initiiert Agastya in die Sahasranamas von Devìs bediensteten Gottheiten. Doch er erwähnt nicht die Lalita Sahasranama. Als Agastya danach fragt, betont Hayagriva, wie überaus geheim, wie überaus mächtig und einzigartig diese sei, und wie er sie ihm daher nicht anzuvertrauen gedachte. Doch dann beginnt er, die Entstehungsgeschichte der Lalita Sahasranama zu erzählen.

Einst wandte sich Lalita Devì an Vasini und die anderen *vagdevatas* (Göttinen der Sprache) und sagte zu ihnen: "Ich ordne an, daß ihr, die ihr die Geheimnisse des Sri Chakra, des Sri Vidya und der Mantren kennt, eine Hymne mit 1000 Namen komponiert, die Meine Größe offenbart. Meine Anhänger und Verehrer sollen Meine Gnade empfangen, wenn sie diese Namen singen!" Und so komponierten Vasini und die anderen Gottheiten der Sprache die Lalita Sahasranama und benutzten dafür die geheimsten Mantren. Eines Tages nun hielt die Göttinmutter Hof, saß auf Ihrem Throne und lud die Anwesenden zum Darshan ein, und da waren unzählige Brahmis, Vishnus, Rudras und Shaktis, wie Mantrini und Dandini, und die Bewohner des Himmels. Sie gestattete ihnen allen, daß sie Ihr huldigten und ihre Verehrung erwiesen. Als alle sich setzten, gab Lalita Devì aus Ihren Augenwinkeln der Göttin Vasini und den anderen Göttinnen der Sprache ein Zeichen. Sie standen auf mit in Ergebung zusammengelegten Handflächen und sangen zu Ihrem Lobe die Lalita Sahasranama. Jeder der Anwesenden fühlte sich wunderbar und selig erhoben. Die Devì war sehr erfreut und sprach diese Worte: "Meine Kinder, diese Hymne wurde von Vasini und den anderen Göttinnen der Sprache zum Wohle der Welt und auf Meinen Wunsch komponiert.

Singt diese Hymne, die Mir gar lieb und teuer ist, jeden Tag, um Meine Gunst zu erlangen. Die sie singen oder rezitieren, sind Mir wohlgefällig. Alle ihre Wünsche werde Ich ihnen darum erfüllen."

Die puranische Darstellung ihrer Inkarnation

Die Lalitopakhyana erzählt die Legende von Lalita Devìs Verkörperung. In der Ära einer früheren Inkarnation der Shakti wurde Kamadeva, der Gott der Liebe, zum Ziel von Shivas Zorn und wurde vom Feuer Seines dritten Auges zu Asche verbrannt. Ein Ergebener von Shiva namens Citrakama zeichnete mit dieser Asche die Umrisse eines Mannes. Als Shiva auf das Bildnis blickte, erwachte es zu Leben. Das neue Lebewesen sang den Lobpreis Shivas mit der *satarudriya*-Hymne. Dies erfreute Shiva sehr, und er verlieh ihm die Herrschaft im Himmel für die Zeitdauer von 60.000 Jahren. Unter dem Namen Bhandasura wurde es berüchtigt und berühmt. Denn es bedrängte die Götter und verschuldete den Zerfall des Dharma. Narada riet den unglücklichen Devas, ein Opferritual zur Verehrung der Parashakti abzuhalten. Und aus dem Opferfeuer, mitten im Zentrum des Sri Chakra, erhob sich die Devì. Da Bhandasura nicht von einer Jungfrau getötet werden konnte, warf die Devì eine Blumenkette in die Luft, zum Zweck der Partnerwahl. Die Blumenkette fiel auf den Nacken von Shiva Kameshvara, und die Devì heiratete ihn. In der darauffolgenden Schlacht, die vier Tage dauerte, vernichtete die Devì Bhandasura und seine Mannen. Danach erweckte Sie Kama wieder zum Leben, weil die Devas sich dies so wünschten. Anschließend ging Sie nach Sri Pura, einer von Maya und dem [großen Architekten] Vishvakarma auf dem Gipfel des Berges Meru gebauten Stadt, wo Sie gemeinsam mit Shiva Kameshvara in einer aus *cintamani* (wunscherfüllendem Stein) gebauten Villa residierte.

Die Lalita Sahasranama im Vergleich

Die Praxis der Verehrung einer gewählten Gottheit durch Rezitation von *sahasranamas* (1000 Namen) begann in nachvedischer Zeit während der Periode der Epen. Werke wie das Rudradhyaya aus der Yayur Veda mögen diese Praxis angeregt haben. Es wird angenommen, daß die früheste dieser 1000-Namen-Hymnen die Vishnu Sahasranama ist, in die Yudhisthira von Bhisma in der Anusasana Parva des Mahabharata eingeweiht wird. Die Lalita Sahasranama tauchte später auf, nach einer Zeitphase, in der sich die Wissenschaften der Mantras und Tantras entfalteten.

In der Vishnu Sahasranama herrschen abstrakte, die Formlosigkeit betonende Konzepte vor. Es gibt nur einige wenige Mantras, die den menschlichen Aspekt Vishnus schildern. Doch in der Lalita Sahasranama erhalten die menschlichen Facetten der Devì, wie Ihre Gewohnheiten, Ihr Aussehen, Ihr Wohnsitz, Ihr Schmuck und die Geschichten Ihrer Inkarnationen, besondere Bedeutung - zusammen mit Mantren, die auf Ihre quasi feinstofflich-subtile und auf Ihre immateriell-göttliche Wesenhaftigkeit hinweisen. Dies läßt, indem es das Bild der Gottesmutter in der Vorstellung des Devotees plastisch macht, die Anbetung und Verehrung leichter erscheinen.

Eine weitere Qualität der Lalita Sahasranama liegt in ihrer einwandfreien Diktion. Es gibt in dieser Hymne keine Wiederholungen von Mantren. In der Vishnu Sahasranama hingegen werden 76 Namen zweimal, 13 Namen dreimal und 2 Namen viermal wiederholt. [...] Auch werden in anderen Sahasranamas häufig Füllworte wie *ca* und *api* ("und") benutzt; in der Lalita Sahasranama jedoch gelingt es, sowohl rhythmische Regeln einzuhalten als auch tonale Kraft der Mantren in reizvoll-poetischer Sprache auszudrücken, ohne solche Füllworte zu Hilfe zu nehmen, selbst wenn sehr lange, zusammengesetzte Worte verwendet werden. Daß dies ohne Verlust an sprachlicher Intensität und Anmut geschieht, erscheint als Wunder und muß wohl darin begründet sein, daß die Verfasser der Hymne die Göttinnen der Sprache waren.

Die herausragende Eigenart der Lalita Sahasranama erhellt auch aus der Häufigkeit vielsilbiger Namen. [Im Vergleich mit der Vishnu Sahasranama tauchen in ihr z. B. achtsilbige Namen etwa 13mal häufiger auf und sechzehnsilbige 73mal.]

Jeder Name der Sahasranama trägt eine jeweils besondere mantrische Energieladung, und die rhythmische Rezitation bzw. das *archana* all dieser Namen verbreitet eine wohltätige Schwingung. Die Schönheit und Perfektion der Sprache, das Arrangement machtvoller Mantren und die Darstellung profunder spiritueller Prinzipien zusammengenommen ergeben solche Wirkung. [...]

Die Praxis des Verehrungsrituals mit der Sahasranama

Die Verehrung des Sri Cakra, die Rezitation des 15silbigen Mantras *(pancadasaksari)* und die Inkantation der Lalita Sahasranama sind die drei Hauptbestandteile der Shakti-Verehrung. Während die Sahasranama für diejenigen, die eine Sri-Cakra-Puja durchführen und das 15silbige Mantra rezitieren, unverzichtbar ist, kann die Sahasranama für sich alleine rezitiert werden. Die Brahmanda Purana führt an, daß ihre Rezitation denselben Wert hat wie die beiden anderen religiösen Observanzen zusammen. Die beste Zeit zum Chanten der Sahasranama ist früh, gleich nach dem morgendlichen Bad. Zwar gilt die tägliche Praxis als optimal, doch sind auch spezielle Tage vorgesehen, zu denen Personen, denen die tägliche Rezitation nicht möglich ist, sie periodisch inkantieren können (der erste, der neunte und der vierzehnte Tag des lunaren Halbmonats, Vollmondtage, Freitage, Geburtstage von Familienmitgliedern und Tage von Sonnen- bzw. Mondfinsternissen).

Die Rezitation der Sahasranama stärkt die Devotion und kann von jedem und [grundsätzlich] jederzeit praktiziert werden. Es ist wünschenswert, eine besondere Zeit für die Rezitation bzw. das Archana-Ritual zu reservieren. Sollte sie nicht eingehalten werden können, so soll die Sahasranama am gleichen Tag zum nächstmöglichen Zeitpunkt vordringlich rezitiert werden. Obgleich es wichtig erscheint, die Mantren richtig zu intonieren, ist es nicht nötig, das Ritual aufzugeben, nur weil man Schwierigkeiten hat, die Namen auszusprechen. Gott ist sozusagen jemand, der in unseren Herzen liest. Amma erinnert uns mit einem alltäglichen Beispiel daran: der Vater weiß, wenn das Baby nach ihm schreit, und er fühlt Liebe für es, ob es nun 'ccha' oder 'accha' (Ba-bo oder Pa-pa) ruft. Dementsprechend sind gläubige Hingabe und Konzentration wesentlicher als *nyasa* [Rhythmus, Tonfolge], Kultgegenstände, Butterlampen oder Räucherwerk. Es ist nicht notwendig, die tägliche Praxis auszusetzen, nur weil die Dinge, mit denen Verehrung ausgedrückt werden kann, wie Blumen oder Speisegaben, nicht aufzutreiben waren. Diese Dinge spielen lediglich eine Rolle zur Konzentration und als Symbol der Hingabe. Die Reinheit des Herzens und der auf einen Punkt fokussierte Verstand sind vor allem anderen wichtig. Daher sagt Amma, daß die geistige Verehrung - *manasa puja* - die höchste Form des Betens sei.

Wohl sind [im Anschluß] viele verschiedene positiven Gewinne aufgezählt, die sich aus der Rezitation der Sahasranama ableiten, doch ist es am besten, dieses Ritual zu pflegen, um Liebe zu Gott, Weisheit und seelischen Gleichmut zu erwerben. Unter solch "wunschlosen" Voraussetzungen werden die Kämpfe, die sich aus dem *prarabdha* und *samsara* ergeben, wirklich enden, und "wünschenswerte" Wirkungen aller Art werden das Ergebnis sein. Die Weltenmutter, die voll der Liebe ist für alle, die Zuflucht bei Ihr suchen, wird niemals jemand im Stich lassen, der oder die voll vertrauender Liebe zu Ihr kommt.

Welches höhere Glück gibt es, als Empfänger von Mutters Freundlichkeit zu sein - der Mutter, deren Herz immer weich vor

Mitleid ist - und den Nektar Ihrer mütterlichen Liebe zu genießen wie ein unschuldiges Kind auf Ihrem Schoß?

Brahmachari Brahmamrita Chaitanya

PHALAŚRUTI

(Aufzählung der positiven Resultate)

Das Ziel der Veden und anderer heiliger Schriften ist es, die Liebe zu Gott zu wecken und seelisch-geistige Distanz gegenüber den Leidenschaften zu bewirken, um so die Menschen Schritt für Schritt der Verwirklichung des Selbst näherzubringen. Der Zweck der *phalasŕuti* - die Beschreibung der Vorteile, die sich mit der Durchführung eines bestimmten Verehrungsritual einstellen - liegt nun darin, die devotionale Kraft des Devotees zu stärken und ihn für höhere Formen des *sadhana* zu preparieren, indem ihm gezeigt wird, wie er die Härten des Lebens mildern und innere wie äußere Prosperität erlangen kann.

Die Hauptpunkte der *phalasruti* zur Lalita Sahasranama, wie sie die Brahmanda Purana enthält, werden im folgenden aufgezählt:

1. Diese Sahasranama, die allergeheimste, ist Lalita Paramesvari überaus wohlgefällig. In den Veden oder Tantras gibt es nichts, was ihr gleichkommt.

2. Die tägliche Rezitation dieser Hymne ist genauso verdienstvoll wie das Bad in heiligen Flüssen und das Spenden von Geld, Nahrung, Land und Kühen.

3. Alle Fehler und Regelverstöße - wie die Nichtbeendigung des Puja-Rituals oder die Nichtabhaltung verschiedener Rituale zur gewiesenen Zeit - werden anulliert, wenn diese Hymne gesungen wird. Sie kann anstelle einer ganzen Zahl von Sühneriten rezitiert werden.

4. Ihre Rezitation verhindert vorzeitigen Tod, gewährt langes Leben und gute Gesundheit. Fieber läßt sich senken, wenn diese Hymne inkantiert und gleichzeitig die Hand auf den Kopf der fiebrigen Person gelegt wird. Die kranke Person kann das auch

selbst tun. Es mag, je nach Schwere der Erkrankung, nötig sein, die Hymne mehrere Male zu rezitieren. Die heilige Asche, die beim *Sahasranama arcana* verwendet wird, bewirkt bei allen Krankheiten eine sofortige Besserung.

5. Negativer Einfluß durch planetarische Konstellationen oder böse Geister kann zurückgedämmt werden, wenn man die Sahasranama singt und dabei etwas Wasser in einem Gefäß hält, das man anschließend über den Kopf gießt.

6. Singt man diese 1000 Namen und stellt sich gleichzeitig Lalita Devì vor, wie Sie im Nektarmeer wohnt, so mildert dies die Nachwirkungen von Gift.

7. Unfruchtbare Frauen können zu Kindersegen kommen, wenn sie geklärte Butter *(ghee)* einnehmen, die durch die Rezitation der Lalita Sahasranama potenziert wurde.

8. Die tägliche Rezitation der Hymne hebt die Wirkungen von bösem Zauber auf.

9. Die Devì beschützt jene, die die Hymne täglich rezitieren, vor Gefahren und vor feindlichen Angriffen. Und den Sieg im Kampf gewährt Sie auch.

10. Die tägliche Rezitation der Sahasranama vermehrt Wohlstand und Gedeihen, die Redegabe und den Ruhm. Die Rezitation an Freitagen [Lakshmi-Tag] ist für die Prosperität besonders gut.

11. Die Sahasranama kann von jedem in jedem Lebensalter inkantiert oder rezitiert werden. Sie zu chanten, während man sich Ruhm ersehnt, wird Ruhm erbringen; und wünscht man sich Reichtum, so wird das zu Reichtum führen. Werden die 1000 Namen wunschlos und mit Liebe rezitiert, so führt das zum Wissen von Brahman.

12. [Es heißt:] Ein Name Shivas gleicht tausend Namen von Vishnu. Ein Name Devìs gleicht tausend Namen Shivas. Und unter tausend der Devì gewidmeten Sahasranamas rangiert die Lalita Sahasranama am höchsten.

13. Das Dharma läßt sich in diesem "Kali-Zeitalter" festigen, indem *Lalita-Sahasranama-yajñas* (Rezitationsrituale in großen

Gruppen) abgehalten werden. Zur Beseitigung der negativen Effekte des Kali-Zeitalters auf das einzelne Individuum ist die Rezitation der Hymne sehr gut geeignet. Es gibt in dieser Hinsicht keine Schranke der Nationalität, der sozialen Schicht oder des Glaubens.

14. Die Göttliche Mutter zu erfreuen, ohne die Lalita Sahasranama zu rezitieren - dies scheint schwierig. [Denn gerade] diese Hymne beseitigt die in vielen Geburten erworbenen Laster und Sünden.

15. Es gibt viele der Großen Mutter gewidmeten Sahasranamas. Nachfolgend die zehn wichtigsten: Gangastava, Bhavanistava, Gayatristava, Kalistava, Laksmistava, Sarasvatistava, Rajarajesvaristava, Balastava, Syamalastava und Lalitastava. Und davon ist die ausgezeichnetste die letztgenannte - *Lalita Sahasranama.*

ŚRĪ LALITĀ SAHASRANĀMA

Die tausend Namen der Göttlichen Mutter

Original-Kommentar in Malayalam von
Thiruvallikkattu Nārāyaṇa Menon

Herausgegeben von Professor K.V. Dev

Übersetzung ins Englische von
Dr. M. Neelakantan Namboodiri

Übersetzung ins Deutsche von
Klaus-Peter Geiger

ŚRĪ LALITĀ SAHASRANĀMA – MEDITATIONSVERSE

Die alten Weisen legten der *Lalitā Sahasranāma* vier Meditationverse *(dhyanaslokas)* zugrunde.

सिन्दूरारुणविग्रहां त्रिनयनां माणिक्यमौलिस्फुरत्
तारानायकशेखरां स्मितमुखीमापीनवक्षोरुहाम्।
पाणिभ्यामलिपूर्णरत्नचषकं रक्तोत्पलं बिभ्रतीं
सौम्यां रत्नघटस्थरक्तचरणां ध्यायेत्परामम्बिकाम्।।

sindūrāruṇa vigrahām trinayanām
māṇikya mauli sphurat
tārānāyaka śekharām smita mukhīm
āpīna vakṣoruhām
pāṇibhyām alipūrṇa ratna caṣakam
raktotpalam bibhratīm
saumyām ratna ghaṭastha rakta caraṇām
dhyāyet parām ambikām

O Mutter, ich meditiere über Deine prächtige rote Gestalt mit den drei heiligen Augen; Du trägst einen funkelnden Kronjuwel und die Mondsichel auf Deinem Haupt und zeigst Dein süßes Lächeln! Ich meditiere über Dich, Mutter des Universums, mit Deinen großen Brüsten, vor mütterlicher Liebe überquellend; in jeder Hand hältst Du juwelenbesetzte Kelche, mit Lotusblumen angefüllt und von Bienen umschwirrt. Und Deine roten Lotusfüße ruhen auf einem goldnen Krug, mit Edelsteinen voll!

ध्यायेत् पद्मासनस्थां विकसितवदनां पद्मपत्रायताक्षीं
हेमाभां पीतवस्त्रां करकलितलसद्धेमपद्मां वराङ्गीम्।
सर्वालङ्कारयुक्तां सततमभयदां भक्तनम्रां भवानीं
श्रीविद्यां शान्तमूर्तिं सकलसुरनुतां सर्वसम्पत्प्रदात्रीम्।।

dhyāyet padmāsanasthām
vikasita vadanām padma patrāyatākṣīm
hemābhām pīta vastrām karakalitalasad
hemapadmām varāṅgīm
sarvālaṅkāra yuktām satatam abhayadām
bhaktanamrām bhavānīm
śrī vidyām śānta mūrtīm sakala suranutām
sarva sampat pradātrīm

O Mutter Bhavani, laß mich über Deine schöne goldfarbene Erscheinung meditieren, mit dem strahlenden Antlitz und den großen Lotusaugen. Du sitzt auf einer Lotusblume, bist angetan mit gelben Gewändern, reich strahlend mit all dem Schmuck, hältst einen goldnen Lotus in Deiner Hand, wirst von Deinen Anhängern tief verehrt, sie beugen sich vor Dir und Zuflucht gibst Du ihnen immer! Laß mich über Dich meditieren, o Sri Vidya, Verkörperung des Friedens, von allen Devas verehrtes Wesen und Spenderin jeglichen Reichtums!

सकुङ्कुमविलेपनामलिकचुम्बिकस्तूरिकां
समन्दहसितेक्षणां सशरचापपाशांकुशाम्।
अशेषजनमोहिनीमरुणमाल्यभूषोज्ज्वलां
जपाकुसुमभासुरां जपविधौ स्मरेदम्बिकाम्।।

sakuṅkuma vilepanā malika cumbi kastūrikām
samanda hasitekṣaṇām saśara cāpa pāśām kuśām
aśeṣa jana mohinīm aruṇa mālya bhūṣojvalām
japā kusuma bhāsurām japavidhau smaredambikām

O Mutter des Universums, wenn ich beim japa sitze, laß mich Deine Gestalt erinnern, von der Schönheit der Hibiskusblüte, angetan mit einer roten Blumengirlande und funkelndem Schmuck, betupft mit rotem Safran und einer Spur von Moschus auf der Stirn, wovon der Duft die Bienen lockt - Du, die Du in Deinen Hnden Pfeil und Bogen hältst, die Schlinge und den Stachelstab, die Du Dein sanftes Lächeln zeigst und Blicke süß verschenkst, jedermann verzaubernd!

अरुणां करुणातरङ्गिताक्षीं धृतपाशाङ्कुशपुष्पबाणचापाम्।
अणिमादिभिरावृतां मयूखैरहमित्येव विभावये महेशीम्।।

aruṇām karuṇā taraṅgitākṣīm dhṛta pāśāṅkuśa
puṣpa bāṇa cāpām
aṇimā dibhirāvṛtām mayūkhai
rahamityeva vibhāvaye maheśīm

O Große Göttin, schenk mir die Vorstellung, ich sei eins mit Deiner wunderbaren roten Gestalt - umkränzt ist sie von animas goldenen Strahlen und den anderen acht göttlichen Glorien; die Schlinge und den Stachelstab, den Bogen und die Blumenpfeile hältst Du in Händen, und Deine Augen, oh, sie beben vor Mitgefühl!

KOMMENTAR

Om

Die Überlieferung sagt, daß, bevor das Weltall geboren wurde, aus Brahmas Kehle zwei Töne kamen: *Om* und *atha* (*atha* heißt wörtlich: hier, jetzt). Diese zwei Töne wurden mit der Zeit als glücksbringend oder wohltätig empfunden und rituell verwendet. Der Klang *Sri* ist auch ein gutes Vorzeichen. Mit ihm verbunden sind Gelingen und Gedeihen in dieser Welt und Befreiung (*moksha*) in der nächsten. Da jedermann auf beides hofft, besagt ein alter Glaube: ein Buch mit einem dieser drei genannten Worte zu beginnen, sei ein gutes Omen.

1. श्री माता

Śrī mātā

Sie, die die gute Mutter ist.

Die heilige *Lalita Sahasranama* beginnt mit diesem Namen, der mehrere unterschiedliche Bedeutungen hat.

Es ist [klassische] indische Tradition, die Frau zu ehren. *Ardhanarishvara*, die Vorstellung des halb-männlichen, halb-weiblichen Gottes Śiva, belegt dies eindrucksvoll. Die die Qualitäten der Macht, des Wissens und des Reichtums regierenden Gottheiten sind ebenso weiblich: Paraśakti, Sarasvati und Lakshmi. Alles im Universum braucht eine Mutter; und es ist diese Weltenmutter, die vom ersten Mantra angerufen wird.

Sri, die Mutter voller Ruhm, kann sowohl Lakshmi als auch Sarasvati sein, Mutter des Wohlstands oder des Wissens. Dazu bedeutet *Sri* auch noch Erde, Stamm, Sieg, Schönheit, hohe Position, königliche Würde und Intellekt, je nach zu Rate gezogener

Eintragung im Lexikon. Devī Lalitā ist die Mutter all dieser Aspekte.

Das Wort *Sri* heißt auch "das erste", der Premier, und ebenso "Gegenmittel". Sie, die Mutter, war der erste Pulsschlag, die erste Ursache des Universums; und als Śiva das Gift schluckte, wurde Sie zum Gegengift.

Die Weisen sagen, daß Sinnesobjekte schlimmer sind als Gift. Die von den Sinnen wahrgenommenen Reize sind, was ihre Schädlichkeit anlangt, noch schlimmer als das Gift der Kobraschlange. "Gift tötet den, der es einnimmt, doch Sinnesobjekte töten auch jenen, der sie nur ansieht", wie Shankara (in "Das Kleinod der Unterscheidung" bzw. *Viveka Cudamani,* Vers 79) ausführt. Die Göttliche Mutter hingegen eliminiert jegliches Gift - und Sie verkörpert in sich die Ewigkeit.

Ma heißt messen, begrenzen. *Mata* ist ein Wesen, das mißt oder Grenzen setzt. *Sri Mata* ist also jemand mit der Macht, *Sri* (Lakshmi) zu begrenzen. Und größeren Ruhm und größere Glorie als Lakshmi zu besitzen, heißt wahrlich befreit zu sein - heißt ungeschmälerte Befreiung und Glückseligkeit, die durch nichts erschüttert wird. *Sri Mata* repräsentiert eben dieses.

In einer anderen Interpretation bedeutet *Sri* die unsterblichen Veden. *Sri Mata* ist dann die Mutter der Veden. Den *Puranas* zufolge war es Paraśakti, die die Essenz der drei Veden an Gott Brahma weitergab. Wenn *Sri* für die Veden steht, dann wird die Göttinmutter zu jener, die die Veden ausmaß und ableitete, zu jener, die in der Form von Vyasa inkarnierte.

Alles, was geehrt werden soll, wird mit *Sri* tituliert – Sri Narayana, Sri Krishna, Sri Rama. *Sri Mata* ist also die von allen geehrte Mutter.

Sri kann auch *chakra* bedeuten, d. h. Rad oder Zyklus. *Sri* im Sinn von Gedeihen und Gelingen verweilt nicht untätig; es befindet sich ständig in Umdrehung wie ein Zyklus, ein *chakra.* Wir sprechen vom "Zyklus des Weltalls", vom "Zyklus des Lebens"; *Sri Mata* würde dementsprechend die Mutter der *chakras* sein.

Sri Vidya oder *Sri Chakra* ist das Chakra mit den günstigsten Auspizien; *Sri Mata* ist dann die Mutter dieses Chakras. *Sri* heißt auch das Universum. *Sri Mata* bedeutet demnach Weltenmutter, universelle Mutter.

Śivaśaktyaikyarūpinī – die geeinte Form von Śiva und Śakti – ist der 999. Name in der *Sahasranāma*. Diese Einheit ist das Mysterium des *Sri Chakra*. Wir setzten das *Sri Chakra* auch mit *Sri Mata* in Beziehung. *Sri Mata* ist ein Mantra, das mehrere *bijakśaras* – Keimsilben beinhaltet. Der 1000. Name ist der besondere Name der Göttlichen Mutter, *Lalitāmbika*. Deshalb können wir *Sri Mata* als die Essenz aller Mantren der *Sahasranāma* bewerten.

2. श्री महा राज्ञी

Śrī mahā rājñī

Sie, die Kaiserin des Universums.

Śankarācārya beschreibt das Weltall als erfüllt von unvorstellbarem Schöpfungsglanz. Die Große Mutter regiert dieses universelle Reich als Souveränin.

Das Mantra enthält die Buchstaben *m, a, h, a. H* steht für Śakti und wird *vimarśa*, "das Wort" genannt. *A* steht für Gott Śiva und wird *prakaśa*, "Bedeutung" genannt; zusammengenommen ergibt das: "das Wort und seine Bedeutung". Der große Dichter Kālidāsa beginnt sein *Raghuvamśa* mit der Erinnerung an die göttlichen Eltern des Weltalls, die voneinander so untrennbar sind wie das Wort und seine Bedeutung. [...]

3. श्रीमत् सिंहासनेश्वरी

Śrīmat simhāsaneśvarī

Sie, die Königin des allerhöchsten Thrones.

Der Thron ist der oberste Platz. Natürlich steht der Göttinmutter, die das Universum ständig regiert, der höchste Thron zu. Alle anderen Throne werden vom Strom der Zeit hinweggerissen. Der Thron der Göttlichen Mutter ist ewig und unzerstörbar und deshalb der glorreichste. Andere Throne sind den Gesetzen der Thronfolge unterworfen. Ihr Thron aber kann von niemand anderem beansprucht werden.

Śrīmat simhāsaneśvarī heißt auch die Göttin, die auf dem ausgezeichnetsten Löwen (*simha*) thront. Devīs Reittier kann nicht ein gewöhnlicher Löwe sein; nein, er ist *srīmat*, d. h. glorios und wunderbar. Die jungfräuliche Göttliche Mutter, auf Ihrem Löwen thronend, tötet den Dämonen Mahiśāsura, wie es in der *Devī Purāṇa* heißt. Stellen wir die Buchstaben von *himsa* um, dann erhalten wir *simha*. *Āsana* heißt wegwerfen. *Simhāsana* kann als die transponierte Form von *himsāsana* betrachtet werden, was Töten und Wegwerfen, vollkommene Zerstörung bedeutet. Die Göttliche Mutter regiert über diese Zerstörung. Sie ist jener letzte Zustand, in dem, wie die Schrift (*Śruti*) sagt, "...alles am Ende sich wieder auflöst".

Viśa heißt Mensch. Durch Buchstabenumstellung wird das Wort zu Śiva. Der Mensch wird zu Śiva - verehrungswürdig dann, wenn er sich umwendet, in sich schaut und seine wahre Natur findet.

Śrīmat simhāsana ist der mit Gottheiten (*Śrīs*) assoziierte Thron. Das Buch *Jñānārṇava* stellt fest, daß dieses Mantra acht andere *simhāsana mantra*s enthält, beginnend mit *Caitanyabhairavi* und *Sampadprada-bhairavi*. Die Göttinmutter ist die diese Mantras regierende Instanz. Auch deshalb der Name.

Soweit wir bisher gesehen haben, feiert der erste Name die Göttliche Mutter als Weltenschöpferin, der zweite als Herrscherin des Weltalls und der dritte als Herrscherin über dessen Zerstörung. Die danach kommenden Namen bis zum 999. Mantra geben den Umfang und den Variationsreichtum Ihres göttlichen Spiels (*līlā*) an, enden dann mit dem 1000. Namen, der die Göttinmutter mit Ihrem eigenen Namen, *Lalitāmbika*, ehrt.

4. चिद् अग्नि कुण्ड संभूता

Cid agni kuṇḍa sambhūtā

Sie wurde in der Feuergrube des reinen Bewußtseins geboren.

Das Wesen *Brahmans* ist *sat-cit-ānanda. Cit* ist das ungeteilte Brahman, der Erste Ursprung von allem. Es ist *jñānagni*, das Feuer des Wissens, das weltliche Bindung verbrennt. Devī nun entstammt diesem Feuer. Das ungeteilte Brahman ist eigenschafts-, taten- und bewegungslos, und die Göttinmutter, diesem entstammend, ist dessen Wesensform, mit Eigenschaften versehen und Geschehen bewirkend.

Die *devas* (Gottheiten) bereiteten das Opferfeuer vor und begannen Parāśakti zu verehren, um den Dämonen Bhandasura zu vernichten. Wie die *Lalitopākhyana* darstellt, ging Parāśakti aus diesem Feuer hervor.

Das Herz (*cit*) eines *sādhak* oder spirituellen Suchers ist auch wie dieses Opferfeuer. Anzumerken wäre hier, daß die spirituelle Bemühung *tapas* (Hitze, Feuer) genannt wird. Aus eben diesem Opferfeuer erhebt sich Devī mit dem Glanz von tausend Sonnen.

Das Feuer versinnbildlicht das Wissen, das die Dunkelheit oder die Unwissendheit beseitigt. Es ist die Erfahrung von Weisen, daß die strahlende Göttinmutter inmitten des Feuers des Wissens erscheint und des Unwissens Dunkelheit vertreibt.

Man könnte nun fragen, weshalb das eigenschafts- und formlose Brahman Form und Attribute annimmt. Die Antwort liegt im nächsten Mantra.

5. देव कार्य समुद्यता

Deva kārya samudyatā

Sie, deren Entschluß es ist, die Wünsche der Götter zu erfüllen.

In der *Bhagavad Gītā* (IV-7), gibt Lord Kṛṣṇa das Versprechen: "Immer, o Bhārata, wenn Gerechtigkeit daniedergeht und Unrecht aufersteht, verkörpere Ich Mich Selbst." Dieser Beschluß des Herrn ist sehr bedeutungsvoll. Er läßt es als unumstößliche Gewißheit erscheinen, daß immer dann, wenn die Unterdrückung der Gerechtigkeit unter Menschen überhand nimmt, die Göttliche Macht inkarniert, um die Unterdrücker zu vertreiben. Devī inkarnierte, um den *devas*, die vom eroberungssüchtigen Bhaṇḍāsura besiegt und drangsaliert worden waren, zu helfen.

Devas und *asuras* (Dämonen) gibt es zu allen Zeiten und in allen Ländern. Die *Gītā* (XVI, 1-6) erklärt: "Es gibt in dieser Welt zwei Arten geschaffener Lebewesen - die *devas*, also jene mit göttlichen Eigenschaften, und die *asuras*, jene mit dämonischen Eigenschaften. Furchtlosigkeit, Geistesklarheit, Beständigkeit des Wissens und der Konzentration, Barmherzigkeit, Selbstkontrolle und Opferbereitschaft, Schriftenstudium, Einfachheit und Aufrichtigkeit, Gewaltlosigkeit, Wahrheit, Freisein von Ärger, Verzichtenkönnen, ruhige Ausgeglichenheit, Freisein von Häme, Scheel- und Kritiksucht, Mitgefühl gegenüber lebenden Wesen, Freisein von Besitzgier, Sanftheit, Bescheidenheit, Freisein von Launenhaftigkeit, Kraft, Bereitschaft zur Verzeihung, Tapferkeit, Reinheit der Motive, Freisein von übermäßigem Stolz — dies alles sind Eigenschaften in Wesen, die mit einer göttlichen Natur geboren sind.

Auf der anderen Seite stehen jene Wesen von dämonischer Natur - mit Anmaßung, Arroganz, überheblichem Stolz, mit Ärger, mit Härte und Ignoranz."

Der Krieg zwischen den *devas* und den *asuras* fand in einer weit zurückliegenden Vergangenheit statt; trotzdem wiederholt er sich in der Gegenwart und auch in der Zukunft. Um also jene Menschen oder Wesen mit angeborenen göttlichen Eigenschaften vor den bösen Seelen mit dämonischer Veranlagung zu beschützen, manifestiert sich die Göttliche Mutter, wann und wo immer es nötig ist.

6. उद्यद् भानु सहस्राभा
Udyad bhānu sahasrābhā
Sie, die strahlt wie tausend Sonnen.

Devī ist Parāśakti und die Manifestation von *prakāśa*, Strahlung. Ihre Strahlung ist von roter und weißer Farbe, vergleichbar deshalb mit der Sonne.

Die Form der Göttlichen Mutter ist, zu unserem Körper analog, auf drei Ebenen zu sehen: auf der stofflich-physischen, der feinstofflichen und der kausalen Ebene. Die physische Form wird auf den ersten Stufen der meditativen Praxis vorstellbar, bis weiteres Wissen erwacht. Auf der Stufe von *upāsana* (Anbetung durch *mantra japa*) wird die feinstoffliche Form nahe gerückt. Wenn schließlich die *vāsanās* des spirituellen Suchers abnehmen, vermag er sich auf die Kausalform zu konzentrieren.

In der Literatur wird stellenweise eine alternative fünfteilige Beschreibung der Form der Göttlichen Mutter angegeben, nämlich physisch, fein-, feiner-, feinststofflich und ungeteilt. Die physische Form der Göttinmutter wird in den nachfolgenden 50 Namen beschrieben.

7. चतुर ्बाह समन्विता
Catur bahu samanvita
Sie, die vierarmig ist.

Devī hat vier Arme, die Sie in segnender Geste und in alle Richtungen hält. Die Zahl vier kommt in den Konzepten Indiens häufig vor: die vier Himmelsrichtungen, die vier Gesichter des Gottes Brahmas, der damit in die vier Richtungen blickt, die vier Zeitalter oder *yugas* (*kṛta, treta, dvāpara* and *kali*), die vier Phasen des Menschenlebens (Kindheit, Jugend, Reife, Alter), die vier Hauptziele des menschlichen Lebens (*dharma, artha, kāma und mokṣa*), die vier Hauptkasten, die vier Stufen der menschlichen (religiösen) Lebensentwicklung (*brahmacārya, grahastha, vānaprastha* und *sannayāsa*) und die vier *Vedas* (*Ṛg, Yajus, Sāma* und *Atharva*). Weiterhin gibt es die vier erfolgreichen Methoden gegenüber einem Gegner (Versöhnung, Bestechung, Opposition und Bestrafung), die vier Grundformen des Tons (*para, paśyantī, madhyama* und *vaikharī*, wie sie beschrieben werden unter den Namen 366-371), die vier Arten der Lebensentstehung (im Uterus, im Ei, im Erdreich keimend und aus Schweiß oder Schmutz entstehend) und schließlich die vier Arten des Lernens (*anvikṣiki, trayi, vartha* und *danḍanīti*).

8. राग स्वरूप पाशाढ्या

Rāga svarūpa pāśāḍhyā

Sie, die in Ihrer Hand das Band der Liebe hält.

Liebe ist die Emotion, die alle Lebenserscheinungen zusammenhält, und sie wird dargestellt durch das Band. Diese Schlinge bindet das Leben ans Weltall. Die Schlinge der Liebe liegt in Devīs linker unterer Hand.

Liebe ist ein elementares Gefühl. Es wohnt im Weisen und im Unweisen. Das Erbeben der Liebe wird auch von ansonst grausamen Tieren erlebt. Dieses elementare Gefühl ist eine Waffe in der Hand der Göttlichen Mutter. Tatsache ist, daß die Liebe alle bindet und jedem ihren Willen aufzwingt. Es liegt also eine besondere Weisheit in dieser poetischen Schilderung der göttlichen Natur - Liebe als eine der Waffen der Göttinmutter.

9. क्रोधा काराङ्कुशोज्ज्वला

Krodhā kārāṅkuśojjvalā

Sie, die Leuchtende mit dem Stechstock des Ärgers.

Werden Liebe oder Begier enttäuscht, so nehmen sie die Form von Ärger an. Die Göttliche Mutter kontrolliert alles mit dem Stechstock des Ärgers. Ärger zerstört alle Beziehungen und vergiftet alle zarten Gefühle im Leben. Und es ist die Begierde, die sich in Ärger verwandelt. Sie entspringt aus dem *guṇa* des *rajas.* "Dies ist Begier, dies ist Zorn, geboren aus dem *guṇa* des *rajas,* alles verschlingend und überaus sündig", sagt die Gītā (III-37).

Devī hält den Stechstock des Ärgers in der rechten unteren Hand. *Krodha* wird manchmal im Sinn von *jñāna* (Wissen und Weisheit) gesehen. Im *Pūrvacatuśśatīśāstra* (einer tantrischen Schrift) nehmen Schlinge und Stechstock die Bedeutung der Macht des Willens und des Wissens an.

10. मनो रूपेक्षु कोदण्डा

Mano rūpekṣu kodaṇḍā

Sie, die ein Zuckerrohr in Ihrer Hand hält, den Verstand symbolisierend.

Der Verstand ist Sitz sowohl des Entschlusses wie auch des Zweifels (*saṅkalpa* und *vikalpa*). Devīs Bogen aus Zuckerrohr versinnbildlicht diesen Verstand. Die Außenschicht des Zuckerrohrs ist hart und ohne Saft, doch das Innere ist süß. Amma sagt oft: "Wer nach dem Geschmack der Zunge geht, wird den Geschmack des Herzens nicht erfahren." Um den wirklichen Geschmack des Verstandes kennenzulernen, reicht es nicht, an seiner Außenseite zu lecken. Man muß die äußere Schicht entfernen und das Innere pressen. Genau dies ist die Funktion von *tapas* (Disziplinierung von Verstand und Sinnen durch spirituelle Übungen, "Bußübungen"). Nur durch *tapas* kommen wir schließlich dahin, uns der Süße zu erfreuen. Devīs Bogen besteht aus diesem Zuckerrohr und schimmert in Ihrer rechten oberen Hand. Anzumerken wäre, daß das Rohr blüht.

11. पञ्च तन्मात्र सायका

Pañca tanmātra sāyakā

Sie, die als Pfeile die fünf feinen Elemente hält.

In der *Vedānta* entsprechen die fünf feinen Elemente den fünf Sinnen des Gesichts, Geschmacks, Geruchs, Tastens und Gehörs. Die fünf Sinne werden hier als Pfeile dargestellt, die vom Bogen des Verstandes schnellen. Welch schönes Bild! Je mehr der Bogen sich biegt, desto schneller fliegt der Pfeil. Und wenn der Bogen sich nicht biegt? Er wird sich biegen, da er aus Zuckerrohr besteht. Nur falls das Rohr zu Stahl verhärtet, wird es sich zu biegen weigern. *Sādhana* (spirituelle Praxis) dient also dazu, den Verstand biegsam und fein zu halten.

In den Namen 8 bis 11 verbergen sich *āyudha mantras*, Mantren, die in kriegerischen Auseinandersetzungen zur Materialisierung von Waffen benutzt werden. Das spielt zwar jetzt keine große Rolle, soll aber zur Befriedigung der Neugier kurz erwähnt sein. Vielleicht riefen in alten Zeiten Rāma and Kṛṣṇa mit Hilfe solcher Mantren den Einsatz verschiedener Waffen herbei.

12. निजारुण प्रभा पूर मज्जद् ब्रह्माण्ड मण्डला

Nijāruṇa prabhā pūra majjad brahmāṇḍa maṇḍalā

Sie, die das ganze Weltall eintaucht in den roten Strahlenglanz Ihrer Gestalt.

Die Weisen empfehlen, die Gestalt der Göttlichen Mutter während der Morgenmeditation in Rot zu visualisieren. Die kreative Kraft wird mit der *rājasischen* Natur assoziiert, deren Farbe Rot ist. Die Deutung bietet sich hier also an, daß die Göttliche Mutter die Macht ist, welche im ganzen All den Drang nach schöpferischen Aktivität lebendig hält.

13. चम्पक् आशोक पुन्नाग सौगन्धिक लसत् कचा

Campak āśoka punnāga saugandhika lasat kacā

Sie, deren Haar mit campaka-, aśoka-, punnāga- und saugandhika-Blüten geschmückt ist.

Die Beschreibung von Devīs Gestalt von Kopf bis Fuß beginnt mit diesem Namen. Ihre Gestalt besteht aus drei Teilen oder *kūṭas*. Ihr Kopf wird als *Vāgbhavakūṭa*, Ihr Oberkörper von der Kehle bis zur Taille als *Madhyamakūṭa* und Ihr Unterkörper von der Taille bis zu den Füßen als *Śaktikūṭa* bezeichnet.

Vorher wurde Sie gepriesen als *Cidagnikuṇḍasambhūtā* - Sie, die aus dem Opferfeuer sich erhebt. Natürlich ist Ihr Kopf das erste, was daraus auftaucht. Das Haar der Göttlichen Mutter ist voll Wohlgeruch, der die Blüten darin duften läßt - und nicht umgekehrt. Jede Art von Duft ist ein kleines Quentchen aus dem unbegrenzten Schatz Ihrer Wohlgerüche!

14. कुरुविन्द मणि श्रेणी कनत् कोटीर मण्डिता

Kuruvinda maṇi śreṇī kanat koṭīra maṇḍitā

Sie, die erstrahlt mit einer Krone, geschmückt mit blitzenden kuruvinda-Edelsteinen.

Die Schriften sagen, das Tragen von Edelsteinen verstärke die religiöse Hingabe und schenke Wohlstand. Die Gestalt der Göttlichen Mutter mit einer Krone voller Edelsteine entzückt naturgemäß die Devotees. Wenn wir Babies in schöne Sachen kleiden und mit kostbarem Schmuck behängen, ist's dann zu ihrer Freude oder zu unserer? Für die Babies wäre eine einfache schwarze Schnur oder ein goldenes Kettchen um den Hals dasselbe. Genauso verhält es sich mit den schmückenden Geschmeiden der Devī. Ihr bereiten sie keinerlei Vergnügen – es ist der Verehrer, der in ihrer Schönheit schwelgt. Um den Devotee zu erfreuen, trägt die Göttinmutter die edelsteinbestückte Krone.

Amma sagt oft: “Ein Polizist sieht in Zivilkleidung nicht genauso aus wie in Uniform. Die Uniform zeigt seinen offiziellen Status. Eben aus diesem Grund trägt Amma [anläßlich des Devī Bhava Darshans] Devīs Schmuck und Dekoration.” Doch wird der Schauspieler, der sich als Polizist verkleidet, nicht wirklich die Pflichten eines Polizisten übernehmen können; das kann nur der richtige Polizist. Und so weiß also der Devotee, der sich vor Amma von seinen Sorgen erleichtern will, daß sie nicht aus dem Schmuck und dem Gewand besteht, sondern daß sie das Prinzip dahinter ist.

15. अष्टमी चन्द्र विभ्राजदलिक स्थल शोभिता

Aṣṭamī candra vibhrājadalika sthala śobhitā

Sie, deren Stirn schimmert wie die Mondhälfte zur achten Nacht der zunehmenden Phase.

In der achten Nacht erscheint der Mond als Halbkreis. Devīs Stirn schimmert unter Ihrer Krone wie dieser zunehmende Halbmond. Das *Samudrikaśāstra* (die Wissenschaft, die Körpersprache und -merkmale deutet) erklärt, daß eine halbmondförmige Stirn große Intelligenz anzeigt.

16. मुख चन्द्र कलङ्काभ मृगनाभि विशेषका

Mukha candra kalaṅkābha mṛganābhi viśeṣakā

Sie, die einen Tupfen Moschus auf der Stirne trägt, der gleich dem Flecken auf dem Monde glänzt.

Dieser Name der Devī legt nahe, daß der Fleck dem Mond vielleicht nicht so gut steht, der Devī jedoch der Moschustupfen zu größerer Schönheit gereicht.

17. वदन स्मर माङ्गल्य गृह तोरण चिल्लिका

Vadana smara māṅgalya gṛha toraṇa cillikā

Sie, deren Augenbrauen sich schwingen wie die Bogengänge, die zum Haus des Liebesgottes Kāma führen; Ihr Antlitz gleicht dem seinen.

Devīs Antlitz wird als Kāmas glückbringender Wohnsitz beschrieben. Ihre Augenbrauen gleichen zwei kunstvoll geformten Bogengängen. Rund geschwungene Augenbrauen werden als besonders schön erachtet. Und ist das Antlitz gar des Liebesgottes Wohnstatt, wer könnte dann die Schönheit je ermessen? Der Göttinmutter Schönheit übertrifft jede Vorstellung.

18. वक्त्र लक्ष्मी परीवाह चलन् मीनाभ लोचना

Vaktra lakṣmī parīvāha calan mīnābha locanā

Sie, deren Augen den Glanz von Fischen haben, die im Strom der Schönheit ewig schwimmen, wie er sich ergießt von Ihrem Antlitz.

Wir erhalten den Eindruck, als können die Augen der Göttlichen Mutter jeden Wunsch erfüllen. Der Fisch ist ein Lebewesen, das im Wasser nicht nach Atem schnappt. Genauso kommen Devīs Blicke ununterbrochen dem Devotee zu Hilfe, ganz gleich, unter welchen Umständen oder Voraussetzungen.

19. नवचम्पक पुष्पाभ नासा दण्ड विराजिता

Navacampaka pushpābha nāsā daṇḍa virājitā

Sie, deren Nase von der Schönheit einer frisch knospenden campaka-Blüte ist.

Eine knospende Blüte öffnet sich nur ganz allmählich; sie ist in dieser Phase besonders attraktiv. Dementsprechend wird Devīs Nase als zierlich und anziehend gleich einer Blumenknospe geschildert.

20. तारा कान्ति तिरस्कारि नासाभरण भासुरा

Tārā kānti tiraskāri nāsābharaṇa bhāsurā

Sie, die strahlt mit edlem Schmuck der Nase, der den Glanz von Sternen übertrifft.

Tārā bedeutet Stern oder Planet, insbesondere *maṅgala* (Mars) oder *śukra* (Venus). Diese beiden werden als Gottheiten betrachtet. Devīs diamantene Nasenverzierung überstrahlt den Sternenglanz jener himmlischen Gottheiten. Die Redewendung impliziert auch die ewige Dauer des Strahlens Ihres Schmucks.

21. कदम्ब मञ्जरी क्लृप्त कर्णपूर मनोहरा

Kadamba mañjarī kḷpta karṇapūra manoharā

Sie, die so reizend ist mit Sträußen von kadamba-Blüten als Schmuck der Ohren.

Devī wird gewöhnlich mit kokett um beide Ohren drapierten *kadamba*-Blüten dargestellt. Außerdem soll Sie in einem *kadamba*-Wald leben, da Sie *kadamba*-Bäume besonders gerne hat.

22. ताटङ्क युगली भूत तपनोडुप मण्डला

Tāṭaṅka yugalī bhūta tapanoḍupa maṇḍalā

Sie, die Sonne und Mond als Ohrgehänge trägt.

Devīs Ohranhänger sind Sonne und Mond! Das heißt, Sonne und Mond willfahren Ihrem Wunsch und werden zu Ihrem Ohrgehänge. Verschiedentlich finden sich Sonne und Mond auch als Ihre beiden Augen oder Brüste portraitiert.

23. पद्म राग शिलादर्श परिभावि कपोल भूः

Padma rāga śilādarśa paribhāvi kapola bhūḥ

Sie, deren Wangen Schönheit leuchtender ist als Spiegel aus Rubinen.

So sehr schimmern die rosigen Wangen der Göttlichen Mutter, daß selbst Rubine, spiegelblank poliert, ihnen nicht gleichen.

24. नव विद्रूम बिम्ब श्री न्यक्कारि रदन च्छदा

Nava vidruma bimba śrī nyakkāri radana cchadā

Sie, deren Lippen frisch geschnittene Korallen und Bimba-Früchte an voller Prächtigkeit weit übertreffen.

Devīs rote Lippen leuchten wie frisch geschnittene Koralle oder wie die Bimba-Frucht.

25. शुद्ध विद्याङ्कुराकार द्विज पङ्क्ति द्वयोज्ज्वला
Śuddha vidyāṅkurākāra dvija paṅkti dvayojjvalā
Sie mit Ihren leuchtend-weißen Zähnen, gleich den Knospen reinen Wissens.

Śuddhavidyā (oder Śrī Vidyā) ist auch bekannt als *Ṣoḍaśavidyā*. Dieses 16-silbige Mantra ist von besonderer Bedeutung: es repräsentiert das Licht des Wissens, das die Dunkelheit der Unwissenheit vertreibt.

Dvījas sind Dinge oder Wesen, die zwei Geburten durchlaufen: Zähne, Vögel und *brāhmaṇas* sind *dvījas*. Ein *brāhmaṇa* ist *śūdra* von Geburt und wird zum *brāhmaṇa* durch das Studium der Veden. Der Vogel wird zuerst als Ei in die Welt geboren, und wenn das Ei ausgebrütet ist, erscheint der wirkliche Vogel. Auch die Zähne durchlaufen zwei Geburten. Die Milchzähne fallen aus, bevor die endgültigen Zähne erscheinen. In unserem Zusammenhang sind die *dvījas* Devīs Zähne, deren Strahlen gepriesen wird. Gleich *Śuddhavidyā* verscheucht das Lächeln der Göttlichen Mutter alle Unreinheiten und bringt unseren Herzen Licht.

Wie vorhin angesprochen, ist *Śuddhavidyā* dasselbe wie *Śrī Vidyā*, das große Mantra zur Verehrung der Göttlichen Mutter. Die drei Hymnen *Tripuramahimāstotra* vom Weisen Durvāsas, *Subhagodayastotra* von Gauḍapādācārya und *Saundarya Laharī* von Śrī Śaṅkarācārya behandeln besonders überzeugend das *Śrī Vidyā* und *Śrīcakra*. Rein praktisch genommen aber ist hauptsächlich die *Lalitāsahasranāma* die Basis der *Śrī Vidyā*-Verehrung.

Manmatha und Lopāmudrā verehrten als erste das *Śrī Vidyā*. Doch Manu, Candra (der Mond), Kubera (der Herr des Reichtums), Lopāmudrā, Manmatha, Agastya, Agni (der Gott des Feuers), Sūrya (die Sonne), Subrahmanya, Lord Śiva und Durvāsas werden allesamt als Seher (*draṣṭas*) des *Śrī-Vidyā*-Mantras bezeichnet.

Nicht alle benutzten allerdings dasselbe Mantra beim Verehrungsritual. Im Lauf der Zeiten verschwanden die meisten der ehemals verwendeten Mantren. Die Gelehrten behaupten, daß die *Vidyās* von Manmatha and Lopāmudrā als einzige erhalten geblieben sind.

Man glaubt, daß das Mantra seinen Ausgang im *mūlādhāra cakra,* dem Sitz der *Kuṇḍalinī,* nimmt, und Zungen und Gaumen erst erreicht, nachdem es die vier Stufen *parā*, *paśyantī*, *madhyama* und *vaikharī* durchlief. Es sind dies die Stufen des *Śabdabrahman* (Brahman als Klang), des Wissens über den Höchsten Geist in seiner Manifestation als Wort/Klang. *Parā* ist dem Keimungszustand vergleichbar – der Same schwillt an, wenn er mit Erde und Wasser in Kontakt kommt. Das erste Keimen des Samens kann als die *paśyantī*-Phase bezeichnet werden. Wenn der Keimling soweit ist, daß die ersten zwei Keimblätter sprießen, tritt die *madhyama*-Phase ein. Die *vaikharī*-Phase beginnt, sowie sich die beiden Keimblätter zu einem Blatt vereinen – d. h. sowie sich die zwei Aspekte Klang und Klangbedeutung, nun nicht voneinander separiert, in einer Dimension vereinen. Menschen, die ein weltliches Leben führen, kennen lediglich diese Stufe. Nur den Yogis (siehe Mantren 366-371) sind die anderen Stufen bekannt.

Bei Kleinkindern kommen erst zwei Zähne zum Vorschein. Mit der Zeit stellen sich zwei Reihen mit je 16 Zähnen ein. 16 Klangsilben mit ihren unterschiedlichen Bedeutungen werden mit zwei Reihen zu je 16 Zähnen verglichen. Geradeso wie das 16-silbige Mantra das Herz des Verehrers erleuchtet, so zerstreut Devīs Lächeln mit dem strahlenden Glanz Ihrer Zähne die Dunkelheit des Herzens und läßt es selig werden.

Dvījapaṅktidvayā mag sich auf die 32 Rituale beziehen, die dem *brāhmaṇa* für die Verehrung vorgeschrieben sind. Diese Rituale (wie z. B. *Śuddhavidyā* oder *Baladvādaśārdhamatam*) werden in Büchern über Tantra beschrieben. Sie sind in zwei Sequenzen auszuführen und werden also hier mit den 32 in zwei Reihen angeordneten Zähnen verglichen.

Śuddhavidyā, Devīs feinstofflichen Körper repräsentierend, wird als dreiteilig beschrieben (Bhāskararāya im Text *Varivasyārahasya).* Der erste Teil ist *agnimaṇḍala* (die feurige Scheibe), vom *mūlādhāra* (dem Sitz der *Kuṇḍalinī*) bis zum *anāhatacakra* auf Herzhöhe reichend, und leuchtet gleich dem Feuer der kosmischen Auflösung. Der zweite Teil ist *sūryamaṇḍala* (die Scheibe der Sonne), vom Herzen bis zum *ājñācakra* zwischen den Augenbrauen, hell wie zehn Millionen Sonnen. Der dritte wird als *candramaṇḍala* (die Scheibe des Mondes) bezeichnet und reicht vom *ājñācakra* bis zum *brahmarandhra* am Scheitel, zehn Millionen Monden gleich an Leuchtkraft (siehe Mantren 85-87).

26. कर्पूर वीटिकामोद समाकर्षि दिगन्तरा

Karpūra vīṭikāmoda samākarṣi digantarā

Sie, die gern ein Betelblatt, mit Kampfer reich bestrichen, zu sich nimmt - der Duft davon zieht Leute aus allen Richtungen an.

Die kampferbestrichene Betelrolle (*karpūravīṭika*) besteht aus mehreren duftenden Ingredienzien wie Kardamom, Kokusnuß, schwarzer Pfeffer, Ingwer und Kalk. Der Duft der Betelrolle im Mund der Devi weht weit um Sie, so daß Menschen aus der ganzen Umgebung davon angelockt werden und kommen, um Ihren Segen zu erhalten.

27. निज सल्लाप माधुर्य विनिर्भर्त्सित कच्छपी

Nija sallāpa mādhurya vinirbhartsita kacchapī

Sie, die mit Ihrer süßen Stimme gar Sarasvatis vīṇā an Wohlklang übertrifft.

Daß die *vīṇā* Sarasvatīs (Göttin der Sprache, des Lernens, der Künste) dem stimmlichen Ausdruck der Devi an Wohlklang unterlegen ist,- diese Einschätzung findet sich auch in Śaṅkarācāryas *Saundarya Laharī* (Vers 66):

"O Devī, Du nicktest mit dem Haupte, um Sarasvatīs süßer *vīna*-Musik, die Śivas edle Taten rühmte, lobend zu applaudieren. Doch Sarasvati bedeckte still ihr Instrument, da dessen bezaubernde Töne von Deiner melodischen sanften Stimme noch weit übertroffen wurden."

Jeder, der das Glück hatte, mit Amma zu sprechen, wird die Trefflichkeit dieser Beschreibung von Devīs [Ammas] Stimme bestätigen können.

28. मन्द् स्मित प्रभा पूर मज्जत् कामेश मानसा

Manda smita prabhā pūra majjat kāmeśa mānasā

Sie, die selbst den Verstand Kāmeśas (Lord Śivas) im Strahlen Ihres Lächelns ertrinken läßt.

Kāmeśa besiegte Kāma, den Herrn der Liebe, Wünsche und Begierde. Doch Devīs Lächeln bezaubert mit seiner Sinnlichkeit und Anmut selbst diesen Kāmeśa.

Kāma erhält im *Tantraśāstra* eine besondere Bedeutung. Es ist der *Bindu* von *Kāmakalā*. Der Herr des *Kāmabindu* ist auch Śiva.

29. अनाकलित सादृश्य चिबुक श्री विराजिता

Anākalita sādṛśya cibuka śrī virājitā

Sie, deren Kinn mit nichts verglichen werden kann (seine einmalige Schönheit ist unvergleichbar).

Śaṅkara streicht in der *Saundarya Laharī* (Vers 67) dasselbe heraus: "Es gibt nichts, womit Dein Kinn verglichen werden kann."

30. कामेश बद्ध माङ्गल्य सूत्र शोभित कन्धरा

Kāmeśa baddha māṅgalya sūtra śobhita kandharā

Sie, deren Nacken der Hochzeitsfaden ziert, den Kāmeśa Ihr umband.

Devīs Hochzeit wird in der *Lalitopākhyana* beschrieben. Die verschiedenen Gottheiten fragten sich, wer denn der passende Bräutigam für die Devī wäre, die aus dem "Opferfeuer reinen Bewußtseins geboren" ward. Brahmā, Viṣṇu and Śiva traten alle vor Sie und forderten Sie auf, einen unter ihnen zu wählen. Devī warf die Hochzeitsgirlande hoch in die Luft. Sie fiel auf den Nacken Kāmeśas. Der heiligen Sitte gemäß band Kāmeśa den *māṅgalyasutra* (Hochzeitsfaden) um Ihren Nacken. Śaṅkara stellt sich in der *Saundarya Laharī* vor, daß die drei Stränge dieses Hochzeitsfadens noch heute in Form dreier Falten an Devīs Nacken zu sehen sind.

Auch ist dies derselbe *māṅgalyasutra*, der Kāma, den Herrn der Liebe – von Śivas Zorn zu Asche verbrannt – ins Leben zurückbrachte.

31. कनकाङ्गद केयूर कमनीय भुजान्विता

Kanakāṅgada keyūra kamanīya bhujān vitā

Sie, deren Arme wunderschön geschmückt sind mit goldenen Reifen.

Aṅgada und *keyūra* sind beides Armreifen, Schmuck für die Oberarme; *aṅgada* wird näher am Ellbogen und *keyūra* näher zur Schulter getragen. Ihre Form unterscheidet sich ebenfalls. In Versen zur Meditation über Śiva wird der Gott mit *aṅgada* und *keyūra* dargestellt, die er als Schlangenspiralen an den Armen trägt.

32. रत्न ग्रैवेय चिन्ताक लोल मुक्ताफलान्विता

Ratna graiveya cintāka lola muktāphalān vitā

Sie, deren Nacken schimmert mit einem Halsband voller edler Steine, an dem auch eine große Perle hängt.

Bhāskarāraya unterteilt das Wort *graiveyacintākalolamuktā* in drei Bedeutungsstränge und meint, daß diese (*graiveyacintāka, lola* und *muktā*) drei Typen von Devotees beschreiben: *Graiveyacintākas* sind jene, die die Muttergottheit zwar verehren, aber Sie nicht fest in ihrem Herzen verankern können. Sie gehören spirituell in die mittlere Klasse. *Lolacintākas* wären jene, welche Sie, motiviert von weltlichen Wünschen, anbeten; sie befänden sich in der untersten Klasse. *Muktacintākas* hingegen sind die, die Sie ohne Wünsche verehren; sie sind in der obersten Klasse. Das unterscheidende Kriterium dabei sind die den Devotees jeweils unterschiedlich einprogrammierten *vāsanās*. Die Göttliche Mutter garantiert jedem Verehrer das seiner Hingabe und seinem Glauben entsprechende Resultat. Lord Kṛṣṇa sagt in der *Gītā* (IV- 11): "Wie auch immer die Menschen zu Mir kommen, dem entsprechend belohne Ich sie."

33. कामेश्वर प्रेम रत्न मणि प्रतिपण स्तनी

Kāmeśvara prema ratna maṇi pratipaṇa stanī

Sie, die für den Juwel der Liebe, mit dem Kāmeśvara Ihr huldigt, Ihre Brust ihm darreicht.

Die Göttinmutter sieht Parameśvaras Hingabe und läßt Ihre Brüste zum Objekt seiner Verehrung werden. Nicht das erotische Spiel scheint hier betont zu sein, sondern die hingebungsvolle Verehrung. In der Vergangenheit kommentierten die Interpreten, daß Devī, nachdem Lord Śiva Ihr den Edelstein der Liebe bot, ihn beschenkte mit den Juwelen, die Ihre Brüste sind, und mit dem kostbaren Stein, der Ihre Treue ist.

34. नाभ्यालवाल रोमालि लता फल कुच द्वयी

Nābhyālavāla romāli latā phala kuca dvayī

Sie, deren Brüste wie Früchte schwellen an der feinen Ranke jener Härchen, die sich aus der Tiefe Ihres Nabels aufwärts winden.

Die Brust der Göttinmutter spendet Ihren Kindern den Nektar der Liebe.

35. लक्ष्य रोम लता धारता समुन्नेय मध्यमा

Lakṣya roma latā dhāratā samunneya madhyamā

Sie, deren Taille nur vermutet werden kann, da die Winde Ihrer feinen Härchen dort entspringt.

Umschrieben wird der Eindruck von Devīs einzigartig schlanker Taille, die auf Ihre überwältigende Schönheit weist.

36. स्तन भार दलन् मध्य पट्ट बन्ध वलि त्रया

Stana bhāra dalan madhya paṭṭa bandha vali trayā

Sie, deren Bauch drei Falten zeigt - gleich einem Gürtel, der Ihre Taille stärkt, damit sie nicht knickt unter dem Gewicht der Brüste.

Dem *lakṣanaśāstra* (Wissenschaft der Körper-und Gesichtsmerkmale) zufolge vermehren drei Falten am Bauch einer Frau ihre Schönheit. Die drei goldenen Falten in der Nabelgegend der Gottesmutter sind offensichtlich drei goldene Bänder, die Ihre Taille stärken, so daß sie nicht unter der Last Ihrer Brust bricht.

37. अरुणारुण कौसुम्भ वस्त्र भास्वत् कटीतटी

Aruṇāruṇa kausumbha vastra bhāsvat kaṭītaṭī

Sie, deren Hüften ein Stoff ziert, rot wie die aufgehende Sonne, gefärbt mit dem Extrakt von kusumbha-Blüten [roter Extrakt von Safflor].

Aruṇa ist der Wagenlenker der Sonne. Es war allgemein gebräuchlich, Gewänder mit Safflor-Extrakt [eines distelähnlichen Gewächses des Ostens] zu färben. Wie bekannt, liebt die Göttliche Mutter besonders tiefrote oder gelbe Kleidung; dies wird z. B. in Umschreibungen wie *pitavastrā* (gelb-gekleidet) und *ktāmśukadhārinī* (jemand, der in blutrotes Gewand gekleidet ist) zum Ausdruck gebracht.

38. रत्न किङ्किणिकारम्य रशना दाम भूषिता
Ratna kiṅkiṇikāramya raśanā dāma bhūṣitā
Sie, die ein Gürtel voll juwelbesetzter Glöckchen ziert.

Dieses Gürtelband wird über dem Gewand getragen - ein Schmuck, der mit jeder Bewegung Devīs zart erklingt.

39. कामेश ज्ञात सौभाग्य मार्दवोरु द्वयान्विता
Kāmeśa jñāta saubhāgya mārdavoru dvayānvitā
Sie, deren Hüften Weichheit und Schönheit nur Ihrem Gemahl Kāmeśa bekannt sind.

Kāmeśa hat Kāma, den Herrn der Wünsche und Begierden besiegt und ist darum begierdelos. Dieses 39. Mantra impliziert, daß Devīs okkultes Geheimnis nur jenen enthüllt wird, die die Wunschbegierden überwunden haben, und es verweist somit auf die höchstpersönliche spirituelle Erfahrung des wahren Wissenden, der wie die Biene ist und sich vom Blütennektar ununterbrochener Glückseligkeit nährt.

40. माणिक्य मुकुटाकार जानु द्वय विराजिता
Māṇikya mukuṭākāra jānu dvaya virājitā
Sie, deren Kniee wie Kronen sind, geformt aus māṇikya (dem Rubin ähnlich).

41. इन्द्र गोप परिक्षिप्त स्मर तूणाभ जङ्घिका
Indra gopa parikṣipta smara tūṇābha jaṅghikā
Sie, deren Unterschenkel schimmern wie der edelsteingeschmückte Köcher des Liebesgottes.

Geschildert wird hier die Schönheit von Devis Unterschenkel, die durch den juwelenübersäten Rock anziehend schimmern.

42. गूढ गुल्फा

Gūḍha gulphā

Sie, deren Fußknöchel verborgen sind.

Devīs Fußknöchel werden von der Borte Ihres Rocks verdeckt.

43. कूर्म पृष्ठ जयिष्णु प्रपदान्विता

Kūrma pṛṣṭha jayiṣṇu prapadānvitā

Sie, deren Füße Rist den Rücken einer Schildkröte an Schönheit und an Glätte übertrifft.

Den śāstras zufolge sind Füße mit hohem Rist ein Kennzeichen von Schönheit.

44. नख दीधिति सञ्छन्न नमज्जन तमो गुणा

Nakha dīdhiti sañchanna namajjana tamo guṇā

Sie, deren Zehennägel Leuchten bei jenen, die sich zu Ihren Füßen beugen, die Dunkelheit der Unwissenheit gänzlich verschwinden läßt.

Die Verehrung der Füße der Göttlichen Mutter löst die Wolken der Unwissenheit auf. Da Ihre Füße für Sterbliche nicht sichtbar sind, meinen manche Kommentatoren, Brahmā und Viṣṇu seien die Verehrer, auf die sich das Mantra bezieht. Eine Berührung der Füße Devīs vertreibt die Verunreinigungen im Geiste selbst dieser hoher Wesenheiten. *Matsya Purāṇa* und *Padma Purāṇa* schildern tatsächlich solche Situationen. Bhāskarāraya führt in seinem Kommentar an, daß die juwelbedeckten Kronen der *devas,* die sich zu Ihren Füßen werfen, verblassen angesichts des Glanzes von Devīs Zehennägeln.

45. पद द्वय प्रभा जाल पराकृत सरोरुहा

Pada dvaya prabhā jāla parākṛta saroruhā

Sie, deren Füße Glanz die Lotusblume weit übertrifft.

Devīs Füße sind hinsichtlich Glanz, Weichheit, Reinheit und Wohlgeruch weitaus schöner als Lotusblumen. Diese locken die summenden Bienen an, doch Devis Füße ziehen begabte Dichter unwiderstehlich an. Die Attraktion der Lotusblume ist begrenzt hinsichtlich ihrer Reichweite, doch nicht die Attraktion von Devis Füßen - die ist grenzenlos. Schönheit und Duft Ihrer Füße reichen über Zeit und Raum hinaus und lassen sie vergessen.

46. सिञ्जान मणि मञ्जीर मण्डित श्रीपदाम्बुजा

Śiñjāna maṇi mañjīra maṇḍita śrīpadāmbujā

Sie, deren huldreiche Lotusfüße geschmückt sind mit edelsteinbesetzten goldenen Kettchen, die anmutig melodiös erklingen.

Devīs Anbeter haben häufig berichtet, daß sie in der tiefen Meditation das musikalische Klingen Ihrer Fußkettchen hörten.

47. मराली मन्द् गमना

Marālī manda gamanā

Sie, deren Gang gemächlich ist und sanft wie der des Schwans.

Es ist der Gang eines Wesens ohne Angst. Wo soll auch Raum für Angst in einem allwissenden und allmächtigen Wesen sein?

48. महा लावण्य शेवधिः

Mahā lāvaṇya śevadhiḥ

Sie, die der Schönheit Schatzhaus ist.

Śrī Śaṅkara meint, daß selbst göttliche Kenner wie Gott Brahmā Mühe haben, Ihre unerreichte Schönheit zu beschreiben.

"O Devī, Tochter des Berges, selbst ausgezeichnete Poeten wie Brahmā quälen sich beim Versuch, Deine Schönheit zu beschreiben. Himmlische Frauen vereinen sich in ihren Phantasien mit Shiva, der doch so schwer zu erreichen ist, selbst unter den größten Kasteiungen - nur um dann Deine unerreichbare Schönheit zu erschauen." (*Saundarya Laharī*, Vers 12)

49. सर्वारुणा

Sarvāruṇā

Sie, deren Hautfarbe gänzlich rot strahlt.

Schmuck und Kleidung der Göttlichen Mutter werden immer, grobstofflich sozusagen, in Rot dargestellt. Auf der feinstofflichen Ebene - beschäftigt mit Erschaffung, Erhaltung und Zerstörung in den Welten - erscheint Ihre Disposition oder Ihr Modus als *rājasisch.* Rot ist die rajasische Farbe. Es wurde bereits erwähnt, daß Śiva *prakāśa* und Devī *vimarśa* ist. Die Farbe von *vimarśa* ist rot.

50. अनवद्याङ्गी

Anavadyāṅgī

Sie, deren Körper der Anbetung würdig ist.

Avadya ist verachtenswert, *anavadya* ist das Gegenteil und meint verehrenswert. Jede Partie Ihres Körpers ist rühmenswert und verehrungswürdig. Die Göttliche Mutter ist ein Schatzhaus an Schönheit.

51. सर्वाभरण भूषिता

Sarvābharaṇa bhūṣitā

Sie, die überreichlich strahlt in ungezählt-vielfältigem Schmuck.

In manchen Texten wird der Name *Sarvābharaṇa bhāsurā* (der dieselbe Bedeutung hat) angegeben. Devī leuchtet mit vielen Schmuckstücken, und der Kronjuwel samt den edelsteinverzierten Geschmeiden an Ihrem Körper sind nicht alles. Die *Kālikā Purāṇa* erwähnt 40 Schmuckstücke, die die Devī von Kopf bis Fuß zieren. In der *Paraśurāmakalpasūtra* heißt es, für die Zahl Ihrer Schmuckstücke gäbe es keine Begrenzung.

Devīs physischer Körper ist im vorstehenden geschildert worden. Nachfolgend wird Ihr Sitz und Thron beschrieben.

52. शिव कामेश्वराङ्कस्था

Śiva kāmeśvarāṅkasthā

Sie, die auf Śivas Schoße sitzt – Er besiegte die Begierde.

Śiva steht für das ungeteilte Selbst, die Sein-Bewußtsein-Glückseligkeits-Dimension, in der es keinen Unterschied zwischen *jīva* (der individuellen Seele) und *Īśvara* (Gott) gibt.

Kāmeśa ist der Herr der Wunschbegierde und kann entsprechend seinen Wünschen jede Form annehmen; da er aber Kāma besiegte, ist er begierde- und wunschlos. Deshalb bedeutet dieser Name, daß die Göttliche Mutter in jenem Selbst wohnt, das jenseits von *saṅkalpa* (Entschluß) und *vikalpa* (Zweifel) ist.

Kāma bedeutet auch *prajñāna* (Wissen), das eins mit Śiva ist. Den Veden zufolge ist *Prajñānam Brahma* (Wissen von Brahman) eins mit *Brahman*, dem Universal-Selbst. Die Veden merken außerdem an, daß Śiva den *kāma* (den Wunsch) hatte, das Weltall zu erschaffen. Deshalb sitzt die Göttliche Mutter auf dem Schoß von Śiva, der die Schöpfung wünschte.

53. शिवा

Śivā

Sie, die alles Gute schenkt.

Den *Śaiva*-Schriften zufolge ist Devī die alles-durchdringende, all-sehende und all-wissende Macht.

Śivā ist die feminine Form von Śiva. Der Unterschied liegt nur in der Betonung. Das Höchste Selbst kann mit dem Namen Śivā benannt werden.

Śivā ist die Große Göttin, die uns in Śivas Welt bringt oder uns wieder aus ihr nimmt.

Die Schriften erklären, daß Śivā, also Devī, von Lord Śiva so untrennbar ist wie Hitze von Feuer, Sonnenstrahl von Sonne oder Mondlicht vom Mond.

Ammas Devotees wissen wohl, daß das häufigste Wort auf ihren Lippen "Śiva, Śiva" ist und oft zu "Śivā" wird.

54. स्वाधीन वल्लभा

Svādhīna vallabhā

Sie, die Ihren Gemahl immer unter Ihrer Kontrolle hat.

Tantraśāstra-Texte wie *Sūtasamhita, Saundarya Laharī* und *Subhagodayam* betonen, daß selbst Brahmā, Viṣṇu und Śiva ihre Aufgaben nur dank des Segens der Göttlichen Mutter erfüllen können.

Dieses 54. Mantra wird auch so übersetzt: "Sie, die die Ehefrauen segnet mit der Kraft, ihre Ehemänner zu beeinflussen."

Devī Bhāgavata führt aus, wie Devīs Segen Śacīdevī befähigte, ihren Gemahl Indra unter ihrem Einfluß zu halten.

Die Geschichte von Sukanyā ist auch berühmt. Sie war das ergebene Weib des alten, unattraktiven Weisen Cyavana. Einmal kamen zwei *Aśvins* (eine spezielle Art von Göttern) zu ihr, verwandelten ihren Ehemann in dieselbe anziehende Gestalt, die sie hatten, und forderten sie auf, einen unter den drei gleich aussehenden Wesen als Ehemann zu wählen. Sukanyā befand sich in einem qualvollen Konflikt und flehte die Göttliche Mutter um Hilfe an. Mit Devīs Segen war sie dann in der Lage, Cyavana unter den dreien zu erkennen.

55. सुमेरु मध्य शृङ्गस्था

Sumeru madhya śṛṅgasthā

Sie, die auf dem Mittelgipfel des Bergs Sumeru thront.

Der Berg Meru wird mit vier Gipfeln geschildert. Auf dem mittleren Gipfel sitzt die Göttinmutter, die anderen drei werden von Brahmā, Viṣṇu und Śiva. (*Lalitāstavaratna,* Vers 2-4) besetzt.

Die Bedeutung dieses Mantras ist im *Tantraśāstra* zu finden. Dort wird das Rückgrat als *merudaṇḍa* bezeichnet, dessen unteres Ende als *trikoṇa* (Dreieck), das obere Ende als *bindu* (Punkt) im *sahasrāra cakra* des Hauptes. *Trikoṇa* und *bindu* bilden das erste *manḍala* des *Śrīcakra.* Die Ecken des *cakra* werden auch Gipfel genannt. Brahmā, Viṣṇu und Śiva nehmen diese Gipfel ein. Der zentrale Punkt (*bindu*) wird ebenso Gipfel genannt. Ein Gipfel ist etwas schwer Erreichbares. Parāśakti nun residiert auf dem zentralen Gipfel.

Das Mantra wird in manchen Texten als *Sumeru śṛṅga madhyasthā* angegeben.

56. श्रीमन् नगर नायिका

Śrīman nagara nāyikā

Sie, die geliebte Meisterin der segensreichsten (wohlhabendsten) Stadt.

Die Stadt der Göttlichen Mutter, Saubhāgyapūra (wohlhabende Stadt) genannt, ruht auf dem zentralen Gipfel des Berges Meru, inmitten des Nektarozeans. Auch diese Metapher birgt eine okkulte Bedeutung. Die "wohlhabende Stadt" ist identisch mit dem *Śrīcakra,* und Parāśakti ist dessen geliebte, liebende Herrin.

Ein *cakra* ist etwas, das sich um eine Achse dreht. Das *Śrīcakra* steht als Symbol für das sich um ein Zentrum drehende Weltall.

Sehen wir uns das Bild des *Śrīcakra* an, so bemerken wir dies: außen eine quadratische Grundform, die drei innere Kreise umfaßt. Auf dem zweiten Kreis sitzen 16 Blütenblätter, auf dem innersten dritten Kreis acht; dann kommt, nach innen gehend, eine Anordnung von 14 Dreiecken, danach eine von zehn, schließlich eine von acht Dreiecken. Zuinnerst findet sich ein Dreieck mit einem Punkt im Zentrum. Wenn wir uns das Yantra dreianstatt zweidimensional vorstellen, sehen wir an der Spitze des Objekts den *bindu* (Punkt) und darunter das Dreieck, gestaffelt darunter wiederum alle Dreiecks- und Kreis- sowie Blütenblätteranordnungen. Dies ist das tantrische Bild des menschlichen Körpers. Man kann es auch als symbolisches Bild des Universums verstehen, wie es die *śāstras* bekanntermaßen tun.

Das *Śrīcakra* wird bei dreidimensionaler Darstellung zum *Merucakra.* Śaṅkarācārya installierte das *Śrīcakra* während seiner ruhmreichen Reisen (*digvijaya*) an mehreren Orten.

Dem *Śrīcakra* sind das *Cakrarāja*, *Navayonicakra*, *Viyatcakra* und das *Mātṛkācakra* bedeutungsmäßig ähnlich.

Lalitādevī ist Parāśakti, die regierende Gottheit des *Śrīcakra.* Lalitā ist jene, die alle Welten mit Ihrem *līlā,* Ihrem göttlichen Spiel transzendiert.

57. चिन्तामणि गृहान्तस्था

Cintāmaṇi gṛhāntasthā

Sie, die in einem Haus aus Cintāmaṇi-Edelsteinen wohnt.

Cintāmaṇi ist ein Edelstein, der jeden Wunsch erfüllt. Der 57. Name legt jedoch eine innere, figurative Bedeutung nahe, kaum eine buchstäbliche. Ist nicht unser Verstand tatsächlich dieses Haus, gebaut aus wunscherfüllenden Edelsteinen? Lagert in diesem edlen Vorratsgebäude (des Verstandes, samt seinen Vorstellungen und Erinnerungen) nicht alles, womit selbst das scheinbar unerreichbarste Ziel erreichbar wird? Und eben dieses Haus ist der Wohnsitz der Göttlichen Mutter.

Sogar die *devas* sollen Devī im *Cintāmaṇi*-Haus verehren.

58. पञ्च ब्रह्मासन स्थिता

Pañca brahmāsana sthitā

Sie, die auf einem Sitz aus fünf Brahmās sitzt.

In Devīs Haus aus *Cintāmaṇi*-Steinen ist Śiva das Bett und der große Īśāna das Kissen; Sadāśiva ist die Bettmatte; die vier Bettpfosten sind den tantrischen Texten zufolge Brahmā, Viṣṇu, Rudra und Īśvara. Indra wird als Ihr Spucknapf beschrieben! Indra gilt als höchste Repräsentation von Komfort und Wohlhabenheit. Wenn alle weltlichen und himmlischen Güter nur den Wert eines Spucknapfes für die Göttinmutter haben, worin bestünde dann der Sinn, ihnen nachzulaufen? Die Feststellung, daß die göttliche Trinität und Īśvara Bettpfosten sind, verdient auch Beachtung. Ein unbeständig Ding taugt nämlich nicht zum Bettpfosten. Das heißt, die vier Gottheiten, bewegungslos als Pfeiler zur Unterstützung Devīs stehend, erscheinen hier als herrliches Gleichnis: nur die, die solche Stille erlangen, können die Große Mutter andauernd in sich tragen.

Die fünf Brahmās können als die fünf *tanmātras* (feinen Elemente) im Prozeß ihrer Manifestation aus dem *sakalabrahman* (Brahman, das Teile hat bzw. eine Form) interpretiert werden.

59. महा पद्माटवी संस्था

Mahā padmāṭavī samsthā

Sie, die im großen Lotus-Walde residiert.

Der große Lotus-Wald steht hier für den tausendblättrigen Lotus (*sahasradala padma*) oder das tausendarmige Chakra (*sahasrāra cakra*).

Die Verehrung (*upāsana*) erreicht ihre kulminierende Erfüllung, wenn sich die *Kuṇḍalinī* aus dem *mūlādhāra* erhebt, den tausendblättrigen Lotus erreicht und dort mit Śiva verschmilzt. Auch in dieser Hinsicht ist der tausendblättrige Lotus Devīs "Lustschloß" (siehe Mantra 110).

60. कदम्ब वन वासिनी

Kadamba vana vāsinī

Sie, die im kadamba-Walde wohnt.

Kadambavana ist ein symbolisches Bild aus der tantrischen Tradition. Das *cintāmaṇi-* Haus wird umgeben von Tempeln aus kostbaren Steinen, und Kadamba-Bäume spenden überall Schatten. Śrī Śaṅkara schildert Devīs Wohnsitz so: "... umgeben von einem Hain himmlischer Bäume."

61. सुधा सागर मध्यस्था

Sudhā sāgara madhyasthā

Sie, die inmitten des Nektarozeans lebt.

Der Nektarozean, so wird gesagt, ist der Punkt *(bindu)* im Zentrum des *Śrīcakra. Tantraśāstra* sagt, es gäbe darin drei Städte. Eine davon ist von Nektar umflossen. Eine andere ist das *candramaṇḍala* im Samenbeutel des tausendblättrigen Lotus. Die dritte ist der zentrale Punkt des *candramaṇḍala, aparājita* genannt.

62. कामाक्षी

Kāmākṣī

Sie, deren Augen den Wunsch erwecken; oder: Sie, die wunderschöne Augen hat.

Hier zielt der Wunsch nicht auf körperliche Freuden, sondern auf das höchste Lebensziel der Befreiung.

Auch diese Interpretation ist möglich: Sie, deren Augen Sarasvatī (*kā*) und Lakṣmī (*mā*) sind. Wissen und Wohlstand sind in der Regel die Ziele von Devīs Verehrern. Beide sind Ihr so selbstverständlich wie Ihre Augen es sind. Diese Augen ergießen großzügig Ihren Segen über die Devotees.

63. काम दायिनी

Kāma dāyinī

Sie, die alle Wünsche erfüllt.

Die *Brahmāṇḍa Purāṇa* führt an, daß Gott Brahma der Devī die Namen Kāmākṣi und Kāmadāyini wegen Ihrer Freundlichkeit und Großzügigkeit gab.

Das Mantra kann auch so interpretiert werden: "Sie, die Glück (*ayini*) dem Śiva (Kāmada) bringt", oder so: "Sie, die *kāma*, Wunschbegierde eliminiert."

Dāya bedeutet Erbschaft; deshalb ist auch diese Übersetzung sinnvoll: "Sie, die Śiva als Erbteil angehört."

Doch bleibt die primäre Bedeutung des Mantras: "Sie, die alle Wünsche Ihrer Devotees erfüllt."

64. देवर्षि गण संघात स्तूयमानात्म वैभवा

Devarṣi gaṇa saṅghāta stūyamānātma vaibhavā

Sie, deren Macht von so vielen Göttern und Weisen gepriesen wird.

Saṅghāta ist die Bezeichnung einer speziellen Hölle. Die Göttliche Mutter allein hat die Macht, *devas* und Weise aus dieser Hölle zu erretten. Die *Purāṇas* beschreiben, wie Götter und Weise in ganz unterschiedlichen Arten aus ihren jeweiligen Positionen fallen. Unser jetziges Mantra also besagt, daß die Göttinmutter gepriesen und besungen wird, weil Sie sie vor solchem Fall bewahrte.

Nehmen wir *saṅ* in der Bedeutung von "gut, richtig, angemessen" und *ghātam* im Sinn von "töten" an, dann kann das Mantra so übersetzt werden: "Sie, die die Macht hatte, Bhaṇḍāsura zu töten, um die Devas und die Rishis zu erretten" (s. nächstes Mantra). Die Devas und die Rishis riefen die Göttliche Mutter an und beteten zu Ihr, auf daß Sie Bhaṇḍāsura vernichte. Und nachdem er dann getötet war, sangen sie Ihr Lob. Ihre Majestät und Machtfülle sind ersichtlich unerreicht. Sie verkörpert das allerhöchste Selbst.

65. भण्डासुर वधोद्युक्त शक्ति सेना समन् विता

Bhaṇḍāsura vadhodyukta śakti senā saman vitā

Sie, bewehrt mit einer Armee von śaktis, die bereit sind, Bhaṇḍāsura zu schlagen.

Erinnern wir uns an das fünfte Mantra: Die Göttliche Mutter manifestierte sich, um den Wunsch der Devas zu erfüllen. Die Tötung von Bhaṇḍāsura ist dabei die vordringlichste Aufgabe.

Lord Śiva verbrannte Kāma, den Gott der Liebe, mit dem Feuer seines Auges. Aus der Asche erschuf Citrasena, ein Mitglied aus Śivas Troß von Geistern (*bhūtas*), ein sehr machtvolles Wesen, kraft seiner Askese und Buße. Beim Anblick dieses neuerschaffenen Wesens rief Lord Brahmā voll des Lobes: "Gut gemacht, gut gemacht (*Bhaṇḍa, bhaṇḍa*)!" Und so wurde dies neue Wesen Bhaṇḍa genannt. Da es aus der Asche von Śivas Zornesfeuer und von einem Führer der *bhūtas* erschaffen ward, entstand mit Bhaṇḍa ein gar gewaltiger Dämon (*asura*). Er unterwarf sich strengsten Kasteiungen, nötigte damit Śiva, vor ihm zu erscheinen, und empfing darauf alle Gaben und Kräfte, die ihn beinahe unbesiegbar machten.

Bhaṇḍa ging dann daran, die Devas und die Rishis anzugreifen. Die Devas gerieten in Panik und bereiteten ein rituelles Opferfeuer (*yāgya*), um den Dämon zu vernichten. Doch es wurde durch Bhaṇḍas Invasion grausam unterbrochen. Die Devas zerstreuten sich in alle Himmelsrichtungen.

Indra, der Anführer der Devas, begann darauf ein noch gewaltigeres *yāgya,* das Parāśakti wohlgefallen sollte. Die Devas opferten ihr eigen Fleisch und Blut ins rituelle Feuer. Aus diesem Feuer erstand die Göttliche Devī in einer manifesten Form, Tripūrasundarī seither genannt. Die Devas, die sieben großen Rishis und Nārada priesen Sie in Lobeshymnen. Devī versammelte Ihre Armee von *śaktis* und bereitete den Angriff auf Bhaṇḍa vor.

Bei tieferer Betrachtung gewinnt die Geschichte einen anderen Sinn. *Bhaṇḍa* bedeutet "schamlos"; *asu* bedeutet Leben und *ra* läßt sich übersetzen mit "jemand, der zerstört". Bhaṇḍāsura ist also jemand, der gewissen- und schamlos Leben zerstört. Der Grund für seine Gewissenlosigkeit ist Nichtwissen, ist Ignoranz. Demzufolge entspricht "Bhaṇḍāsura" der Seele (*jīva*), die aus Unwissenheit an den Körper gefesselt ist. Diese Unwissenheit bringt die individuell verkörperte Seele dazu, zu töten (*himsa*) und Gewalt in jeglicher Form auszuüben. Opferfeuer (*yāgya*) oder Kasteiung, Askese und yogische Bußübungen (*tapas*) dienen alle der Auflösung der [existentiellen] Unwissenheit. Der gläubige Sucher verbrennt seine Anhaftungen, sein körperlich konditioniertes Bewußtsein, seine Gedanken und Emotionen im Feuer von *tapas*, von *sādhana*. Aus diesem wahren Opferfeuer des Herzens ersteht die Göttliche Mutter. Sie durchtrennt alle karmischen Verstrickungen und *vāsanās* (Gewohnheiten, innewohnende Tendenzen), die die Seele scheinbar ewig binden, und schenkt ihr höchste, letzte Befreiung. Das wäre die tiefere Bedeutung der allegorischen Geschichte über die Vernichtung Bhaṇḍāsuras.

66. सम्पत्करी समारूढ सिंधुर व्रज सेविता

Sampatkarī samārūḍha sindhura vraja sevitā

Sie, der eine Elefantenherde, von Sampatkarī fähig kommandiert, zur Seite steht.

Die Schilderung von Devīs Armee aus *śaktis* beginnt jetzt und dramatisiert die Bühne, auf der Bhaṇḍa schließlich getötet wird. Die Göttin Sampatkarī sammelt eine Streitmacht aus Elefanten unter ihrem Kommando, um der Göttinmutter beizustehen. Sampatkarī manifestierte sich aus dem Stechstock, einer der von Devī getragenen Waffen.

Sampatkarī ist auch der Name eines höchst machtvollen Mantras zur Verehrung der Göttlichen Mutter.

In der *Lalitopākhyāna* wird Sampatkarī beschrieben, wie sie einen riesigen Elefanten namens Kolāhala reitet, bei dessen

Anblick alle Elefanten aus der weiteren Umgebung sich dahinter scharen. Zwar verfügt Sampatkarī auch über Kampfwagen, Pferde, Männer, doch ist das Elefanten-Regiment ihre Hauptstreitmacht.

Sampatkarī bedeutet "die, die Reichtum (*sampat*) schafft". Reichtum macht Vergnügen. *Sampatkarīsamāruḍha* heißt "Vergnügen spendend". Das Elefanten-Regiment symbolisiert so gesehen die lustspendenden Sinne.

Erinnern wir uns an die Geschichte von *Gajendramokṣa,* der Befreiung des Elefantenkönigs, erzählt in der *Bhāgavata Purāṇa.* Ein König wird durch einen Fluch in einen Elefanten verwandelt. Als Anführer einer großen Elefantenherde regiert er über den Dschungel. Eines Tages, als er sich mit seinen Gefährten in einem See vergnügt, greift ihn ein großes Krokodil an, verbeißt sich in sein hinteres Bein und beginnt, ihn hinabzuziehen. Der Elefant widersteht, ein Kampf hebt an und währt sehr lange. Die Gefährten des Elefantenkönigs verlieren schließlich jede Hoffnung und verlassen, einer nach dem anderen, jenen Ort. Die Gedanken des Bedrängten wenden sich zu Viṣṇu, er pflückt mit seinem Rüssel wilde Lotusblumen aus dem See und offeriert sie, hilferufend, diesem Gott. Seine Kraft, die einst so machtvoll war, verebbt allmählich, und wie dann der Augenblick kommt, da er gänzlich unter Wasser gezogen wird, richtet er einen allerletzten, verzweifelten Hilferuf an den Herrn und bietet ihm die letzte Lotusblüte dar. Daraufhin erscheint Gott Nārāyaṇa und hält Sein *sudarśana cakra* in der Hand. Er tötet damit den Alligator und schenkt dem Elefanten *mokṣa.*

Was soll nun diese Parabel bedeuten? Das Leben ist der große See, voll mit Lotusblumen. Der Elefant symbolisiert die Sinnesorgane, die Blumen stehen für die sinnlichen Erfahrungen bzw. die Sinnesobjekte. Das Krokodil ist der Verstand. Um die Sinne vom Verstand zu befreien, wird *sudarśana* (wörtlich: eine "gute Sicht") benötigt.

Die Elefanten - die Sinne - müssen gezähmt und dazu gebracht werden, die Füße der Göttlichen Mutter zu verehren. Nur jemandem, der Sinne und Verstand in dieser Weise bezähmt hat, wird es gelingen, die Freuden von *turīya* kennenzulernen. Turiya ist der glückliche Zustand jenseits des Tiefschlafes.

In der *Gītā* wird der Verstand als sechster Sinn betrachtet. Dementsprechend ändern sich die korrespondierenden Bedeutungen etwas: weiterhin steht der See für's Leben, stehen die Lotusblumen für Sinnesobjekte; doch Kolāhala, der Elefant, symbolisiert den Verstand, die fünf anderen Sinne werden durch die Elefantengefährten, und der Intellekt durch das Krokodil versinnbildlicht. Dank einer Vision der Wahrheit (*sudarśana*) verwandelt sich der weltgebundene Intellekt und öffnet sich für die Erfahrung Gottes, für ein Wissen also, das die normale Sinneserfahrung, die empirische Erfahrung überschreitet. *Sampatkarī*, die Quelle weltlichen Reichtums, wandelt sich zur Quelle reichen Wissens. Sobald diese Verwandlung endgültig vollzogen ist, kann der *yogi* eintauchen in die Glückseligkeit des *turīya*-Zustandes. Eine verdeckte Bedeutung dieses Mantras wäre dann, daß die Göttliche Mutter solche *yogins* zu Ihren Dienern hat.

67. अश्वारूढाधिष्ठिताश्व कोटि कोटिभिर् आवृता

Aśvārūḍhādhiṣṭhitāśva koṭi koṭibhir āvṛtā

Sie, die von einer Kavallerie aus Millionen von Pferden, unter dem Kommando der śakti Aśvārūḍhā stehend, begleitet wird.

Der Name *Aśvārūḍhā* bedeutet, "auf einem Pferd sitzend". Aśvārūḍhā ist eine in der *Tantraśāstra* portraitierte Gottheit. Das ihr zugeordnete Mantra ist 13 Silben lang. Sie wird als die Gottheit vorgestellt, die Devīs Kavallerie kommandiert.

Diese Göttin wird aus der Wurfschlinge (*pāśa*) geboren, die eine von Devīs Waffen ist. Bei der Besprechung des 8. Mantra wurde angeführt, daß diese Schlinge für Liebe und Verlangen steht, welche beide die belebten Wesen miteinander verbinden. Aśvārūḍhā reitet auf einem Pferd namens *Aparājita*, was "ungeschlagen, unbesiegt" heißt.

Die Pferde symbolisieren die Sinne. Das Attribut "ungeschlagen, unbesiegt" paßt gut zu den Sinnen. Sie sind in der Tat schwer zu kontrollieren. Doch Aśvāruḍhā kontrolliert dieses wilde Pferd mit ihrem Willen und reitet auf ihm geschwind in die gewünschte Richtung. Aśvarūḍhā repräsentiert dabei den Verstand und Devī das Selbst. Allerdings besitzt Aśvārūḍhā die geistige Kraft [ungleich dem menschlichen Verstand], neben Aparājita eine unbegrenzte Anzahl von Pferden - Sinnen - im Weltall zu kontrollieren.

Die innere Erfahrung von Yogis übertrifft jedes Buchwissen. Denn ist man erfüllt vom Aśvārūḍhā-Verstand, gerät alles zum Wunderbaren. Laut den darin Erfahrenen ist das Reich des Yoga voller Wunder. Der Verstand, der den Zustand yogischer Realisierung erreicht, erkennt und erfährt das Wesen Śivas. Die Willenskraft des Yogis in diesem Zustand wird "Umā" genannt; "Kumāri" und "Parābhaṭṭārikā" sind weitere Bezeichnungen dafür.

68. चक्र राज रथारूढ सर्वायुध परिष्कृता

Cakra rāja rathārūḍha sarvāyudha pariṣkṛtā

Sie, die hell erstrahlt in Ihrem cakrarāja, Ihrem reich mit Waffen bestückten Gefährt.

Die *Lalitopākhyāna* beschreibt verschiedene Typen von Streitwagen. Devīs *cakrarāja*-Gefährt ist darunter das wunderbarste, mit *ānanda* (Seligkeit) als Standarte und einer Konstruktion aus neun Ebenen. Es ist zehn *yojanas* hoch (ein *yojana* mißt etwa 13 Kilometer) und hat einen Durchmesser von vier *yojanas*.

Danach kommt das *geyacakra*-Gefährt, mit großen Rädern und sieben Ebenen. Die *śakti* Mantriṇī fährt in ihm. Dann das *Kiricakra*-Gefährt, ebenso mit sieben Ebenen, gelenkt von der *śakti* namens Daṇḍanātha. Diese drei Wagen fahren immer zusammen (siehe die folgenden zwei Mantren). Es besteht Grund zur Annahme, daß diese Gefährte Symbole tantrischer Überlieferung sind und *iḍā, piṅgalā* und *suṣumnā nāḍīs* (Nerven) repräsentieren.

Die im vorliegenden Mantra erwähnten Waffen spielen auf die unterschiedlichen *sādhana*-Übungen an, mit Hilfe derer Wissen vom Selbst erlangt wird. Der *Śaiva*-Tradition zufolge sind diese Waffen eben solche Methoden, wie z. b. *āṇavopāya, śāktopāya* und *śāmbhavopāya*.

Wir können begründetermaßen annehmen, daß das *cakrarāja*-Gefährt das *Śrīcakra* ist. Dann würde "*cakrarājarathārūḍha*" für die Göttliche Mutter stehen, die im Śrīcakra thront und Ihre Devotees in deren *sādhanas* segnet. Wer *Śrī Vidyā* kennt, weiß über das Geheimnis des *Śrīcakra*. Und wer dies Geheimnis kennt, geht über die Vorstellungen von "ich" und "mein" hinaus und erwirbt das Wissen vom Selbst.

69. गेय चक्र रथारूढ मन्त्रिणी परिसेविता

Geya cakra rathārūḍha mantriṇī parisevitā

Sie, in deren Dienst die śakti Mantriṇī steht, die auf dem Wagen Geyacakra fährt.

Geyacakra bedeutet ein Chakra, das so herrlich ist, daß es in einem Preisgesang besungen werden muß. Dies will besagen, daß die *Kuṇḍalinī*, bei ihrem Aufstieg vom *mulādhāra* zum *sahasrāra* am Scheitel, das [wunderbare] *geyacakra*, nämlich das *sūryamaṇḍala* (die Sonnenscheibe) in der Mitte dieses Wegs durchquert. Das vorliegende Mantra impliziert, daß die im *sūryamaṇḍala* residierende Gottheit der Devī (jetzt in der Form von Tripūrasundarī oder *Kuṇḍalinī Śakti)* dabei hilft, zum *sahasrāra* aufzusteigen (siehe Mantren 99 und 110).

In einer anderen Interpretation steht das *geyacakra* für das Hauptchakra, dem *Śrīcakra*. Devī selbst, im *Śrīcakra* ruhend, offenbart Ihren Devotees die Macht der Mantren. Bei solcher Auslegung würde das Mantra folgendermaßen übersetzt werden: "Sie, der Ihre Verehrer dienen und denen Sie dafür der Mantren Macht enthüllt." Das *Tantraśāstra* sagt, Devīs *mantriṇī* (Minister) und Barde sei die Göttin Śyāmalāmba. Unser Mantra bedeutet dann: "Sie, der die Göttin Śyāmalāmba allzeit zu Diensten steht."

70. किरि चक्र रथारूढ दण्ड नाथा पुरस् कृता

Kiri cakra rathārūḍha daṇḍa nāthā puras kṛtā

Sie, die von der śakti Danḍanāthā, im Kiricakra-Wagen sitzend, begleitet wird.

Kiri bedeutet Igel, und *kiricakraratha* ist ein Gefährt in der Form eines Igels oder eines, das von Igeln gezogen wird. *Daṇḍanātha* ist die unter dem Namen Vārāhi bekannte Gottheit. Als Befehlshaberin von Devīs Streitkräften fährt sie immer als Ihre Vorhut.

In anderer Deutungssicht symbolisiert *kiri*, das auch "Strahl" heißen kann, alle Wesen der Schöpfung. *Kiricakra* wird dementsprechend zum Rad von *saṁsāra*. Die Gottheit Daṇḍanātha (der "Stockschwinger") ist kein anderer als Yama, der Herr des Todes. Das Mantra gewinnt nun diesen Sinn: "Sie, die von Yama, der im Wagen von samsāra reist, nicht begleitet wird (*apuraskṛta*)." Yama besitzt nicht die Macht, vor der Göttlichen Mutter herzuziehen. Auch wenn Sie mit weltlichem Zeitvertreib beschäftigt ist, eignet Ihr immer die Macht, jenseits der Zeit zu sein.

71. ज्वाला मालिनिकाक्षिप्त वह्नि प्राकार मध्यगा

Jvālā mālinikākṣipta vahni prākāra madhyagā

Sie, die inmitten einer Feuerfestung sitzt, von der Göttin Jvālāmālinī geschaffen.

Jvālāmālinī ist ein Wesen, das nach allen Seiten Flammen wirft. Die Feuerfestung versinnbildlicht die Gesamtheit der Schöpfung. Diese Festung wird aus Funken oder Flammenzungen gebildet, die an sich vorübergehend sind. Feuer selber aber ist ewig - ist die Wahrheit. Der Zustand eines jñāni oder Erleuchteten ist identisch mit dem Feuer. Die Funken oder Flammenzungen entsprechen den Sinnesobjekten, und der jñāni bleibt inmitten dieser vorüberziehenden Objekte unberührt.

Dem *Tantraśāstra* zufolge sind *jvālāmālinīs* die fünf Dreiecke Śaktis. Vier Śiva-Dreiecke, nach den vier Himmelsrichtungen weisend, symbolisieren die Festung des Feuers. Verschmelzen die fünf Śakti-Dreiecke mit den vier Śiva-Dreiecken, so wird das *Śrīcakra* geformt. Devī residiert im zentralen Punkt *(bindu)* des *Śrīcakra*. Die Schrift *Uttaracatuṣśati* stellt dazu fest: "Durch die Kombination der fünf Śaktis und der vier Feuer wurde das Cakra erschaffen."

Erinnern wir uns an den Namen "*Cidagnikuṇḍasambhūtā*" (Mantra 4). Devī befindet sich im Mittelpunkt der Feuerfestung. Bhaṇḍāsura - d. h. die verdunkelnde Unwissenheit - vermag nicht einmal einen Blick in dieses Zentrum zu werfen.

Jvālāmālinī heißt überdies die Gottheit des 14. Tags des lunaren Halbmonats.

72. भण्ड सैन्य वधोद्युक्त शक्ति विक्रम हर्षिता

Bhaṇḍa sainya vadhodyukta śakti vikrama harṣitā

Sie, die die Tapferkeit der śaktis erfreut, welche ausziehen, die Armee des Bhaṇḍāsura zu besiegen.

Bhaṇḍa ist der *jīva,* der an Sinne und Verstand gekettet ist. Bhaṇḍas Armee besteht aus den ungezählten Dualitätsaspekten und den unendlich vielen Formen und Namen in der Welt. Dieses Mantra lehrt uns, daß die Göttliche Mutter Wohlgefallen findet an der durch *sādhana* erworbenen Macht - an einer spirituellen Praxis, die sich durch etliche Stadien bewegte und höherentwickelte, über das *ājñācakra* hinausgelangte und im Begriff steht, die höchste, jegliche Dualität löschende Erfahrung zu machen.

Die tapferen Taten der *śaktis,* wie in unserem Mantra erwähnt, symbolisieren die verschiedenen Stadien des *sādhana,* in denen nacheinander die *kośās* oder Hüllen überwunden werden - wie beispielsweise das *annamaya,* die "Nahrungshülle" -, welche allesamt die an und für sich angeborene Glückseligkeit des *jīva* verdunkeln. Der verkörperten Seele stehen zwei existentielle Ebenen zu Verfügung: *paśubhūmika* (die "tierhafte" Ebene) und *patibhūmika* (die Meisterebene). Die tief in *samsāra* verstrickte Seele bewegt sich auf der *paśubhūmikā*-Ebene; jene, die vom Rad des *samsāra* sich lösen konnte, lebt auf der *patibhūmikā*-Ebene. Aus diesem Grund wird Śiva "Paśupati", Herr der Tiere (*paśus)* genannt. Die Erfahrung des nicht-dualen Selbst - das ist der Prozeß, den *paśu* (das Tier) durchlaufen muß, um *paśupati* (der Herr) zu werden. Was auch immer der beschrittene Pfad sein mag, es stellt die eigentliche Erfüllung des menschlichen Lebens dar, dieses hohe Ziel zu erreichen.

73. नित्या पराक्रमाटोप निरीक्षण समुत्सुका

Nityā parākramāṭopa nirīkṣaṇa samutsukā

Sie, die sich über die Macht und den Stolz Ihrer nityā-Gottheiten freut.

Jeder Tag des lunaren Halbmonats hat seine eigene regierende Gottheit. Sie werden *nityā-* (tägliche) Gottheiten genannt. *Nityā*-Gottheiten geben der Göttlichen Mutter Schutz, denn Sie manifestiert die Zeit. Das Mantra sagt aus, daß Devī sehr erfreut ist über den Heldenmut, mit dem die *nityā*-Gottheiten souverän die dämonischen Mächte (wie Bhaṇḍa oder Damanaka), welche die Selbstrealisierung der Sucher unterminieren, vernichten.

Beginnend mit dem ersten Tag des lunaren Halbmonats sind die Namen der Göttinnen wie folgt: Kāmeśvari, Bhagamālinī, Nityaklinnā, Bherunḍā, Vahnivāsinī, Mahāvidyeśvarī, Dūtī, Tvaritā, Kulasundarī, Nīlapatākā, Vijayā, Sarvamaṇgalā, Jvālā,

Malinī und Citrā. Diese fünfzehn Göttinnen töteten fünfzehn Dämonen, u. a. Citragupta und Damanaka.

Nityā (in der Bedeutung von "immerwährend") ist die ewige Energie des Selbst. Die schlagkräftige Macht, auf die das Mantra hinweist, symbolisiert die starke Willenskraft, die sich dem Kampf um reicheres Wissen vom Selbst exklusiv verschreibt. Ein unbeugsamer Wille kennt keine Niederlage; er gewinnt nur mit jedem Stadium mehr an Kraft. Und das tritt ein, sowie die Saat des Wissens gekeimt hat, Wurzeln schlägt und dann beständig wächst.

74. भण्ड पुत्र वधोद्युक्त बाला विक्रम नन्दिता

Bhaṇḍa putra vadhodyukta bālā vikrama nanditā

Sie, die sich über die Tapferkeit der Göttin Bālā freut, die die Söhne von Bhaṇḍa tötet.

Bhaṇḍāsura hatte 30 Söhne, die beiden ältesten waren Caturbāhu und Upamāya. Wir können sie als die Personifizierungen der 30 Tage des Monats sehen. Jeder Tag (Sohn) versucht, die *samsāra*-gebundene Seele - den *jīva* (Bhaṇḍa) - anmaßender und verdorbener zu machen. Die neunjährige Bālā vernichtet die Tage. In diesem Zusammenhang wäre das "Bālāmantra" zu erwähnen. Bei der Ernsthaftigkeit seines *sādhana* nimmt der Sucher das Kommen und Gehen von Tag und Nacht nicht mehr zur Kenntnis. Auf diese Erfahrung wird hier angespielt; und die Göttliche Mutter ist von dieser totalen Konzentration des Aspiranten angetan.

75. मन्त्रिण्यम्बा विरचित विषङ्ग वध तोषिता

Mantriṇyambā viracita viṣaṅga vadha toṣitā

Sie, die sicurch die mantriṇī śakti.

Die *Brahmāṇḍa Purāṇa* führt aus: "Vor langer Zeit gab es einen Anführer der Dämonen namens Bhaṇḍa; er konnte nach Belieben unterschiedliche Dämonentypen erschaffen. Zum Schutz der dämonischen Welt erschuf er Viśukra aus seiner rechten und Viṣaṅga aus seiner linken Schulter. Diese zwei Dämonen sind also Brüder." Der eine dieser Brüder, Viṣaṅga, wurde von Śyāmalāmba, der mantriṇī *śakti* getötet.

Das Wort *Viṣaṅga* kann in zweierlei Weise übersetzt werden. Als *vi+saṅga* bedeutet es das Gegenteil von "satsanga", also die Bindung an die Dinge der Welt und das Verlangen danach. Es ist dann eine Kreation von Bhaṇḍa, des gebundenen *jīvas*. Die andere Bedeutung wäre "innerlich giftig" (von *viṣam+ga,* das, was Gift – *viṣa* - erlangt). Alle Freuden der Welt schmecken am Anfang süß, doch verwandeln sich in Gift für jenen, der Befreiung sucht. Die mantriṇī *śakti* tötet eben diesen Viṣaṅga, und Devī ist darüber sehr erfreut.

76. विशुक्र प्राण हरण वाराही वीर्य नन्दिता

Viśukra prāṇa haraṇa vārāhī vīrya nanditā

Sie, die entzückt vom kühnen Mut Vārāhīs ist, die Viśukras Leben nahm.

Vārāhī ist die *śakti* namens Daṇḍinī. *Tripurāsiddhānta* erzählt, wie Devī vor dem Weisen Varāhānandanātha in Gestalt eines Ebers (*varāhā*) erschien und Sie seither Vārāhī genannt wird.

Viśukra kann auch interpretiert werden als "einer, der die Sorge umarmt" (*vi+śuk+ra*: jemand, der begierig der Sorge folgt). Auch dies ist ein typisches Muster der *samsāra*-gebundenen Seele.

Viṣaṅga und Viśukra sind die zwei Aspekte des Durstes jedes *jīva*s nach weltlichen Freuden. Wie groß ist doch der Drang nach Besitz und Frau bzw. Mann und Kindern! Doch die einzelne Seele, in Unwissenheit gehüllt, sieht nicht, daß diesem Drang die Sorge zugrunde liegt. All ihre Vorstellungen sind gefangen im Kreis der Sorgen, und sie bleibt deshalb ständig untergetaucht im Meer des Elends und Leids. Amma singt gelegentlich: "Erinnere dich immer, o Verstand, an diese hohe Wahrheit - es gibt nichts, was dir gehört!" Für die gefesselte Seele ist es schwer, die Bedeutung dieses Liedes zu verstehen. Die ins *samsāra*-Meer tief eingetauchte Seele ist der *jīva* in Ketten (*baddhajīva*), und jene Seele, die *samsāra* überwand, ist der befreite *jīva* (*muktajīva*).

Die drei letzten besprochenen Mantras (74-76) handeln von den Unreinheiten des Gemüts und Verstands (sie werden als *aṇava*-Unreinheiten beschrieben) und von der inneren Kraft des Aspiranten, sie zu beseitigen. Die Göttliche Mutter hat Freude an den Fortschritten des Suchers, der die *samsāra*-Tendenzen beschneidet und auf dem Pfad des Wissens schreitet.

77. कामेश्वर मुखालोक कल्पित श्री गणेश्वरा

Kāmeśvara mukhāloka kalpita śrī gaṇeśvarā

Sie, die Gaṇeśa entstehen läßt durch einen Blick auf Kāmeśvaras Angesicht.

Die dämonischen Mächte erdenken zahlreiche Hindernisse, um die *samsāra*-gebundenen Seele am Fortschreiten zur Erlösung zu behindern. Die Devī sieht diesen traurigen Zustand und sucht voll Mitgefühl nach einer Lösung. In der *Brahmāṇḍa Purāṇa* wird eine kleine Geschichte erzählt: "Und deshalb, als die *asuras* wieder Hindernisse auf den Pfad der *devas* warfen, blickte Devī Lalitā in Kāmeśvaras Gesicht und lächelte. Aus dem Strahlen dieses Lächelns ward eine Gottheit, elefantenköpfig und mit ätherisch-göttlichem Blut in ihren Schläfen fließend, wunderbar geboren. Es war Vighneśvara, der Beseitiger der Hindernisse, der alles, was im Weg der *devas* lag, beiseite warf." Aus diesem Grund wird Vighneśvara (Gaṇeśa) zu Beginn aller Unternehmungen angebetet und verehrt.

Kāmeśvara ist das reine Brahman. Der "Blick in sein Gesicht" ist das Wissen über Brahman. *Gaṇa* ist die Stadt (d. h. der Körper) aus acht Teilen (*puryāṣṭaka*). Diese acht Teile sind die Organe des Tuns, die Organe der Wahrnehmung, der Verstand, die fünf *prāṇas* (psychischen Vitalkräfte) die fünf *bhūtas* (Elemente), *kāma* (Verlangen, Wunschbegierde), *karma* (Aktionsdrang) und *avidyā* (Unwissenheit). Gaṇeśvara regiert diese Teile. Falls wir das Wort in seiner weiblichen Form nehmen, als "Gaṇeśvarā", so bedeutet es, "die Devī, die den Körper kontrolliert, die *Ātman* ist."

Gaṇeśvara heißt auch die das *gaṇeśvaramantra* regierende Gottheit - ein Mantra von 28 Silben, das zur Neutralisierung böser Geister angewendet wird.

78. महा गणेश निर्भिन्न विघ्न यन्त्र प्रहर् षिता

Mahā gaṇeśa nirbhinna vighna yantra prahar ṣitā

Sie, die sich freut, wenn Gaṇeśa alle Hindernisse zuschanden schlägt.

Die Wanderjahre der einzelnen Seele zwischen der Knechtschaft des *samsāra* und der endgültigen Befreiung werden wie eine lang andauernde Schlacht empfunden.

In einem anderen gleichnishaften Bild finden wir die fünf Vögel (die Sinnesorgane), die sich von fünf Sorten von Früchten (die Sinneswahrnehmungen) ernähren. Die Vögel sind im leicht stinkenden Käfig, dem Körper, eingesperrt und fliegen darin kunstvoll umher, seiner inherenten Verengungen eingedenk. Während zahlloser Wiedergeburten spielen sie in immer neuen Käfigen. Diese Vögel müssen, sozusagen, transzendiert werden: die *vāsanās,* die durch diese fünf Sinne gezeugten Tendenzen müssen eliminiert werden. Erst dann wird sich das Licht darstellen, wird das Wissen vom Selbst auftreten (*Atmopadeśaśataka*, Vers 8). Bhaṇḍas elementarer Trieb nun ist, diese Manifestierung des lichten Wissens verdunkelnd zu verhindern.

Als er sah, daß die *śaktis* seine Armee vernichtet und Bālā Devī seine Söhne getötet hatten, zitierte er Viśukra herbei und wies ihn an, seine magischen Kräfte einzusetzen und ein *jayavighna* (Behinderung des Sieges) *yantra* [Maschine, Waffe] zwecks Überwältigung von Devīs Streitkräften zu starten. Viśukra mühte sich lange mit dem Yantra ab; doch schließlich konnte er es gezielt auf Devīs Truppen schleudern. Daraufhin trübte sich der Sinn der göttlichen Streitkräfte; sie wurden schläfrig und unfähig zum Kampf. (Es liegt nahe, die Auswirkung dieses Yantras in der apathischen Trägheit und mangelnden Orientierung eines Aspiranten auf der Höhe seines *sādhana* wiederzuerkennen.)

Als die Dinge also derart standen, blickte die Göttinmutter ins Angesicht Kāmeśvaras und lächelte, womit sie Gaṇeśa erschuf. Gaṇeśa seinerseits zerschmetterte das *vighnayantra,* was der Devī wohlgefiel.

Lalitopākhyāna führt an, daß das *vighnayantra* acht Ecken hat, bewacht von acht bösen Geistern.

79. भण्डासुरेन्द्र निर्मुक्त शस्त्रप्रत्यस्त्र वर्षिणी

Bhaṇḍāsurendra nirmukta śastrapratyastra varṣinī

Sie, die auf jede Angriffswaffe Bhaṇḍāsuras mit einer Gegenwaffe reagiert.

Bhaṇḍas Bewaffnung besteht aus den Waffen der Täuschung, die selbst ein Produkt der Unwissenheit ist. Devī hat jeder seiner Waffen eine stärkere entgegenzusetzen. Geht der Devotee einen Schritt auf Sie zu, so kommt Sie ihm zehn Schritt entgegen. Wer nach Selbsterkenntnis dürstet, dem schenkt Sie die Kraft und Konzentration zur ununterbrochenen Selbstbefragung.

80. कराङ्गुलि नखोत्पन्न नारायण दशाकृतिः

Karāṅguli nakhotpanna nārāyaṇa daśākṛtiḥ

Sie, die aus Ihren Fingernägeln alle zehn Inkarnationen Nārāyaṇas (Viṣṇus) schuf.

Daśākṛti bedeutet zehn Formen. Die *Purāṇas* erzählen die Geschichte von Viṣṇus zehn Inkarnationen. In der *Lalitopākhyāna* heißt es, daß jede dieser Inkarnationen zum richtigen Zeitpunkt aus einem Fingernagel der Gottesmutter hervorging. Wir mögen diesen Ausführungen lediglich allegorischen Charakter einräumen, sollten aber daran denken, daß die Geschichten und

Legenden, die sich um die Inkarnationen Paraśurāmas, Śrī Rāmas, Balarāmas and Kṛṣṇas ranken, auch einen historischen Kern haben. Und was Vālmīki und Vyāsa anlangt, so waren das nicht allegorisch-fiktive, sondern reale Personen.

Anders interpretiert, kann man *daśākṛti* als die fünf Zustände (*daśas*) der verkörperten Seele und die fünf Funktionen (*kṛtis*) Īśvaras (siehe Mantren 256-274) sehen. Die fünf Zustände des *jīva* sind Wachen, Traum, Tiefschlaf, *turīya* (höhere Realitätswahrnehmung) und Verankertsein in Brahman (der Zustand jenseits *turīya*). Die fünf Funktionen Īśvaras sind Erschaffung, Erhaltung, Zerstörung, große Auflösung und Wiederherstellung des Universums. Im vorliegenden Mantra wird ausgedrückt, daß all diese Zustände und Funktionen aus Devīs Fingernägeln hervorgehen. Das unterstreicht Ihre Souveränität und Macht.

81. महा पाशुपतास्त्राग्नि निर्दग्धासुर सैनिका

Mahā pāśupatāstrāgni nirdagdhāsura sainikā

Sie, die die Dämonenarmee im Feuer von mahāpāśupata (Raketengeschoß) verbrannte.

Das ist die Rakete *Paśupatis* (Śiva). Das Feuer von *mahāpāśupata* entspricht dem Feuer von *jñāna*, Wissen. Dieses Feuer verbrennt alle Dualitätswahrnehmungen. Die Göttinmutter verkörpert solches *jñāna*. Das Dämonenheer steht symbolisch für die mentalen Verunreinigungen, die aus dem Nichtwissen entstehen.

Das *mahāpāśupata mantra* unterscheidet sich vom *pāśupata mantra*. Sadāśiva ist die invozierte Gottheit des ersteren, Īśvara die des letzteren. Die *Liṅga Purāṇa* bemerkt, daß von Rudra bis zu den *piśācas* (bösen Geistern) alles *paśu* heißt und daß Śiva, der Beschützer von allen, *Paśupati* (Herr der *paśus*) ist.

82. कामेश्वरास्त्र निर्दग्ध सभण्डासुर शून्यका

Kāmeśvarāstra nirdagdha sabhaṇḍāsura śūnyakā

Sie, die Bhaṇḍāsura und seine Hauptstadt Śūnyaka mit der machtvollen Kāmeśvara-Rakete verbrannte und zerstörte.

In manchen Texten wird das Mantra als "*Kameśvarāstra nirdagdha sabhanḍāsura sainika*" angegeben. Dann bedeutet es, daß Bhaṇḍas Heer zusammen mit ihm vernichtet wurden, aber nicht seine Hauptstadt. In wieder einem anderen Text steht "*Kameśvarāgni nirdagdha*", was heißt: "Sie, die Bhaṇḍāsura und seine Hauptstadt mit der feuerspeienden Kāmeśvara verbrannte und zerstörte."

Brahmāṇḍa Purāṇa beschreibt diese Episode folgendermaßen: "Die höchste Göttin, Mutter Lalitā, setzte die Mahākāmeśvara-Rakete mit einer Feuerkraft von tausend Sonnen ein und tötete den wilden und mächtigen Bhaṇḍāsura. Das war ein übler Dämon, der der Welt viel Schaden zufügte, und er kochte vor Wut, als er als einzig Überlebender zusehen mußte, wie all seine Verwandten in der Schlacht getötet wurden. Das feuerspeiende Supergeschoß verbrannte auch seine Stadt Śūnyaka zu Asche, zusammen mit Frauen, Kindern, Kühen und allen angehäuften Schätzen. Seine berühmte Hauptstadt Śūnyaka wurde wahrlich '*śūnya*' (leer)."

Es mag uns schaudern beim Gedanken, daß Frauen und Kinder allesamt verbrannt wurden. Doch andererseits können wir uns [mit indischer Logik] fragen: Ist irgendein Familienmitglied oder etwas von unserem Reichtum präsent, während wir schlafen? Wissen wir während des Schlafs, wo wir liegen? Und wie steht es mit einem Toten? Ihm gehört nicht einmal eine Nadel. Wenn uns diese faktische Wahrheit während unserer Lebenszeit einleuchtet, dann könnten wir vielleicht unseren Verstand von der inhaltlichen Wichtigkeit dieser Wahrheit überzeugen; und wir könnten dann, vielleicht, die Übung erwerben, die nötig ist, um den Verstand leidenschaftslos zu seinem Ziel zu führen.

83. ब्रह्मोपेन्द्र महेन्द्रादि देवसंस्तुत वैभवा

Brahmopendra mahendrādi devasamstuta vaibhavā

Sie, deren vielgestaltige Macht von Brahmā, Viṣṇu, Śiva und den andren Göttern allüberall gepriesen wird.

Als die Gottesmutter Bhaṇḍāsura, wie oben geschildert, vernichtet hatte, waren die göttliche Trinität und die anderen Götter so erleichtert, daß sie alle kamen, um Sie zu preisen, laut der *Lalitopākhyāna*.

In anderer Lesart wurden Brahmā, Viṣṇu, Śiva und andere der Unendlichkeit und Allgegenwart des Selbst erst gewahr, als sie das Lob der Großen Mutter sangen.

84. हर नेत्राग्नि संदग्ध काम संजीवनौषधिः

Hara netrāgni sandagdha kāma sanjīvanauṣadhiḥ

Sie, das lebensspendende Elexier für Kāmadeva (den Gott der Liebe), der, vom Feuer aus Śivas drittem Auge verbrannt, zu Asche geworden war.

Die *devas,* die die Gottesmutter zu preisen kamen, wiesen auf Kāmas trauernde Witwe Rati hin und baten Sie, Kāma das Leben wiederzugeben. Devī freute sich über ihr Verlangen und blickte auf Śiva, Ihren Gemahl. (Die Mutter ist es ja, die gewöhnlich das vom Vater ausgescholtene Kind tröstet. Der Ärger des Vaters ist nicht aus mangelnder Liebe, sondern durch den Druck der Umstände entstanden.)

Dieses Mantra deutet auch ein ganz spezielles "Dilemma" an: Wieviele Menschen gibt es, die bereit sind, Gott (Hara) zu werden? Die *Gītā* (VII, 3) sagt: "Unter Tausenden strebt nur einer nach dem Höheren Selbst; unter jenen, die danach streben und erfolgreich sind, kennt nur *einer* Mich vielleicht im Wesen." Wer diesen hohen Zustand tatsächlich erreicht, der wird zu Hara, Sadāśiva; der ist ohne weltliche Verhaftungen.

Der Fortbestand der Welt jedoch beruht auf Schöpfung und Erschaffung, Prozessen also, die von Wünschen *(kāma)* angetrieben werden. Und die Wiederbelebung dieses *kāma* war es, die die Große Mutter Devī von Śiva verlangte. Sie wurde deshalb für Kāma zur Medizin, welche ihn ins Leben zurückholte. Mit gutem Grund handelte Sie so - trägt Sie doch die Regierungsverantwortung für das Universum.

Wir können das Mantra auch anders deuten: *Hara* = Wissen vom Selbst; *netra* = das, was leitet; *agni* = die Schöpfungen von Myriaden von Formen; *sandagdha* = das, was verbrannt wird. Dementsprechend: Devī ist die Medizin für die individuelle Seele, die vom Feuer des *samsāra* verbrannt wird; Sie wiederbelebt sie und führt sie zum Wissen des Selbst.

85. श्रीमद् वाग्भव कूटैक स्वरूप मुख पङ्कजा

Śrīmad vāgbhava kūṭaika svarūpa mukha paṅkajā

Sie, deren Lotusgesicht so glückreich und wohlwollend ist wie vāgbhavakūṭa (fünf Silben des pancadaśi mantra).

Es beginnt jetzt eine Beschreibung des feinstofflichen Körpers der Göttinmutter, der in drei Formzuständen auftritt: im fein-, feiner- und feinststofflichen Zustand, analog widergespiegelt durch das *pancadaśākṣari mantra*, durch *kāmakalā* und *kuṇḍalinī.*

Der feinstoffliche Zustand wird also durch das pancadaśākṣari (15-silbige) mantra repräsentiert, das wiederum in drei Teile aufgeteilt ist: der erste Teil mit fünf Silben wird vāgbhavakūṭa genannt, der zweite Teil mit sechs Silben madhyakūṭa und der letzte Teil mit vier Silben śaktikūṭa. In unserem jetzigen Mantra wird Devīs Antlitz mit vāgbhavakūṭa gleichgesetzt.

86. कण्ठाधः कटि पर्यन्त मध्यकूट स्वरूपिणी

Kaṇṭhādhaḥ kaṭi paryanta madhyakūṭa svarūpiṇī

Sie, deren Oberkörper vom Hals bis zur Taille durch madhyakūṭa (die mittleren sechs Silben des pancadaśākṣari mantra) repräsentiert wird.

Die mittleren Silben sind auch unter dem Begriff *kāmarājakūṭa* bekannt. Diese Haupt-Körperpartie ist der Ursprung für die vielen Taten und Konflikte im Leben, die alle mit der Befriedigung der Wunschbegierde (*kāma*) verkettet sind. Erinnern wir uns auch daran, daß in tantrischen Beschreibungen die Göttinmutter im *anāhata cakra* residiert.

87. शक्ति कूटैकतापन्न कट्यधो भाग धारिणी

Śakti kūṭaikatāpanna kaṭyadho bhāga dhāriṇī

Sie, deren Körper unterhalb der Taille mit śaktikūṭa (die letzten vier Silben des pancadaśākṣari mantra) umschrieben wird.

Die *Kuṇḍalinī śakti* schläft im *mūlādhāra* am unteren Ende der Wirbelsäule; erweckt, kann sie sich bis zum Scheitel erheben und mit Śiva verschmelzen. Bei dieser Verschmelzung wird *Kuṇḍalinī* als reine Glückseligkeit erlebt. *Mulādhāra*, die Wohnstatt der schlafenden *Kuṇḍalinī,* ist im besagten *śaktikūṭa* lokalisiert.

Die Geschichte über die Vernichtung Bhaṇḍāsuras mag als Vorstellungshilfe dienen, wenn der [quasi] physische Körper der Göttlichen Mutter geschildert wird. Die verwendeten Bilder gehen auf die alten Weisen zurück, die mit ihrer Hilfe subtile Konzepte begreiflich machen wollten. Daß der feinstoffliche Körper der Devī identisch ist mit dem *pancadaśākṣari mantra* (15-silbiges Mantra) und daß er sich in drei Dimensionen oder Schichten aufteilt, ist gleichfalls ein derartiges Vorstellungskonzept.

Im Vers 32 von Śaṅkaras *Saundarya Laharī* wird das *pancadaśākṣari mantra* in [Sanskrit-Manier] artikuliert:

Śivaḥ śaktiḥ kāmaḥ kṣitiratha raviḥ śītakiranaḥ
Smaraḥ hamsaḥ śakrastadanu ca parā māraharayaḥ
Amī hrillekhabhi stisrubhiravasāneṣu ghatitā
Bhajante varnāste tava jananī nāmāvayavatam.

Kandiyur Mahādeva Śāstris Kommentar gibt dazu Interpretationsschlüssel [von großem semantischen Reiz für Sanskritspezialisten. Wir wollen uns aber sofort auf die Aussage des Verses konzentrieren, wie sie sich nach dem Einsatz linguistischer Dekodierungen herausschält. A. d. Ü.]:

"Die Silben *ka, e, ī, la, ha, sa, ka, ha, la, sa, ka, la* werden aufgeteilt zu drei Gruppen von jeweils vier, fünf und drei Silben. Die [Keim-] Silbe *hrīm* wird am Ende jeder Gruppe hinzugefügt, so daß wir drei Gruppen zu fünf, sechs und vier Silben, also insgesamt fünfzehn Silben erhalten. O Große Mutter, Deine Anhänger verehren dies als Dein Mantra und als Deinen Körper." Dieses 15-silbige Mantra wird auch *tripurasundarī mantra* genannt.

[...]

Die drei besagten Gruppen (*kūṭas*) des *pancadaśākṣarī mantra* zusammen mit dem Mantra als ganzem bilden sozusagen vier Zustandsformen, die etlichen anderen, in der *Sahasranāma* auftauchenden Vierer-Gruppierungen analog korrespondieren. Zum Beispiel:

Welten-Erschaffung, -Erhaltung, -Zerstörung und vollständige Vernichtung (s. Mantren 264-271);

Wissender, Gewußtes, Wissen und die Synthese der drei;

Agnicakra, sūryacakra, somacakra und *brahmacakra;*

Zustände des Wachens, Träumens, Tiefschlafs und *turīya* (s. Mantren 256-263);

Vāmā, Jyeṣṭhā, Raudrī, Śāntā (s. Mantra 628);

Icchā, Jñāna, Kriya und *Ambikā* (s. Mantra 658);

Kāmeśvarī, Vajreśvarī, Bhagamālinī und *Mahātripurasundarī* (in einigen Mantren); usw.

[...]

Die Ausarbeitung und Entwicklung dieser Analogiebeziehungen erscheint bewundernswert.

88. मूल मन्त्रात्मिका
Mūla mantrātmikā
Sie, die die Manifestation des mūlamantra (das pancadaśakṣari mantra) ist.

Ein Mantra schützt den, der es rezitiert. Wie groß muß die Macht der angerufenen Gottheit sein, wenn das ihr zugeordnete Mantra diese Kraft besitzt!

89. मूल कूट त्रय कलेबरा
Mūla kūṭa traya kalebarā
Sie, deren feiner Körper aus den drei Teilen des pancadaśākṣari mantra besteht.

Da das Wort *mūla* auch die Bedeutung von "feiner" (*sūkṣmatara*) hat, mag dieser 89. Name durchaus Devīs feineren Körper, auch als *Kāmakalā*-Form bekannt, symbolisieren. Die "Punkte" der *Kāmakalā*-Form sind *ūrdhvabindu* am Scheitel, *hārdakalābindu* unten, und *madhyabindu* in der Mitte.

90. कुलामृतैक रसिका
Kulāmṛtaika rasikā
Sie, die den Kula-Nektar besonders liebt.

Nachdem *Kāmakalā*, der feinere Aspekt von Devīs Körper beschrieben wurde, kommen wir jetzt zu einer Schilderung von *Kuṇḍalinī*, des feinsten Aspekts. Während *Kāmakalā* oder *Tripurasundarī* im Universum wohnen (*brahmāṇḍa*), residiert *Kuṇḍalinī* im menschlichen Körper (*piṇḍāṇḍa*).

Dattātreya Samhita formuliert: "*Kula* bezieht sich auf die sechs Chakras, beginnend mit dem *mūlādhāra.*"

Kuṇḍalinī śakti wird als weibliche Schlange beschrieben, die im *mūlādhāra cakra* in dreieinhalb Windungen aufgerollt schläft. Die *Kuṇḍalinī* kann durch spezielle Yogaübungen erweckt werden. Die erweckte *Kuṇḍalinī* bewegt sich durch *suṣumnā* nach oben, gelangt dabei durch die sechs *ādhāras*, erreicht das tausendblättrige *sahasrāra* am Scheitel und verschmilzt da mit Sadāśiva, der als männliche Schlange imaginiert wird. *Kulāmṛta* ist der Nektar, welcher bei der "chymischen Hochzeit" [wie es Christian Rosenkreutzer vor einigen Jahrhunderten nannte] der *Kuṇḍalinī śakti* im *sahasrāra cakra* zu fließen beginnt.

Kula (Familie) bezieht sich auf den Körper und die Dreiheit ("*tripūṭi*") von Wissendem, Gewußtem und Wissen. Die Schrift *Yoginihṛdaya* führt aus, daß es im menschlichen Körper 32 tantrische "Lotusse" gibt und alle bis auf den letzten (*akula*) als *kula* notiert werden.

Kula ist eine Gemeinschaft von Dingen, die wegen ihres Ursprungs miteinander verwandt sind. *Kulāmṛta* wird also als der Sinn für die Einheit in der Verschiedenheit interpretiert. Und die Erfahrung der Nichtdualität ereignet sich, sobald die Unterscheidung zwischen Wissendem, Gewußtem und Wissen transzendiert wird. Es ist dies eine Erfahrung der Identität zwischen Verehrer und Verehrtem. Die Göttinmutter ist über solche Erfahrung entzückt.

Kula wird als der Zustand definiert, in welchem alle von Zeit, Raum, Ursache, Handlung und Folge bedingten Gedanken gänzlich aufgelöst sind. Was dann bleibt, ist die nektargleiche Essenz, *jñāna*, Wissen - die Göttliche Mutter genießt nur diese Essenz wirklich.

Kula ist auch *ācāra*, d. h. die Durchführung altüberlieferter Riten. Dieses Festhalten an traditionellen Ritualen bereitet der Devī auch Freude.

91. कुल संकेत पालिनी
Kula saṅketa pālinī
Sie, die die esoterischen Rituale des Yoga-Pfades, als kula bekannt, schützt.

Kulasaṅketa kann als die esoterische Dimension der Chakras, Mantras und der Rituale gedeutet werden. Es gibt das strikte Gebot, daß alle Bücher über yogisches und tantrisches Wissen vom Guru sicher verwahrt werden. Die Rituale können vom Schüler nicht einfach aufgrund von Buchwissen praktiziert werden. Es ist festgelegt, daß diese Rituale nur unter der direkten Anleitung des Gurus erlernt werden dürfen.

92. कुलाङ्गना
Kulāṅganā
Sie, die hochwohlgeboren ist (die aus gutem Hause ist).

Frauen von hoher Abstammung streichen nicht öffentlich herum. Und also ist die Göttliche Mutter sehr unzugänglich. Dies bedeutet, das Wissen über *Śrī Vidyā* ist nicht so leicht erhältlich wie andere Kenntnisse.

Gleich einer Dame von adeliger Herkunft bleibt die Devī verschleiert. Das Gesicht einer solchen Dame wird nur vom Ehemann und den Söhnen gesehen. Genauso gewährt die Devī Ihren *darśan* nur Śiva und den Aspiranten, die reinen Gemütes sind.

Erwähnenswert sind hier zwei Charakterisierungen von *Kulārṇava*: "Alles andere Wissen bietet sich feil wie eine Kurtisane; doch dieses Wissen der Devī ist verhüllt wie eine edle Braut." Paraśurāmas Bewertung geht in dieselbe Richtung: "... andere Formen des Wissens bieten sich dar wie Huren." Diese drastischen Vergleiche sollen andere Wissensformen sicherlich nicht mißbilligen, sondern eher die Intimität und die wertvollen Eigenschaften der Guru-Schüler-Beziehung, welche den *kula*-Pfad auszeichnen, unterstreichen.

93. कुलान्तस्था

Kulāntasthā

Sie, die in Kulavidyā wohnt.

Hier kann *kula* als besonderes spirituelles Wissen, als *śāstra* gedeutet werden. Erinnern wir uns an die Worte, die Amma singt:

Āgāmānte porule jaganmayī
Ārariyunnu ninne vidyāmayī...
"O Devī, Essenz der *Vedānta*, Essenz des Universums,
Wer kennt Dich, o Wesen des Wissens?"

In manchen Texten wird das 93. Mantra *kulāṅkasthā* geschrieben: "Jemand, der auf dem Schoß von *kulavidyā* sitzt."

Bhāskararāya schreibt: "Sie, die innerhalb von *kula* residiert, zwischen der messenden Person und dem Gemessenen in Gestalt des Maßes." Oder: "Sie, die zwischen Wissendem und dem Gewußten in Form von Wissen wohnt."

Kula heißt auch das Heimatland oder das Heim. Das Mantra liest sich aufgrund der dementsprechenden Übersetzung dann so: "Sie, die als verehrte Göttin in jedem Heim, bei jedem Stamm, in jedem Dorfe wohnt." Oder: "Sie soll an jedem Ort, in jeder Stadt, jedem Dorf und jedem Wald verehrt werden von jenen, die Śakti ergeben sind."

94. कौलिनी

Kaulinī

Sie, die zur kula gehört.

Kula ist bereits mehrfach interpretiert worden. Śakti wird als *Kula* und Śiva als *Akula* bezeichnet. Śiva ist *svayambhu* - aus sich selbst entstanden und ohne *kula* (Familie). Was zu *kula* gehört, ist *kaula*. *Kaula* drückt die Quintessenz der Beziehung zwischen *Kula* und *Akula* aus. Und diese Beziehung ist die vermählte Einheit von Śiva und Śakti; deshalb ist der Name *Kaulinī* gleichbedeutend mit *Śivaśaktyaikyarūpiṇī* (Mantra 999).

Der tausendblättrige Lotus des *sahasrāra cakra* wird als *kula* bezeichnet. Auf seinen Blütenblättern halten sich verschiedene *śakti*-Gottheiten auf, und im Blütenstempel residiert die Devī, dem Text *Svacchanda Tantra* zufolge. Devī wird also als *Kaulinī* bezeichnet, weil Sie über die Gottheiten der *kula* regiert.

95. कुल योगिनी

Kula yoginī

Sie, die die Gottheit in den kulas ist.

Yoga heißt "Verbindung, Beziehung" und *yoginī* ist, "wer verbunden ist mit". *Kula* bedeutet im vorliegenden Kontext die sechs *ādhāracakras* (siehe Mantra 99). *Kulayoginī* ist, wer in diesen Chakras wohnt.

Alle früher angegebenen Bedeutungen des Wortes *kula* sind hier in Verbindung mit dem Wort *yoginī* auch anwendbar.

96. अकुला

Akulā

Sie, die keine Familie hat.

Wo ist die Familie für die Gottesmutter, die doch Ādi Parāśakti, die uranfängliche Höchste Macht ist? Das Mantra charakterisiert jemand ohne *tripūṭi* (Unterscheidung zwischen Wissendem, Gewußtem und Wissen), jemand ohne Körper und ohne seines- bzw. ihresgleichen.

Die Schrift *Svacchandasamgraha* erklärt, daß die Göttliche Mutter, die in den zwei Lotussen am oberen und unteren Endes des *suṣumnā*-Kanals wohnt, *Akula* genannt wird.

97. समयान्तस्था

Samayāntasthā

Sie, die in der samaya präsent ist.

Samaya ist *mānasa pūja*, innere, im *hṛt cakra* (Herzchakra) zelebrierte Anbetung. Yogis haben sie als die höchste Form der Anbetung und Verehrung bezeichnet.

Es soll hier erwähnt sein, daß Amma die Regeln und Vorgehensweisen bei der *mānasa pūja* (siehe Anhang) angegeben hat.

Samaya ist eine Kollektion fünf tantrischer Texte, die von Vasiṣṭha, Śuka, Sanaka, Sanātana und Sanatkumāra verfaßt wurden. Ihr gemeinsames Thema ist die *Śrīcakra*-Verehrung. *Samayāntasthā* bedeutet: "Sie, die Gegenstand der *samaya*-Texte ist."

Weiterhin bedeutet *sama* "gleich"; *ya* bedeutet "sie, die erlangt hat", und *antah* "Ende, letztes Ziel". Das Mantra wird dann so übersetzt: "Sie, die in jenen mit einem starken Glauben an die Identität von Śiva und Śakti wohnt."

Die vorhin erwähnten tantrischen Autoritäten weisen auf fünf verschiedene Aspekte hin, in denen es Gleichheit zwischen Śiva und Śakti gibt: (1) im Wohnsitz, dem Nektarozean im *bindu* des *sahasrāra cakra*; (2) in der Aktion - Śaktis Fähigkeiten entsprechen denen Śivas; (3) im Tanz - Śiva und Śakti tanzen beide gerne *tāṇḍava* und *lāsya* Tänze; (4) im Namen - der eine ist Śiva und die andere Śivā; und (5) schließlich im Aussehen - beide haben z. B. rote Hautfarbe.

Unser jetziges Mantra kann auch so ausgelegt werden: "Sie, die in uns wohnt und uns das Prinzip hinter dem *hṛt cakra* und den fünf tantrischen Texten (s. oben) verstehen läßt."

98. समयाचार तत्परा

Samayācāra tatparā

Sie, die der samaya-Form der Verehrung verbunden ist.

Samayācāra wird in zehn Kapiteln des Textes *Rudrayāmala* beschrieben. Es ist ein spezielles *sādhana* zur Erweckung der *Kuṇḍalinī,* das unter Anleitung des Guru durchgeführt wird. Die *Kuṇḍalinī* steigt vom *mulādhāra* empor durch alle Chakren

- *svādhiṣṭhāna, maṇipūraka, anāhata, viśuddhi* und *ājñā*. Sie trifft auf Sadāśiva im tausenblättrigen Lotus des *sahasrāra*, vereinigt sich mit ihm im Separèe der himmlischen Freude, taucht daraus wieder hervor und kehrt zum *mūlādhāra* zurück. *Samayācāra,* dieses besondere *sādhana* unter den aufmerksamen Augen des Gurus, ist der Göttlichen Mutter sehr lieb und teuer.

99. मूलाधारैक निलया
Mūlādhāraika nilayā
Sie, deren Hauptsitz das mūlādhāra ist.

Das *mūlādhāra cakra* wird als vierblättriger Lotus abgebildet. In seinem Zentrum findet sich der *bindu* (Punkt), als *kulakuṇḍa* bezeichnet. Die *Kuṇḍalinī* schläft darin eingerollt, so daß ihr Kopf nicht sichtbar ist. *Mūla* heißt Wurzel oder Basis; *ādhāra* bedeutet ebenso Basis. *Mulādhāra* steht also für die Wurzel, den Beginn des *suṣumnā*-Kanals und für die Basis bzw. das Lager der *Kuṇḍalinī.*

Die Chakren, die *Kuṇḍalinī* bei ihrem Aufstieg durchquert, sind oben erwähnt. Mit ihnen sind die folgenden *tattvas* (Elemente) verbunden:

Mulādhāra	Erde (*Pṛthvi*)
Svādhiṣṭhāna	Feuer (*Agni*)
Maṇipūraka	Wasser (*Jala*)
Anāhata	Luft (*Vāyu*)
Viśuddhi	Raum/Äther (*Ākāśa*)
Ājña	Verstand (*Manas*)

Der Grund für die Allwissenheit der Yogis, deren *Kuṇḍalinī* alle Chakren durchquerte, ist also dieser: ihnen ist nichts unsichtbar oder unbekannt.

Das *mūlādhāra* ist in der Region zwischen After und Geschlechtsorganen als vierblättriger Lotus [feinstofflich gesehen] lokalisiert. Das sechsblättrige *svādhiṣṭhāna cakra* findet sich in Höhe der Sexualorgane. Darüber, in Nabelhöhe [immer feinstofflich gesehen], der zehnblättrige Lotus des *maṇipūraka*. Etwa auf der Höhe des Herzens schwingt das *anāhata cakra*, [meist] als zwölfblättriger Lotus symbolisch dargestellt. Darüber, auf der Ebene der Kehle, befindet sich *viśuddhi*, der 16-blättrige Lotus. Schließlich, etwa zwischen den Augenbrauen, das *ājña cakra*, der zweiblättrige Lotus. Diese zusammen ergeben die sechs *ādhārās*.

Mūlādhāra und *svādhiṣṭhāna* werden als *tāmasische* Welt charakterisiert. Beide formen die Scheibe des Feuers (*Agnimaṇḍala*). *Maṇipūraka* und *anāhata* werden der gemischten Welt (*miśra loka*) zugeordnet. Sie bilden die Scheibe der Sonne (*Suryamaṇḍala*). *Viśuddhi* und *ājña* gehören der Welt des Lichts an (*jyotirmaya loka*) und bilden die Scheibe des Mondes (*Candramaṇḍala*).

Dem *yogaśāstra* zufolge verlaufen die Nerven *iḍā* und *piṅgalā* rechts- und linksseitig im Rückgrat. Zwischen ihnen läuft der *suṣumnā*-Kanal, fein wie eine Lotusblütenfaser und strahlend wie ein Blitz. Die sechs erwähnten *ādhāras* sind mit *suṣumnā* verbunden. Sobald die *Kuṇḍalinī*, von Yogapraxis und der Gnade des Gurus erweckt, durch die einzelnen Chakren gelangt, öffnen sich wie von selbst ungeahnte Fenster des Geistes. Wunderbare Ausblicke, nie gehörte Klänge, unbeschreibbare *siddhis* (yogische Kräfte) stellen sich ein. Erreicht die *Kuṇḍalinī* gar das *sahasrāra cakra* am Scheitel, dann überschreitet der *yogin* alle durch Körper und Verstand auferlegten Grenzen.

[Die *yogaśāstra* schildert, wie] der Mond sich ständig durch *iḍā* und die Sonne sich durch *piṅgalā* bewegt. Wird der Nektar des Mondes den Sonnenstrahlen ausgesetzt, so verflüssigt er sich und fließt andauernd durch die sechs *ādhāras*. Die Kundalini fällt, nachdem sie von dem Nektar getrunken hat, im *mūlādhāra* in Schlaf. Die Bewegungen von Sonne und Mond können durch yogische Praktiken gestoppt werden. Der Nektarstrom vom Mond hört dann auf zu fließen, und Kundalini erwacht hungrig und beginnt ihren Weg nach oben zu nehmen.

100. ब्रह्म ग्रन्थि विभेदिनी
Brahma granthi vibhedinī
Sie, die durch den Knoten Brahmās bricht.

Granthi bedeutet Knoten. Der *Brahmagranthi* findet sich genau über dem *agnikhaṇḍa,* aus *mūlādhāra* und *svādhiṣṭhāna* gebildet. Brahmā ist der Schöpfer, und Devī leuchtet im *Brahmagranthi* als Symbol der Schöpfung. Der Name *Brahmagranthi* steht also für den kreativen Instinkt. Der spirituelle Sucher überwindet diesen "Knoten" mit Hilfe seines *sādhana* und der Gnade der Göttlichen Mutter. Unter dem "Knoten" kann man sich Widerstände vorstellen, die sich dem Aspiranten im Laufe seiner spirituellen Entwicklung entgegenstellen und die von seinen *vāsanās* [angeborene Tendenzen] verursacht werden.

Der vedischen Überlieferung zufolge hat die Sonne zwölf Teile oder kalās. Jedes kalā soll einem Abschnitt der Lalitāsahasranāma Stotra entsprechen. Das erste kalā ist mit dem Einführungsdialog zwischen Agastya und Hayagrīva verbunden und das letzte mit dem Abschlußteil der stotra. Jedes der verbleibenden zehn kalās korrespondiert hundert Namen in der stotra. Das letzte Mantra komplettiert das erste Hundert; ihm ist das zweite kalā namens Tāpinīkalā zugeordnet.

101. मणिपूरान्तर् उदिता
Maṇipūrāntar uditā
Sie, die im Maṇipūra cakra erscheint.

Wie bereits gesagt, ist das *maṇipūra* der zehnblättrige Lotus auf Nabelhöhe. Während der *samayācāra*-Verehrung (siehe Mantra 98) dekoriert der *sādhak* das Bildnis der Göttlichen Mutter mit *maṇipūras* oder Schmuck, sobald die *Kuṇḍalinī* besagtes Chakra erreicht. Daher wird dieses Chakra als das *maṇipūra cakra* bezeichnet.

Während der *mānasa pūja* kann der Aspirant Devīs Nabelregion visualisieren, verziert mit einem zehnblättrigen Lotus und diamantenem Schmuck.

102. विष्णु ग्रन्थि विभेदिनी

Viṣṇu granthi vibhedinī

Sie, die durch den Knoten Viṣṇus bricht.

Viṣṇugranthi befindet sich über dem *maṇipūraka* in der Sonnenscheibe. Es ist dies die Wohnstätte Viṣṇus, daher der Name *Viṣṇugranthi.*

Die beiden Chakras *maṇipūraka* und *anāhata* bilden den strahlenden *Viṣṇugranthi,* der dem Aspiranten alle *siddhis* (psychischen Kräfte) verleiht.

Sowie die *Kuṇḍalinī* diesen "Knoten" passiert und weiter emporsteigt, fühlt sich der Aspirant von unbeschreiblicher Wonne und erstaunlichen Kräften erfüllt. Trotzdem warnen die erfahrenen Weisen davor, sich von diesen *siddhis* gefangen nehmen zu lassen - das hohe Ziel würde dann nicht erreicht.

103. आज्ञा चक्रान्तरालस्था

Ājñā cakrāntarālasthā

Sie, die inmitten des Ājñācakra residiert.

Das *ājñācakra* ist die Region zwischen den Augenbrauen, symbolisiert durch einen zweiblättrigen Lotus. *Ājña* heißt "wissen, verstehen". Dem *sādhak,* dessen *Kuṇḍalinī* das *ājñācakra* erreicht hat, steht jegliches Wissen zur Verfügung wie "eine Beere auf der Handfläche".

104. रुद्र ग्रन्थि विभेदिनी

Rudra granthi vibhedinī

Sie, die durch den Knoten Śivas bricht.

Das *Rudragranthi* - das überaus glückverheißende - wird vom *viśuddhi* und vom *ājña cakra* gebildet. Seinen Namen erhielt es, da es der Wohnsitz Śivas/Rudras ist.

Das *Śrī vidyā mantra* besteht aus vier Teilen (*khaṇḍas*): *Agni, Sūrya, Soma* und *Candrakalā* (sie werden auch die vier *kūṭas* genannt, wie beschrieben in den Mantren 85 bis 90: *Vāgbhava, Kāmarāja* oder *Madhyama, Śakti* und *Turīya*).

Viśuddhi und *ājñā cakras* zusammengenommen sind als *candra khaṇḍa* bekannt. Darum entsprechen die drei "Knoten" *brahmagranthi, viṣṇugranthi* und *rudragranthi* den Teilen *agni, sūrya* und *candra khaṇḍas.* Wir können folgern, daß diese drei "Knoten" den Ursprung, die Existenz und die Auflösung des aus den fünf Elementen geschaffenen Körpers symbolisieren.

105. सहस्राराम्बुजारूढा

Sahasrārāmbujārūḍhā

Sie, die zum tausendblättrigen Lotus emporsteigt.

Der tausendblättrige Lotus (*sahasrāra*) leuchtet oberhalb des *ājñācakra* und knapp unterhalb des *Brahmarandhra* (an der Fontanellenspalte des Oberkopfes).

106. सुधा साराभिवर्षिणी

Sudhā sārābhivarṣiṇī

Sie, die Ambrosia verströmt.

Todlos sind die, die Ambrosia trinken. Ambrosia-Ströme ergießen sich, sobald die *Kuṇḍalinī* das *sahasrāra* erreicht. Hat der Gottsucher von diesem Trank der spirituellen Wonne getrunken, so erlangt er Freiheit vom Tod. Wohl sind jene zahllosen mächtigen Herren und Könige, die da lebten und starben, allesamt vergessen. Doch keiner, der den Nektar aus jenem Strom der Devī trank, wird je vergessen werden. Die Reihe der großen Rishis beweist dies.

"Mögen uns die Füße der Devī, mit Nektar überströmt, immerdar zufrieden machen." (*Taittiriya Brāhmaṇa*, III, 12, 3)

107. तडिल् लता सम रुचिः

Taḍil latā sama ruciḥ

Sie, die schön ist wie eines Gewitters Blitz.

"Sie, die strahlt wie ein Blitz", sagt die *Śruti.* (*Taittiriya Āraṇyaka*, X,13,2)

Das Strahlen des Blitzes läßt die Augen blinzeln. Genauso strahlt die Göttliche Mutter - nur blinzelnd können die Augen Sie anschauen.

108. षट् चक्रोपरि संस्थिता

Ṣaṭ cakropari samsthitā

Sie, die über den sechs Chakren wohnt.

Die sechs Chakren sind, um es zu wiederholen, *mūlādhāra, svādhiṣṭhāna, maṇipūraka, anāhata, viśuddhi* und *ājña.*

109. महासक्ति

Mahāsakti

Sie, die voller Freude der Vereinung mit Śiva entgegensieht.

Der Name kann auch derart übersetzt werden: "Sie, die sich erfreut am Licht und Glanz."

Oder: "Sie, die voller Liebe ist." Das meint auch die Liebe der Göttlichen Mutter für jedermann - Freund oder Feind, Gerechte und Ungerechte. Ammas Kinder, die den Nektar ihrer Liebe gekostet haben, verstehen dies mühelos. Und Ammas Liebe, die durch die ganze Welt fließt, ist Parāśaktis Liebe.

110. कुण्डलिनी

Kuṇḍalinī

Sie, die wie eine Schlange eingerollt ist.

Natur und Aufenthaltsort der *Kuṇḍalinī* wurden bereits beschrieben. "Im *mūlādhāra*, inmitten des strahlenden Feuers, wohnt die Essenz des *jīva* - *Kuṇḍalinī* in der Form von *prāṇa* und überaus strahlend. Wenn jemand mit verschlossenen Ohren das ständige Zischen der *Kuṇḍalinī* im Zentrum der *suṣumnā* nicht hört, so ist er dem Tode nah." (*Tantrarāja*)

Das *Vāmakeśvara Tantra* beschreibt *Kuṇḍalinī* folgendermaßen: "Die *Kuṇḍalinī* liegt am unteren Ende des *suṣumnā*-Kanals (der bis zum *Brahmarandhra* am Scheitel reicht) in des *mūlādhāra*-Lotus' Samenbeutel, wohlig eingerollt wie eine Schlange mit dem Schwanz im Mund, fein wie ein Lotusblütenfaden und schillernd-leuchtend wie ein Blitz."

"In Lotusposition sitzend, das After zusammengepreßt, den Sinn auf *kumbhaka* (Methode der Atemkontrolle) gerichtet, soll der Yogi das *prāṇa* aufwärts leiten. Dann lodert das Feuer im *svādhiṣṭhāna* auf. Durch den Druck von Luft und Feuer erwacht *Kuṇḍalinī*, die im *mūlādhāra* schlummernde Schlangenkönigin, kriecht nach oben, bricht durch die Brahmā-, Viṣṇu- and Rudra-*granthis* (Knoten), gelangt nach Passieren der sechs Chakras zum *sahasrāra* und vereinigt sich dort mit Śiva. Dies ist der höchste Zustand, gekrönt von der letzten Befreiung."

Die *Aruṇopaniṣad* fordert die spirituellen Sucher auf: "O Bhāratas, erhebt euch! Schlaft nicht! Entzündet das Feuer!" "Bhāratas" sind Verehrer Bhāratis, d. h. Sarasvatīs oder Vidyās, und im gegenwärtigen Kontext Verehrer von *Śrī Vidyā*. Bhāskararāya erklärt, daß diese *Upaniṣad* sich an die *Śrī-Vidyā*-Gläubigen wendet.

Die *Devī Purāṇa* schildert *Kuṇḍalinī* als "*sṛṅgātaka*-förmig". *Sṛṅgātaka* bedeutet Dreieck. Die Eckpunkte des Dreiecks sind die Kräfte des Willens, der Weisheit und der Tat (*icchāśakti*, *jñānaśakti* und *kriyāśakti*). Diese drei Kräfte gelten als Attribute der *Kuṇḍalinī*.

Kuṇḍalinī ist auch der Name von *vāgbhavabīja*, das dem ersten *kūṭa* des *pancadaśi mantra* entspricht.

Ammas Kommentar dazu ist sehr hilfreich: "Kinder, *Kuṇḍalinī* ist die Lebenskraft in belebten Wesen. Diese Kraft ruht an der Basis der Wirbelsäule in Form einer zusammengerollten Schlange. Sie wird durch Meditation und die Gnade des Gurus erweckt. Einmal erwacht, drängt sie durch *suṣumnā* nach oben, um die männliche Schlange, die im Kopf wohnt, zu treffen. Jedes *ādhāra* erscheint als eine winzige Passage im *suṣumnā*-Kanal. Sobald sich die *Kuṇḍalinī* von einem *ādhāra* zum nächsten bewegt, werden sich im Körper viele Änderungen ereignen. Das Gefühl des Brennens am gesamten Körper wird sich einstellen, so, als sei der Körper mit Pfefferschotenpaste eingeschmiert. Sehr heiß wird sich der Körper anfühlen. Häufig wird man spüren, wie sich die Haare sträuben. Wasser wird wie Schweiß aus den Körperporen treten. Gelegentlich wird vielleicht sogar Blut herauskommen. Der Körper kann bis zum Skelett abmagern. Der spirituelle Anwärter wird vielleicht ängstlich, wenn er zum ersten Mal diese Erfahrungen macht. Deshalb sagt man immer, *Kuṇḍalinī sādhana* soll nur in der Gegenwart eines *Satguru* (ein Meister, der das Selbst realisierte) durchgeführt werden."

"Kinder, an diesem Punkt muß der Sucher sehr achtsam sein. Der Körper soll sich überhaupt nicht bewegen. Er soll sich nicht einfach hinlegen, nicht einmal auf eine Matratze, da deren Falten unerträglich werden können. Er soll auf einem geraden, glatten Holzbrett schlafen. Das Rückgrat darf keine Erschütterungen erleiden, die hätten nämlich schlimme Auswirkungen. Mit der Erweckung der *Kuṇḍalinī* wird der Aspirant sehr attraktiv. Frauen mögen sich ihm nähern, weil sie sich angezogen fühlen. Wenn kein *Satguru* da ist, der die entsprechenden Anweisungen geben kann, wird der Sucher womöglich alle hartverdienten Energien verschleudern, falls er sich den körperlichen Freuden hingibt."

"Die *Kuṇḍalinī* vervollkommnet jedes *ādhāra,* zu dem sie gelangt, worauf sie dann zum nächsthöheren aufsteigt. Nachdem sie die sechs *ādhāras* derart durchquert hat, erreicht *Kuṇḍalinī śakti* den tausendblättrigen Lotus. Ist sie dort angelangt, kühlt der Körper ab. Ambrosia wird durch den gesamten Körper reichlich fließen."

"Was dann bleibt, das ist nicht der alte Körper. Es ist ein neuer Körper, mit der Macht des Selbst erfüllt!"

111. बिस तन्तु तनीयसी

Bisa tantu tanīyasī

Sie, die schön und zart wie eine Lotusblütenfaser ist.

"Die selig machende *śakti, Kuṇḍalinī* genannt, gleicht dem Blütenfaden des Lotus", stellt das *Vāmakeśvara Tantra* fest. Die wunderschöne *Kuṇḍalinī*, wie ein Lotusblütenfaden fein, ruht im *mūlādhāra* in der Form einer Schlange. The *Taittiriya Āraṇyaka* beschreibt sie als "fein wie die Spitze eines Reishalms, saffranfarben leuchtend und dem Atome gleich."

112. भवानी

Bhavānī

Sie, die Gemahlin Śivas.

In Kālidāsas *Śākuntala* ruft der Bühnenmeister (*sūtradhāra*) in seiner Invokation [zu Beginn]: "Möge der in acht Formen manifestierte Śiva euch beschützen!" Die acht Formen sind Erde, Wasser, Feuer, Luft, Äther, Sonne, Mond und Bewußtsein. Śiva in der Zustandsform von Wasser wird Bhava genannt. Seine Gemahlin ist Bhavānī.

Die *Devī Purāṇa* unterlegt dem Wort *bhava* die Bedeutungen "Ozean des *samsāra*" und "*Manmatha*" (Gott der Wunschbegierde). Bhavānī verleiht also diesen beiden die lebendige Kraft.

In der *Saundarya Laharī* (Vers 22) sagt Śaṅkarācārya: "Sobald der Gläubige das Gebet, 'Oh Bhavānī, Du mußt Deinen mitfühlenden Blick auf mich werfen', beten will und mit 'Bhavānī, Du...(*Bhavānī tvam...*)' beginnt, segnest Du ihn sofort mit Deiner höchsten Erscheinungsform, welche auch Viṣṇu, Brahmā und Indra anbeten, wenn sie mit ihren Kronen *nīrājana* (Schwenken des Lichts) zelebrieren." "Bhavānī tvam" heißt auch "Ich bin Du."

Kurz gesagt, die Göttliche Mutter schenkt selbst jenem Devotee die höchste Erfahrung, der sie gar nicht erwartet. Die Bitte des Gläubigen ist klein - das Resultat aber sehr groß. [...]

113. भावना गम्या

Bhāvanā gamyā

Sie, die durch denkende Vorstellung nicht erreicht wird.

"Verstand und Worte ziehen sich vor jenem ganz zurück" (d. h. vor dem Wirklichen, vor der Höchsten Macht), wie es die *Śruti* formuliert.

Man kann dieses Mantra auch so deuten: "Sie, die erreichbar ist, wenn der Pfad der Tat beschritten und der Verstand dadurch gereinigt wird."

Bhāvana yoga und *Kuṇḍalinī yoga* sind zwei in Texten über Śakti-Verehrung beschriebene Yogaarten. *Bhāvana yoga* nimmt den Weg der Meditation, einschließlich Singen von Mantren und Atemkontrolle, um zum Ziel zu gelangen. Beim *Kuṇḍalinī yoga* wird die *Kuṇḍalinī* erweckt und zur Vereinigung mit dem Höchsten Selbst ins *sahasrāra* geführt

Der Yoga der Meditation wird manchmal in drei Typen unterteilt, nämlich in *brāhmi*, *maheśvari* und *akṣara;* und manchmal in zwei, nämlich in *arthabhāvana* (*bhāvana* der Bedeutung) und *śabda bhāvana* (*bhāvana* des Tons). Eine weitere Aufteilung in *sakala, niṣkala* und *sakala-niṣkala* wird von Bhāskararāya vorgenommen. Er bezeichnet die Meditation, die sich auf den Abschnitt zwischen *mūlādhāra* und *ājñācakra* einstellt, als "*sakala*", die auf den Bereich zwischen *bindu* und *unmanī* bezogene Meditation als "*sakala-niṣkala*" und jene, die auf den Höchsten Punkt (*mahābindu*) fokussiert ist, als "*niṣkala*".

Śrī Śaṅkara interpretiert *bhāvanā* in seinem Kommentar zur *Gītā* (II-65) als "gläubige Hingabe ans Wissen vom Selbst". Welcher Art und Form der Verehrung man auch folgen mag, am Ende wird es immer auf den Wunsch nach Wissen vom Selbst hinauslaufen.

114. भवारण्य कुठारिका

Bhavāraṇya kuṭhārikā

Sie, die einer Axt gleicht, die den Dschungel von samsāra lichtet.

Der Dschungel der Existenz ist nicht vom Menschen erschaffen, seine Natur ist nicht bestimmt von ihm. Der Dichter Bhasa schreibt dazu: "Auch wenn er von Zeit zu Zeit gelichtet und ausgeforstet wird, so wächst der Wald doch immer wieder zu." *Vāsanās* verhalten sich ebenso.

Verehrung, *japa* und Meditation mögen manchmal zu Resultaten führen - leidenschaftsloser, harmonischer Seelen-gleichmut vorausgesetzt. Stecken aber nach wie vor *vāsanā*-Wurzeln im Seeleninneren, so werden diese wieder neue Triebe treiben.

Es gibt eine bekannte Geschichte von einem Saddhu, der eine Katze bei sich hielt. Nachdem er Heim und Familie entsagt hatte, zog sich der spirituell ausgerichtete Mann in den Wald zurück, um dort das Leben eines Einsiedlers zu führen. Doch wurde der Friede seines Gemüts von Mäusen gestört, die regelmäßig sein zum Trocknen ausgelegtes Lendentuch annagten. Er beschloß, eine Katze zu halten, die dann die Mäuse fangen würde. Aber diese Katze aus dem nächsten Dorf mußte auch gefüttert werden. Drum ging er zum Dorf zurück, um eine Kuh zu holen, so daß die Katze regelmäßig Milch erhielte. Dann merkte der Einsiedler, daß die Kuh viel mehr Pflege brauchte als er dachte. Bald rief er seine Frau und seine Kinder herbei, damit sie sich um Kuh und Katze kümmerten. Zum Wohle der Familie wurde dann ein Haus im Wald errichtet. Und eine Familie zu ernähren, das ist sicher keine leichte Aufgabe. - Ein umherwandernder Freund des Mönchs besuchte ihn nach etlichen Monden, nur um traurig festzustellen, wie der Möchtegern-*sannyāsi* tief und tiefer in den Sumpf *samsāras* versank.

"Wiederholte Geburten, wiederholte Tode, wiederholtes Liegen im Mutterleib - dies *samsāra* ist wahrlich schwer zu durchqueren. Rette mich, oh Kṛṣṇa, durch Deine Gnade!" sagt Śaṅkara in *Bhaja Govindam.*

Devī ist die Axt, die für immer die Wurzeln des *samsāra*-Dschungels heraushackt - dicht ist er und dunkel, und voller wilder Tiere.

Das Wort *kuṭhārika* in diesem Mantra sagt etwas aus: Es bezeichnet eine kleine Handaxt. Damit wird angedeutet, es sei relativ leicht, Devīs Gunst zu gewinnen und damit auch Befreiung vom Elend des *samsāra.* Amma riet einmal einem Kṛṣṇa-Devotee: "Sohn, singe auch Devīs Namen; oder willst du denn nicht essen?" Kurz - die Verehrung der Göttlichen Mutter ist der einfachste Weg, alle materiellen und spirituellen Güter zu erhalten.

115. भद्र प्रिया

Bhadra priyā

Sie, die alle glückbringend-wohltuenden Dinge gerne hat; Sie, die alle glückbringenden und wohltuenden Dinge schenkt.

Oder: die Geliebte Bhadras (Śivas).

Das Wort *bhadra* bedeutet auch Wohlstand, Berg Meru oder eine Familie von exzellenten Elefanten. Meru kann auch für *merudaṇḍa* oder das Rückgrat stehen. Der *suṣumnā*-Kanal, der Pfad der *Kuṇḍalinī*, verläuft darin und reicht bis zum *candramaṇḍala* im Kopf. Devīs Heer schließt überdies ein Elefantenregiment mit ein. Alle diese Dinge sind Ihr deshalb lieb.

116. भद्र मूर्ति

Bhadra mūrti

Sie, die Beistand, Hilfe, Güte verkörpert.

Devī wird als die "Hilfreichste unter den gütig Hilfreichen" verehrt. Die *Viṣṇu Purāṇa* erklärt: "Fest steht, daß günstiges Geschick nichts anderes als Brahman ist." Die Göttliche Mutter gibt mithin dem [formlosen] Brahman Gestalt.

Bhadra mūrti kann auch heißen, "jemand, der die Gestalt Bhadras angenommen hat". Die *Purāṇas* sagen, daß Devī die Gestalt Bhadrakālīs annahm, um den Dämon Dāruka zu töten.

117. भक्त सौभाग्य दायिनी

Bhakta saubhāgya dāyinī

Sie, die Ihren Verehrern Gedeihen und Wohlstand gewährt.

Subhagā ist einer von Devīs Namen (siehe Mantra 761). *Saubhāgya* verweist auf Ihre wohlwollende Natur allgemein.

[...] Devī schenkt generös all ihren Devotees den gewünschten Wohlstand, das gewünschte Gedeihen. Dies bedeutet für den Kranken eben Heilung, für den Armen relativen Reichtum und für den spirituellen Sucher Wissen. Die Göttliche Mutter gewährt all dies Ersehnte.

118. भक्ति प्रिया

Bhakti priyā

Sie, die sich über hingabevolle Verehrung freut.

Die *Nārada Bhakti Sūtra* beschreibt *bhakti* (Devotion, Hingabe, liebevolle Ergebung) in mehreren Nuancen:

"Sie ist im Wesen wahrlich höchste Liebe."

"Und sie ist die unsterbliche Seligkeit der Befreiung selbst."

"Ohne jedwede Eigenschaften und frei von Eigensucht, ist sie eine ungebrochene innere Erfahrung, beständig wachsend und zarter als das Zarteste."

Śāṇḍilyas *Bhaktimīmāmsā sūtra* kommentiert: "Sie ist die höchste Gottes-Sehnsucht." Solche Devotion und Hingabe ist Liebe für Gott, ist des Verstandes Auflösung in Gott und Vergessen des Ichs. "Erforschung seines wahren Selbst ist Hingabe", wie es Śrī Śaṅkara formuliert.

Es wären hier zwei Arten der Hingabe anzuführen, nämlich *mukhya* (primäre) und *gauṇa* (sekundäre). Primäre Hingabe ist unerschütterlich, ungebrochen und nicht endend; sie wird auch als *parābhakti* (siehe obige Ausführungen) charakterisiert. *Gauṇa* ist die Hingabe, die gemäß den in den Schriften vorgeschriebenen Riten als Dienst gegenüber Gott erwiesen wird.

Die *Garuḍa Purāṇa* erklärt: "Jemand mit Hingabe, selbst ein unverfeinerter Barbar, ist der beste *brāhmaṇa*; er ist ein *sannyāsin*, er gedeiht, er ist ein Asket und ein Gelehrter."

Das Kennzeichen der Hingabe ist Dienst. Wir sollten erkennen, daß Dienst am Mitmenschen Dienst für Gott ist. Amma sagt immer: "Kinder, Freundlichkeit den Armen gegenüber ist unsere Pflicht vor Gott."

Die *Bhāgavata Purāṇa* spricht über neun Arten der Hingabe: "Den Ruhm Gottes zu vernehmen, ihn zu besingen, den Namen Gottes zu erinnern, Dienst zu Seinen Füßen, Verehrung durch Offerieren von Blumen, Prostration (verehrungsvolles Ausstrecken des Körpers auf dem Boden, mit dem Kopf nach unten), Dienstwilligkeit und Gefolgschaft dem Herrn gegenüber, schließlich Aufgabe des Ich." Zusätzlich beschrieben die Weisen Hingabe als Liebe für das geliebte Wesen (*premabhakti*), als Liebe für Gott, dessen Kind man ist (*vātsalyabhakti*), als friedvolle, süße Hingabe und als die Devotion des Dieners.

Die Göttliche Mutter hat an all diesen Formen der Hingabe Ihre Freude.

119. भक्ति गम्या

Bhakti gamyā

Sie, die durch Hingabe allein erreicht wird.

Devī kann nicht aufgrund hoher Stellung, adeligen Standes, hoher Kaste, aufgrund von Familienmacht, von Reichtum oder Wissen erreicht werden. Ihr ist nur aufrichtige Hingabe lieb und teuer. Allein mit dieser Hingabe kann man Sie erreichen. Kṛṣṇa erklärt in der *Gītā* (XI-54): "Oh Arjuna, nur durch ungeteilte Hingabe kann Ich erkannt, erschaut und erlebt werden."

120. भक्ति वश्या

Bhakti vaśyā

Sie, die nur durch Hingabe zu gewinnen ist.

Devī ist frei von allen Bindungen. Soll Sie gewonnen werden, dann geht das nur mit Hingabe.

Es fand einmal eine Unterhaltung zwischen Gott Viṣṇu und Nārada [dem Götterboten] statt.

"Nārada, was ist das Größte im Universum?"

"Mußt Du da fragen, oh Herr? Ist es denn nicht die Erde?"

"Die Erde? Aber liegt die nicht im Meer? Nur zwei Fünftel davon sind Land!"

"Das ist wahr. Es muß also dann das Meer sein."

"Oh nein! Ist es denn nicht allgemein bekannt, daß Agastya das gesamte Weltmeer für seine Waschungen in die Hand nahm?"

"Oh, das ist wahr, natürlich. Der Größte kann nur Agastya sein!"

"Wie kannst du so etwas sagen, Nārada? Ist Agastya nicht eine Gestirnskonstellation? Sie befindet sich gerade in einer Ecke des Himmels!"

"Richtig, oh Herr! Ich irrte. Der Himmel ist das Größte."

"Wirklich? Maß ich denn nicht Erde, Himmel und Unterwelt zusammen in gerade drei Schritten aus?"

"Warum spielst Du mit mir, als sei ich ein dummer Affe, Herr? Konntest Du das nicht eher sagen? Selbstverständlich bist Du der Größte!"

"Jetzt hör mal, Nārada, weißt du selbst dies nicht? Bin ich denn nicht der Gefangene in den Herzen meiner Anhänger? Ist nicht das Herz eines Verehrers das Größte?"

Darin besteht die Größe der Hingabe. Nārada verfaßte die *Bhakti Sūtras,* weil er das verstand. Der Pfad der Hingabe ist kürzer und leichter als der Pfad der Erkenntnis, des Tuns oder des *rāja yoga.*

Die Weisen erklären, daß die Göttliche Mutter, obgleich frei von allen Bindungen, durch die Hingabe Ihrer Verehrer gebunden wird.

121. भयापहा

Bhayāpahā

Sie, die Furcht zerstreut.

Die Ursache der Angst ist der Glaube, es gäbe etwas Anderes, Fremdes außerhalb des Selbst. Svami Vivekānanda sagte einmal, "wenn ihr mich nach der Essenz der *Upaniṣads,* destilliert in einem Worte, fragt, dann werde ich sagen: '*Abhih*!' (Fürchtet euch nicht!)." Die größte Furcht ist die Furcht vor dem Tod. Um von dieser Furcht frei zu werden, sollen wir der Empfehlung der Weisen zufolge dem *upaniṣadischen* Weg folgen. "Wer die Seligkeit Brahmans kennt, fürchtet nichts." (*Taittiriya Upaniṣad,* II,9,1)

Devī ist die Essenz von Brahman. Sie beseitigt alle Ängste. Bhāskararāya zitiert die *Vāyu Purāṇa*: "Im Dschungel, im Wald und anderswo, im Wasser, auf Erden, angesichts des Tigers, wilder Tiere und gemeiner Räuber, besonders bei Erkrankungen aller Art sollen die Namen der Devī wiederholt werden."

Man sagt, "wie das Bewußtsein ist, so ist die Welt". Und wo ist Raum für Furcht, wenn das Bewußtsein von der Göttlichen

Mutter erfüllt ist? Unsere *ṛṣis* (sieben Weisen) bieten den besten Beweis für diese Furchtlosigkeit.

122. शाम्भवी
Śāmbhavī
Sie, die Gemahlin von Śambhu (Śiva).

Śambhu ist der Spender von Glück und Gedeihen. Das Mantra bedeutet auch: "Mutter jener Wesen, die Śambhu verehren."

Das *Śāmbhavī mudrā* (*mudrā* ist eine Hand- und Fingerstellung während des Anbetungsrituals) wird häufig im *hatha yoga* und im *Tantra* angewendet. Devī zeigt dieses *mudrā* bzw. Sie stellt sich darin dar.

Das *Kalpasūtra* von Paraśurāma führt drei Initiationsarten (*dīkṣas*) auf, nämlich *śāmbhavī, mantra* und *śakti*. Die Devī wird durch die *śāmbhavī*-Initiation erreicht.

Das Wort *śāmbhavī* bedeutet auch ein Mädchen von acht Jahren. Die Göttliche Mutter kann in Gestalt eines solchen Mädchens verehrt werden. Dies wird dann *Kumāri pūja* genannt.

123. शारदाराध्या
Śāradārādhyā
Sie, die von Śāradā (Sarasvatī, der Göttin der Sprache) verehrt wird.

Śāradā ist jemand mit Qualifikation oder Erfahrung. *Śāradārādhya* ist ein Wesen, das von Gelehrten *sāttvischen* Verstandes verehrt wird.

Außerdem bedeutet *śarad* groß und *a* verweist auf Brahmā oder Viṣṇu. So kann das Mantra auch heißen: "Sie, die vom großen Brahmā und vom großen Viṣṇu verehrt wird." In der *Saundarya Laharī* zählt Śaṅkarācārya Gott Śiva gleichfalls zu den Verehrern der Göttlichen Mutter: "Ist es deshalb jenen, die sich das Verdienst nicht erworben haben, überhaupt möglich, Dich zu verehren oder zu preisen, da Du doch bereits von [so Verdienstvollen wie] Viṣṇu, Śiva, Brahmā und anderen hohen Gottheiten verehrt wirst?"

Śarad bezeichnet weiterhin die Herbstzeit (die Monate Aświn und Kārtik; Mitte September bis Mitte November). *Śāradārādhya* kann also dann heißen: "Sie, die in der *śarad*-Zeit verehrt wird." *Navarātri* [Anbetung und Verehrung der Göttlichen Mutter während neun Nächten und acht Tagen] fällt in diese Jahreszeit.

124. शर्वाणी

Śarvāṇī

Sie, die Gemahlin Śarvas (Śivas).

Śiva in seiner Erdenform wird Śarva genannt (eine von Śivas acht Formen, die unter Mantra 112 aufgeführt werden). Die *Liṅga Purāṇa* erklärt: "Jene, die über alle *śāstras* hinausgewachsen sind, bezeichnen die Gottheit der Erde als Śarva. Sein Weib ist Sukeśi und sein Sohn Aṅgāraka." Aṅgāraka ist identisch mit Mars, auch Kuja genannt. Kuja heißt buchstäblich "Sohn der Erde" (ku: Erde). Es gibt eine [nicht verbreitete] astronomische Theorie, nach der Mars ein von der Erde abgetrennter Teil sei.

125. शर्मदायिनी

Śarmadāyinī

Sie, die Glück gewährt.

"Sie schenkt Ihren Devotees Glück; daher wird Sie 'Spenderin des Glücks' (*Devī Bhāgavata*) genannt."

Glück (*śarma*) bedeutet hier nicht allein materiell-diesseitiges Glück, sondern auch Glücklichsein im jenseitigen Leben. Bereits zu Beginn wurde gesagt, daß die Verehrer der Göttlichen Mutter sowohl materielles Glück wie auch Befreiung erwerben.

126. शाङ्करी
Śāṅkarī
Sie, die Glück spendet.

"Sie ist *Śaṅkarī,* deren Gewohnheit es ist, Glück zu spenden."

Śāṅkarī ist auch die Vermählte Śaṅkaras (Śivas). Die *Kālikā Purāṇa* erklärt, daß Devī unter den Namen *Sāṅkarī* und *Rudrāṇī* verehrt wird, weil Sie Śiva während der Zyklen der kosmischen Schöpfung, Erhaltung und Auflösung in weiblicher Gestalt begleitet.

127. श्रीकरी
Śrīkarī
Sie, die Reichtum in Fülle schenkt.

Was über die Befriedigung der normalen materiellen Bedürfnisse hinausgeht, ist *Śrī*, Fülle.

Śrīkara ist Viṣṇu. Devī wird *Śrīkarī* genannt, d. h. Viṣṇus Schwester.

128. साध्वी
Sādhvī
Sie, die zuchtvoll-keusch ist.

Gott Śiva ist der einzige, der Devī kennt. Derart geheim ist Ihr Wesen.

Sarasvatī, Brahmās Frau, schenkt allen Gebildeten Gehör. Lakṣmī, Göttin des Reichtums und Viṣṇus Frau, ist immer hier und dort und allen zugänglich. Doch Devī, Maheśvaras Gattin, gibt niemandem nach. Sie ist die unvergleichliche Göttin der Schönheit und der Tugend und als Parāśakti völlig frei. Das soll bedeuten: Zwar kann jeder, der sich anstrengt, Wissen und Reichtum erwerben; doch Selbstrealisierung zu erreichen - das ist äußerst schwierig.

129. शरच्चन्द्र निभानना

Śaraccandra nibhānanā

Sie, deren Antlitz schimmert wie der Vollmond im klaren Herbsthimmel.

[...] Die Schönheit von Devís Antlitz ist unvergleichlich und bleibt unberührt vom Lauf der Zeit.

130. शातोदरी

Śātodarī

Sie, deren Taille schlank ist.

Śātodara wird auch übersetzt mit "versehen mit Hunderten von Höhlen", was auf Himavat, König der Berge, verweist. Śātodarī ist seine Tochter, Pārvatī.

131. शान्तिमती

Śāntimatī

Sie, die friedvoll ist.

Friedlichkeit ist Devīs Natur. Sie vergibt jeden Fehler Ihrer Devotees, ohne sich je zu erregen, dafür mit viel Freundlichkeit und Güte. Devīs hohe Ziele aber sind Friede und Wohlfahrt im Weltall. Daher wird Sie nichts tolerieren, was diese Ziele gefährdet. Deshalb ging Sie gegen Bhaṇḍāsura derart "grausam" vor.

Śāntimatī ist auch jemand, den nichts besonders bekümmert, der sich um nichts besonders bemüht.

132. निराधारा

Nirādhārā

Sie, die von niemand abhängig ist.

Devī gibt allem und jedem Unterstützung. Deshalb braucht Sie selbst keine.

Das Tantraśāstra beschreibt sechs *ādhāras* oder Chakren. Devī transzendiert sie alle und ist deshalb ohne Unterstützung.

Das Mantra bezieht sich auch auf eine Form der Parāśakti-Verehrung, die als *nirādhāra* bekannt ist. Sie wird in der *Sūtasamhita* (Verse 11-19) folgendermaßen beschrieben: "Es gibt zwei Formen der Verehrung, nämlich die äußere und die innere Verehrung. Die äußere ist unterteilt in *vedische* und *tāntrische* und die innere in *sādhāra-* (*saguṇa*) und *nirādhāra-* (*nirguṇa*) Verehrung. *Sādhāra*-Verehrung benutzt Bilder, Formen, Idole, während *nirādhāra* Verehrung von jeder Form abstrahiert. Die Anbetung der Göttlichen Mutter in Formen, Bildern oder in heiligen Silben gilt als *sādhāra*-Verehrung. *Nirādhāra* ist die höher entwickelte Verehrungsweise. Sie führt den Verstand während der Meditation über die reine Wahrnehmung (die nichts anderes als die höchste Śakti ist) zur Auflösung. Deshalb, um der Befreiung von *samsāra* willen, soll man Parāśakti als das Selbst an sich, als den Zeugen, der frei von allen Attributen des Universums ist, verehren. Und da man die Göttliche Mutter aus eigener, direkter Erfahrung als das Selbst erkannt hat, soll man Sie mit Hingabe verehren. Solcherart ist die Verehrung, die zur Befreiung führt."

133. निरञ्जना

Nirañjanā

Sie, die ungebunden bleibt und an nichts verhaftet.

"Verhaftung ist jene unreine Tendenz (*vāsanā*) des Geistes, die den Gewinn eines Objekts als Freude und dessen Verlust als Ärger erleben läßt." (*Yogavāsiṣṭha*) Devī ist frei von solchen Verhaftungen - Sie hat den reinsten Geist.

Rañjana bedeutet Wunschbegierde, Verlangen, und *nirañjanā* heißt "ohne Wünsche".

Dazu ist *añjana* eine Kajalsalbe für die Augen, und *nirañjana* wäre jemand, dessen Augen nicht mit der schwarzen Salbe der illusionsgeborenen Unwissenheit (*avidyā*) verschmiert sind.

Und also bedeutet *nirañjana* auch: "Sie, die ohne den Makel der Ignoranz ist."

Manche argumentieren, daß nur das, was das Auge sieht, die einzige Wahrheit sei. Doch bewegen sich die Sterne, die dem Auge unbeweglich scheinen, wirklich nicht? Der Vogel, der zum Himmel auffliegt und dann dem Blick entschwindet - läßt er uns meinen, es gäb' ihn nicht? Betrachten wir ein dünnes Scheibchen einer Pflanze unter dem Mikroskop, so sehen wir ein farbiges Bild. Was nun ist die Wahrheit - die schwärzliche Masse, die wir mit dem freien Auge sehen, oder der farbige Anblick unter dem Mikroskop? Und so, in derselben Weise, unterscheidet sich die Wahrnehmung der mit der schwarzen Paste *Māyā*s umflorten Augen von der Wahrnehmung durch Augen, die frei von *Māyā* quasi sind.

Es folgen nun mehrere Mantren, die Devīs formlose, immaterielle Eigenschaften beschreiben.

134. निर्लेपा

Nirlepā

Sie, die frei von allen tatbedingten Unreinheiten ist.

Das Lotusblatt wird auch nicht im Wasser naß. Genausowenig wird die Göttliche Mutter von Handlungen, die mit der Regierung des Universums einhergehen, gebunden. Kṛṣṇa sagt: "Handlungen binden Mich nicht; auch habe Ich keinen Wunsch nach den Ergebnissen Meiner Handlungen." (*Gītā*, IV-14) Die wahre Erfüllung eines Verehrers der Göttlichen Mutter besteht darin, auf diese abgelöste Ebene zu gelangen.

135. निर्मला

Nirmalā

Sie, die von allen Unreinheiten frei ist.

Mala (Unreinheit) ist Unwissenheit. Sie ist die Basis, auf der sich die umfassende Täuschung hinsichtlich der Natur der Welt breitmachen kann. Das Selbst, das an und für sich reines Wissen ist, wird von dieser Unwissenheit überdeckt. Daher ist der Mensch der Täuschung *(moha)* unterworfen und vom wahren Wissen ausgeschlossen. Devī aber ist "für immer rein, wissend und frei."

Es gibt drei Arten der Verunreinigung: *āṇava*, *bheda* (*māyika*) und *kārmika*. *Āṇava*(-Unreinheit) charakterisiert das mangelhafte Verständnis vom wahren Wesen des Selbst. Es ist dies die geringste und feinste Unreinheit (*anu*: Atom). *Bheda* oder *māyika* haften der (māyā-bedingten) Wahrnehmung von Unterschiedlichkeit, von Dualität, haften also der Unterscheidung zwischen Selbst und Nicht-Selbst an (*bheda*: Unterschied). *Kārmika*(-Unreinheit) markiert jene Verkettung, die durch die Handlungen im Leben (*karma*) erneut Geburt und Tod verursacht.

[...]

Die Menschen, die nur durch *āṇava* verunreinigt sind, werden *vijñānakevalas* genannt; die, denen *āṇava* wie auch *māyika*-Unreinheiten eignen, sind *pralayakālas* und jene, die alle drei Arten von Unreinheiten an sich tragen, heißen *sakalas*. *Setubandha* zufolge verehren *vijñānakevalas* die Göttliche Mutter im *mahābindu* (*niṣkaladhyāna*). *Pralayakālas* konzentrieren sich zwischen *ājñācakra* und *unmanī* (*sakala-niṣkala dhyāna*) auf Sie, und *sakalas* stellen sich auf Sie zwischen dem *mūlādhāra* und *ājñācakra* (*sakaladhyāna*) anbetend ein. Im Kommentar zum Mantra 113 wurden diese Begriffe behandelt.

136. नित्या

Nityā

Sie, die ewig ist.

Die Göttinmutter ist ewig, da Sie während der Perioden der Erschaffung, Erhaltung und Zerstörung des Alls keiner Auflösung oder Veränderung unterliegt. "Dieses Selbst, mein Lieber, ist wahrlich unveränderlich und unzerstörbar." (Yājñavalkya zu Maitreyi in der *Bṛhadāraṇyaka Upaniṣad,* IV,5,14) Dieser 136. Beiname der Gottesmutter weist in eine gänzlich andere Sphäre als jene Theorie, der zufolge es nichts Ewiges gäbe.

Andere mögliche Deutungen des Mantras wären: "Sie, die die Gestalt der Tagesgottheiten des (lunaren) Halbmonats hat (*nitya devatas*)" und "Sie, deren Form dem *nitya mantra* entspricht."

137. निराकारा

Nirākārā

Sie, die ohne Form ist.

Form basiert auf den drei *guṇas* (Grundattribute). Devī ist jenseits der drei *guṇas* und deshalb ohne Form.

Das Konzept der "Formlosigkeit Gottes" ist der indischen Philosophie zwar nicht fremd, doch kann der Verstand, dessen Wesen und Funktion von den *guṇas* bedingt ist, keinen formlosen Gott imaginieren. Eine Feststellung in der *Śruti* klärt diesen Punkt: "Verstand und Worte ziehen sich zurück, ohne Ihn erreicht zu haben."

Zugunsten des Verstandes erhielt der formlose, abstrakte Gott eine Form. Der Weise erkennt, daß sie ein Produkt der menschlichen Vorstellung ist, gebunden an sinnliche Wahr-nehmung und intellektuelle Unterscheidung.

[...]

138. निराकुला

Nirākulā

Sie, die frei von Erregung ist.

Der Grund für Sorge und Aufregung ist Unwissenheit. Für jemand, der in der Weisheit verankert ist, gibt es keine Sorge. Ein solches Wesen wird angesichts von Gewinn oder Verlust, Sieg oder Niederlage, Ehre oder Unehre das Gemüt frei von Erregung halten. Die Göttinmutter lebt und wirkt aus dieser Weisheit und ist deshalb frei von jeglicher Erregung, gleich ob Sie Bhaṇḍāsura tötet oder segnet oder sich mit Sadāśiva unterhält.

139. निर्गुणा

Nirguṇā

Sie, die jenseits der drei guṇas der Natur ist (sattva, rajas und tamas).

Sie, die nicht an die Sinneswahrnehmungen gebunden ist und jenseits davon oszilliert.

Die *Viṣṇu Bhāgavata Purāṇa* erklärt: "Es (*Brahman*) ist nicht *deva*, Dämon, Mensch, Tier, männlich, weiblich, lebendes Wesen, Qualität, *karma*, Anwesenheit oder Abwesenheit. Es ist die Unendlichkeit, die nach allen Negationen bleibt."

Die Qualitäten der Liebe und Zuneigung, die der Devī eignen, entsprechen nicht den *guṇas,* sondern Ihrer göttlichen Natur.

140. निष्कला

Niṣkalā

Sie, die ohne Teile ist.

Kalā bedeutet Abschnitt oder Teil. Dieser Beiname schließt ausdrücklich die spekulative Annahme aus, *Brahman* habe Teile oder Gliedmaße.

Bhāskarācārya sagt unmißverständlich, daß der Begriff *niṣkala* auf die Meditation über "Brahman ohne Eigenschaften" verweist. Er zitiert aus dem Werk *Vijñānabhairavabhaṭṭāraka:* "*Niṣkaladhyāna* ist Meditation über Brahman ohne Teile, denn Brahman ist unabhängig und ohne festen Platz. Es ist keine Meditation über eine Form oder Gestalt mit Gesicht und Händen." Unser vorliegendes Mantra bedeutet also, daß Devī in solch "formloser" Meditation vergegenwärtigt werden soll. Beschreibungen wie "ohne Teile, ohne Tun, ruhevoll, ohne Tadel und ohne

Unreinheit" passen alle auf die Devī, die selbst das ungeteilte Brahman ist.

141. शान्ता
Śāntā
Sie, die ruhevoll ist.

Sie, die sich im Seelenzustand der Ruhe befindet, in "*śānta rasa*"; dieser Begriff bezeichnet auch [in der Raga-Musik und] in der Dichtung die entsprechende Seelenverfassung. Charakteristisch für diesen Gemütszustand ist die Abwesenheit des Ichgefühls. Die Weisen behaupten, daß es "in *śānta rasa* weder Sorge noch Glück, weder Gedanken noch Ärger, weder Liebe noch Begierde gibt; nur vollkommene Ausgeglichenheit."

Das aus dem vorhergehenden und dem jetzigen Mantra zusammengesetzte Wort kann auch dermaßen getrennt werden: *niṣkalāśānta*: *niṣkala* + *āśānta*. Dann kann das Mantra *āśāntā* bedeuten: "Sie, die tief bis zum Ende aller Richtungen eindringt (*āśā*: Richtungen)."

Die letzte Silbe des *amṛtabīja mantra* ist *śā*. Deshalb heißt *śāntā* (*śā* + *antā*) auch "Verkörperung des Mantras, dessen letzte Silbe *śā* ist."

142. निष्कामा
Niṣkāmā
Sie, die ohne Wünsche ist.

Welchen offenen Wunsch könnte es für die Gottesmutter geben, die doch alles durch Ihr *saṅkalpa* manifestieren kann? Die *Devī Bhāgavata* stellt fest: "Da die Erfüllung aller Wünsche in Ihr enthalten ist, welcher offene Wunsch bliebe dann übrig für Sie?"

143. निरुपप्लवा
Nirupaplavā
Sie, die unzerstörbar ist.

Upaplava heißt “Kalamität, Zerstörung”. Es kann auch heißen, “kraft dessen/derer ein reicher Nektarfluß im Körper des *jīva* fließt”. Das Mantra bezieht sich dann auf die *Kuṇḍalinī,* die sich zum *sahasrāra* erhebt und damit den reichen Ambrosia- oder Nektarfluß im Körper einleitet (siehe Mantra 110).

144. नित्यमुक्ता
Nityamuktā
Sie, die von weltlichen Banden immer frei ist.

Es sollte klar werden, daß alle aufgeführten Handlungen der Devī, wie die Vernichtung Bhaṇḍāsuras, die Segnung der *devas* oder das Liebesspiel mit Sadāśiva, zwar durchaus Ihre eigenen sind, Sie aber gleichzeitig frei von ihnen ist, also von ihnen nicht gebunden wird.

Eine andere Bedeutung des Mantra wäre: “Sie, die den Verehrern immerwährende Befreiung gibt und mit der die Befreiten auf ewig verschmelzen.” Die Göttliche Mutter ist Befreiung *an sich* und also ewig frei.

145. निर्विकारा
Nirvikārā
Sie, die unwandelbar ist.

Devī ist ein Wesen, das keinen Wandlungen (*vikāra*) unterliegt. Sie ist die Ursache des Weltalls. Die Erste Ursache verändert sich nicht, die Wirkungen aber durchlaufen permanente Veränderungen. Das Seil bewegt sich nicht, die auf’s Seil projizierte Schlange aber scheint sich zu bewegen. Deshalb nehmen wir die Illusion der Schlange wahr. Das Kausalprinzip fühlt sich nicht selbst oder verursacht die illusionäre Wahrnehmung samt Gefühlen; die Wirkung aber tut dies, und so ist sie wandelbar.

Die Schrift *Sāṅkhyatattva kaumudī* stellt fest: "*Mūlaprakṛti* (die Wurzel von allem Erschaffenen) wandelt sich nicht. Die sieben Prinzipien, beginnend mit *mahat*, verursachen Änderungen und unterliegen ihnen; die übrigen sechzehn Prinzipien unterliegen Änderungen, verursachen sie aber nicht. Die Seele wandelt sich nicht und verursacht keine Änderungen." Devī nun ist identisch mit jener unwandelbaren *mūlaprakṛti*.

146. निष्प्रपञ्चा

Niṣprapañcā

Sie, die nicht von dieser Welt ist.

Prapañca bezeichnet die fünf Elemente (*pañca bhūtas*), die die Bausteine der Welt sind. Devī ist von deren Zusammensetzung unabhängig. Deshalb wird Sie *Niṣprapañcā* genannt.

147. निराश्रया

Nirāśrayā

Sie, die von nichts abhängt.

Die Göttliche Mutter ist die Zuflucht für jeden und alles in der Welt. Sie selbst hat keine Zuflucht. In der *Śruti* wird gefragt: "Wo ist die Basis für Sie, auf der doch das ganze Universum gründet?"

Abhängigkeit wird verursacht von "*upādhi*" (Bedingendes). Die *upādhis* der individuellen Seele erstrecken sich vom Verstand - *antaḥkaraṇa* - bis zum Körper. Im *jīva,* bedingt durch die körperlichen Eigenschaften, stellen sich Vorstellungen ein, wie "ich bin dick, ich bin schlank"; bedingt durch die Sinnesorgane ergeben sich Vorstellungen, wie "ich bin blind, ich bin taub"; und bedingt durch den Verstand kommen Begriffe bzw. Konzepte auf, wie "ich wünsche, ich stelle mir vor" usw.

Diese konditionierenden Bedingungen wirken in den *samsārins* - d. h. jenen, die durch die Bande der Welt gebunden sind. Devī aber ist reine Existenz, nicht bedingt von *upādhis.*

148. नित्यशुद्धा

Nityaśuddhā

Sie, die ewig rein ist.

Begrenzungen, bedingt durch Reinheit und Unreinheit, sind den verkörperten Wesen auferlegt, um ihnen zu helfen, geistige Reinheit schließlich zu erreichen. Devi ist von jeglichem Makel frei und jenseits solcher Begrenzungen. Es wird gesagt, daß "der Körper sehr unrein, doch dessen Bewohner sehr rein ist". Die Unreinheit liegt im Körper, nicht im *Ātman* (Selbst).

149. नित्यबुद्धा

Nityabuddhā

Sie, die allweise ist.

Devī, die *cit* (Bewußtsein) selbst ist, umfaßt alles Wissen; deshalb ist Sie ewig weise. Die *Śruti* führt an: "Es kann kein nichtexistierendes Wissen im Wissenden geben." (*Bṛhadāraṇyaka Upaniṣad,* IV,3,30) Dem folgend, kann das Wissen von Brahman nicht getrennt vom Wissenden sein.

150. निरवद्या

Niravadyā

Sie, die ohne Tadel ist; oder: Sie, die überaus preiswürdig ist.

Die Göttliche Mutter kann von allen verehrt werden, da Sie die Ursache aller günstigen Bedingungen und allen Gedeihens ist. "Tadellos und makellos", kommentiert die *Śruti.* (*Śvetāśvatāra Upaniṣad* VI,19)

Avadya heißt auch Hölle. *Niravadyā* würde derart übersetzt dann bedeuten: "Sie, die Ihre Devotees vor dem Fall in die Hölle bewahrt." Bhāskararāya zitiert aus der *Kūrma Purāṇa:* "Wenn daher jemand Tag und Nacht an die Göttliche Mutter denkt, so wird er nicht zur Hölle gehen, die *avadya* heißt, denn er ist gereinigt von allen Sünden." Der *Liṅga Purāṇa* zufolge gibt es 280 Millionen Höllen. Derartige Höllenbeschreibungen halten die Menschen von Sünde ab und lassen sie gute Taten verrichten. Furcht vor der Sünde und Glaube an Gott sind die beiden Räder des Lebenswagens.

151. निरन्तरा

Nirantarā

Sie, die alles durchdringt.

Devī füllt das Weltall lückenlos (ohne *antara*: ohne Loch oder Lücke). Sie ist der "Ruhmesschein, der innen wie außen strahlt".

Wir können uns auch auf die Bedeutung "Unterschied" für *antara* beziehen. Die *Taittiriya Upaniṣad* (II,7) sagt: "In ihm, der auch nur die kleinste Unterscheidung oder Getrenntheit in diesem (*Brahman*) sieht, entsteht Furcht." Die Göttliche Mutter trifft keine Unterscheidungen, wie "von Ihrer Art bzw. Ihrem Wesen, andere von anderer Art, Sie selbst" etc.

152. निष्कारणा

Niṣkāraṇā

Sie, die ohne Ursache ist.

Da die Mutter des Alls die verursachende Matrix von allem ist, ist Sie selbst nicht verursacht. Die Ursache ist ewig, die Wirkungen sind vorübergehend.

153. निष्कलङ्का

Niṣkalaṅkā

Sie, die fehlerlos ist.

Unterlegen wir die etwas modifizierte Wortbedeutung von *kalaṅka,* nämlich Sünde, so erhalten wir diese Übersetzung: ”Sie, die die Sünden Ihrer Devotees auslöscht.”

Sünde und Verdienst (*pāpa* and *puṇya*) sind Ergebnisse des *karma.* Da die Devī von Ihrem Tun gelöst ist, verursacht Sie weder Sünde noch Verdienst.

”Rein, von Sünde unberührt”, kommentiert die *Īśāvāsya Upaniṣad* (Vers 8).

154. निरुपाधिः

Nirupādhiḥ

Sie, die nicht bedingt bzw. die unbegrenzt ist.

Upādhi meint die bedingende Wirkung, die von etwas Nahegelegenem ausgeübt wird. So wie ein klarer Kristall die Farbe einer naheliegenden Blume aufnimmt, genauso adaptiert das Bewußtsein (*caitanya*) das aus der Unwissenheit geborene Gefühl oder Konzept der Vielheit; das wäre *upādhi.* Devī ist solcher Konditionierung nicht unterworfen. Sie ist ohne eine Spur von Ignoranz, denkt nicht in Kategorien, Differenzen oder Limitierungen des Ganzen oder der Teile. Sie ist ein Meer der spontanen Güte und spendet Ihren Verehrern Segen ohne Einschränkungen.

Auf der stillen Oberfläche eines Sees können wir die umgedrehten Abbilder der Bäume am Ufer sehen. Die stille Wasserfläche wirkt als *upādhi.* Menschen mit Unter-scheidungsfähigkeit wissen, daß die Bäume nicht umgedreht sind, aber ein Kind wird der Anblick verwirren. (Überhaupt nehmen wir meistens das ganze Universum wie ein Kind wahr.) Nur einige Menschen wissen, daß es die Bedingung (*upādhi*) des Wassers ist, die den Widerspruch schafft. Selbst für die, welche den wahren Sachverhalt kennen, gilt immer noch die unmittelbare Erfahrung der auf dem Kopf stehenden Bäume. Und die wird andauern, solange *upādhi* herrscht. Aus demselben Grund erscheint uns das Universum als real, solange wir nur ein körperbedingtes Bewußtsein haben. Nichts-destoweniger ist unsere "Realität" illusorisch, und wir sollten nicht darauf bestehen, sie als letzte Wirklichkeit zu bezeichnen.

155. निरीश्वरा

Nirīśvarā

Sie, die keinen Gott über sich hat.

Die Weltenmutter ist Beschützerin von allem; deshalb ist Ihr kein Gott übergeordnet.

Die Philosophien der Welt lassen sich in zwei Gruppen aufteilen: in theistische und in atheistische. Beide Betrachtungsweisen sind für Devī gleich; in anderen Worten, beide sind von Ihr nicht unterschieden.

156. नीरागा

Nīrāgā

Sie, die wunschlos ist.

Da die Devī keine Wünsche hat, ist Sie auch frei von Emotionen, wie Ärger usw.

Der *Śāṇḍilya Sūtra* (I.6) zufolge bezeichnet *rāga* die Hingabe. "Die gläubige Hingabe ist ein Sehnen und dem Hassen entgegengesetzt; mit dem Wort *rāga* wird sie ausgedrückt." Von diesem Sehnen ist Devī frei.

Wir können das Mantra auch in zwei andere Worte unterteilen: *nīra* (Wasser) und *agā* (Berg). Das Wasser entspräche dem Ganges und der Berg dem Himavat (Himālaya). Wenn wir unterstellen, daß die Tochter des Berges vom Berg nicht unterschieden ist, dann bedeutete das Mantra: "Sie, die Gangā und Pārvatī ist."

157. राग मथनी
Rāga mathanī
Sie, die Wunschbegierden (Leidenschaften) zerstört.

Rāga bedeutet die intensive Verhaftung an das weltliche Leben. Normalerweise neigen die Sinnesorgane dazu, in weltlichen Freuden zu schwelgen. Mit wachsender Neigung zu höheren Realitäten schwächt sich die Bindung an physische Objekte ab. Die Göttliche Mutter löst Emotionen wie Sehnsucht, Wünschen, Ärger usw. im Herzen des Devotee auf und befreit ihn von weltlichen Sorgen durch die Erweckung reiner, *sättvischer* Gefühle. Bildlich gesprochen: Sie quirlt und stampft die Leidenschaften und läßt daraus Leidenschaftslosigkeit entstehen, so wie aus Rahm Butter entsteht.

158. निर् मदा
Nir madā
Sie, die ohne Stolz ist.

Obgleich allmächtig und allwissend, findet sich in der Devī nicht eine Spur von Stolz. Schönheit, Jugend, Macht, Reichtum - jedes einzelne ist Anlaß zum Stolz; und falls all diese Qualitäten in einem Wesen zusammenkommen, gesellt sich mit Sicherheit großer Stolz hinzu. Doch im Wesen der Weltenmutter, obwohl in all jenen Eigenschaften unvergleichlich, gibt es nicht ein Gran von Stolz. Sie ist ein Vorbild für die Welt.

Amma sagt häufig: "Ich bin der Diener der Diener." Und die *Gītā* (III, 21) stellt fest: "Was immer ein großer Mensch tut, werden auch die anderen Menschen tun; was immer er erschafft, wird zur Norm, der die Welt dann folgt."

159. मद नाशिनी

Mada nāśinī

Sie, die den Stolz zerstört.

Devī ist nicht nur selber frei von Stolz, Sie befreit auch andere von ihrem Stolz. Wie stolz man auch sein mag - es ist nur natürlich, daß der Stolz sich verflüchtigt und der Bescheidenheit Platz macht, sobald man Ihr nahe kommt.

Der Name 159 kann auch so verstanden werden: "Sie, die *madana* (ein anderer Name für Kāma, den Gott der Wunschbegierde) schluckt bzw. zerstört." *Madana* schafft Unruhe im Gemüt des Devotees. Devī beseitigt den Auslöser der Unruhe. Ihr Verehrer wird innerlich gefestigt und erreicht sein Ziel.

160. निश्चिन्ता

Niścintā

Sie, die keinerlei Furcht hat.

Wo ist Raum für Furcht, wenn jemand alles weiß? *Cintā* (Angst) gleicht *cita* (einem Scheiterhaufen für Leichenverbrennungen). Auf dem Holzstoß wird die Leiche verbrannt, in der Angst verbrennt man lebendig.

"Als Junge ist man dem Sport verfallen, als junger Mann den Frauen. Als alter Mann verfällt man der Angst; doch dem höchsten Brahman, oh Gott, verfällt keiner!" wundert sich Śaṅkarācārya. Die Angst im Alter ist wirklich die vor der Leichenverbrennung [dem Tod]. Der spirituelle Pfad muß früh im Leben beginnen, und tief verwurzelt muß die Übung darin sein, angstlos zu leben, so wie die Weltenmutter. Als Richtschnur mag dieses Mantra 160 dienen.

Cintā wird auch übersetzt mit "Täuschung, Illusion". *Niścintā* ist dann jemand ohne Illusion, ohne irrige Wahrnehmung.

161. निर् अहङ्कारा

Nir ahaṅkārā

Sie, die ohne Egoismus ist. Sie, die ohne "Ich-und-Mein"-Konzept ist.

Je nachdem, in welchem Verhältnis die *guṇas sattva, rajas* und *tamas* im Menschen auftreten, herrschen drei Arten von Egoismus vor: *vaikārika, taijasa* und *bhūtādi.*

Egoismus ist die Wurzel aller Probleme. Sollten wir die Quintessenz der *Purāṇas* und Epen in einen Satz zusammenfassen, dann wäre das ohne Zweifel dieser: "Schneide die Wurzeln des Egoismus ab." In den *Purāṇas* kommen mehrere Geschichten vor, in denen auch überaus weise Männer, wie Nārada, Durvāsas und Viśvāmitra, die bitteren Konsequenzen ihres Egoismus zu tragen haben.

Nicht nur ist Devī selbst frei von Egoismus, sondern auch Ihre Anhänger werden davon frei. Eruttacchan, der heiligmäßige Dichter aus Kerala, drückte das schön aus: "Oh Hari, der Du reinste Glückseligkeit bist und Liebhaber der Gopis, laß mich nicht das Gefühl von 'Ich' haben. Doch wenn ich es habe, dann laß mich fühlen, daß alles 'Ich' ist, oh Nārāyaṇa!"

162. निर् मोहा

Nir mohā

Sie, die frei von irriger Wahrnehmung, frei von Täuschung ist.

Moha kann Begierde bedeuten oder mangelnde Unterscheidung zwischen Gut und Böse, wie beschrieben in der Passage der *Gītā*, "aus *krodha* (Ärger) entsteht *moha*", oder auch Bewußtseinsverlust. Nichts davon betrifft Devī auch nur im geringsten.

Moha ist die Verwirrung, die aus der Unwissenheit (*avidyā*) erwächst. Wie in der *Śruti* gesagt wird: "Welche Täuschung, welche Sorge kann es geben, wenn alle Dinge als eins mit dem Selbst gesehen werden?" (*Īśāvāsya Upaniṣad*, 7)

163. मोह नाशिनी

Moha nāśinī

Sie, die in Ihren Devotees die Täuschung beseitigt.

Alle Bedeutungen von *moha,* wie sie im letzten Mantra erwähnt wurden, lassen sich hier ebenso anwenden.

164. निर् ममा

Nir mamā

Sie, die an nichts ein Eigeninteresse hat.

Die Ichbezogenheit sowie die universelle Täuschung [durch Maya] sind die Samen, aus denen die Sorgen des *samsāra* wachsen. In der *Gītā* erscheint Arjuna auf dem Schlachtfeld plötzlich macht- und kraftlos, da beides ihn überwältigt.

Wenn wir sagen, die Devī habe an nichts ein Eigeninteresse, dann heißt das nicht, daß es Ihr an Liebe mangelt oder Sie an anderen nicht interessiert ist. Wir stellten bereits fest, inwiefern Sie von den Wirkungen des Karma unberührt bleibt (siehe Mantra 133). Gerade diese Unberührtheit bewirkt bei Ihr die gänzliche Abwesenheit jeglichen Eigeninteresses oder Besitzanspruchs.

165. ममता हन्त्री

Mamatā hantrī

Sie, die die Haben-Gesinnung vernichtet.

Devī löst bei Ihren Devotees den ichbezogenen Haben-Sinn auf. Damit initiiert Sie dieselbe geistige Verwandlung, die in Arjuna stattfand, nachdem er Kṛṣṇas Rat annahm.

Der größte Gewinn des spirituellen Übungswegs ist der Sieg über die Eigensucht - bei jeder sich bietenden Gelegenheit errungen.

166. निष्पापा

Niṣpāpā

Sie, die ohne Sünde ist.

Devī ist immer rein, ewig wissend und ewig frei. Sie ist von keinerlei karmischen Bindungen [die *samsāra* - oder "Sünde" - durch Aktion und Reaktion, Ursache und Wirkung perpetuieren] belastet.

Die *Gītā* (V.10) führt an: "Er, der sein Tun und seine Handlungen Brahman übergibt und seine Bindung daran ablegt, ist von Sünde nicht befleckt, genausowenig wie das Lotusblatt vom Wasser." Wenn dies bereits für den *karmayogin* gilt, um wieviel mehr dann für die Weltenmutter, die selbst Brahman ist?

Sie regiert die Welt mit deren Wohlergehen im Sinn, doch ohne Bindung Ihrerseits. "Ich bin der Frucht der Handlung nicht verhaftet", sagt Kṛṣṇa.

167. पाप नाशिनी

Pāpa nāśinī

Sie, die alle Sünden Ihrer Verehrer vernichtet.

Wer immer Wissen vom Selbst erlangt, wer Buße und Einkehr durch *japa* und Meditation übt und wer bestimmte Zeiten an heiligen Plätzen verbringt, wird von Sünde nicht befleckt werden. Jede durch einen solchen Menschen - unwissentlich oder durch die Macht der Umstände gezwungen - begangene Sünde, selbst wenn sie riesig wie der Berg Meru sein sollte, wird augenblicklich zu Asche reduziert wie Baumwolle im Feuer. Und für jemand, der ganz und gar seine Zuflucht bei Devīs Füßen gesucht hat, ist es nicht einmal nötig, die erwähnten spirituellen Übungen auszuführen.

168. निष्क्रोधा

Niṣkrodhā

Sie, die ohne Ärger ist.

Der Wunsch ist der Vater des Ärgers. Wo kein Wunsch ist, ist kein Ärger. Devī ist ohne Wünsche, also auch frei von Ärger.

Ärger ist destruktiv. Wir sollten ihn bewußt kontrollieren, um solcherart frei zu werden. Es wird gesagt, *ahimsa* sei das größte *dharma.* (*Ahimsa* bedeutet, Töten oder Zufügung von Schmerz in Gedanken, Worten und Taten gänzlich zu vermeiden.) Das Freisein von Ärger ist dazu die nötige emotionale und geistige Voraussetzung.

Wie Lord Kṛṣṇa darlegte, sind Wunschbegierde und Ärger, geboren aus *rajoguṇa* (die Triebqualität der Leidenschaft), alles verschlingende, überwältigend sündhafte Feinde (*Gītā*, III.37). Diese Feinde zu besiegen, ist der größte Sieg im Leben. Alle spirituellen Bußübungen, Opfer, *japa* und Meditation sollten auf dieses Ziel orientiert sein.

169. क्रोध शमनी

Krodha śamanī

Sie, die den Ärger Ihrer Devotees auflöst.

Wir können auch sagen, daß der persönliche Ärger angesichts der Devī automatisch verschwindet.

170. निर्लोभा

Nirlobhā

Sie, die ohne Gier ist.

Gier ist eine der acht Emotionen (*aṣṭarāgas*), die die Seelenbefreiung blockieren. (Die anderen sieben Emotionen sind Wunschbegierde, Ärger, Täuschung, Stolz, Neid, Einbildung und Boshaftigkeit.) Gier ist die üble Neigung, Besitz zu horten und anderer Leute Besitz auch noch dazuraffen zu wollen. Sie ist ein Feind des Verzichts. Die *Śruti* kommentiert: "*Tyāgenaike amṛtattvamānaśuḥ.*" "Nur durch Verzicht kann man sich der Unsterblichkeit erfreuen." Die Gier blockiert den erhabenen Pfad zur Unsterblichkeit. Devī ist frei von Gier. Sie, die alle Bedürfnisse Ihrer Verehrer erfüllt, benötigt nichts von niemandem. Sie ist der Mutterboden aller Großzügigkeit.

171. लोभ नाशिनी

Lobha nāśinī

Sie, die die Gier in Ihren Devotees beseitigt.

Die menschliche Gier ist die Wurzel aller gesellschaftlichen Übel und Ungerechtigkeiten. Sie verhindert Freundlichkeit, Mitgefühl, Gebefreudigkeit und selbstlosen Dienst am Nächsten.

Devī beseitigt in Ihren wahren Verehrern die begehrlichen Gedanken, um an deren Stelle das Aufblühen guter Eigenschaften zu fördern.

172. inHS-sya

Niḥsamśayā

Sie, die ohne Zweifel ist.

In der Weltenmutter, der personalisierten Wahrheit, gibt es keinen Platz für Zweifel. Sie ist der Guru von allen und muß deshalb auch von Zweifeln frei sein. Ein Guru hat die Fähigkeit, zu jedem Problem eindeutigen Rat zu wissen.

Devī sollte nicht bezweifelt werden. Sie ist das Höchste Wesen, bei dem jeder ohne Zögern Zuflucht suchen kann.

173. संशयघ्नी

Samśayaghnī

Sie, die alle Zweifel beseitigt.

Ein Devotee oder Aspirant mag viele Zweifel haben. Devī beseitigt sie, indem Sie im Suchenden die passenden Antworten weckt. Solche Wissenserweckung geschieht dank der Gnade des Guru (*Gurukaṭākṣa*: Blick aus des Gurus Augenwinkel). Und diese wird immer ohne Fehl sein.

Selbst jemand, der Devī zweifelnd entgegentritt, wird von Ihr reichlich gesegnet und seiner Zweifel enthoben. Das zeigt Ihre Freundlichkeit. Trotzdem verschwinden die Fragen und Zweifel nicht ganz, solange das Wissen vom Selbst nicht verankert ist; und so impliziert das vorstehende Mantra, daß Devī Selbst-Realisierung schenkt.

"Mit der Realisierung des Selbst brechen alle Knoten des Herzens von selbst; alle Knoten werden aufgeschnitten und alle Karma-Bande welken." (*Muṇḍakopaniṣad*, II 2:8)

174. निर् भवा

Nir bhavā

Sie, die ohne Ursprung ist.

Devī ist ohne Beginn und ohne Ende; Sie ist die Verkörperung der Ewigkeit.

175. भव नाशिनी

Bhava nāśinī

Sie, die die Qual von samsāra (der Zyklus von Geburt und Tod) beendet.

Der *Brahajjābāla Upaniṣad* zufolge gibt es einen Fluß namens *Bhavanāśinī*. Wer in diesem Fluß badet, wird nicht wiedergeboren.

176. निर् विकल्पा
Nir vikalpā
Sie, die frei von falschen Vorstellungsbildern ist.

"*Vikalpa*" ist etwas, das nicht existiert, aber den Eindruck vermittelt, als ob es real existierte. Die *Yoga Sūtra* gibt diese Definition: "*Vikalpa* ist eine durch bloße Worte geschaffene Vorstellung von etwas, das in Wirklichkeit nicht vorhanden ist." Um es an einem Beispiel zu verdeutlichen: "Da kommt der Sohn einer unfruchtbaren Frau nach dem Bad in den Wassern des Spiegels, mit Himmelsblumen im Haar und einem Bogen aus Kaninchenhorn in der Hand." Es gibt zwar unfruchtbare Frauen, aber sie gebären keine Kinder; zwar existiert der Himmel, aber es wachsen keine Himmelsblumen; es gibt Kaninchen, doch haben sie keine Hörner. Das ist *vikalpa*.

Alles *vikalpa* endet auf der Höhe der Meditation (*nirvikalpa dhyāna*). Devī befindet sich immer in diesem Zustand. Die *Gautama Sūtra* (IV.50) stellt fest: "Alles vom Verstand Geschaffene ist irreal." Die Göttliche Mutter hingegen ist unbedingtes, ewiges Wissen.

Auch gilt, daß *vikalpa* den *śāstras* (heiligen Schriften) entgegengesetzt und *nirvikalpa* ihnen nicht entgegengesetzt ist. Devī ist von den *śāstras* nicht getrennt; daher kann keine *śāstra* Sie negieren.

177. निराबाधा
Nirābādhā
Sie, die von nichts irregeführt (gestört) wird.

Ābādha ist falsches Wissen oder Verständnis. Im trüben Licht kann man der Illusion unterliegen, eine Schlange zu sehen, anstatt eines Seils. Im hellen Licht löst sich die Illusion auf. Devī ist jenseits solcher Täuschungen.

178. निर् भेदा

Nir bhedā

Sie, die jenseits aller Unterschiede ist.

Für die Göttinmutter existieren keine Ähnlichkeiten oder Unterschiede in der Qualität der Wesen oder Dinge. Die *Kūrma Purāṇa* erklärt: "Du bist die oberste Herrscherin, bist unendlich und die höchste Kraft, bar aller Unterschiede und alle Unterschiede aufhebend." Die Unwissenden glauben, Śiva und Śakti seien getrennt, doch die Yogis, die über die Wahrheit meditieren, erkennen Ihre eine Identität.

179. भेद् नाशिनी

Bheda nāśinī

Sie, die den (aus vāsanās geborenen) Sinn für Unterschiede auflöst.

Das Weltall besteht aus Myriaden von Namen, Formen und Themen. Die spirituelle Erfüllung des Devotees liegt in der Erfahrung der Einheit, die dieser unendlichen Vielgestaltigkeit zugrundeliegt. Devī schenkt diese Erfüllung.

Die Vorstellungsmuster, wie Freund und Feind, unser und ihres, Sieg und Niederlage usw. (alle auf dem dualistischen Konzept des Getrenntseins und des Gegensatzes beruhend), verursachen unsere weltlichen Sorgen. Sowie das innere Muster, das diese Unterscheidungen vornimmt, aufgelöst ist, verschwinden die Sorgen.

180. निर्नाशा

Nirnāśā

Sie, die todlos ist.

Bhaṭṭathiripāḍ sagt in der *Nārayaṇīyam:* "(Es ist) jenseits von Zeit, Raum und allen derartigen Begrenzungen; Es ist ewig frei." Die

Göttliche Mutter hat kein Ende. Wie die *Gītā* (II.17) verkündet: "Wisse, Jenes alles Durchdringende ist unsterblich. Nichts kann die Zerstörung von Jenem, dem Unzerstörbaren, verursachen."

181. मृत्यु मथनी

Mṛtyu mathanī

Sie, die den Tod beseitigt.

Yama, der Herr des Todes, erklärt in der *Kaṭhopaniṣad* (I-ii-10): "Ich weiß, jener Schatz ist vergänglich, denn das Ewige kann nicht durch Mittel erworben werden, die nicht ewig sind. [Als] ich deshalb dem *Naciketa*-Feuer (ein vedisches Ritual) opferte und es zufriedenstellte mit vergänglichen Gaben, [wußte ich, daß] ich das Ewige mir [zwar] erwarb, [aber nicht für ewig."] *Der englische Text ist hier widerspruchsvoll. A. d. Ü.*

Yama sagt mit anderen Worten, daß sein Rang als Herr des Todes durch angesammelten Verdienst erworben wurde. Also ist selbst Yama nicht ewig. Devī besitzt die Macht, ihn einzusetzen oder ihn abzusetzen.

Das Mantra bedeutet soviel wie: "Sie, die Ihre Devotees vor Yama (dem Kreislauf von Geburt und Tod) bewahrt und, indem Sie sie bei sich aufnimmt, mit ewigem Sein segnet."

Ihr göttlicher Wille und Ihr Segen annullieren Krankheit, Leiden und auch die Furcht vor dem Tod, die alle drei aus dem *prārabdha karma* entstehen.

182. निष्क्रिया

Niṣkriyā

Sie, die ohne Tun ist.

Für die Gottesmutter, die *Ātman* ist, gibt es keine Taten zu tun. Doch wie steht es mit dem Zyklus der Schöpfung, Erhaltung und Auflösung? Verlangt er nicht das Tun?

Wenn die Blume blüht, breitet sich ihr Duft aus; das gehört zum Wesen der Blume. Seitens der Blume entsteht kein spezielles *karma*, und keine Handlung wird ausgeübt. Die Schöpfungsakte sind damit vergleichbar. Daher wird die Göttliche Mutter "tatenlos" genannt.

Śaṅkara stellt aufgrund eigener Erfahrung in *Manīṣāpañcaka* fest, daß die Handlungen von jemand, der in Brahman lebt, gar keine Handlungen sind. Dieser Gedanke wird auch in der *Gītā* (V. 8-9) ausgeführt: "'Ich tue gar nichts' - so würde ein Wahrheitskenner denken und trotzdem fortfahren zu sehen, hören, berühren, riechen, essen, gehen, schlafen, atmen, sprechen, loslassen, ergreifen, die Augen zu öffnen und zu schließen,- da er sich einfach daran erinnert, daß die Sinne in der Sinneswelt tätig sind."

183. निष्परिग्रहा

Niṣparigrahā

Sie, die nichts annimmt oder erwirbt.

Sie ist in sich komplett, und alle Wünsche sind für Sie erfüllt.

Devī erwirbt nichts. *Parigraha* bedeutet Ehegatte, Kinder, Getreide, Reichtum usw. Nichts davon ist für Sie von Belang.

Warum benötigt die der Handlung enthobene Devī dann Tempel, *pūja*, Gaben von Nahrung, Geld u. ä.? All dies sind die Wünsche der Devotees; es dreht sich um ihre Freude und ihren Gemütsfrieden. Unserem Besitzstand entsprechend stecken wir unseren Kindern Schmuck und Edelsteine an [indische Tradition]. Doch inwiefern benötigt das ein Kind? Das Kind weiß nichts über den Wert von Schmuck und Edelsteinen. Dies alles dient nur zur Befriedigung der Erwachsenen.

Amma sagt: "Unseren Verstand sollten wir Gott geben! Dann werden wir ihn gereinigt zurückerhalten. Gegenwärtig sind wir am stärksten am Geld, am Wohlstand interessiert. Geben wir daher Geld, dann ist es so, als gäben wir unseren Verstand. Gott hat davon keinen Nutzen, aber uns nützt es."

Das Wörterbuch gibt für *parigraha* auch die Bedeutung "Wurzel" an. Da die Göttliche Mutter die erste, die "Wurzelursache" von allem ist, hat Sie selbst keine Wurzel (*niṣparigrahā).*

184. निस्तुला

Nistulā

Sie, die unvergleichlich, einzigartig ist.

Devī ist so hochstehend - nichts Ähnliches, Vergleichbares oder Ihr Übergeordnetes gibt es. Sie ist Brahman. "Sie, die ohne Verursachung oder Vergleich ist", verkündet die *Tripuropaniṣad.*

185. नील चिकुरा

Nīla cikurā

Sie, die glänzend schwarzes Haar hat.

Ihr volles, langes, lockiges Haar gereicht Ihr zu großer Schönheit.

186. निर् अपाया

Nir apāyā

Sie, die unvergänglich ist.

Apāya bedeutet Trennung. Da die Göttliche Mutter allgegenwärtig und alldurchdringend ist, kann Sie von nichts getrennt sein. Man erinnere sich an die Worte Kṛṣṇas in der *Gītā:* "Alles ist in Mir geordnet wie Perlen eines Halsbands."

187. निरत्यया

Niratyayā

Sie, die nicht übergangen (mißachtet, zerstört) werden kann.

Das Wort *atyayā* hat die Bedeutungen: Übertretung, Zerstörung, Verfall und Bestrafung. Auf die Göttinmutter ist nichts davon anwendbar.

Auch Brahmā, Viṣṇu und Śiva gehen nicht über Sie hinaus. Genausowenig wie Sie übertreten werden kann, übertritt Sie selbst. Obgleich Sie das Weltall erschaffen hat, übertritt Sie nicht die Regeln und übergeht nicht die Herrscher, die Sie zum Schutz des Alls einsetzte. (Im geordneten Vorratshaus der Natur wird selbst Īśvara große Zurückhaltung zeigen.)

Das Mantra kann auch so interpretiert werden: "Sie, die die Gefahren beseitigt, denen sich die Devotees von Zeit zu Zeit gegenübersehen."

188. दुर्लभा

Durlabhā

Sie, die nur schwer zu erreichen ist.

Devī ist nicht für jedermann zugänglich. Sie wird nur von jenen gewonnen, die rein im Herzen sind. Amma sagt: "Kinder, ohne Reinheit des Herzens kann man nicht Gott erreichen." Und sie singt:

"Du magst Ihr endlosen Reichtum geben,
doch dein Herz ist Ihr am liebsten."

189. दुर्गमा

Durgamā

Sie, die nur mit äußerster Anstrengung erreichbar ist.

Selbst Yogis können Sie nicht leicht erreichen.

Das vorliegende Mantra kann allerdings auch wie *adurgamā* gelesen werden und bedeutet dann: "Sie, die leicht erreicht werden kann." Die Göttliche Mutter wird durch reine Hingabe leicht erreichbar. [...]

190. दुर्गा

Durgā

Sie, die die Göttin Durgā ist.

Durgā ist der Name, welcher der Göttinmutter am liebsten ist. Durgā rettete die *devas* vor der Angst. Sie wird unter diesem Namen verehrt, weil Sie den großen Dämon Durgama vernichtend schlug. Sie selbst erklärt in der *Mārkaṇḍeya Purāṇa*: "Dort werde Ich den großen Dämon Durgama töten und Mein Name wird Durgā sein und berühmt." Der Name *Durgama* verdient nähere Prüfung. Er bezeichnet jemand, der bösen Wegen folgt. Welcher andere Dämon als der Verstand folgt üblen Pfaden? Durgā ist die Kraft des Mantras, das diesen Dämon zerstört. Durgā lenkt den Verstand vom Bösen ab, wonach er dürstet, und führt ihn auf die Suche nach dem Guten. Darin besteht die Qualität der Durgā-Verehrung.

Ācārya Bhāskararāya erläutert weiter: "Indra und andere Gottheiten wurden von ihrer [...] Furcht in der großen Schlacht befreit; deshalb wird Devī Durgā, die Retterin genannt."

Das vom König Subāhu in Benares installierte Bildnis der Göttinmutter stellt Durgā dar. Die Schrift *Devī Bhāgavata* führt an, daß Devī ihm erschien und ihm die Erfüllung eines Wunsches versprach, worauf er Sie bat, Sie möge sich in der Stadt als Durgā niederlassen.

Durgā bedeutet auch "jene, die uns hilft, das Meer von *samsāra* zu überqueren."

191. दुःख हन्त्री

Duḥkha hantrī

Sie, die die Sorge vernichtet.

Duḥkha (Sorge) heißt buchstäblich "verdorbenes" bzw. "böses (*duh*) Sinnesorgan (*kha*)". Das Gegenteil ist *sukha*, Glücklichsein. Dies impliziert, daß weder Sorge noch Glück der Seele zugehören, sondern den Sinnen. Dabei ist der Verstand als Sinnesorgan zu bewerten; die *Gītā* beschreibt den Verstand als den ”sechsten Sinn”. Überwinde den Verstand, und es gibt keine Sorge, keine *samsāra*-Sorge mehr.

192. सुख प्रदा

Sukha pradā

Sie, die Spenderin des Glücks.

Devī spendet Glück in dieser und in der nächsten Welt, samt der Seligkeit einer endgültiger Befreiung.

Die *Taittiriya Upaniṣad* (II.7) stellt fest: “Nur nachdem man diese Essenz erlangte, erfährt man die Seligkeit.” Devī ist die Verkörperung von *ānanda* (Seligkeit).

Amma sagt: “Kinder, die Mutter, die euch geboren hat, mag sich in diesem Leben um euch kümmern. Auch das ist heutzutage selten. Doch Ammas Ziel ist es, euch in all euren Geburten zum Glück zu führen!”

193. दुष्ट दूरा

Duṣṭa dūrā

Sie, der sich Sünder nicht nähern können.

Aufgrund früherer Handlungen kann es dazu kommen, daß man die Devī haßt oder verteufelt. Sie selbst distanziert sich nicht von solchen Menschen; vielmehr streben diese von Ihr weg. An kalten Tagen sammeln sich die Menschen um das Feuer wegen seiner Wärme, und die nah am Feuer sitzen, fühlen keine Kälte. Die fern davon sitzen, zittern vor Kälte, doch ist das nicht die Schuld des Feuers, sondern ihre eigene, da sie nicht näher zum Feuer kommen. Wesen von *sāttvischer* Natur rücken näher und näher zur Devī. Und sie erfahren göttliche Glückseligkeit.

Eine andere Interpretation des Mantras wäre: “Sie, die böse Menschen vertreibt, um Ihre Devotees zu schützen.”

194. दुराचार शमनी
Durācāra śamanī
Sie, die üble Sitten beendet.

Sitten, die den Schriften zuwiderlaufen, sind böse. Devi löst die sich aus solchen üblen Verhaltensweisen ergebenden Sünden auf.

Die guten Verhaltensregeln, wie sie zur Sicherheit der Gesellschaft niedergelegt wurden, degenerieren mit verstreichender Zeit und durch die Selbstsucht des Menschen. Die Göttliche Mutter manifestiert sich, um das zu korrigieren und das rechte Lebensgesetz wieder einzusetzen. Kṛṣṇa erklärt in der *Gītā* (IV-7): "Wann immer es einen Verfall des Rechtes gibt, oh Arjuna, und einen Sieg des Unrechts, dann immer manifestiere Ich Mich."

195. दोष वर्जिता
Doṣa varjitā
Sie, die frei von allen Fehlern [allem Übel] ist.

[Egoistisches] Verlangen und Ärger sind z. B. solche Fehler, wie sie hier [offensichtlich] gemeint sind. Aus ihnen entstehen die Geschwüre der Gesellschaft. Wir sollten diese Übel fortschleudern, so wie wir eine irrtümlich aufgelesene Schlange fortschleudern würden.

Wieviele selbstsüchtige Gedanken verbergen sich selbst in den frommsten Gemütern! Verehren wir die Göttliche Mutter, die Beseitigerin der Fehler, so hilft uns das dabei, sie zu entdecken und zu eliminieren.

196. सर्वज्ञा
Sarvajñā
Sie, die allwissend ist.

Sie weiß DAS; und dies zu wissen, bedeutet, alles zu wissen.

Selbst das Wissen eines großen Gelehrten ist Teilwissen; der Grad der Gnade, von Devī empfangen, bestimmt den Umfang seines Wissens.

Devī, die alles durchdringt, kennt den Kurs, dem jedes belebte und unbelebte Wesen jeweils folgt. Die Pflicht des Gläubigen ist es, vor Ihr, die alles weiß, nichts zu verbergen.

197. सान्द्र करुणा

Sāndra karuṇā

Sie, die tiefes Mitleid zeigt.

Die Göttinmutter schenkt jedem unablässig Ihr großes Mitgefühl. Wir können diese Göttliche Mutter in Amma mit ihrer Güte erkennen, die auch nicht einen einzigen unter den Tausenden der sich zu ihrem *darśan* drängenden Devotees ignoriert.

198. समानाधिक वर्जिता

Samānādhika varjitā

Sie, die weder Ihresgleichen hat noch Höhere über sich.

Der *Śruti* zufolge kommt JENEM nichts gleich oder übertrifft es. *Śvetāśvatāra Upaniṣad* (VI-8) verkündet: “Von Ihm ist keine Handlung (Wirkung) und kein Instrument (Organ) zu finden. Seinesgleichen oder Ihm Überlegene gibt es nicht. Die große Macht des Höchsten wird in den Veden als von vielerlei Art dargestellt. Sein Wissen, Seine Stärke und Sein Tun existieren innerlich in Ihm.”

199. सर्व शक्ति मयी

Sarva śakti mayī

Sie, die alle göttliche Macht besitzt.

Die Schilderung von Devīs *saguṇa*(mit Eigenschaften)-Form beginnt mit diesem Mantra. Sie ist die Macht, in der die Macht aller Gottheiten sich bündelt. Bhāskarācarya zitiert aus dem *Lakṣmī Tantra* von *Pāñcarātra* Devīs eigene Worte: "Oh Indra, Ich bin Mahālakṣmi im Zeitalter von Svāyambhuva (Manu). Ich bin geboren als Vernichterin des Dämons Mahiṣa zum Wohlergehen der *devas*. Jene Teile Meiner Macht, die von den Körpern der *devas* stammen, gestalten gemeinsam Meine exquisite, schöne Form."

Jeder Funke des Lebens, den wir in der Natur sehen, ist eine Spur Ihrer Macht. Deshalb kommentiert die *Mārkaṇḍeya Purāṇa:* "Die weise sind, wissen, daß jedwede Energie der Dinge und Wesen aus der Göttlichen Mutter selber stammt." Die *Śruti* führt auch an: "Die Macht des Allerhöchsten ist von vielen unterschiedlichen Arten." (Siehe voriges Mantra.)

Das Universum wird von Kräften unterschiedlicher Art und unterschiedlichen Ausmaßes zusammengehalten. Dieser Sachverhalt wird im Symbol der Schlange Ananta (unbegrenzt) dargestellt, die mit ihren tausend Köpfen das Weltall trägt.

200. सर्व मङ्गला

Sarva maṅgalā

Sie, die die Quelle alles Guten ist.

Bhāskarācārya zitiert aus der *Devī Purāṇa:* "Sie spendet all das gute Glück, nach dem wir uns im Herzen sehnen, und alle ersehnten Dinge. Daher wird Sie *sarvamaṅgalā* genannt. Sie schenkt Hara [Śiva] die besten und auserlesensten Dinge und nimmt den Schmerz von Ihren Verehrern; darum ist Sie *sarvamaṅgalā*."

Mit dem zweihundersten Mantra endet das dritte kalā oder "Strahl der Sonne", Dhūmrikā genannt.

201. सद् गति प्रदा

Sad gati pradā

Sie, die auf den rechten Pfad führt.

Sadgati ist die Reise des *jīva* von der ersten Erfahrung des Himmlischen zur endgültigen Seelenbefreiung (*mokṣa*).

Sat ist Brahman und *gati* bedeutet Wissen. Derart interpretiert [*sat* also mit "hartem" *t*] würde das Mantra dann bedeuten: "Sie, die das Wissen vom Selbst verleiht." *Sat* heißt auch gerecht, recht, und *gati* Zuflucht. Devī gibt jenen gänzlich Zuflucht, die gerecht und rechtschaffen sind.

202. सर्वेश्वरी

Sarveśvarī

Sie, die alle lebenden und nicht lebenden Dinge regiert.

Nicht einmal ein Blatt fällt ohne Ihren Willen, nicht einmal die Ameise bewegt sich, ohne daß Sie es wünscht. Sie ist es, die alles dirigiert und schützt, die die Macht besitzt, so oder so zu handeln oder nicht, je nach Ihrem Wunsche.

203. सर्वमयी

Sarvamayī

Sie, die jedes lebendige und nichtlebendige Ding durchdringt.

Alle *tattvas* (kosmischen Elemente), von der Erde bis zu Śiva, sind in der Göttlichen Mutter enthalten.

Dem *Kāmika Tantra* zufolge gibt es 224 Welten. Über sie zu meditieren, als wären es die Körperhaare Śivas, das ist die *bhuvana*-Meditation. Über die fünfzig Buchstaben (*varṇas*) zu meditieren, sie auf der Haut des Gottes, der den Dreizack trägt, zu visualisieren, das nennt man die *varṇa*-Methode. Die Mantra-Methode wäre, über die 70 Millionen Mantren, die sich aus den Veden ergeben, zu meditieren und sie sich als Śivas Blutzellen vorzustellen. Meditation über die einzelnen Worte der Mantren als Śivas Fleisch und Blutgefäße ist die *pada*-(Wort)-Methode. Die Meditation über die 36 *tattvas,* beginnend mit der Erde als Śivas

Sehnen, Knochen und Rückenmark, wird als *tattva*-Methode bezeichnet.

Da Śiva und Devī eins sind, ist Devī alles-durchdringend.

204. सर्व मन्त्र सवरूपिणी

Sarva mantra svarūpiṇī

Sie, die die Essenz aller Mantras ist.

Die alte Weisheit anerkennt 70 Millionen Mantren. Jedes Mantra offenbarte sich den *ṛṣis* in Gestalt einer Gottheit. [...] *Mantra* bedeutet etwas, das, wenn darüber meditiert wird, zur Erlösung führt.

Das *Śrividyā mantra* (das 15-silbige Mantra) steht im Mittelpunkt und führt alle anderen Mantren an, wie es die *Sundarītāpanīya Upaniṣad* darlegt.

205. सर्व यन्त्रात्मिका

Sarva yantrātmikā

Sie, die die Seele aller yantras ist.

Ein *yantra* ist ein Symbol, das eine Gottheit in Form eines Bildes oder eines *cakras* (Figur) oder in Form von Silben repräsentiert. Devī ist der eigentliche Halt hinter jeder angerufenen Gottheit.

206. सर्व तन्त्र रूपा

Sarva tantra rūpā

Sie, die die Seele aller Tantras ist.

Die Göttliche Mutter ist das Ziel aller tantrischen Übungen. Alle Pfade, wie sie in den *śāstras* dargestellt sind, münden in Ihr, geradeso wie die Flüsse im Meer. Die leichteste und zugänglichste tantrische Methode ist die Meditation über Ihre Gestalt, vom Kopf bis zu den Füßen.

Die verschiedenen Tantras sind als Teile von Devīs Körper gedeutet worden. *Kāmika Tantra* repräsentiert Ihre Füße, *Yogaja* Ihre Fersen, *Kāraṇa* und *Prasṛta* die Zehen, *Ajita* die Kniee, *Dīpta* Ihre Schenkel, *Amśuma* Ihren Rücken, *Suprabheda* den Nabel, *Vijaya* den Bauch, *Niśvāsa* das Herz, *Svāyambhuva* Ihren Busen, *Anala* Ihre drei Augen, *Vīrāgama* den Hals, *Ruru Tantra* die Ohren, *Makuṭa* den Scheitel, *Vipula* Ihre Arme, *Candrajñāna* Ihren Brustraum, *Bimba* das Gesicht, *Prodgīta* die Zunge, *Lalita* Ihre Wangen, *Siddha* Ihre Stirn, *Samtāna* die Ohrringe, *Kiraṇa* die Edelsteine, *Vātūla* die Kleidungsstücke und alle anderen Tantras Ihr Körperhaar.

207. मनोन्मनी

Manonmanī

Sie, die Śivas śakti ist.

Manonmanī ist der Name von Śivas *śakti,* der *Śruti* zufolge.

Saubhāgyabhāskara zitiert aus der *Bṛhannāradīya*: "Wenn der Gegenstand der Meditation, die Meditationsübung und der Meditierende zu einem verschmelzen, entsteht der Zustand von *manonmanī,* in welchem der Nektar des Wissens (*jñāna*) gekostet wird." Die in diesem Zustand auftretende Erfahrung der Göttlichen Mutter wird ebenfalls *manonmanī* genannt.

Devī ist auch *manonmanī* insofern, als Sie Verstand und Gemüt des Devotees erhebt (*unma*: erhebend).

Manonmanī ist der Punkt genau unterhalb des *brahmarandhra*, und zwar der achte Punkt, wenn von der Mitte der Augenbrauen aufwärts gezählt wird. Die acht Punkte sind *indu, rodhinī, nāda, nādānta, śakti, vyāpinī, samanā,* und *unmanī* oder *manonmanī*. Es sind dies sehr spezielle Stellen, über deren Bedeutung und Funktion nur ein Guru unmittelbar instruieren kann.

Manonmanī gilt auch als Name einer Yogaposition, bei der die Augen ohne Blinzeln ein wenig geöffnet bleiben, der Atem ohne Ein- und Ausatmung kontrolliert und der Verstand leer, frei von Überlegung und Zweifel gehalten wird. In diesem Zustand soll über die Devī meditiert werden.

Die *Tripuropaniṣad* führt an, daß man den Zustand von *unmani* erreicht, wenn der Verstand frei von allen Sinnes-assoziationen und im Herzen konzentriert ist. Die Devī ist es, die diesen Zustand dem derart Meditierenden schenkt.

208. माहेश्वरी

Māheśvarī

Sie, die Gemahlin Maheśvaras.

Maheśvara (Śiva) zeigt sich als Rudra, der Zerstörer, falls er sich in hauptsächlich *tāmasischem* Zustand befindet. Wenn er vorwiegend *rājasisch* ist, wirkt er als Brahmā, der Schöpfer, und im überwiegend *sāttvischen* Zustand als Viṣṇu, als alles einhüllender Beschützer. So betrachtet ist Maheśvara die Quelle oder Unterstützung der göttlichen Trinität und jenseits der drei *guṇas*. Dergestalt wird er in der *Liṅga Purāṇa* beschrieben. Der *liṅga* ist das Symbol für Maheśvara. Er soll mit reinem Herzen und unter Einhaltung des Zölibats verehrt werden.

Maheśvara gilt, dem *Mahābhārata* zufolge, als Herr der Schöpfung und der menschlichen Größe. Die Schrift *Vātulaśuddha Āgama* portraitiert Maheśvara als die Gesamtsumme der 25 Tattvas.

209. महा देवी

Mahā devī

Sie, die den unermeßlichen Körper hat.

Der gesamte Kosmos ist Ihr großer Körper. "Ihr Körper ist immens und kann mit keinem Instrument gemessen werden. Die Wortwurzel *mahā* bedeutet Gottesverehrung; darum wird Sie Mahādevi genannt", wie es die *Devī Purāṇa* ausdrückt. Devī kann nicht mit Worten, dem Verstand oder der Vernunft ermessen werden; aber Sie kann in jeder denkbaren Weise verehrt werden.

Mahādevī ist die Gemahlin Mahādevas (Śivas). Mahādevī heißt auch, daß Sie die größte (*mahā*) der Göttinnen ist.

210. महा लक्ष्मी

Mahā lakṣmī

Sie, die große Göttin Lakṣmī.

Lakṣma heißt Markierung oder Zeichen; Lakṣmī ist jemand, der alle göttlichen Eigenschaften hat. Mahālakṣmi bedeutet die große Lakṣmī und die Gemahlin Mahāviṣṇus.

Im vorhergehenden Mantra wurde dargelegt, daß Viṣṇu Maheśvara selbst in seiner vorwiegend sattvischen Rolle ist. In der korrespondierenden Rolle wird die Göttliche Mutter Ihrerseits zu Mahālakṣmī.

Der Name "Lakṣmī" kann auch Pārvati bedeuten. In der *Śiva Purāṇa* lesen wir: "Die überaus schöne, dunkelhäutige *śakti*, die auf Maheśvaras Schoß sitzt, wird Mahālakṣmī genannt."

"Lakṣmī ist der Ursprung von allem, was sich in Gestalt der drei guṇas manifestiert." (*Mārkaṇḍeya Purāṇa*) [...]

211. मृड प्रिया

Mṛḍa priyā

Sie, die von Mṛḍa (Śiva) Geliebte.

Mṛḍa ist eine vorwiegend sattvische Form Śivas, die allem im Universum Glück schenkt.

212. महा रूपा

Mahā rūpā

Sie, die eine große Form hat.

Der *Viṣṇu Purāṇa* zufolge sind die vier Modifikationen oder Formen des obersten Brahman: *Puruṣa*, *Pradhāna* (unmanifestiert), *Vyakta* (manifestiert), und *Kāla* (Zeit). Diese Formen bilden die Basis der Schöpfung, Erhaltung und Auflösung. Die Göttliche Mutter hat einen Modus jenseits dieser Formen.

213. महा पूज्या

Mahā pūjyā

Sie, der Verehrung würdigstes Wesen.

Die Göttliche Mutter ist selbst der Verehrung durch Brahmā, Viṣṇu und Śiva würdig.

214. महा पातक नाशिनी

Mahā pātaka nāśinī

Sie, die selbst die größten Sünden löscht.

Ein Blick der Göttlichen Mutter verbrennt alle unsere Sünden zu Asche. Die *Brahmāṇḍa Purāṇa* erklärt, daß die Erinnerung an die heiligen Füße der Parāśakti die wirkungsvollste Sühne für alle wissentlich oder unwissentlich begangenen Sünden ist.

Pātaka bedeutet das, was einen Fall verursacht. Devī bereinigt die Unreinheiten - wie Verlangen oder Ärger, Neid oder Eifersucht, Gier oder Stolz, Furcht oder Kleinmut usw. -, welche unseren Fall aus dem Paradies des Wissens vom Selbst verursachen.

215. महा माया

Mahā māyā

Sie, die die Große Illusion [die höchste Macht] ist.

Die Göttinmutter kann sogar in Brahmā, Viṣṇu und Śiva illusorische Agitiertheit hervorrufen.

"Jene göttliche Mahāmāyā zieht den Verstand selbst der Weisen mit Macht zu sich und in die Täuschung", kommentiert die *Mārkaṇḍeya Purāṇa.*

Sie ist auch Mahāmāyā, weil Sie die *jīvas* mit dem Glück wie mit der Sorge verkettet.

Der *Kālika Purāṇa* zufolge ist Sie die oberste Göttin Mahāmāyā, die dem Menschenwesen das Wissen nimmt, das es im Mutterleib noch besitzt. Sie schenkt ihm Geburt, führt es zu den vielen Wünschen, die seinem früheren *samskāra* entsprechen, unterwirft es der Verwirrung, dem Egoismus und dem Zweifel. Tag und Nacht ist dies Wesen ein Opfer der Angst, die aus dem Ärger, der Sorge und der Begierde entsteht; und die Große Göttin bringt ihm mal Sorge, mal Glück.

Es ist dieselbe große *Māyā,* die schließlich die individuelle Seele aus der trüb-dunklen Illusion hebt und in die Fluten der Glückseligkeit taucht. Das *prārabdha karma* der Seele determiniert das eine und das andere. Wie schwarz die Dunkelheit auch sein mag, so reicht doch schon das Licht einer Kerze, sie aufzuhellen. Genauso kann auch ein ganz und gar in der Illusion verstrickter Mensch sich in einem einzigen Augenblick verwandeln, wenn er die Nähe und Gesellschaft gottrealisierter Seelen erlebt. Aus der Sicht des Dichters

> *"dauert es nur einen Augenblick,*
> *daß Wissen innerlich erstrahlt*
> *und Dunkelheit, die Schmerz ergibt,*
> *zerstiebt."*

Māyā ist der Bewußtseins- und Gefühlszustand, in welchem etwas zu sein scheint, das in Wahrheit nicht existiert. *Māyā* bedeutet nicht die Abwesenheit von etwas. Eine Blume ist nicht eine Blume, sie ist *caitanya*, die Essenz, das seiende Sein. Die Sonne ist in Wirklichkeit nicht die Sonne, sondern seiende Präsenz. Dasselbe gilt für die Erde usf. Was uns daran hindert, all dies auf solche Weise zu sehen, ist die Wirkung von *Māyā.* Hebt sich der Schleier von *Māyā,* so kann man erfahren, daß alles *Brahman* ist. Das ist keine hypothetische Schlußfolgerung; es ist die fest begründete Wahrheit. Doch um diesen Zustand zu erreichen, bedürfen wir der Gnade von Mahāmāyā!

Mahāmāyā kann auch als Schatz unvergleichlichen Mitgefühls gedeutet werden.

216. महा सत्त्वा

Mahā sattvā

Sie, die großes sattva besitzt.

Sattva heißt Macht, Existenz, Intelligenz, *sāttvische* Eigenschaft, Kraft, Substanz und Realität. All diese Bedeutungen treffen auf Devī zu - mit der Qualität *mahā* (groß).

217. महा शक्तिः

Mahā śaktiḥ

Sie, die große Kraft hat.

So, wie das Feuer hell in alle Richtungen strahlt, gerade so vibriert die Kraft der Göttlichen Mutter nach allen Seiten. Und wie des Feuers Wärme abnimmt, rücken wir davon weg, genauso erfahren wir es bei Ihrer Kraft. Auch wenn Sie nahe ist, bedarf es des Verdienstes früheren guten Karmas, um zu Ihr gezogen und gesegnet zu werden. Wie es in der *Gītā* (VII.3) ausgedrückt wird: "Nur einer unter Tausend strebt nach Vollendung; und auch unter jenen erfolgreich Strebenden kennt, wenn es hochkommt, nur einer Mich im Wesen." Die göttliche Gnade ist wesentlich, um jener Vollendung nahe zu kommen.

Bhāsakarācārya sieht Mahāśakti als die breite und aspektreiche Energie, die zum Schutz und zu Erhaltung des ganzen Kosmos nötig ist.

Śakti kann auch Heer, Fähigkeit und Waffen bedeuten. In großem Umfang besitzt Devī all dies.

Mahāśakti steht dazu stellvertretend für *Kuṇḍalinī śakti.*

218. महा रतिः

Mahā ratiḥ

Sie, die grenzenlose Freude ist.

Ein Leben voll sinnlichen Vergnügens, wie süß und wunderbar es scheinen mag, ist rangmäßig niedriger als das Leben einer Fliege. Ganz anders ist das Leben eines Weisen, das dem einer Biene gleicht, die in die Blüte unbegrenzter Seligkeit taucht und sich von ihrem Nektar nährt. Die Göttinmutter ist die Quelle solcher Seligkeit. Gäbe es die unbeschreibliche Seligkeit in der spirituellen Erfüllung nicht, würde dann irgend jemand die weltlichen Freuden aufgeben, nur um den Pfad des harten *tapas* zu nehmen? Das weltliche Vergnügen ist äußerlich und zeitbegrenzt, die spirituelle Freude aber ewig.

219. महा भोगा

Mahā bhogā

Sie, deren Reichtum unermeßlich ist.

Bhoga bedeutet Reichtümer an Geld, Korn oder anderen Gütern. Jene, die Zuflucht bei der Weltenmutter suchen, kommen automatisch zu materiellem Wohlstand.

Eine andere Übersetzung von *Mahābhoga* wäre: “Sie, die großes *ābhoga* hat”, d. h. Vollständigkeit oder Ausdehnung. So gesehen - wenn wir an die Audehnung Ihrer Form denken, die das ganze Universum füllt - ist Devī *mahābhoga.*

220. महैश्वर्या

Mahaiśvaryā

Sie, die höchste Souveränität besitzt.

Devī ist der Sitz der sechs *aiśvaryas* (gottgleichen Qualitäten): Herrlichkeit (*aiśvarya*), Kühnheit (vīrya), Ruhm (kirti), Wohlgesonnenheit (śrī), Weisheit (jñāna) und Leiden-schaftslosigkeit (vairāgya). Es gibt acht übermenschliche Fähigkeiten (*siddhis*), die ebenfalls als *aiśvaryas* betrachtet werden (siehe Mantra 224). Die Göttinmutter ist mit all diesen Eigenschaften und Fähigkeiten unvergleichlich reich versehen und wird daher Mahaiśvaryā genannt.

221. महा वीर्या

Mahā vīryā

Sie, die allergrößte Kühnheit hat.

Devī tötete ohne Anstrengung mehrere machtvolle Dämonen. Ihre kühne Tapferkeit und Stärke lassen sich nicht ermessen.

Vīrya bedeutet Samen, Macht, Ruhm und Stärke, laut der [Schrift] *Viśvakośa.*

222. महा बला

Mahā balā

Sie, die Allermächtigste.

Balā hat viele Bedeutungen: Macht, Geruch, Geschmack, Form, Seele, Korpulenz oder auch Krähe.

Der Weise Yogavāsiṣṭha schreibt, daß Bhuṣuṇḍa, die Krähe, mit seinen 20 Brüdern die Göttliche Mutter viele Jahre lang verehrte. Devī gab ihnen allen die Seelenbefreiung, noch während sie in ihren Körpern waren.

223. महा बुद्धिः

Mahā buddhiḥ

Sie, die Größte Intelligenz.

"Vielmals sei Sie gegrüßt, die in der Form von Intelligenz in allen Wesen existiert." (*Devī Māhātmya*)

Devī schenkt große Intelligenz. Wird diese fest auf Sie konzentriert, so wird alles wißbar und bekannt. "Wenn Dieses gewußt wird, ist alles gewußt", sagt die *Chāndogya Upaniṣad.*

Intelligenz liegt all unseren Leistungen zugrunde. Ist sie erstorben, dann ist alles erstorben. Die mangelnde Intelligenz in uns selbst wie auch die fehlende Intelligenz in anderen gefährdet uns. Deshalb beten wir ja im *Gāyatri mantra:* "Wecke gütig unsere Intelligenz!"

"Dem Verlust der Intelligenz folgt der äußerste Ruin", warnt Gott Kṛṣṇa in der *Gītā* (II.63).

224. महा सिद्धिः

Mahā siddhiḥ

Sie, die mit den höchsten Fähigkeiten begabt ist.

Die acht *siddhis* (übermenschliche Fähigkeiten) sind: sich willentlich so klein zu machen wie ein Atom (*animā*) oder so groß wie das Universum (*mahimā*), so leicht wie eine Baumwollfaser (*laghimā*) zu werden oder so schwer wie ein Berg (*garimā*), über alles zu verfügen (*īśitva*), alles zu gewinnen und es zu kontrollieren (*vaśitva*), mühelos auch Orte jenseits der Vorstellung zu erreichen (*prāpti*) und sich, wo immer und wann immer nötig, zu manifestieren (*prākaśya*).

Welche *siddhi*-Fähigkeit nun kann größer sein, als das unvorstellbar komplexe Weltall zu erschaffen und zu behüten? Devī besitzt dieses wunderbare *siddhi.*

Das Mantra kann auch derart interpretiert werden: "Sie, die Ihren Devotees große *siddhis* verleiht."

225. महा योगेश्वरेश्वरी

Mahā yogeśvareśvarī

Sie, die Objekt der Verehrung selbst der größten Yogis ist.

Yogis, spirituelle Adepten, sind nicht wie gewöhnliche Menschen. Sie betrachten sich als *Īśvara*. Die Schriften sagen: wer von *Brahman* weiß, wird selbst Brahman. Sogar für diese Personen ist Devī die verehrungswürdige Gottesmutter.

226. महा तन्त्रा

Mahā tantrā

Sie, die selbst das größte Tantra ist (verehrt wird von den großen Tantras, wie Kulārṇava und Jñānārṇava).

Nachdem Sie sah, daß die ursprünglich von Gott Śiva kreierten 64 Tantras nur unbedeutende *siddhis* vermittelten, die die menschliche Seele täuschten, aber nicht zum letzten Ziel führten, bat Devī den Gott, *Śrī Vidyā* zu schaffen, um des Lebens höchstes Ziel klarzumachen, wie Śaṅkara in der *Saundarya Laharī* (Vers 31) darlegt.

[Die Auflistung dieser 64 Tantras wollen wir uns ersparen. *A.d.Ü.*]

Alle 64 Tantras werden manchmal *"yamalas"* genannt, das heißt, sie sind außerhalb der Veden angesiedelt.

227. महा मन्त्रा

Mahā mantrā

Sie, die das größte Mantra ist.

Mantras dienen dazu, verschiedene Gottheiten anzurufen. Wie früher ausgeführt, sollen die Mantras den Rishis in Gestalt von Gottheiten erschienen sein. Das größte Mantra ist das *Śrī Vidyā*, eine Form der Devī.

228. महा यन्त्रा

Mahā yantra

Sie, die in Form der großen Yantras erscheint (die das große Yantra ist).

Devī wird durch die großen Yantras verehrt. Das größte darunter ist das *Śrīcakra,* gleichbedeutend mit dem *Śrī-Vidyā*-Yantra. In der *Tantraśāstra* werden *cakras*, Buchstaben und Inschriften insgesamt als *yantras* bezeichnet, d. h. als Konfigurationen von besonderer Kraft. Jeder einzelne der hundert Verse in der *Saundarya Laharī* ist mit einem Yantra assoziiert, wie in verschiedenen Kommentaren dargelegt wird. Bücher wie das *Kulārṇava* erklären diese Yantras detailliert.

229. महासना

Mahāsanā

Sie, die auf großen Sitzen thront.

Als Ihre Sitze werden die 36 *tattvas* (Prinzipien) zwischen Erde und Śiva betrachtet, doch wird auch gesagt, daß Ihr der liebste Platz das Herz eines aufrichtigen Devotees ist. Die *Gītā* (XVIII.61) formuliert, "der Herr wohnt in den Herzen aller Wesen, Arjuna."

230. महा याग क्रमाराध्या

Mahā yāga kramārādhyā

Sie, die im mahāyāga-Ritual verehrt wird.

Mahāyāga ist eine Verehrungsform, die die Göttliche Mutter erfreuen soll; sie wird unter kunstvollen Vorbereitungen nach vorgeschriebenen Regeln vorgenommen. [...] Bhāskararāya zitiert aus der *Bhāvanopaniṣad* und führt an, daß *Mahāyāga* ein von *Śivayogins* durchgeführtes Opferritual sei.

In seiner inneren Bedeutung kann das *mahāyāga* als der Prozeß gesehen werden, in dem der verehrende, spirituelle Sucher seine *vāsanās* nacheinander im Feuer der Weisheit opfert und er eins wird mit dem Gesuchten, derart die Seligkeit der Vereinung mit dem Allerhöchsten erreichend.

231. महा भैरव पूजिता

Mahā bhairava pūjitā

Sie, die selbst von Mahābhairava (Śiva) verehrt wird.

Im Namen Bhairava bezeichnet "bha" die Schöpfung, "ra" die Erhaltung und "va" die Zerstörung. Devī wird von Śiva, der alle drei Aufgaben erfüllt, verehrt.

Die drei Silben werden auch anders interpretiert: sie stehen für die Worte *bha*rana (beschützend), *ra*mana (erfreuend) und *va*mana (verwerfend). In der Welt durchläuft alles diese drei Zustände. Können wir denn am Ende vermeiden, all das hinter uns zu lassen und zu verwerfen, was wir nährten und glücklich machten? [Nein.] Und das ist der Grund, warum alles in der Welt *Māyā* genannt wird. Amma sagt: "Alles, was nicht beständig ist, ist *Māyā.*"

Gott Śiva, Bhairava, ist also jener, der ernährt, erfreut und verwirft, und die Göttinmutter wird auch von ihm verehrt. Der *Padma Purāṇa* zufolge "verehrt Śiva, selber der Quell des Universums, mit einer [Rudrakhsha-]Mala in der Hand und *nyāsa* praktizierend, die wohltätige Devī, die die *Śakti* der Mantras ist." (*Nyāsa* bedeutet, verschiedene Körperteile meditativ verschiedenen Gottheiten zuzuordnen, wobei dies von Gebeten und ent-sprechenden *mudras* begleitet wird.)

232. महेश्वर महाकल्प महाताण्डव साक्षिणी

Maheśvara mahākalpa mahātāṇḍava sākṣiṇī

Sie, die Zeugin des großen Tanzes von Maheśvara (Śiva) am Ende des Schöpfungszyklus.

Die "große Auflösung" (*mahāpralaya*) bedeutet den Zusammenbruch des Universums. Śiva, der Zerstörer, tanzt dann seligkeitstrunken den *tāṇḍava*-Tanz, wie es die *Purāṇas* beschreiben. Devī, jenseits von allem, ist der einzige Zeuge dieses kosmischen Tanzes. Ācārya Bhāskararāya zitiert die Schrift *Pañcadaśīstava*:

"Sieg Deiner Gestalt, die die Schlinge, den Stachelstock, den Zuckerrohr-Bogen und die Blumenpfeile in Händen hält und als einzige Zeugin dem *tāṇḍava*-Tanz des axttragenden Parabhairavas beiwohnt, wenn Er das Universum wieder einatmet in sich." Die *Devī Bhāgavata* beschreibt, wie sich die Göttliche Mutter zur Zeit der Weltenauflösung amüsiert, nachdem Sie alle Wesen und das Weltenall in sich hineingesogen hat. In beiden Beschreibungen können wir die Schönheit des *ardhanārīśvara*-Konzepts (halb-weibliche, halb-männliche Gottheit) erkennen. Mahādevī ist die einzige Zeugin des kosmischen Tanzes von Mahādeva, und Sie beide sind ja verschmolzen wie das Wort und dessen Bedeutung, und sind die Stammeltern des Weltalls!

233. महा कामेश महिषी

Mahā kāmeśa mahiṣī

Sie, die große Königin des Herzens von Mahākāmeśvara (des Herrn der Wünsche).

234. महा त्रिपुर सुन्दरी

Mahā tripura sundarī

Sie, die große Tripurasundarī.

Bhāskararāya interpretiert "*tripura*" als die "Stadt der drei": des Messenden, des Messens und des gemessenen Objekts, oder des Wissenden, des Wissens und des Gewußten.

Tripura kann auch drei Körper bedeuten - grobstofflicher, feinstofflicher und kausaler Körper. Ist Devī denn nicht *Sundarī*, die schöne *Śakti,* die in allen dreien verzaubernd wohnt? Was ist schöner als diese Lebensessenz? In der *Śruti* heißt es daher: "Dieses Selbst ist wichtiger als ein Sohn, wichtiger als Reichtum, wichtiger als alle anderen Dinge, denn es ist näher als alles andere, es ist innen; man sollte allein über dieses Selbst, das so wertvoll ist, meditieren." (*Bṛhadāraṇyaka Upaniṣad* I.4.8) Auch das *Mahābhārata* führt an: "Darum ist den lebenden Wesen das Selbst am wichtigsten und wertvollsten."

All dies erhellt die Schönheit des *Atman* und unsere große Liebe zu Ihm.

Die *śakti* der individuellen Seele ist *Kuṇḍalinī* und die *Śakti* Sadāśivas ist Tripurasundarī.

235. चतुः षष्ट्युपचाराढ्या

Catuḥ ṣaṣṭyupacārāḍhyā

Sie, die in 64 Zeremonien angebetet wird.

Die 64 Kulthandlungen werden in Paraśurāmas *Kalpasūtra* beschrieben. In anderen *Tantras* sind acht weitere erwähnt. Bhāskararāya schildert diese *upacāras* im *pūja*-Kapitel von *Varivasyārahasya.*

Von den 64 kultischen Handlungen sind 16 am wichtigsten. Sie werden als *ṣodaśopacāras* (*ṣoḍaśa*: sechzehn) bezeichnet. Es sind dies: Invokation (*āvāhana*), Offerieren eines Sitzes (*āsana*), Wasser zum Waschen der Füße (*pādya*), Offerieren von Wasser und anderen Dingen (*arghya*), Wasser zum Spülen des Mundes (*ācamana*), Bad (*snāna*), Gewand (*vastra*), Schmuck (*ābharana*), Duftöl (*candana*), Blumen (*puṣpa*), Räucherstäbchen (*dūpa*), ein Öl- oder Butterlicht (*dīpa*), Essen (*naivedya*), Betelblätter (*tāmbula*), schreitende Umkreisung (*pradakṣina*) und Prostration (*namaskāra*).

[...]

236. चतुः षष्टि कलामयी

Catuḥ ṣaṣṭi kalāmayī

Sie, die die 64 Künste verkörpert.

Kala bedeutet "ein Teil", ein Bruchstück; jedes *kalā* (Kunst) ist ein Stück des glanzvollen Selbst. Kṛṣṇa erklärt Arjuna in der *Gītā*

(X.41): "Welches Wesen auch immer ruhmreich, prosperierend oder kraftvoll ist, wisse, daß es ein Ausdruck Meines Glanzes ist."

Kalā ist die mühelos vorgeführte Kunstfertigkeit. Wo solche Mühelosigkeit sich zeigt, da ist Kunst. Arjuna verdiente sich den Beinamen "Savyasācin" aufgrund seiner selbstverständlichen Fertigkeit, Pfeile linkshändig vom Bogen zu schießen. Er gilt als Symbolfigur der Kunst. In den *Vedas* wird Indra als Symbol des *Atman* angesehen. Arjuna ist der Sohn von Indra; Kunst ist des *Atman* Schöpfung. Alles, was als Kunst bezeichnet werden kann, versinnbildlicht einen Teil von Devīs Ruhm und Glorie.

Im *Vāmakeśvara Tantra* gibt es 64 Bücher namens *kalās*. Eine Liste dieser 64 "Künste" - sie kann je nach Quelle variieren - soll hier folgen (den sog. Künsten liegt die Vorstellung zugrunde, daß die Göttliche Mutter in ihnen strahlt):

1. Musik; 2. Spielen von Musikinstrumenten; 3. Tanz; 4. Schauspiel; 5. Malen; 6. Herstellung von Abzeichen; 7. Kunst des Blumensteckens, der Girlandenherstellung u. ä.; 8.-9. Kunstvolle Herstellung von Matratzen und Bettdecken; 10. Techniken der Körperverschönerung; 11. Hausdekoration; 12. Spiel auf musikalischen Instrumenten, die von Wasser betrieben werden wie das *jalataranga;* 13. Herstellung von Klangeffekten im Wasser; 14. die Kunst der Herstellung von Festkleidung; 15. Anfertigung von Perlhalsbändern; 16. Kunst der Frisur; 17. des Kleidens; 18. der Schmückung der Ohren; 19. des Blumen-schmucks; 20. der dekorativen Anordnung von Nahrungsmitteln; 21. Magie; 22. Dekorierung der Umgebung; 23. Maniküre; 24. Kreation von Leckereien, Kuchen etc; 25. von Getränken; 26. Nähen; 27. Anfertigung von Netzen; 28. Lösen von Rätseln; 29. Rezitation von Gedichten; 30. Interpretation von Epen und Gedichten; 31. Lesen; 32. Ansehen von Theaterstücken; 33. Vervollständigung von *samasyas* (ein *samasya* ist ein unvoll-ständiger Vers, anderen als Herausforderung überlassen, ihn zu komplettieren); 34. Anfertigung von Möbelstücken aus Rohrgeflecht; 35. Holzarbeiten; 36. Debatte; 37. Architektur; 38. Schätzung von Gold und

Edelsteinen; 39. Metallveredelung; 40. Schneiden und Polieren von Diamanten; 41. Suche nach Erzen; 42. Einschlägiges Wissen über Pflanzen und Bäume; 43. Hahnenkampf; 44. Interpretation von Vogelstimmen; 45. Massage; 46. Haarpflege; 47. Zeichensprache; 48. Studium fremder Sprachen; 49. Fertigkeiten in lokalen Dialekten; 50. Zukunfts-vorhersage; 51. Herstellung von Maschinen; 52. Stärkung des Gedächtnisses; 53. Lernen durch Zuhören; 54. Spontanes Verseschmieden; 55. Entschlossenes Handeln; 56. Vorschützen von etwas; 57. Prosodie (Studium der Reimmetrik); 58. Konservierende Bewahrung von Kleidung; 59. Glücksspiel; 60. Würfelspiel; 61. Spiel mit Kindern; 62. Wissen über die Regeln respektvollen Betragens; 63. die Kunst eines Barden bzw. Spielmanns; 64. Verständnis des Wesentlichen eines Themas.

237. महा चतुः षष्टि कोटि योगिनी गण सेविता

Mahā catuḥ ṣaṣṭi koṭi yoginī gaṇa sevitā

Sie, die von 640 Millionen yoginis bedient wird.

Es gibt acht Haupt-*yoginis*, die Devī bedienen: Brāhmī, Maheśvari, Kaumāri, Vaiṣṇavi, Vārāhi, Mahendri, Cāmundi und Mahālakṣmi. Jeder von ihnen sind acht *Śaktis* zugeordnet, was insgesamt 64 ergibt. Diesen letzteren wiederum stehen 10 Millionen *yoginis* als Hilfe zur Verfügung. In jedem der neun *cakras*, beginnend mit dem *Trailokyamohana*, residiert eine Gruppe der 640 Millionen *yoginis*. Auf sie alle bezieht sich das Mantra: Die Göttinmutter wird von ihnen allen verehrt.

Die unzähligen Wunschkräfte (*icchāśakti*), die den Verstand umkreisen [und ihren eigenen "Körper" bilden], werden von diesen *yogini*-Gruppierungen symbolisiert.

238. मनु विद्या

Manu vidyā

Sie, die Verkörperung von manuvidya.

Manuvidya ist Devī selbst, verkörpert im *Śrividya mantra. Manuvidya* ist auch der Sammelname für die spezielle Art der Verehrung, die von den folgenden zwölf Anbetern der Gottesmutter praktiziert wurde: Manu, Candra, Kubera, Lopāmudrā, Agastya, Manmatha, Agni, Sūrya, Indra, Skanda, Śiva und Krodha-bhaṭṭāraka (Durvāsas). Das Verehrungs- und Anbetungsritual jedes einzelnen wird in der Schrift *Jñānārṇava* dargestellt.

239. चन्द्र विद्या

Candra vidyā

Sie, die Verkörperung von Candravidya.

Candravidya gilt als eine Form des *Śrividya* (siehe früheres Mantra). Unser Mantra bedeutet also: "Sie, die durch das *candravidya* verehrt wird."

240. चन्द्र मण्डल मध्यगा

Candra maṇḍala madhyagā

Sie, die im Zentrum des candramaṇḍala, der Mondscheibe wohnt.

Gemeint ist hier das *candramaṇḍala* im *Śrīcakra.*

Wie bereits gesagt, ist die *śakti* der individuellen Seele (*piṇḍāṇḍa*) die "Schlangenenergie", *Kuṇḍalinī,* und die *śakti* im Universum (*brahmaṇḍa*) Tripurasundarī. Dieses Mantra erinnert an die Erfahrung des Durchbruchs der *Kuṇḍalinī* durch die sechs *ādhara cakras* und ihres Eintritts in das *sahasrāra*, den 1000-blättrigen Lotus, schließlich ihr Eindringen in die Blütenstaubtasche (als *candramaṇḍala* bezeichnet), was den Nektar dann zum Fließen bringt.

Bhāskararāya zitiert aus der *Śiva Purāṇa*: "Ich wohne in der Flamme des Feuers und Du im Kopf des Mondes; Wir stehen dieser Welt, die aus Feuer und Mond besteht, vor und regieren sie."

Mond und Feuer sind Symbole für Kälte und Hitze, Glück und Sorge, sowie alle anderen Gegensatzpaare. Das Zitat sagt aus, daß sich Śiva und Śakti im ganzen All als Doppelaspekt manifestieren.

241. चारु रूपा

Cāru rūpā

Sie, von einer Schönheit, die weder zu- noch abnimmt.

Devīs Gestalt ist ewig schön, entsprechend der Vorstellung des Gläubigen. Diese Schönheit verschattet nicht und welkt nicht. Ihre Form strahlt beständig und läßt die Herzen der Gläubigen immer wieder erwachen.

242. चारुहासा

Cāruhāsā

Sie, die ein wunderschönes Lächeln zeigt.

Das Mondlicht ist, wie die Dichter sagen, das Lächeln der Devī. Sie ist imstande, die ganze Welt mit Ihrem Lächeln zu bezaubern, das so rein wie das Mondlicht ist und höchstes Wissen weckt. Der reine Nektar der Weisheit ist es, den Ihr Lächeln spendet.

243. चारु चन्द्र कलाधरा

Cāru candra kalādharā

Sie, die eine schöne Mondsichel auf dem Haupte trägt - sie nimmt weder zu noch ab.

Eine Mondsichel, die weder zu- noch abnimmt, wird "*sāda*" genannt. Bhāskararāya erinnert in diesem Zusammenhang an eine Geschichte aus der *Devī Bhāgavata* über die schöne Prinzessin Candrakalā aus Kāśi. Sie war von *sāttvischem* Charakter und besaß alle guten Eigenschaften. Devī gab ihr in einem Traum *darśan* und sprach zu ihr: "Oh schönes Mädchen, heirate den

Prinzen Sudarśana, Meinen Devotee, der dir alle Wünsche erfüllen kann. Du wirst glücklich sein und voll Gedeihen." Derart wurde Devī die Zuflucht und der Beistand (*dhara*) von Candrakalā.

Erinnern wir uns an den Beinamen "Tārānāyakaśekhara" in den Meditationsversen über Devī (*dhyānaśloka*). Tārānāyaka heißt der König der Sterne - der Mond. Devī trägt den Mond in Ihrer Krone.

244. चराचर जगन्नाथा

Carācara jagannātha

Sie, die Herrscherin über die belebten und die unbelebten Welten.

245. चक्र राज निकेतना

Cakra rāja niketanā

Sie, die im Śrīcakra wohnt.

Das *Śrīcakra* ist das wichtigste Chakra im Tantra und wird König der Chakras (*cakrarāja*) genannt. Devī residiert in den neun Chakras, beginnend mit dem *Trailokyamohana*, die sich alle innerhalb des *Śrīcakra* befinden.

Das Buch *Śrīcakra* erklärt: "Die neun Chakras vom *Trailokyamohana* zum *Sarvānandamaya* sind wie neun Hüllen. Bevor man die Wahrheit direkt erfährt, müssen diese neun Schichten transzendiert, müssen neun Schleier entfernt werden." Daraus wird klar, daß die im *Śrīcakra* residierende Devī nicht so leicht zu erreichen ist, beständige Verehrung aber zu Ihrem *darśan* führt und reine Hingabe ausreicht, Ihren Segen zu erlangen.

246. पार्वती

Pārvatī

Sie, die Tochter des Berges (Himavat oder Himālaya).

Die *Purāṇas* erzählen die Geschichte von Sati, Tochter von Dakṣa Prajāpati und Gemahlin von Śiva. Um gegen ihres Vaters Beleidigung von ihr selbst und ihrem Mann zu protestieren, opfert sich Sati dem Feuer, das sie mit ihrer yogischen Macht, *Agneyi* genannt, schuf. Dann wird sie als Tochter von Himavat, des Königs der Berge, wiedergeboren. Kālidāsa führt diese Selbstopferung Satis ebenfalls in seinem Werk *Kumārasambhava* an.

247. पद्म नयना

Padma nayanā

Sie, mit Augen, die schön und elongiert sind wie die Blütenblätter der Lotusblume.

Padma (Lotus) gilt als Synonym für Reinheit. Devīs Augen sehen in allem nur das Gute.

248. पद्म राग सम प्रभा

Padma rāga sama prabhā

Sie, mit einer strahlend-roten Haut, die dem Rubine gleicht.

Padmarāga ist von roter Farbe und einer der neun Edelsteintypen. Devīs Hautfarbe wird überall als rot geschildert, mit Sätzen wie "schimmernd wie die Granatapfelblüte" (*dādimīkusumaprabhā*), "mit einem Körper so rötlich wie Saffran" (*sindūrāruṇavigrahā*), und "rotgetönt und die Augen voller Mitgefühl" (*aruṇām karuṇā taraṅgitākṣīm*).

249. पञ्च प्रेतासनासीना

Pañca pretāsanāsīnā

Sie, die auf einem Sitz aus fünf Leichen thront.

Brahmā, Viṣṇu, Rudra, Īśvara und Sadāśiva sind die hier gemeinten "Leichen". Sie werden auch die fünf Brahmas genannt (siehe Mantra 58). Brahmā erfüllt seine Aufgabe - die Erschaffung - kraft der von der Göttlichen Mutter erhaltenen Macht, *vāmaśakti* genannt. Ohne Sie ist er machtlos wie ein Leichnam. Für Viṣṇu, Rudra, Īsvara und Sadāśiva ist diese Shakti der Gottesmutter gleichermaßen unverzichtbar, sollen sie ihre Aufgaben und Zwecke erfüllen; ohne Sie gleichen sie Leichen. Man wird zur Leiche, wenn der innere Lebenssinn abhanden kommt.

Diese fünf "Leichen" können auch mit den fünf Elementen (*bhūtas*) assoziiert werden, nämlich Erde, Wasser, Feuer, Luft und Äther/Raum. Devī, die reines existierendes Sein ist, weilt in dem aus den fünf Elementen komponierten All. Sie ist also auch in diesem Sinne *pañcapretāsanāsīnā*.

250. पञ्च ब्रह्म स्वरूपिणी

Pañca brahma svarūpiṇī

Sie, deren Gestalt aus den fünf Brahmas zusammengesetzt ist.

Die fünf Brahmas sind fünf unterschiedliche Formen von Śiva: Īśana, Tatpuruṣa, Aghora, Vāmadeva und Sadyojāta.

Der *Liṅga Purāṇa* zufolge repräsentieren die fünf Brahmas die individuelle Seele, die uranfängliche Natur, den Intellekt (erkennende Vernunft), das Ich und den Verstand. Sie stehen auch für die fünf Organe der Wahrnehmung, die fünf Instrumente der Handlung oder die fünf Sinne. Das ganze aus den fünf Elementen bestehende Universum kann mit *pañcabrahma* gemeint sein. Die *Śruti* erklärt eindeutig: "De facto ist alles Brahman." Devī ist dieses Brahman. Daher kann unser Mantra auch so interpretiert werden: "Sie, deren Form der Kosmos ist."

In der Auslegung des vorhergehenden Mantras wurden die fünf Gottesaspekte "die fünf Brahmas" genannt. Bei dem jetzigen Mantra können sie als Devīs eigene Formen verstanden werden.

251. चिन्मयी
Cinmayī
Sie, die reines Bewußtsein an sich ist.

Devī wird in diesem Mantra als formloses [programmfreies] Bewußtsein gesehen.

252. परमानन्दा
Paramānandā
Sie, die höchste Glückseligkeit ist.

Sobald der Zustand des reinen Gewahrseins erreicht ist, kann es keine Sorge mehr geben, nur andauernde Seligkeit. Diese ist identisch mit Seelenbefreiung (*mokṣa*). Devī besitzt diese Qualität.

In der *Taittiriya Upaniṣad* (II.8) wird die Bandbreite der Seligkeit analysiert. Man betrachte die Stufenfolge der Wesen: menschlich, menschlicher *gandharva*, himmlischer *gandharva, pitṛdeva, karmadeva,* Indra, Bṛhaspati, Prajāpati und Brahmā. Die jeweils erfahrene Seligkeit wächst ums Hundertfache von Stufe zu Stufe. So ist der Grad der Seligkeit eines Wesens, das in Brahman weilt, um vieles höher als der Grad des Glücks eines Menschen. Die Göttliche Mutter besitzt und schenkt jene höchste Seligkeit.

253. विज्ञान घन रूपिणी
Vijñāna ghana rūpiṇī
Sie, die Verkörperung alles-durchdringender, [kristalle-ner,] solider Einsicht.

Intelligenz (*vijñāna*) wird auch als *jīva* bezeichnet (*Bṛhadāraṇyaka Upaniṣad*). *Ghana* bedeutet solide Masse. Und so bezeichnet *vijñānaghana* das Zusammenwirken von *jīvas*. Devī ist die Summe dieses Zusammenwirkens.

254. ध्यान ध्यातृ ध्येय रूपा

Dhyāna dhyātṛ dhyeya rūpā

Sie, die als Meditation, als meditierende Person und als Objekt der Meditation gleichzeitig erstrahlt.

Der *Yoga Sūtra* (III:2) zufolge "ist Meditation der ununter-brochene Gedankenfluß zu einem Objekt."

Als *dhyāna* wird die siebte Yogastufe von insgesamt acht Formen (*aṣṭāṅga yoga*) bezeichnet. Die Stufen sind: *yama* (Selbstkontrolle), *niyama* (Kontrolle der Organe), *āsana* (Haltung), *prāṇāyāma* (Kontrolle der Atmung), *pratyāhāra* (Rückzug der Organe), *dhārana* (Verstandeskonzentration), *dhyāna* (Meditation) und *samādhi* (gänzlich absorbierende Versenkung).

255. धर्माधर्म विवर्जिता

Dharmādharma vivarjitā

Sie, die jenseits von Gut und Böse ist.

Jaimini zufolge wird *dharma* als Handlung und Verhalten im Einklang mit den Veden und *adharma* als Gegensatz dazu definiert. Auch die *Samvarta Smṛti* erklärt dies. Auf die Göttliche Mutter treffen diese Definitionen jedoch nicht zu.

Wenn wir dem *Nityahṛdaya Tantra* folgen, dann ist *dharma* Abhängigkeit und *adharma* Befreiung. Diese Begriffs-bestimmungen erscheinen jenen der *śāstras* öfters entgegengesetzt. Hier [in der tantrischen Schrift] bedeutet *dharma* in der Tat *karma*. Und ihr zufolge ist Devī jenseits von Abhängigkeit und jenseits von Befreiung.

Dharma begründet Gleichheit und Zufriedenheit, *adharma* hingegen Ungleichheit und Sorge. Devī ist frei von Glück und Sorge.

Der Schrift *Mantraśāstra* zufolge korrespondiert *dharma* dem heiligen Buchstaben bzw. Wurzelmantra (*bīja*) für Śakti und *adharma* jenem für Śiva. *Vivarjita* hat hier die Bedeutung von "stark vermehrt, vergrößert". Devī flößt den heiligen Silben Śivas und Śaktis in den Mantren große Macht ein.

Das Wort *dharma* leitet sich von der Wurzel *dhṛ*, tragen, und *ma*, groß, ab. So ist *dharma* das, was vom Großen getragen wird, wie die *Matsya Purāṇa* ausführt.

Nach Yājñavalkya [Gelehrter] demonstrieren Opferrituale, gutes Betragen, Selbstbeherrschung, Gewaltlosigkeit (*ahimsa*), Spenden und Almosen sowie das Studium der Schriften zusammen zwar *dharma*, doch ist die Realisierung des Selbst das höchste Dharma.

Dharma und *adharma* betreffen die unerleuchteten Wesen. Devī ist jenseits und davon nicht betroffen.

256. विश्व रूपा

Viśva rūpā

Sie, die das ganze Universum zur Gestalt hat.

In der *Devī Bhāgavatā* erklärt Devī: "Ich Selbst bin das All, es gibt nichts von Mir Geschiedenes." (Das jetzige und einige nachfolgende Mantren beschreiben die unterschiedlichen Zustände des *jīva* und des *Īśvara*.)

Im Verlauf der Schöpfung manifestiert sich als erstes *tamas* (Dunkelheit).

Danach formen sich *mahat* (das Große Prinzip, Weltvernunft), *ahaṅkāra* (Ego) und die fünf großen [feinstofflichen] Elemente (*pañcamahābhūta*). Gleichzeitig entstehen die fünf Energien der Erkenntnis (*jñānaśakti*) und die fünf Energien der Aktion (*kriyāśakti*). Aus den fünf Erkenntnisenergien zusammen leitet sich *antaḥkaraṇa* ("innere Instrumente") ab, das sich vierfältig als *manas*, *buddhi*, *ahaṅkāra* und *citta* darstellt und jeweils die fünf Sinnesorgane (*jñānendriyas*) hervorbringt. Aus den fünf Energien der Aktion gemeinsam entsteht das *prāṇa* (psychische Lebensenergie), und aus jedem einzelnen die jeweiligen (fünf)

Organe des Handelns (*karmendriya*). Aus den fünf feinstofflichen Elementen entstehen schließlich die fünf Elemente.

Im Wachzustand handelt also die individuelle Seele, der *jīva,* mittels der fünf Erkenntnis- und der fünf Handlungsorgane (*antaḥkaraṇa* und *prāṇas*), sowie des physischen Körpers. Dieser *jīva*, der den Körper stolz besitzt (*abhimāna*), wird als *Viśva* bezeichnet.

257. जागरिणी

Jāgariṇī

Sie, die der Wachzustand ist; Sie, die die Form des wachen jīva annimmt.

Der Wachzustand ist der normale Handlungszustand. Die Identifikation der individuellen Seele mit ihrem physischen Körper wird in diesem Zustand offenkundig. Der Wachzustand (*jāgarī*) im *jīva* stellt sich, äußerlich gesehen, in all seinen Sinnen dar, und besitzt, innerlich gesehen, prinzipiell dieselbe Qualität in allen Lebewesen, welche ihnen sehr wertvoll erscheint. Die Devī nun ist dieser wache Modus in der individuellen Seele.

258. स्वपन्ती

Svapantī

Sie, die sich im Traumzustand befindet; Sie, die die Form des jīva im Traumzustand annimmt.

Hier, in diesem Zusammenhang, ist der Traumzustand die Ebene, auf der die sich Vorstellungen und Kenntnisse von Dingen, die latent im Verstand vorhanden sind, manifestieren.

259. तैजसात्मिका

Taijasātmikā

Sie, die die Seele von Taijasā ist.

Taijasā bedeutet der träumende *jīva*, der auf seinen feinstofflichen Körper stolz ist.

Träume ereignen sich während des Schlafs, und der erscheint dem äußeren Auge als Dunkelheit. Doch das innere Selbst ist das prachtvoll leuchtende *jīva*-Wesen (*tejas*); und *taijasā* bedeutet all das, was zu *tejas* gehört. Das Mantra *(taijasātmikā)* bekräftigt die Vorstellung, daß die Göttliche Mutter die innere Seele aller individualisierten Wesen ist.

260. सुप्ता

Suptā

Sie, die im/der Tiefschlafzustand ist; Sie, die die Form des jīva annimmt, der den Tiefschlaf erfährt.

Im Zustand des Tiefschlafs gibt es keine Unterscheidungskraft. Tatsächlich empfindet sich der Schlafende in diesem Zustand als "Nichtwissender". Die zurückbleibende Erinnerung ist: "Ich wußte nichts." Drei Formen der Unwissenheit (*avidyā*) spielen dabei eine Rolle - Nichtwissen, Selbstbezogenheit und Vergnügungs- bzw. Bequemlichkeitsstreben. Das Nichtwissen führt zur Meinung: "Ich wußte nichts." Die Selbstbezogenheit verursacht die Erfahrung: "Ich schlief ein", und die Fixiertheit auf's Vergnügen schafft den Eindruck: "Ich schlief gut." All dies wird von *Māyā* hervorgerufen.

Allein der Kausalkörper erfährt den Tiefschlaf wirklich.

261. प्राज्ञात्मिका

Prājñātmikā

Sie, die nicht getrennt von [die die Seele von] Prājña ist.

Der *jīva* im Zustand des Tiefschlafs wird als *prājña* tituliert. (Siehe Ausführungen zum Mantra 256, *Viśvarūpā*.)

262. तुर्या

Turyā

Sie, die im Zustand von turya ist [die turya ist].

Devī befindet sich im vierten Zustand, der als *turya* betitelt wird. Das heißt nun aber nicht, daß Sie von einem Bewußtseinszustand oder Ort zum anderen wechselt; sondern es bedeutet, daß die alles-durchdringende, deshalb bewegungslose Göttliche Mutter in allen Zuständen gleichzeitig existiert. So gesehen transzendiert Sie die Zustände des Wachens, Träumens und Tiefschlafes.

Turya ist jener Zustand, in dem *śuddhavidya* erlangt wird - d. h. die Realisierung von *Ātman.*

Die *Śivasūtra* spricht über fünf Zustände: Wachen, Träumen, Tiefschlaf, *turya* und der Zustand jenseits von *turya* (*turyātīta*). Der *jīva* im *turya*-Zustand wird von den Erfahrungen der niedrigeren Zustände nicht berührt. In jenem Zustand existiert er nur als Zeuge. Die letzte Vereinigung mit Śiva findet jedoch nur im fünften Zustand statt, also dem Zustand jenseits von *turya.*

Im Tiefschlafzustand handelt die Seele vermittels des Kausalkörpers, während sie im *turya*-Zustand mittels des *mahākāraṇa*, "des großen Kausalkörpers" agiert. Devī wird hier *Turyā* genannt, weil Sie von der individuellen Seele und dem Kollektiv aller Seelen in diesem Zustand nicht geschieden ist.

Varadarāja erklärt: "Der höchste Zustand von *turya* kann nur als Wunder beschrieben werden. Yogis betrachten nur diesen Zustand als wirklich." Das Konzept von *turya* läßt die moderne Psychologie staunen. Der westliche Intellekt ließ es lange Zeit mit den Erörterungen des Bewußtseins und des Unbewußt- oder Unterbewußtseins bewenden, während bereits vor Tausenden von Jahren Indiens *ṛṣis* die Existenz des [weit darüber hinausgehenden] Turya-Zustands, der von Yogis erlangt wurde, beschrieben.

In einem Vers, der sich wie ein Kommentar zum vorliegenden Mantra liest, portraitiert Śaṅkara die Gottesmutter (*Saundarya Laharī,* Vers 97) folgendermaßen: "Oh Devī, die Du das oberste

Brahman bist und gepriesen wirst von den Kennern der Veden als Sarasvatī, Brahmās Gemahlin, als Lakṣmī, Viṣṇus Weib und als Pārvatī, Śivas Frau - Du bist doch Turyā, der Zustand jenseits der Götter Reichweite! Und als Mahāmāyā, als Kraftfeld - nur mit größter Anstrengung ist das zu verstehen - wirbelst Du das Weltall beständig umher."

In einer anderen Deutung figuriert *Turīyā* als Name einer *śakti,* und Devī soll von dieser nicht unterschieden sein.

Des weiteren führt die Schrift *Tripurasiddhānta* aus, wie Devī einen Siddha-Yogi namens Turīyānandanātha mit Ihrem Darshan segnete und darum als *Turīyā* berühmt wurde.

263. सर्वावस्था विवर्जिता

Sarvāvasthā vivarjitā

Sie, die alle Zustände transzendiert.

Es gibt einen fünften Zustand jenseits des Turya-Zustandes. Nur Yogis, die Turya überschritten, können ihn erfahren. Er trägt keinen speziellen Namen. Wer diesen Zustand erreicht hat, genießt den Status desjenigen, der, wie es die *Śruti* ausdrückt, "nicht wiedergeboren wird".

Der Yogi, der diesen Zustand erlangt hat, wird *mahāyogin* genannt. Die *Śivasūtra* beschreibt die Qualitäten eines solchen Yogis: "Sein ganzes Leben gilt der Anbetung, seine Rede ist *japa* und was er vermittelt, ist das Wissen Brahmans." Die *Yogasūtra* erklärt: "Seine Seele lebt im Zustand der Nicht-Unterscheidung (*nirvikalpa*); jede Wahrheit ist ihm bekannt." Die *Śruti* meint, "all seine Worte werden zu Mantren, denn rein ist sein Geist". *Yogavāsiṣṭha* führt an: "Solche großen Seelen sollten immer aufgesucht werden, denn selbst wenn sie nicht unterrichten, ist allein ihr Gespräch bereits Unterrichtung." "Jede seiner Bewegungen ist eine Geste der Anbetung und sogar sein Geplauder ist *japa*." (*Saundarya Laharī,* Vers 27) Und *Vārttika* verkündet: "So wird der Yogi, der beständig im eigenen *Ātman* weilt und beständig

Śiva gleicht, *mahāyogin* genannt. Er vermittelt seinen Schülern das Wissen vom Selbst." Da die Devī von solchen Yogis nicht geschieden ist, weder vom einzelnen noch von der Gesamtheit, wird Ihr der Beiname, "Sie, die alle Zustände transzendiert", gegeben. Dieser Zustand wird "Turyātīta" ("jenseits von *turya*") in der *Varivasyārahasya* genannt.

Varadarāja, der große Lehrer des Tantra, sagt: "Durch häufigen Aufenthalt im vierten Zustand erreicht der Sucher den Zustand jenseits davon und beginnt, Śiva gleich zu werden, der die Seele des Alls und reinste Seligkeit ist."

Im Tantra existiert das Konzept eines Zustandes jenseits von Turya unabhängig und eigenständig. Der augenfällige Unterschied zwischen *Advaita* (der Lehre der Nicht-Dualität) und Tantra besteht darin, daß in ersterem alles außer Brahman falsch, in letzterem dagegen nichts falsch ist. Das heißt, Tantra unterstellt, daß der Knoten jedes Zustandes nicht bricht oder aufhört zu existieren, sondern einfach sich lockert und löst. Die Schrift *Śrīcakra* stellt fest: "Die *ṛṣis* der Veden und die großen Lehrer des Tantra stimmen darin überein, daß die Teilwahrheiten nicht verworfen werden müssen, um die ganze Wahrheit zu erlangen. Es ist nicht sinnvoll, Gott zu erreichen, indem man die Welt verliert. Es muß die gesamte Wahrheit erfahren werden. Teilwahrheiten müssen genauso in der Perspektive dieser Erfahrung gesehen werden. *Parāśakti* (Brahman) im zentralen *bindu* (Punkt) negiert nicht die anderen Gottheiten innerhalb des *Śrīcakra*." Die Tatsache, daß es für diese Gottheiten jeweils eigene Regeln der Anbetung gibt, bestätigt diese alles miteinbeziehende Akzeptanz.

In den Mantren 256-263 sind die fünf Zustände des *jīva*, der individuellen Seele, beschrieben worden. In den folgenden Mantren, bis Mantra 274, werden die fünf Zustände *Īśvaras* vorgestellt.

264. सृष्टि कर्त्री

Sṛṣṭi kartrī

Sie, die Schöpferin des Alls.

Hier ist die Erschaffung des gesamten Universums gemeint. Erschaffung, Erhaltung und Auflösung des Weltalls werden von Brahmā, Viṣṇu und Śiva bewirkt, die die drei *guṇas* repräsentieren. Śaṅkarācārya erläutert, wie die göttliche Dreiheit durch den Willen der Gottesmutter die Macht erhält, die jeweiligen Aufgaben auszuführen (*Saundarya Laharī,* Vers 24): "Oh Devī, Brahmā erschafft die Welt, Viṣṇu bewahrt sie und Rudra zerstört sie. Īśvara verschmilzt diese drei in Seinem eigenen Körper und verbirgt sie. Dann erteilst Du mit feiner Bewegung der Augenbrauen den Befehl, und Sadāśiva erschafft sie von neuem."

Īśvara beginnt den Schöpfungsakt, sobald das *raja guṇa* im kosmischen Geschehen erscheint.

265. ब्रह्म रूपा

Brahma rūpā

Sie, die die Form Brahmās besitzt.

Sie hat für den Zweck der Schöpfung Brahmās Form und Naturell/ Modus von überwiegend *rājasischem Charakter* angenommen. Im vorigen Mantra wurde über Devī gesagt, Sie gäbe selbst Brahmā Befehle. In diesem jetzigen Mantra wird klar, daß Brahmā kein anderer als Devī ist.

266. गोप्त्री

Goptrī

Sie, die Bewahrende.

Das Mantra besagt, daß die Göttliche Mutter auch Viṣṇu ist, mit seiner vorwiegend *sāttvischen* Natur. Bewahrung wird zur Aufgabe Īśvaras [Vishnus] - dann, wenn *sattva* dominiert.

Goptrī bedeutet auch jemand, der verbirgt. Die Göttliche Mutter ist *Mahāmāyā*, die den wahren Sinn des Universums verschleiert und die Illusion unendlich vieler Formen und Namen schafft.

267. गोविन्द रूपिणी

Govinda rūpiṇī

Sie, mit der Form von Govinda (das ist Viṣṇu, die Welt beschützend).

Das Wort *go* trägt mehrere Bedeutungen: Kuh (Tier), Erde, Wort, Intelligenz, Strahl. "Kuh" symbolisiert die *samsāra*-gebundene Seele. Solche Seelen sowie die Erde, Worte, Intellekt, Lichtstrahlen sind allesamt Darstellungen der Göttlichen Mutter. Beziehen wir uns auf die Wortbedeutung "Erde", so kann Devī als *vindana,* als die Erde beschützend charakterisiert werden. Eine bekannte Geschichte in den *Purāṇas* schildert, wie der Dämon Hiranyākṣa die Erde stahl, und wie Viṣṇu sie in seiner Inkarnation als Varāha (Eber) zurückgewann. Devī ist eben diese Behüterin der Erde (Govinda).

"Govinda" ist auch Bṛhaspati [Jupiter], der Guru der *devas.* Das heißt also, Devī besitzt den Rang eines Gurus aller Gottheiten.

268. संहारिणी

Samhāriṇī

Sie, die Zerstörerin des Alls.

Īśvara, im hauptsächlich *tāmasisch* schwingenden Zustand, bewirkt die Vernichtung des Weltalls.

Dieses Mantra wird gelegentlich auch "*Samdhāriṇī*" (Träger) geschrieben, doch erscheint im gegenwärtigen Zusammenhang *Samhāriṇī* angemessener.

269. रुद्र रूपा

Rudra rūpā

Sie, mit der Form von Rudra (Śiva, der das Universum auflöst).

Rudra ist jene Zustandsform Īśvaras, in der die *tāmasische* Qualität vorherrscht. Rudra bedeutet "einer, der weint". "Er weinte; deshalb ist er als Rudra, der Weinende, bekannt." (*Taittiriya Samhita*) Der sintflutartige Regen, der mit der Auflösung des Alls einhergeht, entstammt den Tränenströmen aus Śivas Sonnenauge (Śivas drei Augen sind Sonne, Mond und Feuer).

Das Wort "Rudra" bezeichnet auch jemand, der Schmerz und Sorge *(ru)* vertreibt (*dra*). Das menschliche Leben geht durch Phasen des Schmerzes und der Sorge. So wie sich die Blumen öffnen bei aufgehender Sonne, das Meer sich erregt bei steigendem Mond, so wie die Blätter fallen, die Blüten erblühen und die Früchte mit den Jahreszeiten reifen, eben so bewirken die Bewegungen der Planeten periodische Änderungen im menschlichen Leben. Doch hat Devī die Macht, deren negative Wirkungen umzulenken und Ihre Devotees zu schützen. Aus diesem Grund trägt sie den Beinamen *Rudrarūpiṇī.*

Die Namen *Sṛṣṭikartrī* bis *Rudrarūpā* (Mantras 264-269) werden in der *Devī Bhāgavata* erläutert:

"Sie erschafft den Kosmos entsprechend Ihrem Willen. Sie beschützt ihn. Zum Zeitpunkt seiner Auflösung, am Ende des Äons, zerstört Sie ihn. Sie, die die Illusion des Weltalls in Szene setzt, bewirkt all diese drei Geschehnisse. Brahmā, Viṣṇu und Śiva führen ihre kosmischen Funktionen nur kraft Ihres Segens aus. Das ganze Universum hat Sie gebunden mit den Banden von 'Ich und mein'. Die Yogis, welche frei von Bindung sind und Befreiung nur ersehnen, beten Sie alleine an - Sie, die Śivā ist und des Weltalls Herrin."

270. तिरोधान करी

Tirodhāna karī

Sie, die das Verschwinden aller Dinge bewirkt.

Tirodhāna bedeutet die vollständige Zerstörung von allem, auch die Auflösung der *tanmātras* (der kleinsten Partikel) in *prakṛti* (Natur), ähnlich der Auslöschung des Lichts, die absolute Dunkelheit bewirkt. Bhāskararāya erwähnt, daß dieser Aspekt der Gottesmutter, in dem reines konzentriertes *sattva* dominiert, Īśvarī genannt wird.

Darüberhinaus ist jene *śakti* namens *Tiraskāriṇī* ("die die Dinge zum Verschwinden bringt") eine Form der Devī. Die Schrift *Tripurāsiddhānta* hebt hervor: "Oh Du mit dem schönen Antlitz, das Verschwinden von allem bewirkend, ausgenommen Deiner Devotees, und darum *Tiraskāriṇī* genannt."

Devī besitzt jene Macht, die mit dem Wort *tiraskāriṇividya* charakterisiert wird. Sie läßt unsichtbar werden, doch das unsichtbar Gewordene sieht alles klar. Niemand ist also vor Devī verborgen, aber Ihre wahre Form sieht auch niemand. Daher paßt der Beiname *tiraskāriṇī* für Sie sehr. Im *Mahābhārata* wird erzählt, wie König Nala dank der ihm von Indra geschenkten *tiraskāriṇi*-Kraft das Gemach Damayantis betreten konnte, ohne selbst gesehen zu werden.

271. ईश्वरी

Īśvarī

Sie, die alles beschützt und regiert.

Höchste Individualität (*parāhantā*) ist das Wesensmerkmal Īśvaras. Göttliche Herrschaft und Machtvollkommenheit, Unabhängigkeit, an und für sich seiendes Bewußtsein - all dies gründet in diesem Wesen. Īśvara und Īśvarī sind ein- und dasselbe, und darum gelten diese Eigenschaftszuordnungen genauso für die Gottesmutter.

Jīva (die individuelle Seele) ist Bewußtsein, konditioniert vom Verstand bzw. Ich; Īśvara ist Bewußtsein, konditioniert vom Universum. Das vorliegende Mantra impliziert, daß die Göttliche Mutter Bewußtsein ist, dem die Bedingungen des Kosmos innewohnen.

272. सदा शिवा

Sadā śivā

Sie, identisch mit Sadāśiva (der immer gutes Gelingen schenkt).

Sadāśiva ist Gott Śiva, in dem höchstes, reinstes *sattva* dominiert. Devī ist von ihm nicht unterschieden.

273. अनुग्रहदा

Anugrahadā

Sie, die Segen spendet (zu Beginn der neuen Schöpfung).

"Anugraha" heißt der Prozeß, der - nach gänzlicher Auslöschung des Alls und beim Beginn der Neuschöpfung - die uranfänglichen Atome wieder entstehen läßt.

Außerdem werden *tirodhāna* und *anugraha* als Bindung und als Befreiung interpretiert. Folgen wir dieser Deutung, so bewirkt der in der Welt vollendet manifestierte Īśvara Bindung und Verhaftung, der innerlich manifestierte Sadāśiva hingegen Befreiung. Īśvara erzeugt in den Seelen das Ichbewußtsein und den Haben-Sinn, und beides bewirkt Knechtschaft, wogegen Sadāśiva in seinem unendlichen Mitleid Seelenbefreiung schenkt. Īśvara erzeugt das Bewußtsein von der Welt und drängt das innere Selbst der Individuen zur Entfaltung in der physischen Welt. Sadāśiva seinerseits löst deren bewußte Wahrnehmung der äußeren Realität wieder in der inneren Wahrnehmung auf und schenkt damit den Seelen die Befreiung.

274. पञ्च कृत्य परायणा

Pañca kṛtya parāyaṇā

Sie, die die fünf Funktionen erfüllt (wie in den obigen Mantras beschrieben).

Die fünf Funktionen sind Erschaffung, Erhaltung, Zerstörung, Vernichtung (*tirodhāna*) und Wiedererschaffung des Universums (*anugraha*).

Schriften wie *Mṛgendrasamhita* und *Pratyabhijñāhṛdaya* sprechen darüber detailliert. Der *Brahmasūtra* zufolge obliegen Īśvara die Schöpfungs-, Erhaltungs- und Zerstörungsfunktionen. In der *Śaivadvaita*-Überlieferung jedoch werden die kosmischen Aufgaben anders verteilt: Parāśakti, die mit dem höchsten Śiva identisch ist, führt als Brahmā die Erschaffung, als Viṣṇu die Erhaltung und als Rudra die Zerstörung, als Īśvara die Annihilierung und als Sadāśiva die Segnung der Neuschöpfung durch. In der *Vaiṣṇava*-Tradition wiederum werden diese fünf Funktionen von den entsprechenden göttlichen Manifestationen Vāsudeva, Saṅkarṣana, Aniruddha, Pradyumna und Nārāyaṇa ausgeführt.

275. भानु मण्डल मध्यस्था

Bhānu maṇḍala madhyasthā

Sie, die inmitten der Sonnenscheibe wohnt.

Zur Zeit der Abenddämmerungs-Meditation sollte man sich die Gottesmutter im Zentrum der Sonnenscheibe vorstellen. Die *Kūrma Purāṇa* formuliert es so: "Ich beuge mich vor Maheśvara, der im Sonnendiskus wohnt, der die Essenz der Veden ist und Thema jeder Wissenschaft, der mit seinem Glanz das Weltall ganz erfüllt und der drei Welten Ursache ist."

Bhānumaṇḍala, die Sonnenscheibe, entspricht dem Lotus des *anāhata cakra,* des Herzchakras also. Und dort wohnt Devī.

276. भैरवी

Bhairavī

Sie, die Gemahlin Bhairavas (Śivas).

Bhairava bezeichnet jenen Aspekt Śivas, der im seligkeitstrunkenen Tanz an den Stätten der Leichenverbrennungen zum Ausdruck kommt.

Dem Autor Dhaumya zufolge gilt ein zwölfjähriges Mädchen als *bhīru*; und Devī, wenn Sie in Gestalt eines solchen Mädchens erscheint, wird dementsprechend Bhairavi genannt.

[...]

277. भगमालिनी

Bhagamālinī

Sie, die eine Kette aus sechs hervorragenden Eigenschaften schmückt.

Bhaga bezeichnet u. a. die sechs Attribute des herausragenden Rangs: gute Gestirnspositionen, Vormachtstellung, Ruhm, Tapferkeit, Objektivität und Wissen. Je nach Quelle differiert die Liste. Eine andere führt z. B. Vormachtstellung, Gerechtigkeitssinn, Ruhm, Wohlstand, Wissen und Weisheit als die sechs Attribute an. Wie der große Lehrer [Shankara] sagt: "Die Wissenschaft der Logik ist nicht schlüssig. Die Veden beinhalten differierende Ansichten; es gibt keinen einzigen Weisen, dessen Worte letzte Autorität darstellen. Die Quintessenz des rechten Lebens (*dharma*) ist in der Herzgrube verborgen. Große Seelen erreichen über sie den rechten Pfad."

In den Wörterbüchern finden sich für das Wort *bhaga* mehrere Bedeutungen: Souveränität, Ruhm, Gerechtigkeit, Wunscherfüllung, Weisheit, Größe, Bescheidenheit, Bemühung, der Mutterleib, weltliche Belange, Friede. All diese Facetten gehören zur Göttlichen Mutter wie die Blumen zur Blumengirlande.

Liṅgas (männliche Symbole), wo immer sie sich finden, verherrlichen Śiva, und *yonis* (weibliche Symbole) verherrlichen die Göttliche Mutter. Allerdings ragen die *liṅgas* gewöhnlich immer aus *yonis* auf.

Und was die Sprache anbelangt, so sind alle männlichen Worte als Verherrlichung Śivas und alle weibliche Worte als Lobpreis der Gottesmutter zu bewerten.

Bhaga heißt auch "Wort". *Bhagamāla* bedeutet dann eine "Wortgirlande" oder eine Girlande aus hymnischen Worten. Die Gottesmutter wird demzufolge mit einer Girlande aus Lobpreisungen verehrt.

278. पद्मासना

Padmāsanā

Sie, die in der Lotusblüte thront.

Man könnte auch übersetzen: "Sie, in der Form Brahmans." *Padma* (Lotus) muß hier symbolisch verstanden werden. Die Blütenblätter des Lotus entsprechen der Natur (*prakṛti*), die Staubfäden den Kategorien Zeit und Raum, der Stiel steht für Wissen und das Staubblatt versinnbildlicht *vāsanā* (innewohnende Tendenz). Devī hat sich diesen Lotus zum Sitz gewählt.

Devī ist *Padmāsana*, d. h. auch jemand, über welche die Devotees im Lotussitz meditieren. In tantrischer Sicht entspricht *padma* dem *bindu*, dem *vyūha* oder der *nidhi*. Devī kann in jedem davon residieren.

Eine andere Deutung wäre: "Sie, die unter Ihren Devotees Wohlstand und Reichtum verteilt" (*Padma*, d. h. Lakṣmī, die Göttin des Reichtums und *san*, verteilen). "Oh wohlwollende Mutter, wer auch immer Deiner Gnade teilhaftig wird, erfreut sich höchster Glückseligkeit. Er erhält ein schönes Weib, ein Haus, mit Gold geschmückt, und viele andere Annehmlichkeiten. Doch wenn er Dich enttäuscht, verliert er seinen ganzen Reichtum, das Weib verläßt ihn, und er wird äußerst unglücklich." (Bhāskararāya)

Außerdem bedeutet *Padmāsana* auch Vernichterin ("*as*" = töten) des Dämonen Padmāsura, wenn wir Bhāskararāya folgen.

279. भगवती

Bhagavatī

Sie, die jene schützt, die Sie verehren.

Der *Devī Bhāgavata* zufolge kennt *Bhagavatī* Herkunft und Ende der Wesen, ihr Kommen und Gehen, ihr Wissen und ihre Unwissenheit. Die Schrift *Śaktirahasya* erklärt: "Das Wort *bhaga* kommt von den Wurzeln *bhaj,* anbeten, und *avati,* beschützen. Devī wird *Bhagavatī* genannt, da Sie von allen *devas* verehrt wird, wofür Sie sie segnet."

280. पद्म नाभ सहोदरी

Padma nābha sahodarī

Sie, die Viṣṇus Schwester ist.

Die Geschichte von Māyādevi, die im Mutterleib Yaśodas Ihre Inkarnation suchte, um Kṛṣṇa, von Devaki geboren, zu beschützen, ist uns aus den *Purāṇas* bekannt. Indem Sie Kṛṣṇas Platz einnahm, rettete Sie ihn vor der Ermordung durch Kamsa. Sie entglitt den Händen Kamsas, erhob sich in den Himmel und verschwand.

In der *Kūrma Purāṇa* wie in der *Ratnatraya Parīkṣā* von Ayyappa Dīkṣitar finden wir diese Beschreibung: Das eine Brahman teilte sich in zwei Formen; eine besaß die Eigenschaften (*dharma*) und die andere war der Besitzer dieser Eigenschaften (*dharmi*). Das *dharma* teilte sich weiter in männliche und weibliche Formen. Die männliche Form, Viṣṇu, ist die physische Ursache des Universums. Die weibliche Form wurde die Gefährtin Paramaśivas. Kurz gesagt, Śiva, Viṣṇu und Devī zusammen ergeben Brahman.

Die Silben *ma, ha* und *ra* dieses Mantras sind die *bījākṣaras* ("Keimsilben") des ersten Teils (*vāgbhava kuṭa*) des fünfzehnsilbigen (*pañcadaśi*) Mantras. *Bījākṣaras* gleichen der elektrischen Spannung. Die gleiche Spannung, durch unterschiedliche Geräte geführt, läßt Ton oder Licht entstehen, kann bewahren oder zerstören. Ganz ähnlich entfalten *bījākṣaras* je nach dem Willen des Beters unterschiedliche Kräfte. Da das gegenwärtige Mantra *bījākṣaras* des *vāgbhava kuṭa* Mantras enthält, läßt sich folgern, daß Devī die Verkörperung desselben ist (siehe Mantra 85).

281. उन्मेष निमिषोत्पन्न विपन्न भुवनावलिः

Unmeṣa nimiṣotpanna vipanna bhuvanāvaliḥ

Sie, die Entstehen und Verschwinden vieler Welten durch das Öffnen und das Schließen Ihrer Augen bewirkt.

Wenn die Gottesmutter Ihre Augen öffnet, entsteht das All; wenn Sie sie schließt, wird es zerstört. Durch Ihren Willen allein läßt Sie Schöpfung wie Vernichtung walten, mit dem bloßen Senken Ihres Augenlids. Es ist ein Spiel, ein *līlā* nur für Sie, anstrengungslos.

Wie *Ājñāvatāra* sagt: "Sie wünscht es nur, und der ganze Kosmos entsteht und vergeht." Auch Kālidāsa preist so Ihre Größe: "Bevor Du an die Schöpfung denkst, besteht sie schon in Dir in voller Gänze als Universum, komponiert aus Sehendem, Gesehenem und Akten des Sehens. Wenn willkürlich Du die Augen öffnest, erscheint das All, und wenn Du sie schließt, verschwindet es."

Śrī Śaṅkara führt dieselbe Vorstellung in der *Saundarya Laharī* aus (Vers 55): "Oh, Tochter des Königs der Berge, die Weisen sagen, Heben und Senken Deiner Augenlider lasse den Kosmos entstehen und vergehen. Ich glaube dran, daß Du jetzt wach bleibst und nicht die Augen schließt, so daß die Welt von Dir behütet ist, die Du doch schufst, als Du die Augen öffnetest."

282. सहस्र शीर्ष वदना

Sahasra śīrṣa vadanā

Sie, mit den tausend Häuptern und Gesichtern.

Die *Puruṣa Sūkta* führt aus: "Der kosmische Gott (*puruṣa*) hat tausend Köpfe, tausend Augen, tausend Füße." Die *Gītā* (XIII - 13) beschreibt den Allerhöchsten: "Er existiert in der Welt, alles umhüllend, mit Händen, Füßen und Augen, Köpfen, Mündern und Ohren allüberall." Die *Devī Bhāgavata* schildert die kosmische Form Devīs: "Devī schwingt und strahlt aus tausend Augen, mit tausend Händen, Köpfen, Füßen."

"Tausend" steht hier für "zahllos". Devīs Körper ist das Universum; jeder Fix- und jeder Wandelstern, jedes einzelne in diesem All entspricht einem Bereich, einem Glied, einem Organ Ihres Körpers.

Die *ṛṣis* stellten sich vor, daß Ādiśesha (Ananta), die tausendköpfige Schlange, die Erde stützte. Ananta symbolisiert die Kraft der Anziehung und Gravitation, manifestiert in unzähligen Facetten. Diese Kraft läßt die Himmelskörper ihren Wegen folgen, ohne daß sie aufeinander prallen. Wenn Ananta den Himmelskörper Erde also auf ihrem vielköpfigen Haupte trägt, so soll das dafür Sinnbild sein.

Die Gravitationskraft war bereits zur vedischen Zeit in Indien bekannt. Spätere Werke, wie das *Āryabhaṭīya*, geben davon Zeugnis. Varāhamihira schildert, daß die Erde in einem aus den Sternen gebildeten Käfig schwebt, genauso wie ein Eisenball in einem Käfig schwebt, der aus Magneten besteht. Derart hatte man damals also erkannt, wie die Stabilität des Sonnensystems auf den wechselseitigen Gravitationsenergien beruht.

283. सहस्राक्षी

Sahasrākṣī

Sie, mit Ihren tausend Augen.

Alles, was im Universum leuchtet, ist eins von Devīs Augen. So gibt es also ungezählte Augen. In diesem Sinne werden, wegen ihrer leuchtenden Natur, Sonne, Mond und Feuer assoziiert mit Devīs Augen, und Sie wird deshalb auch *Trinayanā* (Sie, die drei Augen hat) genannt.

284. सहस्र पाद्

Sahasra pād

Sie, die tausend Füße hat.

Was immer sich bewegt, ist einer Ihrer Füße.

(Mittleres und letztes *kuṭa* des *Pañcadaśi* sind, den Tantras zufolge, in den Mantren 281-284 enthalten. Diese Mantren bedeuten also, daß Devī in Gestalt dieser zwei *kuṭas* erscheint.)

285. आब्रह्म कीट जननी

Ābrahma kīṭa jananī

Sie, Mutter von allem und jedem, von Brahmā bis zum einfachsten Insekt.

286. वर्णाश्रम विधायिनी

Varṇāśrama vidhāyinī

Sie, die die Ordnung und Schichtung der Gesellschaft begründete.

Varṇas sind die [ursprünglichen] gesellschaftlichen Kasten, nämlich die *brāhmaṇas*, *kṣatriyas*, *vaiśyas* und *śūdras*.

Die Bezeichnung *brāhmaṇas* galt [ursprünglich] für jene Menschen, in denen ausschließlich *sāttvische* Eigenschaften sich ausdrückten, d. h. lobenswerte Charakterzüge wie Wahrhaftigkeit, Enthaltung vom Stehlen, vom Erwerb oder der Entgegennahme von großen Geldbeträgen, dafür die Beschäftigung mit dem

Studium der Schriften. Sie lebten also durch die Kraft ihres Verstandes und waren Lehrer oder Priester.

Menschen, in denen die *rājasischen* Eigenschaften die *sāttvischen* überwogen, wurden *kṣatriyas*, Krieger, genannt. Wahrheit, *dharma*, Verabscheuung von Ungerechtigkeit - dies waren ihre Attribute. Sie führten in den Schlachten. Da sie Herrscher und Krieger waren, galt ihnen die Macht als wichtig. Ihr Machtstreben wurde durch ihren Verstand gezügelt.

Die Menschen, bei denen die *rājasischen* Eigenschaften die *tāmasischen* überwiegen, sind *vaiśyas*, in ihrer Art fleißig, geschickt und unternehmerisch begabt. Normalerweise werden sie Geschäftsleute und Industrielle und helfen ihren geschäftlichen Plänen gerne mit etwas Unehrlichkeit nach. Sie erachten Magen und Herz als wichtig.

Solche, bei denen *tamas* dominiert, bilden die Kaste der *śūdras*. Da sie weniger intelligent sind, treffen sie auf viele Lebenswidrigkeiten, was sie Elend und Unglück wiederum als normal empfinden läßt. Sie fühlen keine besondere Verpflichtung zur Wahrheit und zum *dharma*. Sie begnügen sich damit, Handarbeit zu leisten.

Nehmen wir an, der *Virāṭ Puruṣa* sei die manifestierte menschliche Gesellschaft, so versinnbildlichen sein Kopf, die Hände, der Oberkörper samt Brust, Bauch und Taille, und seine Füße jene vier menschlichen Grundtypen. Die Unterteilung in vier gesellschaftliche Kasten beruht allein auf den Kombinationen der drei *guṇas*.

Für das Leben sind vier Stufen (*āśramas*) vorgeschrieben: *brahmacarya*, *grahastha*, *vānaprastha* und *sannyāsa*. Eine Vision des vollendeten Lebens liegt dieser Gliederung zugrunde.

Der *brahmacāri* ist der Heranwachsende, der sich ausschließlich dem Studium widmen soll. Falls er in den Freuden und Erregungen der Sinne schwelgt, verdirbt er sich das Leben, ohne es zu wissen. Er vergißt dessen Sinn und Ziel. Seine Zukunft wird dann kein zufriedenes Leben voll hoher Ideale sein.

Ein ungeregeltes Dasein als jugendlicher Haushälter wird zu vorzeitigem Altern oder auch Sterben führen. Hingegen kann der, welcher die Jugendjahre weise verbrachte, die später folgenden Familienpflichten mit seinen Kindern teilen, vermag ihnen und anderen eine Hilfe zu sein und damit das eigene Leben zu bereichern. Das wäre *vānaprastha.* Man empfindet Mitleid mit alten Männern, die Tag und Nacht darum ringen, größeren Reichtum und höhere Position zu erlangen. Der Dichter muß solche Menschen im Sinn gehabt haben, als er schrieb: "Ach, du arme schwarze Biene, du fällst nicht in die Flamme nur, du löschest auch das Licht ganz aus!"

Amma singt: "Erinnere dich immer, oh Verstand, an diese höchste Wahrheit: Es gibt nichts, was dir gehört!" *Sannyāsa* bedeutet, sein Leben im Sinne dieser Wahrheit zu führen.

Diese Ordnung der Lebensstufen erwies sich als praktisch; sie ist in das *Sanātana Dharma*, das Ewige Lebensgesetz eingebettet.

287. निजाज्ञा रूप निगमा

Nijājñā rūpa nigamā

Sie, deren Befehle die Gestalt der Veden annahmen.

Nigamas sind die Veden und jene Tantras, die mit den vedischen Schriften übereinstimmen.

In der *Kurma Purāṇa* erklärt Devī: "Zu Beginn der Schöpfung manifestierte sich die uralte, höchste Śakti, entsprechend Meines Befehls, in der Form der Veden *Ṛg*, *Yajus* und *Sāma.*"

Der Mythos sagt, daß die 28 Tantras, die sich mit den Veden vereinbaren, Devīs Anordnung folgend aus Śivas Mündern entsprangen. Wie Bhāskararāya darlegt, kamen fünf dieser tantrischen Schriften, beginnend mit *Kāmika*, aus dem Mund Śivas, der als *Sadyojāta* bezeichnet wird; fünf entsprangen - *Dīpta* als erstes - seinem *Vāmadeva*-Mund; fünf - zuerst *Vijaya* - seinem *Aghora*-Mund; fünf - *Vairocana* als erstes - dem *Tatpuruṣa*-Mund;

und acht, mit *Prodgītā* als erster, dem *Īśāna*-Mund. Diese 28 tantrischen Schriften werden als die höhere Gruppe eingestuft.

Daneben existieren Tantras wie *Kāpāla* und *Bhairava,* die den niedrigeren Energien Śivas entstammen und den Veden widersprechen.

288. पुण्यापुण्य फल प्रदा

Puṇyāpuṇya phala pradā

Sie, die die Früchte der guten wie auch der schlechten Taten verteilt.

Die Frucht von *puṇya* (gute Taten) ist Glück; das Resultat von *apuṇya* (böse Taten) ist Sorge.

Eine Grundkategorie der philosophischen Systeme Indiens ist der Begriff *karma.* Niemand ist von den Auswirkungen des Karmas frei. Der einzige Weg, frei zu werden, ist der völlige Verzicht auf die Früchte seines Tuns - so die Heilsbotschaft der *Gītā.* Im Kommentar zu den *Brahmasūtras* stellt Śaṅkara mehrmals fest, daß Rituale, wie z. B. *yāgas* (Opferfeuer), nicht zur Befreiung führen, da sie in der Regel vom Wunsche nach Belohnung oder dem Paradies motiviert sind.

Menschen, die sich nach Seelenbefreiung (*mokṣa*) sehnen, sind selten. Die meisten laufen materiellen Dingen eifrig hinterher. Zwar rufen viele mittendrin den Namen Devīs aus, doch muß jeder die Früchte des Karmas empfangen.

“Der Herrgott läßt jeden, der eintaucht ins weltliche Karma, dessen Auswirkungen strikt nach den Regeln erleiden. Der wahre Gläubige kommt aber glimpflich davon. Das Eheweib eines Brahmanen nimmt ein Kind als Begleitung auf dem Weg zum Tempel mit. Ist es das Kind von anderen Leuten, so läßt sie es den ganzen Weg laufen. Ist’s ihr eigenes, so trägt sie es die meiste Zeit auf dem Arm und spielt mit ihm; sie wird es nur gehen lassen, wenn jemand zusieht! Ein *karmi* - ein im weltlichen Tun Verstrickter - ist der Sklave dieses seines Tuns. Ein Gottgläubiger ist ein Sklave des Karmas nur in den Augen der Welt. In Wahrheit ist er das Lieblingskind Gottes." (Oṭṭūr Unni Nambūdiripaḍ)

Eine Mutter bestraft die Fehler ihres Kindes nicht aus Bosheit, sondern zu seinem Besten. "Selbst wer auf dem Boden ausgleitet und stürzt, muß auf eben diesen Boden fallen. Genauso bist Du, oh Gottesmutter, die einzige Zuflucht für uns, die wir unter Deinen Augen Fehler begehen!" In exakt diesem Sinne wird Devī als "Verteilerin der Früchte aus guten wie auch aus schlechten Taten" bezeichnet. Wir müssen mit der Zeit einsehen, daß auch unsere bitteren Erfahrungen Ihrem Mitgefühl entspringen.

Amma sagt so schön: "Wenn jemand auf einen Dorn tritt, wird er zornig. Doch ein kleines Stück weiter vor ihm befindet sich ein Graben, und der Dorn hat ihn davor bewahrt, hineinzufallen und sich das Bein zu brechen. Weil der Dorn in seinem Fuß steckte, ging er vorsichtig, und so fiel er nicht in den Graben. Ein Gottgläubiger muß unglückliche Erfahrungen in diesem Licht sehen."

289. श्रुति सीमन्त सिन्दूरी कृत पादाब्ज धूलिका

Śruti sīmanta sindūrī kṛta pādābja dhūlikā

Sie, deren Füße Staub die zinnoberrote Scheitellinie der Śruti devatās (die Veden, personifiziert als Göttinnen) bildet.

Der geheiligte Staub von Devīs Lotusfüßen schmückt das Haupt der Veden. Wie ist dies zu verstehen? Es ist bereits dargelegt worden, daß die Veden ursprünglich aus Devī entsprangen. Sie strecken sich verehrungsvoll auf dem Boden vor der Gottesmutter aus, die auch ihre Mutter ist. Und dabei drückt sich der Staub von Devīs Lotusfüßen aufs Haar dieser guten Göttinnen, wodurch sie noch heiliger werden.

Bhāskararāya interpretiert das Mantra in diesem Sinn: Die Veden seien nicht in der Lage, die wahre Form der Göttlichen Mutter angemessen zu beschreiben. [Seine Schrift] *Śivastava* führt aus: "Oh Parameśvari, die Schriften, die alles Wissen aufbewahren und die Dir lieb und teuer sind, können Dich nur unvollständig schildern und verstummen schließlich, wie es Frauen tun, wenn sie vor zarter Scham verstummen. Wenn selbst sie nur Dich beschreiben können mit den Worten 'Nicht dies, nicht das', wie kann ich, ein einfach Sterblicher, es angemessen tun?"

Bhāskararāya zitiert aus der *Rudrayāmala*: "Das Gottesziel, das von den Veden anvisiert wird, läßt sich auch durch die Tantras erreichen. Daher sind sowohl *brāhmaṇas, kṣatriyas, vaiśyas* als auch *śudras* würdig, es zu verehren." Das soll klarstellen, daß alle Kasten würdig sind, die Göttliche Mutter mit Hilfe der Tantras zu verehren.

290. सकलागम संदोह शुक्ति सम्पुट मौक्तिका

Sakalāgama sandoha śukti sampuṭa mauktikā

Sie, die in der Muschelschale, aus allen Schriften fest gebaut, wertvollste Perle ist.

Wenn der gemeinsame Kodex der Schriften eine Muschel bildet, so ist Devī die Perle darin. Vielleicht kann man vom Umfang der Muschel auf die Größe der Perle schließen, aber sicher nicht auf ihre Qualität und Schönheit. Ähnlich läßt sich die Form der Devī mit Hilfe der Veden annähernd vermuten, doch Ihre wahre Natur enthüllt sich uns nicht. Wie es die *Kaṭha Upaniṣad* (I-ii-23) ausdrückt: "Dieses *Ātman* kann durchs Studium der Veden nicht erreicht werden, und nicht durch Vernunft und nicht durchs eifrige Zuhören." Wie soll es dann erreicht werden? "Wer da erwählt ist vom *Ātman*, dem allein wird Seine wahre Natur offenbart." Eine Feststellung der *Upaniṣade,* die die eigentliche Bedeutung unseres gegenwärtigen Mantras erhellt. Amma erklärt: "Nach der Wahrheit im Außen zu suchen ist so, als trockne man das Meer aus, um Fische zu fangen. Man sollte tief nach innen blicken. Erst dann enthüllt sich die Wahrheit."

Man kann die Art, in der die Veden die höchste Wirklichkeit beschreiben, mit "*arundhati nyāya*" vergleichen. *Arundhati* ist ein kleiner Stern, der nur wegen der größeren benachbarten Sternen gesichtet wird. Ähnlich können die Veden nur einige Hinweise auf die Form der höchsten Wirklichkeit geben. Die Veden sind wie Devīs Schmuck - der stellt auch nicht Ihre wahre Form dar.

291. पुरुषार्थ प्रदा

Puruṣārtha pradā

Sie, die die (vier) hauptsächlichen Dinge des Lebens gewährt.

Diese grundsätzlichen Dinge sind *dharma* (rechtes Leben), *artha* (Wohlstand), *kāma* (sinnliche Befriedigung) and *mokṣa* (Seelenbefreiung).

Die *Brahmāṇḍa Purāṇa* legt dar: "Jene, welche die Höchste Śakti verehren, ob sie nun den Regeln folgen oder nicht, sind nicht mehr in *samsāra* gefangen; ohne Zweifel sind es befreite Seelen." Die Verehrung Ihrer Lotusfüße führt zur Befreiung von *samsāra*, bringt Prosperität und Frieden im irdischen Leben.

Das vorgegebene Mantra hat im Tantra eine andere Bedeutung. Dort gilt *Puruṣa* als Śiva und *artha* als Befreiung. Die Göttliche Mutter schenkt dort selbst Śiva die Befreiung. *Saundarya Laharī* deklariert gleich zu Beginn, daß Śiva nur wegen seiner Verbindung mit Śakti in der Lage ist, sich zu bewegen: "Wenn Śiva sich mit Dir vereint, oh Śakti, erst dann ist er fähig, die kosmischen Aufgaben zu erfüllen. Doch ohne Dich ist er nicht einmal fähig, sich umherzubewegen!" So gesehen erlöst die Gottesmutter Śiva aus einem praktisch leblosen Zustand.

292. पूर्णा

Pūrṇā

Sie, die immer Vollständig-Ganze, ohne Wachstum, ohne Verfall.

Wie es die *Śruti* formuliert: "*Pūrṇamadaḥ pūrṇamidam purṇāt pūrṇamudacyate; pūrṇasya pūrṇamādāya pūrṇamevāvaśiṣyate.*" (Das Ganze ist all Dies, das Ganze ist all Das. Das Ganze ward durchs Ganze geboren. Nimmt man das Ganze vom Ganzen, so bleibt das vollständig Ganze.)

Diese Ganzheit oder Vollständigkeit der göttlichen Macht wird uns in der Natur vor Augen gestellt. Ein von seiner Mutter gerade geborenes Kind ist in sich ganz und komplett. Der Keimling, der aus dem Samen sprießt, entfaltet sich zu jener Vollkommenheit, die im Samen liegt, und bringt unzählige neue identische Samen hervor. Das Kalb wächst heran und ist dann vollendet wie die Kuh, doch nimmt dies nichts weg von ihrer Vollendetheit.

Da dieses Prinzip in der Natur bereits herrscht, muß dann noch über das Prinzip der Parāśakti, die im Universum zuoberst waltet, gerätselt werden? Die Erste Ursache ist ganz und vollkommen; das Weltall, durch diese Ursache bewirkt, ist ebenso ganz und vollkommen. Ursache und Wirkung unterscheiden sich, zumindest in dieser Hinsicht, nicht - wie die Rishis erklärten.

Pūrṇa ist auch die Gottheit des fünften, zehnten und fünfzehnten Tages des lunaren Halbmonats. Die Gottheit des Vollmonds, der 14. Nacht der zunehmenden Mondphase, wird ebenso *Pūrṇa* genannt. All diese Gottesaspekte gehören zur Gestalt der Göttlichen Mutter.

Pūrṇa heißt dazu auch noch ein Fluß, eine weitere Form der Devī.

293. भोगिनी

Bhoginī

Sie, die ständig Genießende.

Devī genießt auf allen Ebenen der Lebensformen, was es zu genießen gibt.

Sie trägt den Beinamen *bhoginī* auch deshalb, weil Sie alles im Universum konsumiert (*bhuj*).

Bhoga heißt zusätzlich auch die Haube einer Schlange; in dieser Bedeutung wäre Devī die, welche die Gestalt einer jungen weiblichen Schlange angenommen hat.

294. भुवनेश्वरी

Bhuvaneśvarī

Sie, die Herrscherin des Alls.

Die Gottesmutter ist die Beschützerin aller vierzehn Welten (*bhuvana*). *Bhuvana* bedeutet auch Wasser. Dementsprechend beschützt die Devī sowohl das Land wie die Meere.

In der Schrift *Mantraśāstra* gilt Bhuvaneśvarī als Wesen, das in Form des Saatmantras (*bīja*) *hrīm* erscheint. Dieses Saat- oder Keimmantra enthält alle Welten. Devī heißt dazu *Bhuvaneśvarī,* weil Sie in allen Welten angebetet wird.

Die Schrift *Tripurāsiddhānta* erzählt, wie Devī einmal einem Guru namens Bhuvanānandanātha Ihren Segen gab und daher *Bhuvaneśvarī* genannt wurde.

295. अम्बिका

Ambikā

Sie, die Mutter des Universums.

Ambikā erscheint als Sarasvatī, als Erde und als Verkörperung der *śaktis* von *icchā*, *jñāna* und *kriyā*, der Willenskraft, des Wissens und der Tat (siehe Mantra 658).

Ambikā kann dazu Nacht oder auch Schlaf bedeuten. [Erklärung:] *Māyā* (Illusion) hat die Wörter *rātri* (Nacht) und *nidra* (Schlaf) als Synonyme. Die *Gītā* (II-69) erklärt: "Was Nacht ist für die meisten Wesen, das ist dem selbstbeherrschten Weisen Wachheit. Was wach die Wesen alle hält, das ist dem wissend Weisen Nacht." Diese "Nacht" ist die von *Māyā* geschaffene Dunkelheit, und der vom Selbst beherrschte Mensch ist wach, wenn alle anderen von der Dunkelheit der Ignoranz umhüllt sind. Insofern entsprechen Schlaf und Nacht der Natur von *Māyā*. *Ambikā* verkörpert also *Māyā*. “Nacht ist die Große Mutter und Śiva ist der Tag”, wie es die *śāstras* formulieren.

296. अनादि निधना

Anādi nidhanā

Sie, die weder Anfang noch Ende hat.

Nidhana bedeutet Tod. Im numerologischen System *Vararuci* (Darstellung von Zahlen durch Buchstaben) korrespondiert *ādi* der Zahl 80. Unser Mantra erhielte dann die Deutung, daß Devī den Gläubigen von 80 Todesursachen befreit. Der Mensch ist sterblich; beginnt er die Gottesmutter zu verehren, so wird er unsterblich.

Von den 80 Todesursachen werden 28 Ursachen *vadha* (Tötung) und 52 Ursachen *pāśa* (Abhängigkeit, Bindung, Seil) genannt. Dazu sagt die *Viṣṇu Purāṇa*: “Egoismus und Eingebildetheit sind dem Wesen nach *vadha* und teilen sich in 28 Arten auf.” Und die *Liṅga Purāṇa* erklärt: “Die 52 *pāśas* werden vom Knoten der Unwissenheit (*avidyā*) geschaffen.” Devī beschützt Ihre Devotees vor beiden Arten von Übeln. Die einzige Zuflucht der furchtlos in Dschungeln hausenden, von wilden Tieren umgebenen, gottergebenen Einsiedler war und ist ihr unerschütterlicher Glaube an den göttlichen Willen.

297. हरि ब्रह्मेन्द्र सेविता

Hari brahmendra sevitā

Sie, der von Brahmā, Viṣṇu und Indra Verehrung gezollt wird.

Das *Śrīcakra* wird als Stadt imaginiert. Zwischen der 14. und der 15. Stadtmauer haben dort Indra und andere Wächter der Welten ihre Wohnstätten. Zwischen der 15. und der 16. Stadtmauer befindet sich das Wohnquartier Viṣṇus. Und zwischen 16. und 17.

Stadtmauer lebt Brahmā. Sie alle verehren die Göttliche Mutter an ihrer jeweiligen Wohnstätte.

Neben diesen Gottheiten beten auch Varuṇa, Yama, Vāyu, Agni und Kubera die Göttliche Mutter an. Es ist also ratsam, Sie direkt anzubeten, anstatt jene Gottheiten, die selbst unter Ihrer Kontrolle stehen.

298. नारायणी

Nārāyaṇī

Sie, das weibliche Gegenstück Nārāyaṇas.

Nāra bedeutet Wasser und *ayana* Wohnsitz. *Nārāyaṇī* bezeichnet also jemand, dessen Wohnsitz das Wasser ist.

Nārāyaṇī heißt auch die Schwester Viṣṇus (siehe Mantra 280). Devī wird dazu, je nach Zusammenhang, identifiziert mit Lakṣmī, Sarasvatī und Pārvatī.

Nāra ist weiterhin das Wissen vom Selbst. *Nārāyaṇī* würde dann als Sitz des Wissens vom Selbst interpretiert werden - Sie, die im Wissen vom Selbst verankert ist. Es besteht hier zwischen der Unterstützung (*ādhāra*) und dem Unterstützten (*ādheya*) keinerlei Unterschied - beides ist die Göttliche Mutter. *Nārāyaṇī* residiert in *nāra* und erschafft Männer (*nāra)* wie Frauen. Und auch die Form von Viṣṇu (Nārāyaṇa) gehört zur Devī.

299. नाद रूपा

Nāda rūpā

Sie, mit der Gestalt des tönenden Klangs.

Dem *Tantraśāstra* zufolge existieren acht musikalische Noten (*varṇas*) über dem Punkt (*bindu*) der Keim-Mantren wie *hrīm.* [Durch den sog. *bindu* wird im Sanskrit die Nasalierung eines Vokals angegeben, in *hrīm* also *ī*.] Es sind *ardhacandra, rodhinī, nāda, nādānta, śakti, vyāpikā, samānā* und *unmanī.*

Śrī Nārāyaṇa Guru beginnt sein Buch *Kalikanātaka* so: "Ergebene Grüße für Dich, die Du das Wesen bist von *nādabindu*, ohne Ende ist's, und deren heil'ge Füße von Nārada und den and'ren Weisen angebetet werden!"

Die erste Bewegung im Weltenall trat in Form des Klanges, des *praṇava*-Tones auf - als OM. Die Göttliche Mutter ist die sich ausfaltende Manifestation von OM.

[...]

300. नाम रूप विवर्जिता

Nāma rūpa vivarjitā

Sie, die weder Name noch Form hat.

Es finden sich im All [den Rishis zufolge] fünf universale Zustände: Existenz (*sat*), Bewußtsein (*cit*), Glückseligkeit (*ānanda*), Name (*nāma*) und Form (*rūpa*). Die ersten drei davon (*sat-cit-ānanda*) sind Qualitäten von Brahman, und die beiden anderen gehören zur physischen Welt.

Es erscheint widersprüchlich, wenn die Göttliche Mutter als form-los beschrieben wird, nachdem Sie im vorgehenden Mantra als *Nādarūpa* auftritt, als jemand in der Form des Klangs. Tatsächlich aber existiert kein Widerspruch, sind doch Name und Form unverzichtbar, wenn unsere Sinne überhaupt wahrnehmen sollen, und erscheinen doch alle Dinge des Kosmos mit Namen und Formen, da sie explizite, "geäußerte" Manifestationen des Brahman sind. Die Essenz des höchsten Seins des Brahman jedoch ist namen- und formlos. Und so erscheint die Devī im manifestierten Zustand (*vyākṛta*) in Form von Klang (*Nādarupa*); im Zustand der Latenz (*avyākṛta*) aber ist Sie ohne Form und ohne Namen.

Bhāskararāya erklärt dies so: "Alles, was übrig bleibt, wenn Name und Form verschwinden, ist wissendes Bewußtsein, ist Brahman."

Welchen Namen oder welche Form auch immer man verwendet und beschreibt, nie werden damit Name und Gestalt der Gottesmutter ganz offenbart. Die letzte, höchste Wirklichkeit wird umschrieben als etwas, das sich in Worten nicht vermitteln läßt (*vācām agocaram*).

Mit dem Mantra 300 wird das vierte kalā der Sonne, marīchi genannt, abgeschlossen.

301. ह्रींकारी

Hrīmkārī

Sie, die sich darstellt in Form (des einsilbigen Mantras) von hrīm.

Hrīm ist das *bhuvaneśvarī* genannte *bijākṣara* (Keim-Mantra). Dem Tantra zufolge bezeichnen die Buchstabenlaute "h", "r", "i", wenn sie von "m" begleitet sind, die Erschaffung, Erhaltung und Auflösung. Demzufolge gilt *hrīm* als das Mantra, das die Macht der Gottesmutter repräsentiert, denn Sie ist das eigentlich dirigierende Wesen hinter diesen drei universellen Funktionen.

In anderer Deutung wird *hrīm* mit "Scham" gleichgesetzt. Die Göttliche Mutter flößt demnach Scham vor sündigem Tun ein. Das Schamgefühl des Gewissens drängt den Menschen dazu, von solchem Tun abzulassen. Geht dieses Schamgefühl verloren, so gibt es kein Zögern, selbst die verwerflichsten Handlungen auszuführen. Da die Devī uns vor solchen Missetaten bewahrt, ist Sie *hrīmkārī.*

302. ह्रीमती

Hrīmatī

Sie, die voller Bescheidenheit ist.

Das bedeutet, daß die Gottesmutter nicht so ohne weiteres Ihren Verehrern erscheint. Bescheidenheit ist ein Zeichen des Adels und eine Zier der weiblichen Natur, auch deren Schutz. Devī ist mit dieser Bescheidenheit ausgestattet.

303. हृद्या

Hṛdyā

Sie, die im Herzen wohnt.

Devī läßt sich freundschaftlich im Herzen des Verehrers nieder. Sie hat keinen speziellen eigenen Wohnsitz; das Herz des Devotees ist Ihr Aufenthaltsort. Zweifellos wohnt Sie sowohl im Herzen eines Freundes als auch eines Feindes - in letzterem vibriert Sie jedoch in feindlicher Art. Die gläubige Hingabe eines Feindes wird *virodhabhakti* (Hingabe in Form von Gegnerschaft) genannt.

Auch: Sie, die herzerquickend ist.

304. हेयोपादेय वर्जिता

Heyopādeya varjitā

Sie, die nichts verwerfen und nichts akzeptieren muß.

Ihr ist nichts vorgeschrieben oder verboten; für Sie gibt es nichts, das zu akzeptieren oder zurückzuweisen wäre.

Die in den [vedischen] Schriften aufgezählten Anordnungen und Verbote gelten für jene nicht, die die Wahrheit kennen. Im Universum erscheint alles als eine dramatische Ausfaltung und Handlungsentwicklung der Höchsten Wahrheit; was sollte da dem gottrealisierten Wesen untersagt sein? Und was gäbe es da zu akzeptieren? Devī befindet sich ständig in diesem Zustand [jenseits von Regel, Verbot, Zurückweisung, Akzeptanz].

305. राज राजार्चिता

Rāja rājārcitā

Sie, die vom König der Könige angebetet wird.

Das bezieht sich auf Manu oder Kubera. Manu war der erste König der Menschheit mit Unterscheidungskraft. Die Göttliche Mutter ist seit jener Zeit verehrt worden, da der Mensch zum *homo sapiens*, zum denkenden Wesen wurde.

Kubera ist laut den *Purāṇas* der Herr des Reichtums. Vergrößert sich der Reichtum, so neigt der Mensch dazu, sich von Gott wegzubewegen. Nur die, welche durch gute Taten [seelischen] Verdienst ansammelten, können Gott näher kommen - auch wenn der weltliche Reichtum sich mehrt.

306. राज्ञी

Rājñī

Sie, die Königin Śivas, des Oberherrn aller Könige.

Da die Souveränität über die Welten in Ihren Händen liegt, ist Sie die Königin. Devīs Einzigartigkeit, Ihre Befehlsgewalt, Souveränität und universelle Verehrungswürdigkeit werden in diesem Mantra offenkundig.

307. रम्या

Ramyā

Sie, die erfreut; Sie, die lieblich ist.

Devīs Präsenz schenkt den Herzen Ihrer Verehrer große Freude und Energie.

Unvergleichlich schön ist Ihre Gestalt von Kopf bis Fuß und leuchtend hell mit allem Ihrem Schmuck.

308. राजीव लोचना

Rājīva locanā

Sie, deren Augen wie rājīva sind.

Rājīva bedeutet Lotusblume, Reh oder Hirsch, und Fisch. Und also sind Ihre Augen länglich und offen wie Lotus-blütenblätter, bebend wie jene eines Rehs oder glühend wie jene eines Fisches [in dunkler Meerestiefe].

Allein mit einem Blick aus Ihren Augen vermag Sie Ihren Verehrern Befreiung zu schenken, so wie ein Fisch seine Eier brütet, indem er auf sie blickt.

Devīs Gestalt zusammen mit den faszinierendsten Augen läßt das Herz Ihrer Verehrer in Liebe schmelzen.

309. रञ्जनी

Rañjanī

Sie, die das Gemüt entzückt.

Sie, die ein Gefühl der Einheit schafft, indem Sie die Herzen Ihrer Devotees zusammenklingen läßt. Bei der gläubigen Hingabe an Sie verschwinden alle Schwächen oder Stärken der sozialen Stellung und der beruflichen Position. Nur diese gläubige Hingabe ist in der Lage, die Herzen derart zu vereinen.

Rañjanī heißt auch "färben". Bhāskarāraya führt bezüglich Devī an, Sie sei *Rañjanī*, weil Sie den reinen Paramaśiva durch Ihre Gegenwart so färbt wie eine rote Hibiskusblüte den klaren Kristall rötlich erscheinen läßt.

310. रमणी

Ramaṇī

Sie, die Freude schenkt.

Sie ließ Śivas Herz schmelzen, als er alle Bande durchschnitten hatte und fest im Yoga verankert war. Ähnlich erfreut Sie die Herzen Ihrer Devotees und verdient, von allen als *Ramaṇī* gepriesen zu werden.

311. रस्या

Rasyā

Sie, der man sich erfreuen soll; Sie, die genießt.

Die *Śruti* sagt: "Er allein ist die Essenz." Und die Essenz ist die Glückseligkeit Brahmans. Devī feiert diese Glückseligkeit beständig. Gleichzeitig erfüllt Sie Ihre Verehrer mit glücklicher Freude.

312. रणत् किङ्किणि मेखला

Raṇat kiṅkiṇi mekhalā

Sie, die einen Gürtel mit klingenden Glöckchen um die Hüfte trägt.

Devī trägt den Gürtel über Ihrem Gewand. In der einleitenden Anrufung wird Sie portraitiert als "reich geschmückt mit allem Schönen" (*sarvālaṅkārayuktā*).

313. रमा

Ramā

Sie, die Lakṣmī ist und Sarasvatī.

Devī ist sowohl Sarasvatī, die das Wissen und die Weisheit liebt, wie auch Lakṣmī, die das Tanzen liebt.

314. राकेन्दु वदना

Rākendu vadanā

Sie, deren Antlitz berückend ist wie der volle Mond.

315. रति रूपा

Rati rūpā

Sie, die in der Gestalt von Rati erscheint, der Gemahlin Kāmas.

Sie, die in der Form reiner Freude erscheint und jedem Ihre große Seligkeit gern spendet.

Die *Gītā* (VII.11) erklärt: "Den Starken bin Ich Stärke, ohne Leidenschaft und ohne Verhaftung. In allen Wesen bin Ich *kāma*

(Wunsch), der dem *dharma* (rechtes Leben) nicht entgegensteht, oh Arjuna!"

316. रति प्रिया

Rati priyā

Sie, die Rati lieb hat; Sie, der Rati liebend dient.

Śiva zürnte Kāma, der sein *tapas* störte, und verbrannte ihn im Feuerstrahl aus seinem dritten Auge. Die trauernd hinterbliebene Rati, von Kummer schwer geschlagen, rief wehklagend Devīs Namen aus. Devī empfand liebendes Mitgefühl mit ihr, und Rati gewann mit Ihrem höchsten Segen Kāma zurück. Derart wurde Devī Rati lieb und teuer und Rati Ihr.

Rati symbolisiert das eheliche Glück, unverzichtbar fürs Überleben der Rassen. Dies ist der Grund, weswegen Devī Rati begünstigt.

317. रक्षा करी

Rakṣā karī

Sie, die Beschützerin.

Devī ist die Beschützerin Ihrer Devotees.

Rakṣa bedeutet auch "heilige Asche"; d. h. die Göttliche Mutter ist auch Vernichterin - Sie reduziert die Erscheinungswelt zu Asche. Indem Sie die Sünden und Heimsuchungen Ihrer Verehrer mindert, wird Sie in der Tat zur schützenden Erretterin.

Lord Śiva beschmiert sich mit heiliger Asche. So gesehen kann *Rakṣākari* genauso Śivas Gemahlin bedeuten.

318. राक्षसघ्नी

Rākṣasaghnī

Sie, die die ganze Gattung der Dämonen zermalmt.

Im Menschen herrschen zwei Tendenzen vor - eine ist auf das Göttliche ausgerichtet, die andere aufs Dämonisch-Üble. Die *Gītā* (IX.12) untersucht diese beiden Tendenzen. Ihr zufolge führt die üble, dämonische Charaktertendenz "zu eitlen Hoffnungen, eitlen Taten, eitlem Wissen, bar der Unterscheidungsgabe, und speist sich nur aus der täuschenden Natur der dämonischen *rākṣasas* und *āsuras*", die stolz sind auf ihre eingebildeten Fähigkeiten und ohne Herz. In Menschen, die jener Spezies zugehören, überwiegt dann auch die *tamasische* Qualität; sie streiten Gottes Existenz ab.

Auf der anderen Seite steht der Charaktertyp, der "an der Natur der *devas* teilhat, Mich verehrt, ohne daß sein Sinn auf anderes gerichtet ist, und Mich erkennt als ewigen Ursprung aller Wesen." Menschen dieses guten, göttlichen Typs bemühen sich gewöhnlich immer, gute Taten zu tun.

Beide Wesenstypen sind in der Natur zu finden. Die Macht der Devī vernichtet die *rākṣasischen vāsanās* (die tiefsitzenden, üblen Tendenzen).

319. रामा

Rāmā

Sie, die Vergnügen schenkt [gleich einer Frau].

Devī ruft Vergnügen in Yogis hervor.

Rāmā ist gleichfalls ein Beiname Lakṣmīs. *Rāmā* heißt übersetzt "Frau". "Alles, was in der Natur weiblich ist, gehört zur Devī, was männlich ist, zu Paramaśiva", stellt die *Liṅga Purāṇa* fest. Die *Brahmavaivarta Purāṇa* läßt dasselbe verlauten: "Was immer in den drei Welten in weiblicher Form erscheint, all das, oh Devī, ist Deine Form." Und die *Parāśarasmṛti* gibt an: "Wenn die Frauen zufrieden sind, sind es auch die Götter. Sind die Frauen zornig - die Götter sind's dann auch. Wenn die Frauen froh sind, gedeihen die Familien. Wenn sie nicht geehrt werden, zerfallen die Familien."

320. रमण लम्पटा

Ramaṇa lampaṭā

Sie, die Ihrem Herzgeliebten (Śiva) voll ergeben ist.

Das mag darauf hindeuten, daß Devī in jeder Frau unerschütterliche Liebe und Ergebenheit gegenüber dem Ehemann hervorruft und erhält.

321. काम्या

Kāmyā

Sie, die zu Ersehnende.

Auf die Göttliche Mutter mag sich die ganze Sehnsucht jener richten, die Befreiung erstreben - mehr auf Sie als auf irgendeine andere Form Gottes.

Kāmya ist auch die Gottheit der zwölften Nacht des abnehmenden Mondes. Devī tritt also ebenso in dieser Form auf.

322. काम कला रूपा

Kāma kalā rūpā

Sie, in der Form von Kāmakalā.

Im *Tantra* wird von drei *bindus* gesprochen; sie repräsentieren *Īśvara*, die Welt und die individuelle Seele.

Innerhalb der physischen Welt gilt das Gesetz 3 - 1 = 2. In der spirituellen Wissenschaft aber bleibt bei derselben Rechnung nur 1 übrig: Wir haben da das Objekt, einen das Objekt reflektierenden Spiegel und die Widerspiegelung; das Objekt steht für *Īśvara*, der Spiegel für die individuelle Seele (*jīva*) und die Widerspiegelung ist die Welt. Falls wir den Spiegel entfernen, verschwindet auch die Widerspiegelung und nur das Objekt bleibt übrig.

Im vorliegenden Fall ist das Objekt "*kāmabindu*" und die Widerspiegelung "*kalābindu*"; die individuelle Seele ist der Spiegel. [....]

Die *bindus* werden *vāgbhavakūṭa*, *madhyakūṭa* und *śaktikūṭa* genannt (siehe Mantren 85-87, wo dies bereits erwähnt wurde). *Vāgbhavakūṭa* gilt als *kāmabindu* und *śaktikūṭa* als *kalābindu.*

Kāmabindu symbolisiert die Vereinigung von Śiva und Śakti. *Kalābindu* repräsentiert diese Union in manifester Form. *Kāma* ist unsichtbar, *kalā* sichtbar. Das Mantra "*Kāmakalārūpā*" schließt beide Dimensionen ein.

Das physische Universum existiert aufgrund der Energie von *Kāma* beständig weiter. Die universelle *[Kāma-]*Anziehung zwischen männlich und weiblich ist im Mantra *Kāmakalā* enthalten. Und die Göttliche Mutter stellt diesen Aspekt dar. *Kāmakalā* bezeichnet auch die Kunst der Liebe. *Kāma* (Wunsch, Befriedigung des Begehrens) ist eine der vier *puruṣārthas*, d. h. Qualitäten des Lebens (siehe Mantra 291). Heirat z. B. rangiert als Befriedigung der Wunschbegierde. Das Eheleben erhielt allerdings gleichzeitig die Bezeichnung "häusliches Opfer" (*gṛhamedha*). Die Verheiratung gleicht einem *yajña* (Opferfeuer), und dies nicht nur, weil beim Trauungszeremoniell [in Indien] *agni* (Feuer, Gott des Feuers) als Zeuge dient. Das Wesentliche beim *yajña* ist das Opfern von etwas. Und die Ehe fordert dazu auf, Selbstsucht zu opfern, Selbstlosigkeit zu üben, und bedeutet nicht, lediglich die körperlichen Begierden zu befriedigen. Darin besteht die tiefere Aussage des Mantras "Sie, in der Form von *Kāmakalā*". Wir sollten uns geistig zu einer Höhe entwickeln, auf der *kāma* eben nicht ausschließlich als körperliches Begehren erscheint. In den Worten des Dichters: "Liebe ist nicht körpergebunden."

323. कदम्ब कुसुम प्रिया

Kadamba kusuma priyā

Sie, die Kadamba-Blumen besonders liebt.

324. कल्याणी

Kalyāṇī

Sie, die mit reicher Gunst beschenkt.

Kalyāṇī heißt auch: “Sie, die wohltuende Worte spricht.”

325. जगतीकन्दा

Jagatīkandā

Sie, die Wurzel der ganzen Welt.

Kanda bedeutet Wurzel, Same und Wolke. Die Gottesmutter ist die Wurzel-Ursache für die Geburt des Weltalls. Sie gleicht einer wohltätigen Wolke. Sie spendet mit periodischen Regenfällen die Nahrung fürs Überleben der Welt. Wie die *Śruti* es ausdrückt: “Aus dem Regen entsteht die Nahrung.”

Doch im Mantra mag sich das Bild der Wolke auch auf das Zeiten-Ende, das Ende des *kalpa* beziehen. Mit anderen Worten inszeniert die Gottesmutter auch das *pralaya*, die “Sintflut” am Ende eines Äons. Sie ist also gleichzeitig die Ursache der Welt, liefert die Nahrung zu ihrem Bestand und bringt die endzeitliche Flut, die sie vernichtet.

326. करुणा रस सागरा

Karuṇā rasa sāgarā

Sie, die ein Ozean des Mitgefühls ist.

Im Meditationsvers (*dhyāna śloka*) wird Sie “*Karuṇā-taraṅgitākṣī*” genannt, “Sie, in deren Augen sich die Wellen des Mitleids spiegeln.” Sie ist ein nie austrocknender Brunnen voll Mitgefühl. Es gibt zahlreiche Geschichten über Sie in den *Purāṇas,* in denen Sie zu Hilflosen mit überaus großer Güte spricht und Ihnen hilft. In Zeiten der Not zeigt Sie denen, die Sie verehren, immer große Zuneigung und führt sie mit freundlicher Güte zur Befreiung.

Amma sagte öfters: "In den alten Zeiten initiierten die Gurus ihre Schüler mit einem Mantra und rieten ihnen gewöhnlich, täglich die *Lalitā Sahasranāma* zu rezitieren, weil die mitfühlende Devī sich sehr um das Wohlergehen Ihrer Devotees kümmert."

Kṛṣṇa wird seine Anbeter in die Fluten der Sorgen und Widrigkeiten stoßen und nach Atem ringen lassen, obgleich er sie vor dem Ertrinken schließlich bewahren wird. Die allerbarmende Devī jedoch wird herbeieilen, um einen Devotee in Not zu retten. Deshalb wird Sie "Ozean des Mitgefühls" genannt."

327. कलावती

Kalāvatī

Sie, die Verkörperung aller Künste.

Die 64 Arten der Kunst bilden die Gliedmaße Devīs.

Kalā heißt auch die Mondsichel; Devī trägt eine Mondsichel als Schmuck.

328. कलालापा

Kalālāpā

Sie, die melodisch und voll Süße spricht.

Devī verwandelt Ihre wohlklingende Sprache in verschiedene Arten der Kunst.

Kalālāpā wird Sie auch deswegen genannt, weil Ihre Verehrer süß-sehnsüchtige Lieder zu Ihrem Lob singen.

Ka bedeutet Brahman, *lala* Speichel, und *āpa* ist jemand, der erreicht wird. Das heißt, Sie läßt Ihre Verehrer auf die gleiche natürliche Weise *Brahman* erreichen, wie der Speichel im Mund entsteht - so interpretiert es Bhāskararāya.

329. कान्ता

Kāntā

Sie, die [begehrenswert] schön ist.

Sie ist für Ihre Verehrer überaus anziehend.

[Andere Auslegung:] *Ka* ist wieder Brahman, *anta* heißt "letztendlich", "abgeschlossen". So gesehen bedeutete das Mantra, daß Devī entschiedenermaßen das ungeteilte Brahman ist.

Devī stellt sich weiterhin in der Form von *Kāntā* dar, der Gottheit, die die elfte Nacht der abnehmenden Mondphase regiert.

330. कादम्बरी प्रिया

Kādambarī priyā

Sie, die Honigwein liebt.

Damit ist nicht primär das alkoholische Getränk, sondern die Seligkeit Brahmans gemeint. Devī ist ständig in berauschter Glückseligkeit versunken. - Die Opfergabe des aus Kadambablumen hergestellten Mets (*kādambari*) ist Ihr auch lieb.

Kādambari ist dazu ein Beiname Sarasvatīs, die der Devī ganz nahe steht.

331. वरदा

Varadā

Sie, die großzügig Ihre segensreichen Gaben schenkt.

Sie, die Brahmā, Viṣṇu und all Ihren Verehrern segnende Unterstützung gewährt.

Vara heißt auch "erhöht, zuhöchst". Devī schenkt Ihren Devotees von allem das Beste. Das Beste ist die Befreiung der Seele (*mokṣa*). [...]

Bhāskararāya erklärt in der *Saubhāgyabhāskara* - wobei er sich auf die *Devī Bhāgavata* bezieht -, daß das Wort *varada* von der Wortwurzel *vṛ* (wählen) kommt, also "Geber des Ausgewählten" bedeutet. Da die Devī alle Wünsche der *devas* erfüllt, die Ihren Segen suchen, wird Sie als *Varadā* verehrt, als jene, die das Gewählte schenkt.

In der *Saundarya Laharī* (Vers 4) ruft Śaṅkara aus: "Oh Devī, während andere Gottheiten ihre Hände benutzen, um ihre Verehrer vor der Angst zu beschützen und ihre Wünsche zu erfüllen, mußt Du Dich damit nicht befassen. Denn bereits Deine Füße vermögen uns vor der Angst zu bewahren und mehr zu gewähren, als wir ersehnen."

Es heißt, daß die Anbetung der Göttlichen Mutter an *navami* (dem 9.Tag des lunaren Halbmonats) besonders wundertätig wirke. Nicht daß Ihre Anbetung zu anderen Tagen wertlos wäre; aber *pūja* an *navami* wird von spezieller Wirkung sein. "Devī soll an *navami* immer mit innigster Hingabe angebetet werden; Sie wird dann ohne Zweifel in allen Welten Ihren Segen gewähren und unsere Bitten erfüllen."

332. वाम नयना

Vāma nayanā

Sie - mit den schönen Augen.

Vāma heißt "schön" und *nayana* bedeutet "Auge" bzw. "das, was leitet" und "Beweise erbringt". Das Mantra heißt alternativ also: "Sie, die sichtbare Beweise zeigt." *Vāma* kann dazu "linke Seite" bedeuten. Es gibt einen "linken Pfad" (*vāmācāra*) der Devī-Verehrung. Und die Göttliche Mutter kann Ihre Devotees auf diesen Pfad führen. Sie ist auch das "Auge" des *vāmācārin*, des Devotees, der diese Art der Verehrung betreibt, und jene, die ihn auf den richtigen Pfad leitet.

Vāma hat weiter die Bedeutung "die Frucht der Vernachlässigung" oder die "Frucht von *karma*". Vernach-lässigung (des Guten und der Wahrheit) führt zu sündigem Tun. Wer uns zu dessen unvermeidlichen Konsequenzen leitet, das ist gleichfalls die Gottesmutter. Sie wirkt an der Wurzel sowohl des Guten wie auch des Bösen.

Vāsanās treiben den Menschen zum Guten oder zum Schlechten. *Vāsanās* sind ihrerseits mit dem jeweiligen individuellen *karma* liiert. Die [nun zu erwartende] Frage, "Was kommt zuerst, *vāsanā* oder *karma*?" gleicht jener berühmten anderen: "Was ist zuerst da, der Baum oder der Samen?" Solche Spekulationen führen zu einer endlosen Reihe ergebnisloser Fragestellungen, zu einem unklaren Zustand, der in der indischen Philosophie "*anāvastha*" (ungeklärt) genannt wird.

333. वारुणी मद विह्वला

Vāruṇī mada vihvalā

Sie, die von vāruṇī berauscht ist.

Vāruṇī kann berauschender Wein, Traubensaft oder *soma* (ähnlich dem Ambrosia) sein. Aber es bedeutet genauso die Seligkeit in Brahman. Und die Gottesmutter ist erfüllt von dieser rauschhaften Seligkeit des Allerhöchsten, welche die Angelegen-heiten der Welten vergessen läßt.

Außerdem wird der konzentrierte Saft von Datteln *vāruṇī* genannt; Varuṇa liebt ihn.

Eine alternative Übersetzung erhalten wir, wenn wir das Mantra trennen in *vāruṇīmat* + *avihvalā*. *Vāruṇīmat* bezeichnet jemand, der zur Region Varuṇas gehört, also im Ozean lebt, und im aktuellen Kontext ist damit Ananta gemeint. *Avihvala* heißt jemand, der nicht irritiert wird, der unbeirrbar ist. So wie die große Schlange Ananta die Welt mühelos trägt, genauso leicht und furchtlos trägt und regiert die Göttliche Mutter das Universum. Die *Viṣṇu Purāṇa* erklärt: "Ādiśeṣa (Ananta) betet die Devī mit seinem großen Körper an." Bhāskararāya bemerkt, daß Ananta dank Devīs Gnade das Weltall stützt, ohne zu ermüden.

Einer anderen Interpretation zufolge charakterisiert das Mantra jemand, der *vāruṇīnāḍī* überwunden hat und darum ganz gelassen wurde. Das *yogaśāstra* [klassisches Werk über Yoga] definiert *vāruṇīnāḍī* als *nāḍī*, als feinstofflichen Nerv, der oberhalb, unterhalb und quasi überall lokalisiert ist. Vāyu ist dessen Gottheit.

334. विश्वाधिका

Viśvādhikā

Sie, die das Weltall transzendiert.

Sie, die über die 36 von der Erde zu Śiva gestaffelten *tattvas* hinausreicht. Dabei bedeutet "Transzendierung des Weltalls" nicht das Überschreiten dessen räumlicher Ausmaße, sondern es ist die Kraft gemeint, die die unzähligen Sonnensysteme stabil erhält. Das derart Stabilisierte ist dabei auch immanenter Bestandteil der unterstützenden Kraft der Göttlichen Mutter. Über das Universum reicht Sie insofern transzendierend hinaus, als Sie bereits existierte, bevor es entstand.

335. वेदवेद्या

Vedavedyā

Sie, die durch die Veden kennengelernt werden kann.

Im Mantra 57 wird angegeben, daß Devī im *cintāmaṇi*, dem "wunscherfüllenden Haus" wohnt. Das Haus besitzt vier Türen - die vier Veden. Es heißt, die Devī könne durch diese Türöffnungen gesehen werden.

Unter den vier Veden (das *Mahābhārata* wird als fünftes Veda eingestuft) gehört das *Ṛgveda* zum östlichen Hausflügel, *Yajurveda* zum südlichen, *Sāmaveda* zum nördlichen und *Atharvaveda* zum westlichen; so teilt es zumindest die *Śruti* (*Taittiriya Brāhmana*) ein. Die den Veden zugeordnete Gottheiten sind: *Śuddhavidya* und ihre Bedienung, *Saundaryavidya* samt Helfern, *Turiyāmba* mit Personal und *Lopāmudrā* mit Bediensteten - in eben dieser Reihenfolge regieren sie *Ṛg*, *Yajus*, *Sāma* und *Atharva Veda*.

336. विन्ध्याचल निवासिनी

Vindhyācala nivāsinī

Sie, die in den Vindhya-Bergen wohnt.

[Die Schrift] Devī Māhātmya erzählt, daß die Devī während der Epoche von Vaivasvata Manu als "Nanda" inkarnierte und die Dämonen Śumbha und Niśumbha in den Vindhya-Bergen erschlug. Danach nahm Sie einen dieser Berge zum Wohnsitz, weil sich Ihre Devotees das wünschten.

337. विधात्री

Vidhātrī

Sie, die dieses Universum erschafft und erhält.

Auch: "Sie, die eine besondere Mutter ist." Anders als normale Mütter taucht Sie, von göttlich-mütterlich mitfühlender Liebe bewegt, Ihre Verehrer in glückliche Seligkeit.

Amma sagte einmal: "Kinder, die Mütter, die euch gebaren, kümmern sich vielleicht in diesem Leben um euch. Und selbst das ist heutzutage selten. Ammas Ziel aber ist es, euch Glückseligkeit in all euren Leben kosten zu lassen!"

Der Name des Mantras bedeutet auch: "Ehefrau Vidhātas (Brahmās)".

Dhātri ist die [indische] Stachelbeere; Devī hat diese Frucht besonders gern.

338. वेद् जननी

Veda jananī

Sie, die Mutter der Veden.

Die *Śruti* behauptet, daß [zwei] Veden aus dem Atem Brahmās entstanden: "*Ṛgveda* und *Yajurveda* sind der Odem, von diesem großen Wesen ausgeatmet."

Die *Devī Purāṇa* ihrerseits meint: "Die Vokale und Konsonanten der Veden entstammen der *Kuṇḍalinī*, deren Gestalt dreieckig ist. Daher wird Sie als die Mutter der Veden erinnert."

339. विष्णु माया

Viṣṇu māyā

Sie, der illusionsschaffende Aspekt der Macht Viṣṇus.

Viṣṇu bedeutet "jemand, der die Realität des Weltalls verbirgt". In der *Gītā* (VII.14) sagt Kṛṣṇa: "Meine göttliche Illusion, gewebt aus den *guṇas*, ist wahrlich schwer zu durchschauen. Jene, die in Mir nur ihre Zuflucht suchen, überwinden diese Illusion." Und die *Kālika Purāṇa* stellt fest: "*Viṣṇumāyā* ist das, was jedes Wesen, jedes Ding manifestiert oder annulliert, gemäß den drei *guṇas sattva, rajas* und *tamas."*

Māyā bezeichnet das, was zu sein scheint, aber so nicht ist. Das Wort steht also nicht für das Nichts.

Viṣṇumāyā kann auch als jene [Macht] interpretiert werden, die selbst Viṣṇu ihrer *Māyā* [Illusion der Erscheinungswelt] unterwirft.

340. विलासिनी

Vilāsinī

Sie, die spielerisch ist.

Vilāsa ist *Māyās* Macht der Projektion. Eben diese Macht der Göttlichen Mutter verbirgt die wirkliche Wahrheit und täuscht den Verstand, indem sie das sichtbare Universum mit seinen Myriaden von Differenzierungen und Gestaltungen projiziert. "*Vilāsa* ist Ihre Projektions-Macht", sagt Bhāskararāya.

Vilāsinī verweist weiterhin auf die in *vila,* also im *Brahmarandhra* des 1000-blättrigen Lotus weilende Devī. Darin verborgen, vereinigt Sie sich mit Sadāśiva und gibt sich dem göttlichen Spiele hin. *Brahmarandhra* bezeichnet die Scheitel-gegend, wo der *suṣumnā*-Kanal endet. Die Seele des Yogis verläßt beim Durchbrechen dieses Punktes den Körper. Von unzähligen *Rudras* umsorgt, hält sich Devī eben dort auf.

341. क्षेत्र स्वरूपा

Kṣetra svarūpā

Sie, deren Körper die Materie ist.

Die 36 "Kategorien" (*tattvas*) von der Erde bis zu Śiva bilden Devīs Körper.

Die *Liṅga Purāṇa* betrachtet Śiva als den Kenner der Materie (*kṣetrajña*) und Devī als *kṣetra* (Materie).

342. क्षेत्रेशी

Kṣetreśī

Sie, die Gemahlin Śivas, des Kṣetreśās (Herrn der Materie, der Elemente, des Körpers aller Wesen).

Oder: Sie, die selbst Herrin der Elemente, der Materie, des Körpers aller Wesen ist.

Ācarya Śaṅkara verkündet in seinem *Daśasloki*, dem Zehn-Verse-Hymnus: "Ich bin weder Erde noch Wasser, weder Feuer noch Luft noch Äther, bin kein Sinnesorgan und keine Zusammensetzung aus all diesen Dingen. Denn sie alle sind vergänglich und von Natur aus veränderlich; das Selbst hingegen ist Das, dessen Existenz durch die spezielle Erfahrung des Tiefschlafs bewiesen wird. Ich bin Das Eine, wohlgesonnen und rein, das alleine übrig bleibt."

343. क्षेत्र क्षेत्रज्ञ पालिनी

Kṣetra kṣetrajña pālinī

Sie, die die Materie tief erkennt und beschützt; die Beschützerin von Körper und Seele.

Dieses Mantra muß im Zusammenhang mit den beiden vorhergehenden gesehen werden.

In der *Viṣṇustuti* finden wir die Feststellung: "Dieser Körper ist in der Welt als 'Feld' (*kṣetra*) bekannt."

In der *Gītā* (XIII-1) führt Kṛṣṇa das aus: "Dieser Körper, oh Sohn der Kunti, wird das Feld (*kṣetra*) genannt, und der es kennt, heißt der Kenner des Feldes (*kṣetrajña*) bei jenen, die über beide wissen."

Die *Liṅga Purāṇa* erklärt: "Die Weisen bezeichnen die 24 Tattvas mit dem Wort *kṣetra* und den *Puruṣa* (den Genießer von *kṣetra*) mit dem Wort *kṣetrajña*." Dem *Sāṅkhya*-System zufolge gibt es insgesamt 25 Grundkategorien - die Tattvas. Davon werden 24 unter dem Begriff *kṣetra* und der *Puruṣa* als das 25. Tattva unter dem Begriff *kṣetrajña* zusammengefaßt. Anhänger des *Sāṅkhya*-Systems werden als "Kenner der 25 Kategorien" bezeichnet.

In der *Vāyu Purāṇa* finden wir [hingegen]: "Das Un-manifestierte (*avyakta*) ist als *kṣetra* und das *Brahman* als *kṣetrajña* bekannt." Und in der *Brahma Purāṇa* heißt es: "*Kṣetra* meint den Körper; die mit ihm verbundene Seele, die bei seinen Lustempfindungen genießt, fungiert als *kṣetrajña*."

Schließlich wird in der *Manu Smṛti* angegeben: "Das, was die verkörperte Seele veranlaßt zu handeln, heißt *kṣetrajña*, was die Handlungen ausführt, heißt *bhūtātman* (das Selbst in der Form der Elemente), und das, was Lust und Schmerz durch den Körper empfindet, ist *jīva*."

Aufgrund unseres Körpers kennen wir ein "Ich" und ein "mein". Nur wenige wissen, daß die Wahrheit nicht im Körper liegt, sondern in der Seele, die ihn bewohnt. Devī breitet Ihren Schutz sowohl über *kṣetra* als auch über *kṣetrajña* (Körper und Seele) aus, und dies, bevor der *jīva* das Seelen-Prinzip überhaupt realisiert.

344. क्षय वृद्धि विनिर्मुक्ता

Kṣaya vṛddhi vinirmuktā

Sie, die ohne Wachstum und Verfall ist.

Im Kosmos unterliegt alles den sechs Arten der Veränderung: Geburt, Existenz, Wachstum, Verwandlung, Verfall und Tod. Devī ist von diesen sechs Veränderungen unberührt. Näher erklärt wird das in der *Gītā* (II:23-24): "Ihn verletzen keine Waffen, Feuer brennt Ihn nicht. Ihn näßt kein Wasser, Wind trocknet Ihn nicht. Nicht kann Er verletzt werden und nicht gebrannt und nicht benäßt und nicht getrocknet. Ewigwährend ist Er, und immerdar und all-durchdringend."

Devī, die *Paramātman* ist, lebt ewig und ist daher wachstums- und verfallslos. Wie die *Bṛhadāranyaka Upaniṣad* (IV.4.22) ausführt, besteht darin die Größe des Brahman-Wissenden. Weder wächst der Wissende durch's Tun noch schwächt er sich dadurch; weder gewinnt er durch gute Taten noch verliert er durch schlechte.

345. क्षेत्र पाल समर्चिता

Kṣetra pāla samarcitā

Sie, die von Kṣetrapāla angebetet wird.

Den *devas* wurde Angst, da sich Devīs Zorn nicht verflüchtigte, nachdem Sie den Dämon Dāruka getötet hatte. Sie suchten nach einem Weg, Sie zu beruhigen. Śiva nahm die Gestalt eines Säuglings an und begann, direkt vor der Göttinmutter liegend, laut zu weinen. Sie sah auf das Baby, Ihr Ärger verflog, und Sie nahm es an Ihre Brust, um es zu säugen. Das Baby trank zusammen mit der Milch auch Ihren Zorn. Devī beruhigte sich gänzlich. Śiva in der Gestalt dieses Säuglings wird Kṣetrapāla genannt. Laut des Mantras betet er die Göttinmutter an.

Kṣetra heißt der Körper, wie oben erklärt, und Kṣetrapāla [jetzt anders gedeutet] ist der Beschützer des Körpers, der *samsāra*-gebundene *jīva,* die individuelle Seele. Der *jīva* ist der Anbetende, und Devī ist die von ihm Angebetete.

Kṣetra heißt auch “der Ort von Opferzeremonien”, wie z.B. *yāgas* oder ein Tempel. Devī wird von den Menschen, die sich um diese Orte kümmern (*pāla*) [Tempelhüter], verehrt.

346. विजया

Vijayā

Sie, die immer Sieghafte.

Auch: Sie, mit ganz besonderem Wissen.

Devī wurde *Vijayā* genannt, nachdem Sie den Dämon Padma getötet hatte.

In der [alten] Architektur-Wissenschaft Indiens umschreibt, laut Viśvakarma, das Wort *vijayā* den Typ eines Gebäudes, das eine wohltuende, positive Wirkung hat.

Vijayā ist ebenso der Name einer Gottheit in Kashmir, eine der 68 geheiligten Regionen Indiens.

Weiterhin bezeichnet *vijayā* eine günstige Stunde. Und zwar die besondere Stunde am 10. Tag (*daśami*) der zunehmenden Mondphase des Monats *Āśvina* (September-Oktober), wenn die Sterne gerade aufgehen. Sie fällt zwischen 19 und 21 Uhr und wird “Stunde der *Vijayā*” (*Vijayadaśami*) genannt; sie gilt für alle Arten von Vorhaben als günstig. Devī heißt Vijayā, weil Sie auch zu dieser günstigen Stunde *Vijayadaśami* angebetet wird.

347. विमला

Vimalā

Sie, die ohne eine Spur von Unreinheit ist.

Vimalā bedeutet ein geheiligtes Gebäude. Viśvakarma hat den *Purāṇas* zufolge zehn geheiligte Gebäudetypen errichtet: *Dhanya, Dhruva, Jaya, Manorama, Nanda, Nidhana, Sumukha, Vijaya, Vimalā* und *Vipula.*

Folgen wir der *Padma Purāṇa*, so ist *Vimalā* die Gottheit des heiligen Ortes Puruṣottama.

348. वन्द्या

Vandyā

Sie, die Anbetungswürdige.

Die Gottesmutter ist es wert, von allen verehrt zu werden. Die *Saundarya Laharī* drückt dies aus: "Oh Devī, Du wirst von Viṣṇu, Śiva, Brahmā und so vielen anderen verehrt."

349. वन्दारु जन वत्सला

Vandāru jana vatsalā

Sie, die Ihre Devotees wie eine Mutter liebt.

350. वाग् वादिनी

Vāg vādinī

Sie, die spricht [die Sprache kreiert].

Sie, die Ihren Devotees die Fähigkeit gibt, in gegebenen Situationen die jeweils passenden Worte zu finden.

Welches Interesse könnte schon ein Gelehrter wecken, der keinerlei Gefühl für Sprache hat. Die Gabe der Sprache ist ein Segen, genauso wie das Gelehrtentum auch. Durch die Gnade der Devī wird sie empfangen.

Es wurde bereits erwähnt, daß alle Vokale und Konsonanten aus der Devī entsprangen. Das vorliegende Mantra legt nahe, daß die Göttliche Mutter auch die situationsgemäße Formulierung auf der Zunge veranlaßt.

In der Schrift *Laghustava* wird Devī derart gepriesen: "Da alleine Du der Worte Ursprung bist, wirst Du von aller Welt *Vāgvādinī* genannt."

Daneben ist *Vāgvādinī* der Name einer Gottheit, die sich [bei näherem Hinsehen] als die Göttliche Mutter entpuppt.

351. वाम केशी

Vāma keśī

Sie, die schönes Haar besitzt.

Vāmakeśa ist der Herr der Menschen oder Śiva (*Vāmaka*: Mensch, *īśa*: Herr).

Vāmakeśī steht also auch für die Gattin Śivas.

Dazu heißt eines der 28 Tantras "Vāmakeśa".

Vāmakeśī ist außerdem der Name einer Gottheit zu Jaṭa, ein weiterer der 68 heiligen Orte Indiens.

352. वह्नि मण्डल वासिनी

Vahni maṇḍala vāsinī

Sie, die in der Feuerscheibe wohnt.

Vahni bedeutet Feuer. *Vahnimaṇḍala*, die Feuerscheibe, sei im *mūlādhāra* und im *paramākāśa*, dem [Lichtraum bzw.] Höchsten Äther lokalisiert, so wird gesagt.

Traditionellerweise sind immer drei Arten von Feuer gemeint: das Feuer der Begräbnisstätte, das Feuer der Opferstätten und das heimische Herdfeuer.

Vahnimaṇḍala wird von Bhāskararāya mit "drei Scheiben" übersetzt; das Mantra würde dann lauten: "Sie, die in den drei *maṇḍalas* wohnt", nämlich jenen der Sonne, des Mondes und des Feuers. Weiter oben wurde beschrieben, daß Devī im *Śrīcakra* über diese drei Scheiben regiert: über das *agnimaṇḍala* (Feuerdiskus) des *svādhisṭhāna*, über das *sūryamaṇḍala* (Sonnendiskus) des *anāhata* und über das *candramaṇḍala* (Mondiskus) des *sahasrāra* (siehe Mantren 99, 240). Derart ist Devī also in allen Arten von Feuer, sei es inneres oder äußeres, anwesend.

353. भक्तिमत् कल्प लतिका

Bhaktimat kalpa latikā

Sie, die Ihren Verehrern die [wunscherfüllende] kalpa-Baumwinde ist.

Der *kalpa*-Baum und *Kāmadhenu*, die heilige Kuh, sollen die Macht besitzen, alle Wünsche zu erfüllen. Wie der Kalpa-Baum, erfüllt auch diese Kletterpflanze alle Wünsche der Devotees.

Bhaktimat kalpa bezieht sich metaphorisch auch auf die unvollkommenen Devotees. Die Göttliche Mutter gibt Ihren schwachen und unvollkommenen Verehrern die Möglichkeit, zu klettern und zu blühen (wie eine Baumwinde), so daß sie sich vervollkommnen können.

Die Schrift *Śaktirahasya* erklärt, daß auch das mangelhaft, ohne Hingabe durchgeführte Ritual der Devī-Verehrung im Lauf der Zeit zur vollkommenen Hingabe führt.

Kalpa bezeichnet daneben Moschus und Jasmin. Devī verbreitet Ihren Wohlgeruch unter den Verehrern.

354. पशुपाश विमोचनी

Paśupāśa vimocanī

Sie, die die Unwissenden aus der Knechtschaft [der Ignoranz] befreit.

Paśu bedeutet "Tier". Das, was sieht (*paśyati*), ist *paśu*. Der *samsāra*-gebundene *jīva* ist eigentlich nicht besser als ein Tier. Devī durchtrennt seine karmischen Verkettungen (*pāśa*) und befreit ihn.

Paśu bezeichnet wortwörtlich ein Tier, das nicht frei ist. In unserem Kontext hieße dies dann, daß alle lebenden Wesen zuinnerst gebundene Wesen sind und wie Haustiere von Īśvara [Gott] gehalten werden. Die *Liṅga Purāṇa* stellt alle lebenden Wesen, von Brahmā bis zum Baum - *Māyā*-unterworfen, wie sie sind - als *paśus* von Gott Śiva dar, da sie alle die Art von Tieren haben [konditioniert, gebunden, unfrei sind].

Der *Bṛhadāraṇyaka Upaniṣad* (I.4.10) zufolge ist *paśu* ein Wesen, das immer noch von der Vorstellung der Trennung und Dualität gelenkt wird: "Er, der Gott verehrt und denkt, er sei unterschieden von Mir und Ich sei unterschieden von ihm - er weiß nicht! Er ist wie ein Tier (*paśu*)."

Der Mensch, *manuṣya*, ist ein denkendes Wesen; doch muß *paśu* einen langen Weg gehen, um "Mensch" zu werden.

Pāśa heißt Seil oder das, was bindet. In den Worten von Eruttacchan in der *Bhāgavata Kirtana*:

"Verkettung ist des Menschen Karma;
brechen muß sie, auf daß er frei werde.
Esse drum die Früchte des Karmas
und verstricke dich nie mehr!"

Pāśa bedeutet, Hunger und Durst (*pa* und *āśa*) unterworfen zu sein. Devī befreit von dieser körperlichen Abhängigkeit. Wer in die Verehrung der Göttlichen Mutter vertieft ist, kennt weder Hunger noch Durst. "*Paśus* sind jene, deren Trieb es ist, zu essen und zu trinken. Sie sprechen nicht von Brahman. Sie gedenken weder dieser noch der nächsten Welt, weder der Gegenwart noch der Zukunft", wie es die *Śruti* formuliert.

Pāśa bezeichnet die Verknechtung durch Unwissenheit, und *paśu* ist einer, dessen Freiheit durch diese Verknechtung verlorenging. Aus spiritueller Sicht bilden *Māyā*, die drei *guṇas* und *karma* die Formen der Knechtschaft. Der Begriff *pāśa* umschreibt all das, was aus dieser verknechtenden Abhängigkeit entsteht.

Die *jīvas* in Ketten bedrückt fünffaches Leid. Dieses gehört auch zu den *pāśas*. Die Gottesmutter befreit den Menschen davon durch die Kraft des Yoga. In der *Yogaśāstra* werden die fünf Leiden beschrieben; es sind dies Unwissenheit, Egoismus, Begehren, Ärger und starke Verhaftung (etwas verfallen sein). Unwissenheit (*avidyā*) charakterisiert die Unfähigkeit, zwischen Selbst und Nicht-Selbst zu unterscheiden. Egoismus (*asmita*) erschafft das falsche Konzept der Identität von Körper und Selbst. Begehren (*rāga*) entsteht aus dem Wunsche nach Vergnügen. Ärger (*dveṣa*) reagiert auf alles, was die Lusterfüllung verhindert. Starke Verhaftung (*abhiniveśa*) bedeutet generell, Sinnesobjekten verfallen zu sein, auch wenn sie ersichtlich die eigene Ganzheit und Gesundheit gefährden.

Parallel zu der Aufzählung des fünffachen Leides in der *Yogaśāstra* findet sich in den *Purāṇas* diese Auflistung: Dunkelheit (*tamas*), Verwirrung (*moha*), große Täuschung (*mahāmoha*), Ärger oder dunkler Sinn (*tāmisra*) und tiefe Dunkelheit der Seele (*andhatāmisra*). Die *Liṅga Purāṇa* erklärt, daß diese fünf Formen des Leides mit jenen vorhin erwähnten identisch seien.

Das Wort *pāśa* ist mit der Zahl 52 verbunden; es soll 52 Formen der *pāśa* oder Verkettungen geben. Śivarahasya erklärt, Devī rette Ihre Verehrer von den fünf Leiden und den 52 *pāśas*.

Den *Śaiva*-Schriften zufolge gibt es drei Arten von Verhaftung, nämlich *anupāśa, bhedapāśa* und *karmapāśa*.

Anupāśa bezeichnet die falsche Vorstellung, das unteilbare und unbegrenzte Selbst sei irgendwie begrenzt - ein Irrtum, der auch als "*aṇava*- Unreinheit" oder *aṇava mala* (*mala* = etwas Unwesentliches) bekannt ist. *Bhedapāśa* bedeutet, das Selbst in viele unterschiedlichen Formen aufgesplittert zu sehen, wohingegen es doch Eines ist und das Einzige. Die *Śaiva*-Philosophie betont, *Māyā* sei die Wurzelursache für diese Aufsplitterung in zahllose Gestaltungen. Entsprechend wird die zwingende Konditioniertheit, [die das Bewußtsein nur die zahllosen Unterschiede sehen läßt] als "*Māyā*-Unreinheit oder *māyā mala* beschrieben. (*Māyā* wird als sechstes Tattva betrachtet. Die anderen fünf sind *Parāśiva, Sadāśiva, Īśvara, Rudra* und *Brahmā*).

Karmapāśa, die dritte Art der Verkettung, resultiert aus jenen Handlungen, die die individuelle Seele zur Inkarnierung nötigen. Alles, was damit einhergeht, wird als "*karma*-Unreinheit" bzw. als *karma mala* bezeichnet. Handlungen, die von den Schriften gebilligt werden, führen zu höheren Inkarnationen, und verbotene Handlungen führen zu niedrigeren Geburten.

Die lediglich von *anupāśa* gebundenen Menschen sind sog. *vijñānakevalas*. Jene, die von *anu-* und *karmapāśas* gefesselt sind, werden als *pralayākalas* eingestuft, und jene, die allen drei Arten der Unfreiheit unterworfen sind, rangieren als *sakalas*. Jemand, der sich von den drei Arten der Bindung befreit, wird Śiva selbst - allwissend und allmächtig.

Devī unterscheidet sich nicht von Śiva, der die individuelle Seele von den drei Formen der Knechtschaft befreit, und Sie trägt daher den Beinamen "Befreierin von Knechtschaft."

Unser Mantra kann auch folgendermaßen interpretiert werden: "Sie, die jene Wesen von *samsāra* befreit, welche *Paśupa* (Śiva), den Protektor der *paśus,* erreichen wollen." *Paśupa* meint manchmal auch Viṣṇu.

[...]

Pāśa hat auch die Bedeutung von "Würfel". Bhāskarācārya unterlegt unserem gegenwärtigen Mantra deshalb diesen Sinn: "Beim Würfelspiel mit Śiva besiegt Sie Ihn und wirft darauf den Würfel auf das Brett."

Wir sagten bereits, die in *samsāra* verstrickte individuelle Seele sei *paśu*. Die *jīvas* lassen sich in drei Kategorien unterscheiden: weltlich orientierte, yogische und wissende Seelen (*tattvajñas*). Bei weltlichen Seelen multiplizieren sich die Verstrickungen und verästeln sich immer weiter. Bei yogischen Seelen verwandeln sie sich zu Asche. In den Wissenden bleiben die Verstrickungen latent und ruhend, ohne Effekt. Die Göttliche Mutter erlöst alle - je nach Verdienst - von ihren Fesseln.

355. संहृताशेष पाषण्डा

Samhṛtāśeṣa pāṣaṇḍā

Sie, die alle abtrünnigen Irrlehrer vernichtet.

"Häretiker" sind solche, welche dem *dharma* zuwider handeln und sprechen. Manchmal verbinden sie sich und bilden ihre eigene Religion. Devī zerstört sie alle. Eine andere Schreibweise des Mantras wäre "Samhṛtāśeṣapākhaṇḍā". *Pākhaṇḍa* bezeichnet jemand, der den Sinn der Veden abstreitet.

356. सदाचार प्रवर्तिका

Sadācāra pravartikā

Sie, die fest im rechten Tun und Verhalten verankert ist (und andere dazu inspiriert).

Devī handelt strikt in Übereinstimmung mit den Werten der Wahrheit, Rechtschaffenheit, Liebe und Gewaltlosigkeit (*ahimsa*). Genauso unterstützt Sie dieses Betragen in anderen. Sie inspiriert die Menschen, den in der vedischen *karmakāṇḍa* und *jñānakāṇḍa* (die Teile der Veden, die über Rituale und das wahre spirituelle Wissen handeln) niedergelegten Regeln zu folgen.

In der *Kūrma Purāṇa* verkündet Devī selbst: "Oh König, entsprechend Meinem Befehl sind die achtzehn *Purāṇas* von Vyāsa und die ergänzenden *Purāṇas* (*upapurāṇas*) von seinen Schülern geschaffen worden, um das *dharma* (Rechtschaffenheit, Gesetze des rechten Lebens) zu verankern. In jedem Zeitalter (*yuga*) nimmt sich Vyāsa dieser Aufgabe an, denn er weiß über das Wesen des Dharma. Die Prinzipien des Dharma werden in den vier Veden, in den vier ergänzenden Veden (*upavedas*), in den sechs Hilfsschriften der Veden (*vedāngas*), im philosophischen System *mīmāmsa*, in der Logik (*nyāya*), im *dharmaśāstra* (Gesetzeskunde) und in den *Purāṇas*, also in insgesamt achtzehn Quellen des Wissens dargestellt. Dieses Dharma, aufgrund Meines Befehls durch Brahmā, Manu, Vyāsa und andere etabliert, wird bis zur Auflösung des Universums gültig bleiben."

Die vier ergänzenden Veden oder *upavedas* sind: *Āyurveda* (Wissenschaft der Medizin), *dhanurveda* (Militärwissenschaft), *gandharvaveda* (Musikwissenschaft) und *sthāpatyaveda*

(Architektur-wissenschaft). Die sechs Hilfsschriften der Veden oder *vedāngas* sind *śikṣā* (Wissenschaft der Phonetik), *kalpa* (Wissenschaft der Rituale und Zeremonien), *vyākaraṇa* (Grammatik), *nirukta* (Etymologie der vedischen Worte), *chandas* (Prosodie, Metrik der Verse) and *jyotiṣa* (Astronomie, Astrologie).

357. ताप त्रयाग्नि सन्तप्त समाह्लादन चन्द्रिका

Tāpa trayāgni santapta samāhlādana candrikā

Sie - wie das Mondlicht ist Sie und schenkt all jenen Linderung, die vom dreifachen Feuer des Elends verbrannt sind.

Die drei Formen des Elends entstehen im eigenen Körper (*ādhyātmika*), aus den Elementen (*ādhibhautika*) und durch göttliche Kräfte (*ādhidaivika*).

Sorgen und Leid - körper- und gemütsbezogen - fallen in die erste Kategorie. Die Elemente Feuer, Wasser, Wind und Erde verursachen Leiden der zweiten Kategorie. Unerwartete Schicksalsschläge, zugefügt mit Gottes Willen, gehören zur dritten Kategorie.

Leiden, Sorgen und Qualen werden oft mit Feuer verglichen. Und das Wort *tāpa* im jetzigen Mantra kann auch Hitze bedeuten. Devī ist das Mondlicht der Freude, das kühlend und lindernd wirkt auf jegliche Qual.

358. तरुणी

Taruṇī

Sie, die allzeit junge Göttin.

Alter berührt Sie nicht, denn jenseits der Zeit ist Sie. Sie ist gegen Veränderungen immun. Da Sie jene ist, welche die Zeit kontrolliert, wie vermag die Zeit Sie zu verändern?

359. तापसाराध्या

Tāpasārādhyā

Sie, die von Asketen angebetet wird.

Sie wird nicht nur von den großen Weisen verehrt, sondern auch von Śiva selbst, dem größten aller Asketen.

Das Mantra kann auch so interpretiert werden: "Sie, über die solange meditiert werden soll, als das Leid von *samsāra* währt." (*Tāpa* ist das *samsāra*-Leid; *sāra* ist die Essenz, in diesem Fall der *jīva*; *ā* bedeutet "bis zum Ende" und *dhya*, "es soll darüber meditiert werden".)

360. तनु मध्या

Tanu madhyā

Sie, die von schlanker Taille ist.

Eine schlanke Taille wird als Attribut weiblicher Schönheit betrachtet. Devī ist die Verkörperung der Schönheit *par excellence*. Wenn alle Schönheit dieser Welt nur ein Bruchteil Ihrer Schönheit ist, was läßt sich dann noch sagen über Ihre himmlische Erscheinung?

Außerdem besitzt Devī das Naturell der Zeit, welche aus Vergangenheit, Gegenwart und Zukunft besteht. Zwar erstrecken sich Vergangenheit und Zukunft ins Endlose, doch die Gegenwart ist nur ein vorbeihuschender Moment. Und so hat Devī eine zierliche Mitte - die Gegenwart; die ist so schlank, so kurz, daß man nicht sicher sein kann, ob sie überhaupt existiert (siehe Mantra 847).

Tanumadhyā bezeichnet auch eine Gottheit, die in der Region von Kāñcī verehrt wird. Schließlich ist es noch der Name eines Baums.

361. तमोपहा

Tamopahā

Sie, die die Unwissenheit, aus tamas geboren, zerstreut.

Devī beseitigt Ignoranz, die letzten Endes aus der *Māyā*-Illusion rührt. Sie wischt die Illusionen Ihrer Devotees hinweg.

Tamas liegt allem Unglück als eigentliche Ursache zugrunde. Die *Bhagavad Gītā* spricht bei vielen Gelegenheiten jene Dummheit, Stumpfheit und Schwachsinnigkeit an, die aus *tamas* entstehen.

Tamas bedeutet generell Dunkelheit. Devī erhebt sich wie die uranfängliche Sonne, die allwaltende Dunkelheit durchlichtend.

362. चित्

Cit

Sie, im Zustand reiner Intelligenz, reinen Bewußtseins.

Bhāskararāya kommentiert, *cit* sei die Verkörperung purer Weisheit und der Unwissenheit (*avidyā*) entgegengesetzt. *Cit* steht für *icchā* und *jñāna*, für Willens- und Erkenntniskraft also. Die unabhängige *jñānaśakti* bildet die Ursache der Schöpfung. Die Macht des Handelns (*kriyāśakti*) kommt erst ins Spiel, nachdem sich die Mächte des Wissens und des Willens (*icchāśakti*) manifestierten. Es müssen erst das Bewußtsein von etwas und der Wille oder Wunsch zu etwas gegeben sein; nur dann wird die Tat folgen. Die drei Mächte ergänzen sich derart (siehe Mantra 658).

363. तत् पद लक्ष्यार्था

Tat pada lakshyārthā

Sie, die Verkörperung der Wahrheit (durch das Wort "Tat" angegeben).

Tat tvam asi - "Du bist Das" (Brahman). *Tat* ist Brahman. Brahman wird als bedingt wie auch als un-bedingt beschrieben (*sakala* und *niṣkala*). Die Begriffe *saguṇa* und *nirguṇa* weisen auf diesselbe Unterscheidung hin. Der Wunsch zur und das gewußte Konzept der Schöpfung entstehen im bedingten (*sakala*) Brahman: "ES wünschte sich zu vervielfachen." Das unbedingte (*niṣkala*) Brahman hingegen transzendiert die Kräfte des Willens, des Wissens und des Tuns.

Folgen wir Bhāskararāya, so deutet *tat,* auch wenn es buchstäblich das bedingte Brahman meint, indirekt (*lakṣya*) auf das un-bedingte Brahman hin. Derart indiziert *tat* das absolute Brahman, das keine vorstellbare Form besitzt. In Kontext [der Lalita Sahasranama] stellen wir uns wiederum die formlose und nicht manifestierte Natur der Göttlichen Mutter vor.

364. चिद् एक रस रूपिणी

Cid eka rasa rūpiṇī

Sie, deren natürlicher Zustand reine Intelligenz, reines Bewußtsein ist. Sie, die Ursache der Erkenntnis.

Cit, reine Intelligenz, eignet dem nicht-bedingten Brahman.

Bedingtes und un-bedingtes (*saguṇa* und *nirguṇa*) Brahman sind nicht wirklich verschieden. Nur aufgrund unserer Umstände, wegen unserer Bedingtheit sehen wir sie als verschieden. Dem Wesen nach sind sie identisch, und Devī besitzt dieses einheitliche Wesen, wie das Mantra erklärt.

365. स्वात्मानन्दलवी भूत ब्रह्माद्यानन्द सन्ततिः

Svātmānandalavī bhūta brahmādyānanda santatiḥ

Sie, deren göttliche Seligkeit die Seligkeit Brahmās und anderer [Götter] unbedeutend erscheinen läßt.

Das summierte Glück von Menschenwesen bis zum Gott Brahmā verblaßt anbetrachts der Seligkeit der Gottesmutter. "Was nützt es, selbst den Zustand Indras zu erlangen; er ist so leer", singt Eruttacchan.

Wenn spirituelle Glückseligkeit - solide, unsterbliche Seligkeit, wie sie aufgrund des Einsseins mit dem Selbst entsteht - nicht das Höchste wäre, hätten dann tapfere Yogis mit solcher Unbeirrbarkeit danach gesucht und alles Glück der Welt dafür aufgegeben? Nur ein Moment jener Seligkeit läßt das Leben unschätzbar wertvoll und unsterblich werden. Devī zeigt in reinster Form *amritānandam* - unsterbliche Glückseligkeit.

366. परा

Parā

Sie, die das Höchste ist; die alles transzendiert.

Parā bezeichnet das Brahman-als-Klang (Śabdabrahman) im Körper des einzelnen (piṇḍāṇḍa). Die vier Formen des Śabdabrahman - parā, paśyantī, madhyamā und vaikharī - werden in diesem und den nächstfolgenden Mantren angesprochen.

Während des *pralaya*, der universellen Auflösung, verschmilzt das All mit Brahman, und die individuellen Seelen, unbewußt und tatenlos dann, sind in ihm enthalten. Dieser Zustand, in dem Brahman von *Māyā* selbst gebunden ist in Form nicht manifestierter, nicht gereifter Schöpfungsakte, wird *ghanībhūta* genannt, "Erstarrungszustand". (In diesem Zustand ist nicht klar, wann oder wie die Schöpfung beginnen soll.) Die Periode, in der die Schöpfungsakte zu reifen beginnen und die Schöpfung bevorsteht, wird *vicikīrṣā* (Ersehnen der Aktion) genannt. Die Periode schließlich, in der die Akte der Schöpfung ausreifen, *Māyā* sich entfaltet und die Schöpfung beginnt, heißt *avyakta* (noch nicht manifestiert). Es finden sich in diesem Zustand bereits die drei *guṇas*. Er stellt gleichsam den Keim des Universums dar und wird *kāraṇabindu* (der ursächliche Punkt) genannt. (*Prapañcasāra Tantra* dagegen weist darauf hin, daß das erstarrte Brahman (*ghanībhūta*) der ursächliche Punkt sei, da Es den Schöpfungsakt wünsche.)

Zu Beginn der Schöpfung bildet sich aus dem *kāraṇabindu* (dem Kausal-Punkt) der folgende Dreierkomplex: *kāryabindu* (Wirk-Punkt), in seiner Qualität *parā*, d. h. höchst; *nāda* oder Klang, der feinstofflicher, und *bīja*, der grobstofflicher Qualität ist. Dabei entspricht *parā* der Intelligenz (*cit*), *nāda* ("fein") ist eine Kombination aus Intelligenz und Nicht-Intelligenz (*cit-acit*), und *bīja* ("grob") ist reine Nicht-Intelligenz (*acit*).

Wenn jene Entwicklungen, die der Evolution des Kosmischen Wesens (*brahmāṇḍa*) analog sind, im individuellen *jīva* (*piṇḍāṇḍa*) stattfinden, bilden sich Gedanken und Worte [in seinem Bewußtsein].

Die dem *kāraṇabindu* korrespondierende *śakti* im Individuum ist die *Kuṇḍalinī*, die im *mūlādhāra* ruht. Erscheint nun das allesdurchdringende "Brahman-als-Klang" bewegungslos im *mūlādhāra*, wird es *parā* genannt. Steigt dieser Klang zum *maṇipūraka cakra* im Nabelbereich auf (manche Quellen meinen, bis zum *svādhiṣṭhāna*) und verstärkt sich, heißt es *paśyantī*. *Paśyantī* rangiert als *sāmānyaspanda* oder "einfache Bewegung". Da es anschwillt, sich weiter erhebt zum *anāhatacakra* (in der Herzgegend) und mit *buddhi* (Intellekt) verschmilzt, wird es zu *madhyamā*. *Madhyamā* besitzt *viśeṣaspanda* oder "spezielle Bewegung" und entspricht dem feinstofflichen *nāda*-Zustand der kosmischen Schöpfung, wie oben beschrieben. Bei weiterem Anstieg durch das Hals-Chakra (*viśuddhicakra*) entfaltet sich die Klangvibration im Mund und wird hörbar. Dieser akkustisch hörbare Klang wird als *vaikharī* bezeichnet. Er besitzt *spaṣṭaspanda,* d. h. "tatsächliche Bewegung", und ist Produkt (des *bīja* oder) der grobstofflich-materiellen Schöpfung.

Im normalen Leben sind wir nur mit *vaikharī* vertraut, doch steht fest, daß die drei anderen Klang-Zustände (*parā*, *paśyantī*, *madhyamā*) vielen Yogis bekannt sind. Intellektuell sind diese drei Dimensionen kaum dingfest zu machen. Nur eine göttlich inspirierte Vernunft mag sie erkennen. Doch erscheint das Zeugnis jener, die sie erfahren haben, als eindeutiger Beleg. Und die Rishis und Seher, die diese Zustände des Klangs selbst erlebten, schilderten die dabei ablaufenden Prozesse mit größter Übereinstimmung.

Das Werk *Saubhāgyabhāskara* fördert die etwaige Diskussion. Bhāskararāya zitiert darin aus der *Nitya Tantra*: "Der Klang wird im *mūlādhāra* als *parā* geboren; derselbe Klang steigt auf und stellt sich im *svādhiṣṭhāna* als *paśyantī* dar; er steigt langsam weiter hoch zum *anāhata*, wo er sich mit *buddhi* verbindet und verstärkt, und wo er dann *madhyamā* genannt wird. Weiter sich erhebend und erweckt durch das *prāṇa* (vitale Luft), das als *vikhara* bekannt ist, wird es zum hörbaren, artikulierten Klang, zu *vaikharī*."

Das Wort "*parā*" wird generell übersetzt mit "höchst", "oberst". Die Schrift *Tripurāsiddhānta* interpretiert *parā* auf ihre Art: Devī trägt das Attribut *parā*, weil Sie mit einem Guru namens Paramānandanātha sehr zufrieden war, auch weil Sie in der Schrift *Parānanda* hochgepriesen wird und schließlich, weil Sie die höchste Quelle der Gnade ist.

367. प्रत्यक् चिती रूपा

Pratyak citī rūpā

Sie, die das Wesen des nicht-manifestierten Brahmans, des nach innen gewandten Bewußtseins hat.

Ein auf sich selbst, also der normalen Richtung entgegen-gesetzt blickendes Bewußtsein heißt *pratyakciti*. Das heißt, das ist das nach innen schauende *Ātman*.

Die Sinnesorgane sind allesamt nach außen gewandt, das ist ihre Natur - die das Erreichen des inneren Selbst aber verhindert. Der spirituelle Aspirant beginnt seine Suche nach dem Selbst damit, daß er die extrovertierten Sinne in die entgegengesetzte Richtung wendet: nach innen. Sobald die fünf Vögel, die fünf Sinne also, die nach Namen und Formen schreien,- ruhig gestellt sind, beginnt sich das innere Selbst-Wissen zu offenbaren. So ist *pratyakciti* das unmanifestierte Brahman, das zu leuchten beginnt, wenn die Sinne sich nach innen wenden. Devī besitzt die Natur dieses Brahman.

368. पश्यन्ती

Paśyantī

Sie, die paśyantī ist, der zweite Modus des Klangs nach parā, im svādhiṣṭhāna schwingend (wie oben dargelegt).

Devī wurde bereits als *nādarūpa* (von der Natur des Klangs, siehe Mantra 299) dargestellt. Da Sie alles in sich selber sieht, ist Sie dazu *paśyantī* (jemand, der sieht). Und da Sie hoch über dem Weg des Karma steht und über dem Pfad des Wissens leuchtet, trägt Sie auch den Beinamen *Uttīrṇā* (jemand, der sich erhoben hat).

369. पर देवता

Para devatā

Sie, die höchste Gottheit; Parāśakti.

370. मध्यमा

Madhyamā

Sie, die in der Mitte ist.

Sie schwingt zwischen den beiden Klang-Zuständen paśyantī und vaikharī.

371. वैखरी रूपा

Vaikharī rūpā

Sie, die sich in der Schwingungsform vaikharī befindet.

Vaikharī ist Klang in seiner akkustisch hörbaren Form.

Vai bedeutet "sicher"; *kha* heißt die "Ohrmuschel" und *ra* "eintreten". *Vaikharī* ist also der Ton, der ins Ohr eintritt. Das *tāraka mantra,* das zum Zeitpunkt des Todes ins Ohr des Sterbenden gesprochen wird, um den Aufstieg der Seele zu erleichtern, kann damit assoziiert werden - es wird als *vaikhara* bezeichnet. In der *Yogaśāstra* wird ein *prāṇa* (psychische Vital-Energie) namens *vaikhara* erwähnt. Vermittelst dieses speziellen *prāṇa* erfahren Yogis die Göttliche Mutter.

372. भक्त मानस हंसिका

Bhakta mānasa hamsikā

Sie, der Schwan in den Gemütern Ihrer Verehrer.

Der Mānasa-See [Manasarovar-See am Fuße des Kailash-Bergs] wird in den *Purāṇas* als Aufenthaltsort von Schwänen geehrt. So wie die Schwäne in diesem See spielen, so spielt Devī spontan und ungestört in den Herzen Ihrer Devotees.

Amma sagte öfters: "Mutter besitzt keinen eigenen Platz. Die Herzen ihrer Kinder sind die Orte, wo sie sich am liebsten aufhält."

373. कामेश्वर प्राण नाडी

Kāmeśvara prāṇa nāḍī

Sie, die Lebensenergie Kāmeśvaras, Ihres Gatten.

Śrī Śaṅkara erklärt in der *Saundarya Laharī* (Vers 22): "Selbst die *devas*, die vom Nektar tranken, welcher Alter und Tod ungeschehen macht, werden in der kosmischen Auflösung (*pralaya*) umkommen. Doch Śiva, der stärkstes Gift trank, kann dem Tode gar zu dieser Zeit trotzen. Und der Grund dafür, oh Mutter, ist die Macht Deines Ohrenschmucks!" Im Strahlen dieses Schmucks schwindet die Schwärze des Gifts und es verliert seine akute Stärke. Derart ist die Devī der Lebensnerv (*prāṇa nāḍi*) von Śiva. [...]

374. कृतज्ञा

Kṛtajñā

Sie, die all unsere Handlungen kennt, sowie sie geschehen.

Alternativ: "Sie, die die Verehrung und die Opfer Ihrer Devotees mit Wissen, *jñāna*, belohnt.

Kṛta kann auch *Kṛta Yuga* bedeuten, das erste der vier Weltzeitalter. In diesem Zeitalter war das *dharma* (Recht-schaffenheit, rechtes Leben) heil. Im *Tretā Yuga* verfiel das *dharma* zu einem Viertel, und *adharma* (Unrecht, unrechtes Leben) füllte dieses Viertel. Im *Dvāpara Yuga* treten *dharma* und *adharma* jeweils zur Hälfte auf, und im *Kali Yuga* breitet sich *adharma* zu drei Viertel aus, *dharma* bleibt nur zu einem Viertel erhalten. *Kṛtajña* bedeutet also dann: Devī besitzt das Wissen über das *dharma* des *Kṛta Yuga* und richtet es zur rechten Zeit wieder auf.

Devī weiß über jede Handlung. Amma sagte: "Sohn, ein Dorn sticht in deinen Fuß, und es tut sofort weh. Du empfindest den Schmerz, weil der Stich des Dorns deinem Gehirn mitgeteilt wurde. Ähnlich weiß der Herr in deinem Herzen über jede deiner guten oder schlechten Handlungen Bescheid. Das ist kein blinder Glaube. Das ist die Wahrheit, wie sie in den Schriften dargelegt wird."

Es steht geschrieben: "Sonne, Mond, Zeit, Yama (der Herr des Todes) und die fünf Elemente sind die neun Zeugen jeder Handlung." Zeit und Yama sind letztlich ein und dasselbe, auch wenn sie in diesem Zitat gesondert angesprochen werden. An anderer Stelle heißt es: "Sonne, Mond, Luft, Feuer, Himmel, Erde, Wasser, das Herz, Yama, Tag, Nacht, Morgen- und Abenddämmerung sowie das *dharma* sind Zeugen jeder Tat des Menschen." Sie alle sind Devīs *vibhūtis* oder Herrlichkeiten, und durch sie ist die Devī bei allem als Zeugin präsent.

Im [indischen] Würfelspiel gibt es vier Würfe namens *kṛta, treta, dvāpara* und *kali*, die den Wert von vier, drei, zwei und eins haben. Wer *kṛta* wirft, hat die höchste Punktzahl und gewinnt das Spiel. Wenn die Devī mit Sadāśiva würfelt, wirft Sie immer *kṛta* und gewinnt. Sie ist sich des *kṛta* im Würfelspiel so sicher, daß Sie *kṛtajña* genannt wird - Kennerin des *kṛta*.

375. काम पूजिता

Kāmā pūjitā

Sie, die von Kāma angebetet wird.

Kāma ist aus dem Geist geboren. Er ist *Ananga* - ohne Körper, ohne definierte Form. Blumen bekränzen seinen Bogen, der selbst aus blühendem Zuckerrohr besteht. Eine Kette von Bienen bildet die Bogenseite; die fünf Blütenarten [Weißer] Lotus, Aśoka, Mango, Jasmin und Blauer Lotus liefern seine fünf Pfeile. *Vasanta*, der Frühling, ist sein Repräsentant und der Wind von den Malaya Bergen sein wendiges Gefährt (dieses Gefährt kann, ungleich anderen Streitwägen, überall hingelenkt werden). Derart ausgerüstet, erobert Kāma, körperlos, die ganze Welt und unterwirft sie kraft der Gnade eines Blicks aus Devīs Augen! (siehe *Saundarya Laharī*, Vers 6)

Eine andere Deutung wäre: Sie, die im Kāmarūpa verehrt wird (siehe Mantra 379).

376. शृङ्गार रस सम्पूर्णा

Śṛṅgāra rasa sampūrṇā

Sie, der Liebe süße Essenz.

Śṛṅgāra, das Liebesgefühl, das von Eros gespendete Sentiment ist königlich unter den neun Gefühlen in Dichtung und Musik. Es ist das Fundament für jede Herzensverbindung. Und es läßt alle menschlichen Beziehungen, nicht nur jene zwischen Liebespaaren, süß und voll werden. Devī ist die Verkörperung dieses Liebesgefühls, ist das Band der Liebe, das alle Wesen verknüpft.

Das Wort *Śṛṅgārarasasampūrṇā* kann in *śṛṅgā* ("Horn", gewöhnlich aber "zwei") + *āra* (Blütenblätter) + *rasa* ("Stimmung, Geschmack" oder "sechs") + *sampūrṇā* (voll) aufgeteilt werden. Man könnte deshalb sagen, *Śṛṅgārarasa* bedeute 2x 6 oder 12 Blütenblätter - der zwölfblättrige Lotus des *anāhatacakra*. Devī wohnt im Zentrum des Herzlotus mit Ihrer ganzen Form. "Oh

Arjuna, Gott wohnt im Herzen aller Wesen", sagt Kṛṣṇa in der *Gītā*.

Eine andere Interpretation geht so: *Śṛṅgā* bedeutet zuhöchst, übergeordnet, (die höchste Sache); *ārara* heißt Zudecke; *sa*, mit; *sampūrṇā*, vollständig. Dementsprechend wohnt dann die Devī zusammen mit *avidyā* (Nicht-Wissen) - der Zudecke, die die höchste Wahrheit, Brahman, verbirgt - in der ganzen Welt und überall [...]. Das gegenwärtige Mantra bedeutet insgeheim, daß Sie sowohl das bedingte wie das unbedingte Brahman ist.

Auf der Erde existieren vier Orte, die *Śaktipīṭhas* (Kraftzentren) genannt werden. Sie stehen in Analogie zu den vier Körperchakras *mūlādhāra, anāhata, viśuddhi* und *ājña.* Unter diesen *pīṭhas* entspricht das *Pūrṇagiripīṭha* dem *anāhata,* und es wird durch unser Mantra vorgestellt. Konsequent in dieser Interpretation verblieben, repräsentiert dann das vorherige Mantra das *Kāmagiripīṭha* (das dem *mūlādhāra* entspricht).

377. जया

Jayā

Sie, die immer und überall Siegreiche.

Jayā ist die auf dem Vārāha Berg verehrte Gottheit. Devī zeigt sich in der Form dieser Gottheit. Jayā heißt auch eine der acht *yoginis*.

378. जालन्धर स्थिता

Jālandhara sthitā

Sie, die im Jālandhara pīṭha wohnt.

Dem *Yogaśāstra* zufolge ist *Jālandhara* das *viśuddhicakra* in der Kehlkopf-Region. Devī residiert hier als Verkörperung von Brahman-als-Klang. In der *Padma Purāṇa* heißt es, daß Devī, die im *Jālandhara* weilt, auch Viṣṇumukhī genannt wird.

379. ओड्याण पीठ निलया

Oḍyāṇa pīṭha nilayā

Sie, deren Wohnstätte das Oḍyāṇa-Zentrum ist.

Devī wohnt im Kāmarūpa als Śāntādevī, im Pūrṇagiri als Vāmadevī, im Jālandhara als Jyeṣṭhadevī und im Oḍyāṇa als Raudrīdevī.

Oḍyāṇa ist ein anderer Name für das *ājñācakra*, dem obersten der sechs Chakren. Devī wohnt zwischen den Augenbrauen, da, wo der Punkt mit Sandelholzpaste aufgetragen wird.

380. बिन्दु मण्डल वासिनी

Bindu maṇḍala vāsinī

Sie, die im bindumaṇḍala wohnt.

Bindumaṇḍala ist der Mittelpunkt des *Śrīcakra,* und der Punkt wird *sarvānandacakra* genannt.

Bindu kann auch "von weißer Farbe" bedeuten. *Bindumaṇḍala* bezieht sich dann auf das weiße Zentrum, das *Brahmarandhra* am obersten Scheitelpunkt. Devī wohnt hier.

Die Wohnstätte Devīs im *bindumaṇḍala* wird von Śrī Śaṅkara in der *Saundarya Laharī* (Vers 9) besungen: "Im tausendblättrigen Lotus ergehst Du Dich mit Freuden." *Bindu* bezieht sich auch auf die *kāraṇa-*, *kārya-* und *nāda bījas*. Devī wohnt in all diesen *bindus*.

381. रहो याग क्रमाराध्या

Raho yāga kramārādhyā

Sie, die in geheimen Opferriten angebetet wird.

Rahoyāga kann als das geheime Treffen zwischen Śiva und Śakti im *sahasrāra* gedeutet werden, und *krama* heißt "eintreten". Das Mantra sagt dann aus, Devī werde auf den einzelnen Stufen des *sādhana*, über die wir in die glückliche Seligkeit der Vereinung Śivas und Śaktis im *sahasrāra* eintreten können, verehrt.

Ācārya Śaṅkara schildert dies detailliert in der *Saundarya Laharī* (Vers 9): "Oh Devī, nachdem Du das *mūlādhāra* passiertest, das *bhūtattva* (Element Erde) enthält, dann durch das *maṇipūraka* der Nabelgegend kamst, *jalatattva* (Element Wasser) enthaltend, weitergingst durch das *svādhiṣṭhāna* in der Genitalregion, *agnitattva* (Element Feuer) enthaltend, dann in das *anāhata* der Herzgegend stiegst, das *vāyutattva* (Element Luft) enthält, weiterkamst in das *viśuddhicakra* der Kehle, mit *ākāśatattva* (Element Äther) versehen, um darauf ins *ājñācakra* zwischen den Augenbrauen, *manastattva* (Verstand) enthaltend, zu gelangen und so über den *kūla*-Pfad mit seinen sechs Chakras eiltest, - gibst Du Dich schließlich in der intimen Abgeschiedenheit des tausendblättrigen Lotus den Liebesfreuden mit Deinem Gatten hin."

Es fällt hier eine Unregelmäßigkeit auf: Der Ācārya zählt das *svādhiṣṭhāna* erst nach dem *maṇipūra* auf, welches auf dem Pfad der *Kuṇḍalinī* jedoch später kommt. Große Weise irren sich in solchen Dingen nicht. Śaṅkara folgt einfach dem Schöpfungsakt, dargestellt in den *Upaniṣads,* der vom Grob- zum Feinstofflichen in dieser Folge verläuft: Erde, Wasser, Feuer, Luft, Äther und Verstand. Deshalb führt er nach dem *mūlādhāra*, Sitz des Erdelements, das *maṇipūraka*, Sitz des Wasserelements, an, bevor er das *svādhiṣṭhāna*, den Sitz des Feuerelements, erwähnt.

Das Opferfeuer ist hier das Feuer des Bewußtseins - *cidagni* (siehe Mantra 4). Das geheime Opfer wird mit Hilfe der *Kuṇḍalinī śakti* im Feuer des Bewußtseins geleistet. Das bedeutet [speziell in diesem Zusammenhang], Devī soll im geheimen, privat verehrt werden, indem alle guten und schlechten Handlungen gemäß den rituellen Vorschriften im Feuer des Bewußtseins geopfert werden.

382. रहस् तर्पण तर्पिता

Rahas tarpaṇa tarpitā

Sie, die durch die geheimen Verehrungsriten zufriedengestellt wird.

Mit *tarpaṇa* ist hier die opfernde Darbringung von allem - vom Erde-Prinzip bis zum Śiva-Prinzip - im Feuer des Bewußtseins gemeint. Diese Art Opfer soll ausschließlich vom Guru erlernt werden. Es ist riskant, tantrische Rituale aufgrund von Buchwissen zu praktizieren, da die Worte eines Mantras häufig verschiedene Bedeutungen tragen, je nach ihrer Aussprache.

383. सद्यः प्रसादिनी

Sadyaḥ prasādinī

Sie, die Ihren Segen sofort schenkt.

Gegenüber ihren Kindern hält eine Mutter Liebe und Segen nicht lange zurück. Wenn sie ärgerlich wird, so gleicht dieser Ärger dem Blitz kurz vor dem Regen des Mitleids. Vielleicht können die Kinder ja nicht verstehen - jedenfalls ist die Mutter schnell zufriedenzustellen.

384. विश्व साक्षिणी

Viśva sākṣiṇī

Sie, die Zeugin ist des ganzen Alls.

Die Gottesmutter, ohne Beginn und ohne Ende, ist das Auge, das alles im Weltenall als Zeuge sieht.

385. साक्षि वर्जिता

Sākṣi varjitā

Sie, die selbst ohne Zeugen ist.

Es müßte jemand von Ihr Verschiedenen geben, der Ihr Zeuge sein könnte. Brahman ist jedoch Eines, nicht-dual und ohne etwas (von sich selbst) Verschiedenes. Wer könnte also Zeuge sein für Sie, die dieses Brahman ist?

386. षडङ्ग देवता युक्ता

Ṣaḍaṅga devatā yuktā

Sie, die von den Gottheiten der "sechs Teile" begleitet wird.

Die sechs Teile (*aṅgas*) sind Herz, Kopf, Haare, Augen, Rüstung und Waffen. *Ṣaḍaṅgadevata* ist Śiva, der die sechs *aṅgas* regiert, und Devī ist mit ihm vereint (*yukta*). Śivas *aṅgas* sind Allwissenheit, Zufriedenheit, Wissen vom Selbst, Unabhängigkeit, nie nachlassende Kraft und Unendlichkeit bzw. Ewigkeit - so beschreibt es die *Devī Bhāgavata Purāṇa.*

Ṣaḍaṅga mag sich auch auf die sechs *vedāngas* beziehen, die Begleittexte der Veden: Wissenschaft der Rituale, Grammatik, Metrik und Rhythmus der Verse, Phonetik, Etymologie und Sternenkunde. Devī wird von den Gottheiten begleitet, die über diese Texten regieren.

387. षाड्गुण्य परि पूरिता

Ṣāḍguṇya pari pūritā

Sie, die mit den sechs guten Qualitäten komplett versehen ist.

Die Reihe der sechs Qualitäten unterscheidet sich je nach Zusammenhang. Im Rahmen der Staatsführung sind es Friedensvereinbarung, Krieg, Siegesmarsch, Verbleib im Lager, Trennung der feindlichen Streitkräfte und Zuflucht.

Aus existenzieller Sicht werden in der Regel Prosperität, Tapferkeit, Leidenschaftslosigkeit, Ruhm, Reichtum und Weisheit als die sechs Qualitäten angeführt. Devī besitzt von all diesem überreichlich.

388. नित्य क्लिन्ना

Nitya klinnā

Sie, die allzeit mitfühlend ist.

Klinnā bedeutet jemand, der schmilzt. Devī verkörpert Mitleid und Mitgefühl zur Gänze.

Nityaklinnā ist dazu die Gottheit des dritten Tages der zunehmenden Mondphase. Der *Garuḍa Purāṇa* zufolge ist sie *Tripurasundarī* und Spenderin von Glück und Befreiung.

389. निरुपमा

Nirupamā

Sie, die Unvergleichliche.

Da es in der Welt nichts gibt, das sich von Ihr unterscheidet, ist die Göttliche Mutter einzigartig und unübertroffen. Die Formulierungen der Schriften, wie "es gibt dazu nichts Ähnliches" und "nur Eines ohne ein Zweites", demonstrieren Ihren unvergleichbaren Status.

390. निर्वाण सुख दायिनी

Nirvāṇa sukha dāyinī

Sie, die die Seligkeit der Befreiung schenkt.

Ni bedeutet "ohne" und *vāṇa* (*bāna*) bedeutet "Pfeil" oder Körper. Der Körper [bzw. der gesamte körperbezogene Komplex] ist in der Tat der Pfeil, der von den karmischen Konsequenzen angetrieben wird, und ist damit die Ursache allen Unglücks. Die Sinne laufen Sinnesfreuden hinterher; der Verstand und die Vorstellung wecken Entschlüsse (*saṅkalpa* und *vikalpa*) und stärken die Wunschbegierden, und in der Hast, sie zu befriedigen, stürzt man ins uferlose Leid. Im Tiefschlaf, in dem es kein Körpergefühl gibt, erfreut sich die Seele ihres eigentlichen Glücklichseins. Und in genau diesem Sinn meint *nirvāṇa* jene vom Körperkomplex unbelastete Glückseligkeit. Devī verleiht sie.

Sie wird von *jīvanmuktas* (Menschen, die Befreiung von den *samsāra*-Sorgen noch während ihrer Lebenszeit gewinnen) genossen. Sie wird also nicht nur nach dem Tod verliehen, sondern sie kann in diesem Leben erfahren werden. [...]

In der *Kūrma Purāṇa* spricht Devī zu Himavat, dem König der Berge: "Werde Ich vernachlässigt, so kann der reine und friedvolle Zustand von *nirvāṇa* nicht erlangt werden. Verehre Mich deshalb und sehe Mich als Eines oder Vieles oder als beides und erreiche jenen höchsten Zustand."

391. नित्या षोडशिका रूपा

Nityā ṣoḍaśikā rūpā

Sie, die in der Form der sechzehn Nityas (Gottheiten des Tages) erscheint.

Die fünfzehn täglichen Gottheiten heißen Kāmeśvari, Bhagamālinī, Nityaklinnā, Bheruṇḍā, Vahnivāsinī, Mahāvajreśvarī, Śivadūtī, Tvaritā, Kulasundarī, Nityā, Nīlapatākinī, Vijayā, Sarvamaṇgalā, Jvālāmālinī und Citrā. Über sie regiert als sechzehnte Gottheit: *Tripurasundarī*, die allherrschende Kraft im Universum.

Ṣoḍaśikā bezeichnet die Gottheit, die das 16-silbige (*ṣoḍaśī*) Mantra regiert. *Śaktirahasya* meint, daß eine einzige Rezitation dieses Mantras die Göttliche Mutter mehr erfreut als Millionen von *ṣoḍaśayāgas* ("16-teilige Feuerzeremonien") oder Pferdeopfer. *Nityāṣoḍaśikā* kann so interpretiert werden: "Sie, die täglich (*nitya*) mit dem *ṣoḍaśī*-Mantra angebetet wird."

Oder derart: "Sie, die durch die tägliche häusliche Andacht (*ṣoḍaśikā*) erfreut wird."

392. श्रीकण्ठार्ध शरीरिणी

Śrīkaṇṭhārdha śarīriṇī

Sie, deren eine Körperhälfte die von Śrikaṇṭha (Śiva) ist. Sie, welche die Gestalt von ardhanārīśvara (halb-weibliche, halb-männliche Gottheit) hat.

Hier [im Beinamen] bedeutet *śri* Gift. Śiva hat gestocktes Gift in seiner Kehle.

Śiva und Śakti sind eins, doch in Verbindung mit unterschiedlichen Aufgaben werden sie als differierend gesehen. Sowie die Aufgaben erfüllt sind, werden sie wieder eins. Diese Vorstellung ist im Begriff *ardhanārīśvara* beinhaltet.

Devīs eine Körperhälfte zeigt sich dunkel vor Gift wie bei Śrikaṇṭha. Die *Vāyu Purāṇa* stellt fest, daß Devī als Gauri (weiß) mit Ihrer rechten und als Kālī (schwarz, dunkel) mit Ihrer linken Körperhälfte erscheint.

In der *Śaiva*-Schule wird während *nyāsa* (Meditation über einzelne Gottheiten in verschiedenen Körperteilen) eine Körperhälfte als mit Śakti und die andere Hälfte als mit Śiva erfüllt visualisiert.

Dem *Mantrakośa* zufolge steht *Śrīkaṇṭha* synonym für den Vokal *a*. Bhāskararāya erklärt: "*A* ist alles in der Sprache; es nimmt in Kombination mit verschiedenen Konsonanten verschiedene Formen an." Der Klang *A* ist die "erste Äußerung" (die ursprungshafte Silbe) und, wie es heißt, die höchste, *parā*. Alle Vokale und Konsonanten, die in Form hörbaren Klangs auftreten (oder *vaikharī*, siehe Mantra 366-371), erweisen sich als Umwandlungen von *A*.

Das Werk *Sūta Samhita* formuliert: "Die *Parāśakti*, Devī, Verkörperung des Bewußtseins, manifestiert sich als Das Wort, als die höchste (*parā*) Sprache. Ich bete Sie dauernd mit Hingabe an, Sie, deren eine Körperhälfte von Śiva ist."

Kālidāsas Worte aus *Raghuvamsa* passen in den Kontext: "Um Sprache und Bedeutung recht zu verstehen, erweise ich

Pārvatī und Parameśvara meine tiefe Ehrerbietung, sind es doch die Eltern des Alls, miteinander verbunden wie Sprache und Sprach-bedeutung."

393. प्रभावती

Prabhāvatī

Sie, die aus sich strahlt und leuchtet.

Sie ist mit acht *aiśvaryas* oder *siddhis* versehen, die als strahlend-leuchtend bezeichnet werden. In einem der die Göttliche Mutter anrufenden Meditationsverse ("...*Animādibhirāvṛtām maheśīm*...") wird dies so ausgedrückt: "Ich stelle mir die Große Gottheit vor, umleuchtet von den goldenen Strahlen *animās* und anderer *siddhis*."

Śrī Śaṅkara drückt es in *Saundarya Laharī* (Vers 30) folgendermaßen aus: "Bedient wirst Du von gold'nen Lichterträgern, acht Siddhi-Göttern, die aus Deinem eigenen Körper emanieren. Jeder Verehrer, der diese Deine Form anbetet und daran glaubt, 'Du seist sein eignes Selbst', wird derart reich beschenkt werden, daß die Qualitäten Śivas gar davor verblassen. Und das große Feuer des *pralaya* (kosmische Zernichtung) erscheint ihm dann als Flamme der Verehrung (*nīrājana*)."

394. प्रभा रूपा

Prabhā rūpā

Sie, deren Körper aus machtvollen Strahlen besteht.

Das vorige Mantra beschreibt Devī als von den acht *aiśvaryas* begleitet und konstatiert, diese seien letztlich Devī selbst. Beim jetzigen Mantra wird keinerlei Unterschied gemacht zwischen den Eigenschaften und Jener, die sie besitzt.

395. प्रसिद्धा

Prasiddhā

Sie, die gefeiert wird.

Sie wird von Ihren Verehrern als "Du allein bist ich" gefeiert. Es gibt niemand, der sich des "Ichs" nicht bewußt ist.

Eruttacchan weist darauf hin, daß es zwei Arten von "Ich-Sinn" geben kann.

"Oh Herr, oh Nārāyaṇa, der Du selbst Bewußtsein bist und Seligkeit, oh Geliebter aller Gopis - laß keinen Sinn von 'Ich' in mir; und falls da einer ist, dann laß es derart sein, daß *alles* 'Ich' nur ist."

Wenn der ursprüngliche Ich-Sinn (Egoismus) verschwindet, wird alles als das eigene Selbst gesehen. Das Subjekt des Ich-Sinns in jedem ist schließlich die Göttliche Mutter. Da dieser Sinn universell existiert, gilt Devī als *prasiddha*, als berühmt und gefeiert.

396. परमेश्वरी

Parameśvarī

Sie, die höchste Souveränin.

Parama bedeutet "überaus herrlich; der/die Erhabenste [...]. Devī ist die erhabenste *īśvarī* von allen.

Īśvara oder *īśvarī* ist eine Gottheit, die beschützt. Ein Mensch, der glaubt, "es gibt da niemand, der mich beschützt", heißt *nirīśvara*, jemand ohne Gott. Jemand mit dem trostreichen Glauben, "es gibt ein schützendes Wesen für mich", ist auf Gott bezogen.

Die *Devī Bhāgavata* spricht das so aus: "Ich verehre Sie, die das innere Selbst in allem ist, Sie, die die Erste ist, Sie, die Wissen ist!"

397. मूल प्रकृति
Mūla prakṛti
Sie, die Erste Ursache im gesamten Universum.

Sie ist das ursprüngliche Prinzip in der ganzen Schöpfung. Brahman ist jenseits des Gesetzes von Ursache und Wirkung.

Mūla heißt "Wurzel", und *prakṛti* ist die Ausgangsursache bzw. die essentiell seiende Natur der Schöpfung. Im Wort *prakṛti* zeigt *pra* die drei *guṇas* von *sattva, rajas* und *tamas* an. Die Natur des erschaffenen Alls wird also charakterisiert durch diese drei Qualitäten. *Pra* kann auch "prṛ-" bzw. "vor" bedeuten. Dem folgend wäre *prakṛti* das, was vor der Schöpfung existierte.

Die Schrift *Pāñcarātra Āgama* erklärt: "Devī Sarasvatī ist die Mutter des Universums und die Mutter der Veden; Sie wird durch nichts anderes verursacht. Daher wird Sie als uranfängliche Ursache bezeichnet." Der *Devī Bhāgavata* zufolge stellen Durgā, Lakṣmī, Sarasvatī, Sāvitrī und Rādhā Formen dieser ersten Ursache dar.

Das *Śrīvidyā*-Mantra wird *Mūlaprakṛti* genannt. *Mūlaprakṛti*, die primäre Ursache, tritt auch im Modus von *prakāśa* (repräsentiert durch die Silbe *A*) und von *vimarśa* (repräsentiert durch die Silbe *Ha*) auf. Das Sanskrit-Alphabet beginnt mit *A* und endet mit *Ha*. Und diese beiden Sanskrit-Silben symbolisieren [so wie Alpha und Omega] des Wesen des Universums. Die Göttliche Mutter, als Erste Ursache, ist die kreative Matrix des Alls, wie es durch die beiden Silben symbolisch dargestellt wird.

[.....]

[.....]

Prakṛti ist also die Ursache und *vikṛti* ist die Wirkung, das Produkt. [Am Beispiel erläutert:] Baumwolle ist *prakṛti*, der Faden *vikṛti;* der Faden wird zu *prakṛti* in bezug auf das Kleidungsstück, das wiederum *vikṛti*, das Produkt, darstellt. [...]

Die *Taitiriya Upanisad* (II.1) konstatiert, daß unter den fünf großen Elementen für die Erde das Wasser, für Wasser das Feuer, für Feuer die Luft und für diese der Äther die Ursache - *prakṛti* - jeweils sei. Brahman sei *prakṛti* des Äthers [Lichtraums].

In der *Sāṅkhya*-Philosophie figuriert *mūlaprakṛti* als eines der zwei grundlegenden Prinzipien, die selbst ohne Ursache sind: *Puruṣa* and *Prakṛti*. Alles, was wir in der Welt vorfinden, ergibt sich als Folge von Transformationen (*vikṛti*) dieser primären Ursache (*prakṛti*). Die nachfolgenden 23 Transformations-Produkte sind also die *vikṛtis*, die aus der Ersten Ursache entspringen: universelle Vernunft, Egoismus, individuelle Vernunft, die fünf *tanmātras* (Klang, Berührung, Form, Geschmack und Geruch), die fünf Elemente (Erde, Wasser, Feuer, Luft und Äther), die fünf Sinnesorgane und die fünf Handlungsorgane.

Das *Sāṅkhya*-System bewertet also sowohl *Prakṛti* wie auch Īśvara (*Puruṣa*) als Wahrheit. Die beiden sind jedoch ein und dasselbe für Anhänger des *Advaita*, der nicht-dualistischen Philosophie.

Svāmi Vivekānanda war der Überzeugung, daß der Turm des *Advaita* zwar auf dem *Sāṅkhya*-System errichtet, aber die Turmspitze gänzlich nicht-dualistisch sei. Er meinte auch, daß alle Philosophien der Menschheit in dieser oder jener Weise mit Kapila, dem Begründer der *Sāṅkhya*-Philosophie, verbunden wären.

Mūlaprakṛti, so wird gesagt, ist identisch mit *Kuṇḍalinī*, umklammert vom *suṣumnā*-Kanal und dessen acht *vikṛtis*. (*Mṛgendrasamhita*)

"Am Anfang war das Höchste Selbst, *Paramātman*, als Wissen und Glückseligkeit. In Ihm schlief das Wesen der Zeit, das sich später als sichtbare Welt manifestierte. Die manifestierende Kraft entwickelte sich aus dem Schöpfungsbegehren des Höchsten Atman. Sie erschuf *prakṛti* bzw. *Māyā*, [amorph] versehen mit den drei *guṇas*. Als *Paramātman* in Form des *Kṣetrajña* (Kenner des Feldes) in die noch undifferenzierte Natur (*prakṛti*) eintrat, formte sich das *mahat*-Prinzip. Aus diesem leiteten sich drei Arten - *sāttvische*, *rājasische* und *tāmasische* (auch als *vaikārika, taijasa* und *bhūtādi* bezeichnet) Art - der Ich-Zentriertheit ab. Die *sāttvische* Zentriertheit gebar den Verstand, die *rājasische* die Sinne und die *tāmasische* die fünf großen Elemente." (*Bhāgavata Purāṇa*)

Der Schöpfungsprozeß wird in der klassischen Literatur unterschiedlich beschrieben.

398. अव्यक्ता

Avyaktā

Sie, die unmanifestiert ist.

In der Sāṅkhya-Philosophie wird *prakṛti* als *pradhāna* angenommen; das ist der Zustand, in dem die drei Guna-Qualitäten noch nicht voneinander geschieden, also amorph sind. *Pradhāna* bezeichnet demzufolge den unmanifestierten (*avyakta*) Zustand.

In vedantischer Sprache ausgedrückt, wird das ungeteilte (*niṣkala*) Brahman, das die Welterschaffung begehrt, von *Māyā* bedeckt und wandelt sich zu *Sakala Brahman* - das Eine mit Teilen. *Avyakta* ist quasi die erste Bewegung von *Māyā* (siehe auch Kommentar zu *parā*, Mantra 366). Devī ist jener unmanifestierte Zustand - es gibt nichts im Weltenall, das nicht eine Form Ihres Selbst wäre.

Avyakta bezieht sich auf das nicht-manifestierte Brahman. "Es wird nicht erkannt vom Auge, durch Sprache nicht erfaßt und durch alle anderen Sinne nicht, auch nicht bezwungen mit Übungen der Buße oder guten Taten." (*Muṇḍaka Upaniṣad*, III.1.8)

In der *Liṅga Purāṇa* wird *avyakta* unter den Beinamen des immer zur Schöpfung fähigen Viṣṇus aufgezählt: *pradhāna, avyaya, yoni, avyakta* und *prakṛti.*

399. व्यक्ताव्यक्त स्वरूपिणी

Vyaktāvyakta svarūpiṇī

Sie, die in den manifesten wie auch den nicht-manifesten Formen wirkt.

Der manifestierte Zustand Devīs drückt sich im gestalteten Universum aus, die Lebenskraft hingegen, die den Formen und Gestalten jeweils zu eigen ist, entspricht Ihrem unmanifestierten Modus. So zeigt der Baum den manifesten (*vyakta*) und die zeugende Kraft seines Samens den nicht-manifesten (*avyakta*) Zustand an.

Was immer mit den Sinnen wahrgenommen wird, ist Devīs manifeste Form; doch *Māyā* erlaubt uns nicht, richtig "wahrzunehmen". Berührt man seinen Körper und sagt dazu "Ich", so berührt man nicht sein wirkliches Ich. Das wahre Wesen findet sich im nicht-manifestierten Zustand.

Śrī Śaṅkara gedenkt zu Beginn der Schrift "Kleinod der Unterscheidung" (*Vivekacūdāmaṇi*) seines Gurus: "Meinen ehrerbietigen Dank an Śrī Satguru Govinda, dessen Wesen vollkommene Seligkeit ist und der nur kraft der Essenz des *Vedānta* erkannt werden kann, denn er befindet sich jenseits des Zugriffs normaler Erkenntnismittel." Hier wird des Guru gedacht, der sowohl manifestiert wie auch jenseits der manifesten Form existiert.

Vyakta ist vergänglich, *avyakta* ist unvergänglich (*Matsya Purāṇa*). Ersteres ist die Wirkung des letzteren, der Ursache. Die Gottesmutter ist beides - Ursache und Wirkung. Auf einen anderen Aspekt weist das Werk *Narasimha Purāṇa* hin: *vyakta* bezeichnet das Einzelne, Individuelle, und *avyakta* das Kollektive, Zusammengesetzte. Devī wirkt in individuellen wie auch in zusammengesetzten Formen. Weiterhin besteht *vyakta* aus 73 Kategorien der erscheinenden Dinge (*tattvas*), und *avyakta* ist der Zustand der obersten *Prakṛti* oder seienden Natur (*Brahma Purāṇa*). So gesehen wirkt Devī dann in Form von *tattva* und *Prakṛti*.

[Schreiten wir den Bogen des Zusammenhangs weiter ab:] Es gibt drei Typen von Śiva *liṅgas*, nämlich *vyakta, avyakta* und *vyaktāvyakta*. Der Zweck der Verehrung eines *vyaktaliṅga* (*svayambhu* oder selbständig existierender [natürlicher] *liṅga*) ist die Erlösung; die Verehrung eines *avyakta liṅga* (*bāṇaliṅga*) zielt auf's Erlangen weltlicher Prosperität, und die Anbetung eines *vyaktāvyakta liṅga* (*śailaliṅga* - aus Stein hergestellt) trachtet sowohl nach weltlichem Glück wie nach Erlösung. Die Göttliche Mutter ist in allen dreien in entsprechender Zuständlichkeit präsent.

Unter *vyakta* können wir uns dann vorstellen, daß Sie für Ihre Verehrer erfahrbar ist, während *avyakta* angibt, daß Sie sich niemals jenen offenbart, die in *samsāra* verstrickt sind.

Vyakta hat auch die Bedeutung von *parāhanta,* und das ist niemand anderer als Tripurasundarī.

Einer anderen Interpretation zufolge stellt die Devī sich in den Menschen manifest (*vyakta*) dar, deren Karma ausgereift ist, und in jenen, deren Karma noch nicht reif ist, die noch von *Māyā* gebunden sind, bleibt Devī unmanifestiert (*avyakta*) - beides sind Ihre abwechselnden Zustandsformen. Sie tut sich kund in jenen, die rein sind und von Makeln freigewaschen, und bleibt unoffenbart in jenen, die von eigenen Taten, eigenem Makel immer noch gefesselt und gezeichnet sind.

400. व्यापिनी

Vyāpinī

Sie, die Alldurchdringende.

Amma singt:

"Du bist die Schöpfung, Schöpferin bist Du,
Du bist das innere Wesen, die ganze Wahrheit bist Du,
Du bist die Regisseurin des Universums,
Wirklich, Anfang und Ende bist Du,
Du bist die Wahrheit im kleinsten Atom,
Und die Fünf Elemente - auch die bist Du."

Die Devī, die derart das ganze Weltall füllt und Ursache wie Wirkung von allem ist, wird als *vyāpinī* gepriesen.

Mit diesem Namen schließt das fünfte kalā der Sonne, das jvālinī heißt.

401. विविधाकारा

Vividhākārā

Sie, die unzählige Formen besitzt.

Die Schöpfung ist von zweierlei Art: *vaikṛta* und *kaumāra*. *Vaikṛta*-Schöpfungen umfassen Pflanzen, Tiere, gute und böse Geister. (Die Lebenskraft - das *prāṇa* - von Pflanzen bewegt sich aufwärts, die von Tieren seitwärts und jene von Geistern abwärts.) *Kaumāra*-Schöpfungen bestehen aus Menschen, *gandharvas* und *devas*. Devī verantwortet die Erschaffung all dieser Formen und Gestalten und trägt daher den Beinamen *vividhākārā* - Sie, mit unzähligen Formen.

402. विद्याविद्या स्वरूपिणी

Vidyāvidyā svarūpiṇī

Sie, die sich sowohl in Form des Wissens wie auch des Nichtwissens manifestiert.

Wissen (*vidyā*) heißt zu verstehen, daß "ich das Selbst bin". Glaubt man aber, das Ich sei der Körper, so gilt das als Nicht-Wissen (*avidyā*). Die Wahrnehmung der Einheit - das ist *vidyā*; die Wahrnehmung der Vielheit entspringt *avidyā*. Die Einstellung, "Gott läßt mich dies alles tun", wird von *vidyā* gestützt; die Einstellung, "ich tue dies alles", entstammt *avidyā*. Die Einstellung, "ich bin weder der Täter noch der Erfahrende, sondern reines Bewußtsein", ist *vidyā*; die Einstellung, "ich bin der Täter und der Erfahrende", ist *avidyā*.

Der *Liṅga Purāṇa* zufolge hat Śiva drei Formen: *bhrānti* (Verwechslung, Verwirrung), *vidyā* und *parā*. Das Wissen über viele Formen und Fakten und die vielgestaltige Welt wird *bhrānti* genannt; das Wissen von Ātman *vidyā*; und das Wissen vom unzweideutigen Brahman rangiert zuhöchst und ist *parā*.

Wer immer zwischen Wissen und Nicht-Wissen [in diesem hier vorliegenden Sinn] unterscheidet, erhält seinen Teil des

Nektars der Unsterblichkeit; Devī bewirkt dies verläßlich. Und wer in den Strom des Unwissens eintaucht, durchläuft Tausende von Zyklen "wiederholter Geburten und wiederholter Tode und liegt wieder und wieder in einem Mutterleib". Auch dies geschieht kraft der Macht von Devīs *Māyā*.

In Form von *vidyā* befreit Sie ihre Verehrer. In Form von *avidyā* verstrickt Sie die weltverhafteten Wesen in *samsāra*.

403. महा कामेश नयन कुमुदाह्लाद कौमुदी

Mahā kāmeśa nayana kumudāhlāda kaumudī

Sie, das Mondlicht, welches Mahākāmeśas Augen, den Wasserlilien gleichend, erquickt.

Kumuda ist die Wasserlilie und *kaumudi* das Mondlicht. *Kaumudi* bezeichnet eigentlich den Vollmond des *Kārtika*-Monats (Oktober-November). Während die Lotusse bei Sonnenaufgang sich öffnen, erblühen die Wasserlilien bei Mondaufgang. Und ebenso erweckt und erquickt die Gegenwart der Devī die Augen Śivas, also des Selbst.

Daneben wird *kumuda* mit "bedeutungslosem, unter-geordnetem (*ku*) weltlichem Vergnügen (*muda*)" übersetzt; *nayana* wäre jemand, der anführt; *āhlāda* bedeutet höchste Seligkeit oder Erlösung und *kaumudi* [allgemein genommen] ist "das Licht". So betrachtet, besagt das Mantra dann: "Sie ist das Licht, das uns zu Śiva führt, der höchsten Seligkeit; denn fort führt es uns von sinnentleerten, weltlichen Vergnügungen."

404. भक्त हार्द तमो भेद भानुमद् भानु सन्ततिः

Bhakta hārda tamo bheda bhānumad bhānu santatiḥ

Sie, der Sonnenstrahl, der die Herzens-Dunkelheit Ihrer Verehrer zerstreut.

Die "Dunkelheit im Herzen" meint die negativen Gedanken und Gefühle und die [Ich-]Ignoranz. Devī leuchtet hell wie die

Sonne und vertreibt die Dunkelheit, die sich in den Herzen Ihrer Devotees einnisten mag.

405. शिव दूती

Śiva dūtī

Sie, der Śiva als Botschafter dient.

Es kann auch übersetzt werden mit: "Sie, die Śivas Botschafter ist."

Eine Geschichte in der *Devī Māhātmya* liefert den Grund für diesen Namen. Es waren einmal zwei Dämonen, Śumbha und Niśumbha. Bevor Devī daran ging, sie zu vernichten, sandte Sie Śiva mit einer Botschaft zu ihnen: "Entweder gebt ihr Indra und den anderen Gottheiten die himmlische Welt zurück und geht heim zur Unterwelt oder ihr bereitet euch auf die Schlacht und aufs Sterben vor." Śiva wurde so zu Ihrem Botschafter.

406. शिवाराध्या

Śivārādhyā

Sie, die von Śiva angebetet wird.

Śiva soll sich strengen Kasteiungen unterworfen haben, bei denen er das Mantra "*Śivadūtī*" verwendete. So beschreibt es die *Brahmāṇḍa Purāṇa*: "Durch deren Anbetung selbst Śiva, kraft seiner Meditation mit dem *Śivadūti* Mantra, zum halb-weiblichen, halb-männlichen Gott (*ardhanārīśvara*) wurde." Jene angebetete Devī ist *Śivārādhyā*.

407. शिव मूर्तिः

Śiva mūrtiḥ

Sie, die die Form von Śiva selber hat.

Die Formen von Śiva und Śakti sind letztlich untrennbar und nicht voneinander unterschieden. Bhāskararāya zitiert dies aus der *Śruti*: "Ein Rudra ist in allen Wesen verborgen; mit *Māyā* ist Er versehen; geteilt in Teile und ungeteilt ist Er; Er ist Devī und nicht unterschieden von Ihr. Durch dieses Wissen erlangt man Unsterblichkeit."

"Śiva" steht für *mokṣa* (Seelenbefreiung). Deshalb besitzt auch Devī die Qualität der Befreiung. Dazu wird Sie - genauso wie Śiva - als Verkörperung alles Glücksbringenden verehrt.

408. शिवङ्करी

Śivaṅkarī

Sie, die Glück, Wohlstand und Gedeihen schenkt. [Oder:] Sie, die Ihren Verehrer zu Śiva verwandelt.

Zahlreich sind die Seelen, wie z. B. Vyāsa, Jābāli, Śabari, Kanakadāsa und Kannappa, die auf dem Pfad von *karma*, *bhakti* und *jñāna* große Seelen wurden, von den Weisen dann verehrt!

"Durch Geburt wird man geboren als *śūdra* [unterste Kaste], durch Taten aber als *brāhmaṇa* [oberste Kaste]."

So viele kleine Leben gibt es, die dank Devīs Gnade von Śiva samt Seiner Gunst erfüllt wurden! Devī ist also in doppeltem Sinn *Śivaṅkarī*.

409. शिव प्रिया

Śiva priyā

Sie, die von Śiva geliebt wird.

Oder: Sie, der Śiva lieb und wert ist. Oder: Sie, die alles, was *śivam* (glückverheißend) ist, überaus gern hat.

410. शिवपरा

Śivaparā

Sie, die einzig Śiva nur ergeben ist.

[Oder:] "Sie, die jenseits auch von Śiva ist." Śiva hängt von Śakti ab. Das ist es, was Śaṅkarācārya im Einleitungsvers zur *Saundarya Laharī* ausspricht: "Wenn Śiva sich Dir verbindet, oh Śakti, vermag Er Seine kosmischen Aufgaben zu erfüllen. Wenn nicht, kann Er sich nicht einmal umherbewegen!" So gesehen transzendiert die Göttliche Mutter auch Śiva.

411. शिष्टेष्टा

Śiṣṭeṣṭā

Sie, die von den Gerechten geliebt wird. Sie, die die erkorene Gottheit der Frommen ist. Sie, die gerechte Menschen liebt.

Śiṣṭam kann "vorgeschriebene Zeremonien und Rituale der Gottesverehrung" bedeuten; *śiṣṭas* sind solche, die diese Gottesdienste ohne den Wunsch nach Belohnung durchführen. Ihnen liegt allein an der Göttlichen Mutter.

Der *Vāsiṣṭha Sūtra* zufolge sind "*Śiṣṭas* jene, welche die Organe des Tuns und der Erkenntnis beherrschen, welche die Veden entsprechend der Tradition erlernt haben und aus ihnen ihre Inspiration nehmen und diejenigen, die Brahman verehren."

412. शिष्ट पूजिता

Śiṣṭa pūjitā

Sie, die von den Gerechten angebetet wird.

Sattvīsche Einstellung und rechte Gedanken rühren von den *vāsanās* her, die bei der Geburt vorliegen. Einige Menschen werden manchmal auch aufgrund einer plötzlichen Transformation in ihrem Leben rechtschaffen. Es muß dann wohl das *samskāra* früherer Geburten am Werke sein. "Unter Tausenden, da strebt nur einer nach Erlangung des Selbst; unter diesen Strebenden, da erkennt nur einer Mich - vielleicht - in Meinem Wesen." *Gītā*

(VII.3) Die Göttliche Mutter wird von den Rechtschaffenen dauernd verehrt.

413. अप्रमेया

Aprameyā

Sie, die [unbegrenzt und] für die Sinne nicht ermeßbar ist.

Die Silbe *a* symbolisiert [die göttlichen Aspekte] Brahmā, Viṣṇu und die [der] anderen Gottheiten; *prameyā* bedeutet "erkannt werden". Also: Sie kann nur durch und mittels jener Gottesaspekte erkannt werden.

Ap + rameya bezeichnet jemand, der im Wasser lebt; also: "Sie, die in heiligen Flüssen, wie dem Ganges, wohnt." Die heiligen Flüsse werden auch angerufen, um Wasser zu segnen, bevor man darin seine rituellen Waschung beginnt oder es in der *pūja* verwendet: "Oh Gangā, Yamunā, Godāvarī, Sarasvatī, Narmadā, Sindhu, Kāverī, bitte, segnet durch Eure Anwesenheit dieses Wasser!"

414. स्वप्रकाशा

Svaprakāśā

Sie, die aus sich selbst leuchtet.

"ES leuchtet, und alles leuchtet nach Ihm. Durch Sein Licht leuchten sie alle." (*Kaṭha Upaniṣad* II.2.15) Devī ist selbst dieses Brahman.

Wenn wir diesen Namen aufschlüsseln in *su* (gut, wohl) + *ap* (Wasser) + *ra* (Feuer) + *kāśa* (einer, der leuchtet), ergibt sich die Bedeutung: "Sie, die gut im Wasser und im Feuer leuchtet." Anzumerken wäre, daß Wasser und Feuer die primären Kräfte des Lebens sind.

415. मनो वाचाम् अगोचरा

Mano vācām agocarā

Sie, die jenseits der Reichweite des Verstandes und der Sprache ist.

Verstand und Sprache sind zwei der Erkenntnisinstrumente. Verläßliches Wissen, das über die Sinneserfahrung hinausgeht, läßt sich aus den Worten vertrauenswürdiger Menschen gewinnen. Und der Verstand íst das andere Mittel der Erkenntnis, die durch ihn bereichert wird, falls er Gehörtes und Gelesenes analysiert. Doch die Göttliche Mutter ist jenseits dieser Erkenntnismittel. Wie die *Taittiriya Upaniṣad* (II.9.1) sagt: "...wovon die Sprache und der Intellekt sich wegwenden, denn unerreichbar ist Es." Das ist Brahman, die Realität hinter allem. Das ist Devīs unmanifestierte Form.

Verstand und Sprache werden von Devī illuminiert, nicht umgekehrt. Der elektrische Strom läßt die Lampe leuchten; die Lampe kann nicht die Elektrizität leuchten lassen.

Verstand und Sprache sind Bewegungen des Bewußtseins, *cit*. Sie müssen verebben, bevor die Devī erkannt werden kann.

Eine andere Auslegung des Mantras wäre: "Sie, die vom unreinen Verstand und von unreinen Worten nie begriffen wird." Allerdings heißt es in der *Śruti*: "ES soll allein mit dem Verstand erkannt werden." (*Kaṭha Upaniṣad* II.4.11) Der Widerspruch löst sich auf, wenn wir Śaṅkarācāryas Kommentar zur *Brahma Sūtra* lesen, demzufolge ES vom reinen Verstand erkannt wird, aber unerkennbar ist für den unreinen Verstand.

416. चित् शक्तिः

Cit śaktiḥ

Sie, die Kraft des Bewußtseins.

Cit bedeutet Wissen, Bewußtsein. Dies ist eine [besondere] Kraft in allen lebenden Wesen, die ihrer Natur entsprechend danach strebt, Wissen zu erwerben und Seligkeit zu genießen. Diese Kraft löscht [potentiell] die Unwissenheit, *avidyā.*

"Sowohl Wissen wie auch Nichtwissen sind im unver-gänglichen Brahman verborgen. Wissen ist unvergänglich, und Nichtwissen ist vergänglich; doch gänzlich verschieden von den beiden ist Brahman, das über beide regiert." (*Śvetāśvatāra Upaniṣad* V.1)

417. चेतना रूपा

Cetanā rūpā

Sie, die reines Bewußtsein ist.

Sie, die das Wissen vom Selbst ist. Die Kraft des Gottesbewußtseins heißt *caitanya.* (Śārīrakācārya)

Die *Devī Bhāgavata* preist die Göttliche Mutter in Form der *Kūtatraya Gāyatri.* Das entsprechende Mantra ist bekannt als dreiteiliges *Gāyatri* (*Tripāda Gayatri*): "Wir ehren das Bewußtsein in allen Wesen - es ist das Ursprüngliche Wissen! Möge es unsere Einsicht inspirieren!" Die Gottesmutter ist die Macht, die Bewußtsein auf alle überträgt; Sie gibt Ihren Verehrern auch die Kraft, die Sinne zu besiegen - so beschreibt es die *Devī Bhāgavata.*

Śrī Śankarāraṇya erklärt in der Schrift *Vidyāratna*, daß die *vimarśa*-Form der Devī *cetana* ist. In der Sprache der Śakti-Doktrin bezieht sich das auf die Realität des manifesten Selbst, das sich selber [in den Dimensionen der Wirklichkeit] erfährt und erkundet (siehe Mantra 548*).*

418. जड शक्तिः

Jaḍa śaktiḥ

Sie, die Māyā, die sich zur Schöpfungskraft umformte [die sich in Form der physikalischen Kräfte des Universums manifestiert].

"Alles ist Brahman", wie es in der *Śruti* heißt. Die moderne Naturwissenschaft stimmt mit dieser alten Vorstellung der Rishis überein. Energie kann letztlich nicht erschaffen oder eliminiert werden. Sie kann nur von einer Form in eine andere umgewandelt werden.

"Die Energien in Lebewesen sind intellektuell nicht leicht zu begreifen. Die Energien Brahmans sind hundertmal schwerer zu begreifen. Sie sind in Brahman enthalten wie Hitze im Feuer. Brahman ist die instrumentelle Ursache der Schöpfung des Alls. Die schöpferischen Kräfte andererseits sind die physikalischen Ursachen. Sie hängen von Brahman ab, der instrumentellen Ursache." (*Viṣṇu Purāṇa)*

419. जडात्मिका

Jadātmikā

Sie, die sich in Gestalt der unbelebten Welt darstellt.

Devī ist die *Māyā*, die sich in Form der unbelebten Welt manifestiert.

420. गायत्री

Gāyatrī

Sie, die das Gāyatrī Mantra ist.

Gāyatrī bezeichnet ein Versmaß aus 24 Silben. "Ich bin *Gāyatrī* unter den Versmaßen", sagt Kṛṣṇa in der *Gītā* (X.35). Dieses *Gāyatrī* ist die Devī.

Gāyatrī bedeutet etwas, das ein singendes (*ga*) Wesen beschützt (*tra*). Devīs heilige Namen sind dem *Gāyatrī* Mantra gleichwertig. In der *Padma Purāṇa* erklärt Gāyatrī Devī selbst: "Nach dem Bad am Morgen sollst du Mich, die Mutter der Veden, rezitieren. Ich wohne aufgeteilt in acht Silben, doch fülle Ich das ganze All."

Das *Gāyatrī* Mantra wird als das erhabenste Mantra gewertet. Es ist der Ursprung aller Veden, der Same der vier Haupt-Veden, und wird daher als Mutter der Veden wie auch als Gattin des Gottes Brahmā verehrt.

Om bhur bhūva svāḥ
Tat savitur vareṇyam
Bhargo devasya dhīmahi
Dhiyo yo naḥ pracodayāt

Gāyatrī ist also Brahmās Gattin. Die *Padma Purāṇa* erzählt darüber eine Geschichte. Brahmā zelebrierte einmal ein Feuerritual in Puṣkara. Er rief seine Frau Sāvitrī herbei, die sich gerade mit Lakṣmī Devī unterhielt; sie sollte mit ihm an der Opferstelle sitzen. Sāvitrī, ganz vertieft in die Unterhaltung, willigte zwar ein, kam aber nicht. Brahmā wurde darüber ungehalten, heiratete, entsprechend den *gāndharva*-Riten, eine Kuhhirtin namens *Gāyatrī,* die ihm von Indra präsentiert wurde, und ließ sie mit sich am Opferaltar sitzen.

Im *Vāsiṣṭha Rāmāyana* wird Devī als Gāyatrī bezeichnet, weil "Sie in Gestalt des Liedes auftritt".

421. व्याहृतिः

Vyāhṛtiḥ

Sie, der die Natur der anrufenden Invokation eignet. Sie, die die Macht der Rede regiert.

Die *vyāhṛtis* ("Anrufungen") sind: *bhuh, bhuvah, svah, mahah, janah, tapah* und *satyam.* Da diese rezitiert werden, um Devī anzurufen, wird Sie *Vyāhṛtiḥ* genannt. *Vyāhṛti* ist auch der Name eines Mantras (*Vāyu Purāṇa*) [...]

Die *vyāhṛtis* symbolisieren die groben und die feinen Ebenen der Bewußtseinsdimension. *Bhuh* ist die gröbste und *satyam* die feinste. [Die ersten drei der oben erwähnten "Anrufungen" finden sich im Gayatri Mantra.]

422. सन्ध्या

Sandhyā

Sie, die in Form des Zwielichts auftritt.

Sandhyā bezeichnet das, was Tag und Nacht verbindet. Und Devī, so wird gesagt, tut dies. Sie tritt auch als Yugasandhya auf, verbindet also zwei yugas (Zeitalter) miteinander.

Im Epos *Mahābhārata* wird ausgedrückt, *sandhyā* sei das der Sonne innewohnende *cit* (Bewußtsein). Brahmā, Viṣṇu, Indra und alle anderen Wesen seien Strahlen dieses *sandhyā*.

Mādhavācārya gibt an, daß Devī während der beiden *sandhyas* (Zwielicht-Zeiten) angebetet und deshalb *Sandhyā* genannt wird.

Kālika Purāṇa erzählt in einer Geschichte, wie Sandhyā (das auch "Meditation" bedeutet) als himmlische Schöne in der Vorstellung Brahmās auftrat, der gerade meditierte.

Der *Renuka Purāṇa* zufolge ist die Śakti von *Iḍā* Kālī, von *Piṅgalā* Lakṣmī und von *Suṣumnā* Ekavirā. *Sandhyā* repräsentiert die drei zusammen.

Sandhyā symbolisiert Schönheit, Heiligkeit und reiche Gunst, und tatsächlich sind dies Attribute der Devī.

Sandhyā (san+dhya) bedeutet auch: "Sie, über die mit einpunktiger Ausschließlichkeit meditiert werden soll."

Der Moment, in dem der Meditierende während der Meditation wahrnimmt, daß er niemand anderer als das Höchste ist, wird *Sandhyā* genannt.

Die *Smṛti* führt an, daß die Wissenden das allem als Zeuge beiwohnende Brahman *Sandhyā* nennen. Während der *sandhyas* (Zwielichtphasen) meditieren die Devotees über Devī als das in der Sonne manifestierte Brahman.

An anderer Stelle wird *sandhyā* als die "Mentalhülle" (*manomayakośa*) unter den fünf Hüllen oder *kośas*, die den *Ātman* bedecken, interpretiert.

Schließlich wird, Dhaumya zufolge, ein einjähriges Mädchen als *Sandhyā* bezeichnet.

423. द्विज वृन्द निषेविता

Dvija vṛnda niṣevitā

Sie, die von den zweimal Geborenen angebetet wird.

Von Geburt sind alle Menschen *śūdras*. Karma läßt einen *śūdra* zum *dvija* werden, einen zweimal Geborenen, gewöhnlich interpretiert als *brāhmaṇa*. Der große Weise Vyāsa ist ein Beispiel dafür, daß in Indien die Handlungen die Kaste (*varṇa*) eines Menschen bestimmen. Die Göttliche Mutter wird von jenen verehrt, die durch ihre Handlungen "zweimal geboren" werden.

Dvija bedeutet dazu "Zähne". Devīs Zähne wurden im Mantra 25 mit 32 Arten der Verehrung, beginnend mit *Śuddhavidyā* oder *Śrīvidyā*, symbolisch verbunden. Das gegenwärtige Mantra kann also auch derart ausgelegt werden: Sie, die in diesen 32 Formen verehrt werden soll.

Devī trägt den Beinamen Sandhyā, und der *Renuka Purāṇa* zufolge "soll diese Sandhyā seitens der zweimal Geborenen, der Götter und *mahātmas* (große Seelen) ständig verehrt werden, während des Sitzens, Gehens, Essens und Schlafens."

Die drei Namen *vyāhṛtiḥ, sandhyā* und *dvijavṛndaniṣevitā* bezeichnen die drei Zustände des Wachens, Träumens und des Tiefschlafs. [...] *Dvija* kann auch "Vögel" bedeuten, und das würde sich auf die individuellen Seelen beziehen. So wie die Vögel, ermüdet vom Fliegen, schließlich zu ihren Nestern zurückkommen, so kommen die *jīvas*, nach Wachen und Träumen, im Tiefschlafzustand zurück zu Brahman. Die *Bṛhadāraṇyaka Upaniṣad* (IV.3.19) schildert dies mit den Worten: "Geradeso wie ein Habicht oder Falke nach langem Umherfliegen erschöpft ist und zu seinem Nest zurückkommt, so beeilt sich der Mensch, in diesen Zustand zu gelangen, in welchem er - schlafend - weder etwas begehrt noch Träume sieht." In der *Chāndogya Upaniṣad*

(VI.8.1) heißt es: “Wenn jemand wirklich tief schläft, dann, mein Lieber, ist er vereinigt mit Brahman.”

424. तत्त्वासना

Tattvāsanā

Sie, deren Sitz (āsana) die tattvas sind. Sie, die in tattva wohnt.

Tattvam stellt die Wahrheit in allem dar (*tat+tvam*: DAS bist Du). Devī wohnt in allem als die innere Wahrheit. Die *Sāṇkhyas* werden die “Kenner der 25 Tattvas” genannt. Devī wirkt als die innere Kraft in all diesen Tattvas.

Tattva bedeutet daneben auch “kosmisches Element”. Sie wohnt und wirkt in all diesen Elementen, von der Erde bis zu Śiva. (Es werden 36 Tattvas angenommen, dessen letztes Śiva ist; dieser ist von der Gottesmutter nicht unterschieden.)

Āsana kann auch bedeuten: “jemand, der verwirft”. Dem folgend, würde Devī alle 24 Tattvas des *Sāṇkhya*-Systems oder die 35 kosmischen Elemente verwerfen. Es bleibt nur eine Wahrheit übrig, und das ist die Göttliche Mutter selbst. Erinnern wir uns der Worte “*Neti, neti*” (nicht dies, nicht das), die verwendet werden, um die Höchste Wahrheit zu beschreiben.

Gāyatrī, die Mutter der Veden, manifestiert sich auf drei Ebenen - als *vyāhṛtiḥ* auf der physisch-materiellen, als *sandhyā* auf der feinstofflichen und als *tattvāsana* auf der kausalen Ebene. Diese Ebenen wurden allesamt von Devī erschaffen. Sie weilt auf ihnen allen. Und es gibt Stufen, die zu Ihr [der Devī] führen.

425. तत्

Tat

Sie, die mit dem Wort “Tat” (Das) - die Höchste Wahrheit, Brahman - bezeichnet wird.

Wenn die Vernunft erstrahlt vom Wissen über Brahman, dann wird das Wort *Tat* (Das) verwendet, um dieses Brahman zu bezeichnen (siehe Mantra 363).

Tat ist ein Pronomen - ein Fürwort, das sich auf etwas bereits Bekanntes bezieht. Alle bekannten Dinge sind in *Tat* enthalten, denn hinter allen steht die Göttliche Mutter, das Höchste Bewußtsein.

Im *nāmāvali*-Abschnitt der *Sahasranāma,* in der die Devī Name für Name angerufen wird, verändert sich das Wort grammatikalisch: *Om Tasmai Namah. Tasmai* ist die Dativform des Fürworts *Tat.* ["OM, vor *Tat* verbeuge ich mich."]

426. त्वं

Tvam

Sie, die mit dem Wort "Du" gemeint ist.

Ein *jīva* unterscheidet sich vom anderen durch unterschiedliche Attribute, Umstände und Bedingungen. Der Körper der Ameise ist anders als der des Ameisenbärs. Aber die Seele ist identisch. Das Bedingte ist der Körper. In unserem Mantra bezieht sich *Tvam* (Du) auf das nicht-bedingte *Ātman. Ātman* ist identisch mit Devī.

Dieses und das vorhergehende Mantra offenbaren die wahre Identität der individuellen Seele (*jīvātman*) mit dem Höchsten Brahman (*Paramātman*), wie sie im *mahāvākya* (die große Deklaration der *Upaniṣaden*) festgestellt wird: "*Tat tvam asi*" oder "Das bist Du".

Es finden sich vier solcher *mahāvākyas* in der *Vedānta*:

Prajñānam brahma: Bewußtsein ist Brahman.

Tat tvam asi: Das bist Du.

Ayam ātma brahma: Dieses Selbst (Ātman) ist Brahman.

Aham brahmāsmi: Ich bin Brahman.

Diese grundsätzlichen Maximen stammen aus vier verschiedenen *Upaniṣaden*, die ihrerseits mit jeweils einer der vier Veden verbunden sind. Derart gebar jede Veda ein *mahāvākya.* In der Reihenfolge der großen Deklarationen sind es die *Aitareya Upaniṣad* der *Ṛgveda,* die *Chāndogya Upaniṣad* der *Sāmaveda,* die *Māṇḍukya Upaniṣad* der *Atharvaveda* und die *Bṛhadāraṇyaka Upaniṣad* der *Yajurveda.*

Dabei rangiert "*Prajñānam brahma*" als "*Vākya* bzw. Feststellung der Definition". "*Tat tvam asi*" gilt als "*Vākya* der Belehrung", "*Ayam ātma brahma*" als "*Vākya* der Kontemplation" und "*Aham brahmāsmi*" schließlich ist das "*Vākya* der Erfahrung". Zuhören, kontemplatives Nachdenken und auf Erfahrung gegründete Überzeugung - diese Aspekte charakterisieren die Größe der vedantischen Philosophie.

Der Körper ist es, der die Illusion der Verschiedenheit hervorruft. Die Seele selbst ist nichts anderes als das eine und einzige Brahman.

Einmal fragte ein Devotee die Mutter: "Amma, wenn die Seele von uns allen dieselbe ist, sollte dann nicht, falls eine Person die Wahrheit realisiert, jeder diese Realisierung zur gleichen Zeit erfahren?" Mutter sagte: "Sohn, wenn du den Hauptstromschalter andrehst, kommt der Strom zu allen Räumen - Wohnzimmer, Küche, Schlafzimmer. Aber wenn du in deinem Zimmer Licht haben willst, mußt du dort den Schalter drücken. Der Verstand ist der Schalter. Nur wenn die Person ihren Verstand anschaltet, wird das Licht im Inneren angehen." Die Beinamen *Tat* und *Tvam* weisen auf dieses Licht hin - das Devī ist.

Tat kann als *Nirguṇa Brahman* (eigenschaftsloses Brahman) und *Tvam* (Du) als *Saguṇa Brahman* (Brahman mit Eigenschaften) betrachtet werden.

In der *nāmāvali* heißt das Mantra *Om Tubhyam Namah. Tubhyam* ist der Dativ des Fürworts *Tvam.*

427. अयी

Ayī

Oh, Mutter!

"*Ayī*!" - das spricht die Göttliche Mutter als "liebe Mutter" an. Das Mantra zeigt die Einheit zwischen dem Herzen des Anbetenden und dem Herzen der angebeteten Devī. Die Anrede ist sowohl respektvoll als auch voller Zuneigung und Liebe.

Die Schrift *Tattvanārāyanīya* weist darauf hin, daß die drei Worte *Tat, Tvam* und *Ayī* dem *mahāvākya "Tat tvam asi"* (siehe vorhergehendes Mantra) wahrhaftig gleichkommen. Das Verständnis ihrer Bedeutung wird nicht durch bloßes Schriftenstudium, sondern durch die persönliche Erfahrung gewonnen, und eine verehrende Einstellung inspiriert es.

428. पञ्च कोशान्तर स्थिता

Pañca kośāntara sthitā

Sie, die die fünf Hüllen bewohnt.

Im *Tantraśāstra* heißen die fünf Hüllen *paramjyoti*, *parā*, *niṣkalaśāmbhavi*, *ajapā* und *matṛka*, sofern wir *Jñānārṇava* folgen. Im inneren Zentrum, von diesen fünf Schichten umhüllt, findet sich das Chakra der Glückseligkeit (*sarvānandamayī cakra*) in Form des *bindu*. Devī *Srīvidyā* residiert da. Jeder einzelnen dieser Hüllen ist eine Devī zugeordnet, die unter dem Namen der jeweiligen Hülle verehrt wird.

In einer anderen Interpretation repräsentieren die fünf Hüllen fünf Stufen des *samādhi*: *sāmya, laya, vināśa, atyantabhāva* und *aikya*. Auf der *sāmya*-Stufe existiert der Unterschied zwischen der individuellen Seele und dem *Paramātman* weiterhin. Auf der *laya*-Stufe beginnt sich der Unterschied langsam aufzulösen, doch das Gefühl der Einheit ist noch lange nicht erreicht. Auf der *vināśa*-Stufe verschwindet die Verschiedenheit. Auf der vorletzten Stufe wird das Gefühl der Identität stärker, und auf der Ebene von *aikya* wird die vollständige Einheit von *jīva* und *Paramātman* erreicht.

In der *Vedānta* heißen die fünf Hüllen (*kośas*) folgendermaßen: *annamaya*, *prāṇamaya*, *manomaya, vijñāna-maya* und *ānandamaya kośas* (Nahrungshülle, Vitalenergie-Hülle, Mentalhülle, Vernunfthülle und Seligkeitshülle). In der innersten Hülle, der Seligkeitshülle, leuchtet Devī als reines Bewußtsein.

Das System dieser *kośas* ist eines der erhabensten analytischen Konzepte, zu dem unsere Weisen gelangten. Weisheitssucher bewundern es.

In der *Brahma Gītā* wird gesagt, daß Brahman - Essenz des Daseins, der Weisheit und der All-Einheit - das *ānandamaya kośa* stützt und darin der Zeuge von allem ist, als ewiges Wesen von allem und jedem.

Krodhabhaṭṭāraka erklärt: "Oh Mutter, der alleine kennt Brahman, der Dich kennt, die Du in den fünf Hüllen *anna, prāṇa, manas, buddhi* und *ānanda* Dein strahlendes Licht ergießest, wie es in der *Mahopaniṣad* beschrieben wird."

In Śrī Śaṅkaras Kommentar zu den *Brahma Sūtras* werden sowohl die altüberlieferten Überlegungen wie auch seine eigene Theorie zu diesen *kośas* diskutiert. Auch die *Taittiriya Upaniṣad* (*Brahmānanda Valli*) bespricht die fünf Hüllen im Detail.

429. निःसीम महिमा

Niḥsīma mahimā

Sie, deren Ruhm und Glorie grenzenlos sind.

Alles im Universum, außer Brahman, besitzt nur begrenzte Eigenschaften. Allein die Größe und Glorie des Brahman sind grenzenlos. Die Göttliche Mutter voll unbegrenzter Glorie ist nichts anderes als dieses Brahman.

430. नित्य यौवना

Nitya yauvanā

Sie, die immer jugendlich bleibt.

Devī ist keiner Zustandsveränderung unterworfen: die Zeit erschafft nicht Sie, sondern Sie erschafft die Zeit. Alle Wesen durchlaufen Phasen des Wachstums und Verfalls, wie sie von der Zeit hervorgerufen werden. Devī wird davon nicht berührt und bleibt immer jugendlich.

431. मद शालिनी
Mada śālinī
Sie, die in verzückter Trunkenheit leuchtet.

Der Grund für die Trunkenheit liegt hier im Genuß der Seligkeit Brahmans. Devī ist von diesem Rausch umfangen; Gesicht und Augen sind davon gerötet. Die Schönheit Ihres Antlitzes wird durch die selige Wonne noch vergrößert.

Bhāskararāya beschreibt *mada* als jenen Zustand der Wonne, der von weltlichen Dingen gänzlich unbeschwert ist. Und gerade darin besteht die Qualität der Brahman-Seligkeit, in der Devī so prachtvoll schwelgt.

432. मद घूर्णित रक्ताक्षी
Mada ghūrṇita raktākṣī
Sie, deren gerötete Augen vor Entzücken und in Innenschau rollen.

Der Zustand Ihrer großen Seligkeit wird durch halbgeschlossene Augen angezeigt - Sie genießt geheime innere Wonnen. Die Botschaft Ihrer Augen ist auch große Freude, die Sie angesichts Ihrer auf dem spirituellen Pfad fortschreitenden und weltlichen Bindungen entsagenden Verehrer empfindet.

433. मद पाटल गण्ड भूः
Mada pāṭala gaṇḍa bhūḥ
Sie, deren Wangen vor Entzücken rosig sind.

Die Wangen der Devī werden von der liebevollen Zuneigung gerötet, die Sie angesichts des spirituellen Fortschritts Ihrer Devotees erfüllt. Die dauernde Nähe Ihres Geliebten Kāmeśvara mag zur gesteigerten Rosigkeit Ihres Antlitzes mit beitragen.

Mada kann auch Moschus bedeuten. *Pāṭala* ist der Name einer besonderen Blume. In seinem Werk *Śākuntala* schildert Kālidāsa, wie der Atem des Waldes den Wohlgeruch der *pāṭala*-Blumen herbeiweht. Unser Mantra würde dann bedeuten, daß Devīs Wangen wohlduftend sind von Moschus und *pāṭala*-Blumen, die Ihre Ohren schmücken.

434. चन्दन द्रव दिग्धाङ्गी

Candana drava digdhāṅgī

Sie, deren Körper mit Sandelholzpaste eingerieben ist.

Sandelholzpaste wird benutzt, um den Körper duftend zu machen und zu kühlen. Während der *pūja* badet man gewöhnlich die Statue der Devī in Milch, fügt dann flüssige Butter hinzu und reibt sie mit Sandelholzpaste und Rosenwasser ein. Mutter schließt dieses *abhiṣeka* (Waschungsritual) als Bestandteil der von ihr empfohlenen *mānasapūja* (geistige Anbetung) mit ein.

435. चाम्पेय कुसुम प्रिया

Cāmpeya kusuma priyā

Sie, der die Campaka-Blumen besonders lieb sind.

Die *Campaka*-Blume besitzt eine merkwürdige Eigenart: man sagt, eine Biene, die von ihrem Honig trinke, sterbe unmittelbar darauf. Diese Blume bleibt daher trotz des Kontakts mit den Bienen ohne Makel. Devī mag diese Blumen besonders gerne.

Die Genüsse der Welt sind wie Gift. Selbst die Beziehungen zu Ehefrau und Kindern, obgleich anfangs süß, erscheinen bei wachsender innerer Distanz wie Gift.

Die Erfahrung von Yogis hingegen wird in der *Gītā* (XVIII.37) so beschrieben: "Was anfangs wie Gift, am Ende aber wie Nektar schmeckt, solcher Genuß ist wahrlich *sāttvisch* und aus der Reinheit des eigenen Gemüts entstanden."

Als Nektar wird hier die Seligkeit des Gemüts beschrieben, das sich von den sinnlichen Freuden gelöst hat. Der Genuß, den Gemüt, Verstand und Körper durch die Sinne erfahren, ist vorübergehend, vergänglich und äußerlich. *Campaka*-Blumen stehen symbolisch für jene Menschen, die weltlichen Genüssen nicht anhaften, da sie sich am Selbst erfreuen.

436. कुशला

Kuśalā

Sie, die umsichtig und geschickt ist.

Das Wort *kuśala* bezieht sich auf einen spirituellen Schüler, der das gesuchte *kuśa*-Gras abschneidet und es für die *pūja* seines Gurus vor Sonnenaufgang herbeibringt. Das Wort fungiert also als Adjektiv und beschreibt eine Person mit Voraussicht und Planung. *Kuśalā* ist dabei die weibliche Form. Demnach behütet die Göttliche Mutter Ihre Anhänger sehr geschickt und umsichtig vor Gefahren.

Kuśa kann auch "Wasser" heißen, und *lā* heißt "sie, die akzeptiert". Devī akzeptiert das Ihr von den Gläubigen beim Gebet offerierte Wasser von ganzem Herzen. Eigentlich akzeptiert Sie ja alles, was die Gläubigen offerieren, auch wenn es nur Wasser ist.

Bhāskararāya deutet das Mantra folgendermaßen: "Sie, die den Mond vor der strahlenden Schönheit Ihres Antlitzes blaß erscheinen läßt (*ku*: untergeordnet, *śala*: Mond)."

437. कोमलाकारा

Komalākārā

Sie, deren Haltung und Gebaren anmutig ist.

Ihre Anmut ist der Ausdruck von Bescheidenheit und angenehmem Gebaren - Sie besitzt diese Qualitäten überreichlich. Auch: “Sie, die anziehende Gestik und Mimik besitzt.”

438. कुरुकुल्ला

Kurukullā

Sie, die Śakti namens Kurukullā.

Diese Śakti residiert im *Vimarśa*-Strom des *Śrīcakra*, der laut den Beschreibungen zwischen den Grenzen von *cit* und *ahaṅkāra* fließt. Sein Wasser ist derselbe Nektar, der durch den *suṣumnā*-Kanal strömt (siehe Mantra 99). *Kurukullā* unterstehen die Boote auf diesem Nektarstrom, wie gesagt wird. *Tantrarāja* (Kapitel 22) beschreibt diese weibliche Gottheit.

Die *Lalitāstavaratna* lobpreist *Kurukullā* so: “Ich meditiere beständig über die Devī *Kurukullā*, die im *kuruvinda*-Rubin wohnt, deren Taille sich beugt unter der wunderbaren Last ihrer Brüste, Berge beschämend, und deren Körper mit roter Paste bedeckt ist.”

439. कुलेश्वरी

Kuleśvarī

Sie, die Herrscherin von Kula.

Kula bezieht sich in diesem Zusammenhang auf die Dreiheit (*tripūti*) des Wissenden, des Gewußten und des Wissens.

Halten wir uns den Absatz aus den *Upaniṣaden* vor Augen: “Das Licht, das Bewußtseins-Licht, das dann erstrahlt, wenn die die drei Welten ganz erfüllende Dreiheit (*tripūti*) schließlich auseinanderbricht,- dieses Licht kann ein falscher Yogi nicht erkennen.” Die Göttliche Mutter regiert über diese Dreiheit.

Kuleśvarī kann auch als *Kuṇḍalinī Śakti* interpretiert werden.

Außerdem gilt: Kuleśvara ist Śiva und Kuleśvarī ist seine Frau.

Eine andere Auslegung beschreibt *Kuleśvarī* als die Herrscherin bzw. die regierende Gottheit des *mūlādhāra cakra. Kula* steht mit dem *mūlādhāra* in Verbindung: das Element Erde (*ku*) ist in diesem Chakra aufgelöst enthalten (*la*).

440. कुल कुण्डालया

Kula kuṇḍālayā

Sie, die im Kulakuṇḍa wohnt.

Kulakuṇḍa ist der zentrale Punkt der Samenkapsel des *mūlādhāra*-Lotus. Devī residiert da.

Die *Kuṇḍalinī* schläft in diesem *bindu* (siehe Mantra 99). Śrī Śaṅkara besingt Sie im Vers 10 der *Saundarya Laharī*: "Oh Mutter, Du badest das Weltenall und die *nāḍīs* (Nerven) Deines Gläubigen im Nektar, der aus der Mitte Deiner Füße strömt, dann kehrst Du vom *sahasrāra*, das der leuchtenden Mondesscheibe gleicht, zurück in Dein Heim im *mūlādhāra* und schläfst dort in der Samenkapsel mit ihrem winzig kleinen Loch und hast die Form der dreieinhalbmal aufgerollten Schlange."

441. कौल मार्ग तत्पर सेविता

Kaula mārga tatpara sevitā

Sie, die von den Anhängern der Kaula-Überlieferung verehrt wird.

Kaula bezeichnet das zu *Kula* Gehörende, welches letztere bereits mehrfach definiert worden ist.

Nehmen wir *Kula* im Sinn von "Familie", so besagt das Mantra, daß die Göttliche Mutter von jenen angebetet wird, die der Familientradition folgen.

Es gibt drei überlieferte Arten der Verehrung der Gottesmutter: *samaya, miśra* und *kaula*. Der *samaya*-Pfad wird in den Veden und den *āgamas* von Vasiṣṭha und anderen beschrieben. Der *miśra*-Pfad wird in acht Tantras und in der Schrift *Candrakalā* thematisiert. Er kombiniert die Regeln des *samaya*-Pfades mit den Regeln anderer Wege. Der *kaula*-Pfad unterscheidet sich von den beiden; er wird im Rahmen der 64 Bücher über Tantra näher illustriert.

442. कुमार गणनाथाम्बा

Kumāra gaṇanāthāmbā

Sie, die Mutter von Kumāra (Subrahmania) und Gananātha (Ganapati).

Ahaṅkāra (Egoismus) entsteht aus der Verbindung von *Ādipuruṣa* (dem ursprünglichen Menschen) und Śakti. Kumāra gilt als Gottheit dieses Egoismus. *Kumāragaṇa* repräsentiert die Qualitäten, die dem Egoismus innewohnen. Die Göttinmutter bindet und regiert all diese Qualitäten. Daher wird Sie *Kumāragaṇanāthāmbā* genannt. Der Name *Kumāra* steht als Synonym für Egoismus, und *ambā* steht für jemand, der dessen Kräfte blockiert. Derart bedeutet dann das Mantra, daß die Devī den Ausdruck des Egoismus im geistigen Sucher blockiert und den Weg zur geistigen Befreiung eröffnet.

Weiterhin läßt sich *ku* mit "schlecht" übersetzen, *maragaṇa* als "Bündel der Leidenschaften" und *amba* als "jemand, der beschränkt". Devī beschränkt die Kräfte, die nach Erfüllung niederer Leidenschaft und sinnlicher Sucht streben.

Die nächstfolgenden sieben Namen schildern Devīs Charakter.

443. तुष्टिः

Tuṣṭiḥ

Sie, die immerdar Zufriedene.

Jedes Lebewesen kennt drei [ideale] Zustände: zu existieren, zu leuchten und glücklich zu sein (*asti, bhāti* und *priya*). Devī befindet sich im Zustand des Glücklichseins.

Die *Mārkaṇḍeya Purāṇa* huldigt Ihr darum so: "Endlose Bewunderung sei der Göttlichen Mutter gezollt, die als glückliche Zufriedenheit in allen Wesen wohnt."

Das Buch *Devī Bhāgavata* erklärt: "Diese Gottesmutter ist in allen Wesen gegenwärtig in Form von Verständnis, Ansehen und Ruhm, Festigkeit, Wohlhabenheit, Macht, Wissen und Erinnerung."

Tuṣṭiḥ ist eine der 16 Mütter (*Ṣoḍaśamātās*). In unserem Mantra wird die Devī also in dieser Form gepriesen. Der *Padma Purāṇa* zufolge ist *Tuṣṭiḥ* auch die Gottheit in Vastreśvara Tirtha.

444. पुष्टिः

Puṣṭiḥ

Sie, die die Kraft in der Nahrung ist.

Die von der Göttlichen Mutter gespendete Kraft der Nahrung bewirkt das Wachstum jedes geborenen Wesens. Kann irgendein Arzt das Leben des Fötus im Mutterleib garantieren? Falls ja, dann gäbe es keine Totgeburten. Nein - der Wille der Gottesmutter wirkt als eigentliche Nahrungsquelle für alle Wesen.

Puṣṭiḥ ist auch der Name der Gottheit in Devadāruvana, die als andere Form der Devī gesehen werden kann.

445. मतिः

Matiḥ

Sie, die sich als Intelligenz manifestiert.

Wie tut sich Intelligenz kund? Durch Handlungen. Das wäre dann die praktische, weltliche Intelligenz einerseits. Spirituelle Intelligenz andererseits offeriert die Mittel zur Realisierung des Selbst. Beide Arten der Intelligenz sind Manifestationen der Göttlichen Weltenmutter.

Matiḥ heißt auch "Maß, Bemessung". Dem folgend ist die Devī der Maßstab für die Veden. "Wir verehren die Göttliche

Mutter, die die Veden kennt (bemißt), die Gunst schenkt und Seligkeit, die die Höchste ist, die von Viṣṇu und den anderen angebetet wird, die als *mati* (Intelligenz), aus Erfahrung gewonnen, beschrieben wird", heißt es in der *Sūta Samhita.*

446. धृतिः

Dhṛtiḥ

Sie, die Tapferkeit ist.

Die Tapferkeit, in allen Lebewesen zu finden, stammt aus der Macht der Großen Mutter.

Dhṛtiḥ ist daneben eine der 16 Mütter, und Devī wirkt in dieser Gestalt.

Schließlich heißt die im Tempel von Piṇḍāraka verehrte Gottheit *Dhṛtiḥ.*

447. शान्तिः

Śāntiḥ

Sie, die Seelenruhe ist.

Śānti bedeutet Seelenruhe und Gelassenheit in Glück und Leid, bei Gewinn und Verlust, in Sieg und Niederlage.

Der Schrift *Śaivāgama* zufolge ist *Śānti* ein *kalā* (Teil) von *Vāyu.* "Jenes *kalā*, das die drei Arten der Unreinheit, nämlich *aṇava, māyā* und *karma* beseitigt, wird *śānti* genannt." Es weist jenen den Pfad, die sich in der Illusion *Māyās* abmühen und verausgaben in Handlungen, die ihrem Karma zuwiderlaufen, derart ihr eigenes Dharma vergessend und dasjene eines anderen erfüllend (siehe Mantra 354). Seinem persönlichen Dharma auszuweichen, wird nicht zu Wohlsein und Wohlstand, sondern zum Verlust des Seelenfriedens (*śānti*) führen. Die Aussage der *Gītā* (III.35), "besser ist der Tod, nachdem man seinem eigenen Dharma (Pflicht) folgte, als dem Dharma eines anderen zu folgen und Angst zu ernten", definiert die grundlegende Einstellung, auf der ein rechtschaffenes Leben aufzubauen ist.

Wenn wir der *Brahmaparāśarasmṛti* folgen, so ist in der [Kehl-]Region, fünfzehn Fingerbreit unterhalb der Nasenspitze, der positive Sitz der Lebenskraft zu finden, der *śānti* genannt wird. Es ist auch der Sitz der Göttlichen Mutter.

448. स्वस्ति मति

Svasti mati

Sie, die Höchste Wahrheit.

Die Silben *su+asti* bedeuten "glorreiche Wahrheit". Die glorreiche Wahrheit ist *Brahman.* Die Große Mutter ist eben diese Höchste Wahrheit. "Dieses Brahman ist die WAHRHEIT in der Wahrheit", wie es die *Bṛhadāraṇyaka Upaniṣad* formuliert.

"*Svasti* bedeutet Unsterblichkeit selbst" (Yāska). *Svasti* wird auch übersetzt mit "Gunst und Glück, Segnung, *puṇya* (Verdienste) und Verankerung im Dharma." Devī besitzt all dies. Deshalb Ihr Beiname *Svastimatī*, Sie, die *svasti* besitzt.

449. कान्तिः

Kāntiḥ

Sie, die strahlendes Leuchten ist.

Kraft Ihres eigenen Leuchtens läßt die Weltenmutter alles andere strahlen.

Kāntiḥ, einmal gesehen, weckt den Wunsch, mehr und mehr zu sehen. Kann man vom *darśan* der Göttlichen Mutter je genug bekommen? Der Wunsch danach wächst ständig.

Kāntiḥ hat auch die Bedeutung von *icchāśakti* (Willenskraft). Devī verfügt über unbezwingbare Willenskraft.

In der Literatur bedeutet *Kāntiḥ* "Ausgezeichnetheit". Auch dieser Aspekt gilt für Devī, dem Sitz jeglicher Exzellenz. Die

Beinamen 443-449 geben an, daß alle großen Eigenschaften in Menschen Segensgaben der Göttlichen Mutter sind.

450. नन्दिनी

Nandinī

Sie, die Labsal und Freude schenkt.

Nandinī ist die heilige Kuh im Ashram des Weisen Vasiṣṭha, die ihn mit Milch für Opferzeremonien und die Ashrambewohner samt Gästen mit allem Nötigen versorgt. *Nandinī* symbolisiert einen Aspekt der Gottesmutter.

Nandinī wird auch als Beiname des heiligen Flusses Gangā verwendet. Denn Gangā spendet ebenso Labsal, wäscht die Sünden ab und erfrischt die Körper- und die Seelenkräfte. Devī tritt da in der Form der Gangā auf.

Schließlich ist *Nandinī* auch noch Nandas Tochter, Viṣṇumāya.

451. विघ्न नाशिनी

Vighna nāśinī

Sie, die alle Hindernisse beseitigt.

Devī räumt alle Hindernisse weg, gleich, ob sie auf dem spirituellen oder dem materiellen Lebenspfade liegen.

452. तेजोवती

Tejovatī

Sie, die aus sich selbst Strahlende.

Devī strahlt aus sich selbst; Ihr Strahlen untersützt all das, was erstrahlt.

In der *Kaṭha Upaniṣad* (II.ii.15) wird dies illustriert: "Die Sonne strahlt dort oben nicht und auch nicht der Mond; der Blitz, der leuchtet nicht, und weniger noch das Feuer. Wenn Es erstrahlt, dann erst strahlt alles andere; denn kraft Seines Lichtes leuchten nur die anderen." So bedeutet also der Beiname *Tejovatī*, daß die Große Mutter und Brahman dasselbe sind.

Tejas heißt auch "Tüchtigkeit, Leistungsfähigkeit". Devī besitzt die Leistungsfähigkeit, wie sie sich aus den acht Attributen der hervorragenden Größe ergibt (*aiśvaryas*).

453. त्रि नयना

Tri nayanā

Sie - Sonne, Mond und Feuer als drei Augen tragend.

Nayana heißt jemand, der anführt. Die Gottesmutter führt uns durch die drei (*tri*) Durchgänge zu wahrem Wissen. Die drei Wege sind dem Werk *Manusmṛti* zufolge "Wahrnehmung, Folgerung und Wort (der Schriften)".

Aus anderer Sicht führt Sie uns über die drei Pfade des Zuhörens, der Kontemplation und der tiefen Meditation zur Wahrheit.

Die drei Pfade können auch der "südliche", der "nördliche" und jener des Brahman sein. Über diese Pfade leitet Sie die individuellen Seelen, entsprechend ihrem jeweiligen Verdienst; daher wird sie *Trinayanā* genannt.

454. लोलाक्षी काम रूपिणी

Lolākṣī kāma rūpiṇī

Sie, die in Form von Liebe in den Frauen wirkt.

Devī ist beides - sowohl schön (*lolākṣī*) wie auch Sinnbild der Liebe und Liebesbegierde (*kāmarūpiṇī*). Ihr Liebreiz ist überwältigend und entfacht das Verlangen in schönen Frauen. Als Liebe bebt sie in der Frau; und unter allen schönen Frauen hat Sie die allerschönste Gestalt.

Kāmarūpiṇī steht synonym für *Yogeśvarī*, der Göttin des Wunschverlangens (*icchāśakti*), falls wir *Saubhāgyabhāskara* folgen. In der *Varāha Purāṇa* werden acht Kräfte und deren Gottheiten portraitiert, nämlich: Wunschbegierde (*Yogeśvarī*),

Ärger (*Maheśvarī*), Gier (*Vaiṣnavī*), Leidenschaft (*Brahmāṇī*), Verwirrung oder Selbsttäuschung (*Kalyāṇī*), Neid (*Indrajā*), Klatschsucht/Verleumdung (*Yamadaṇḍadharā*) und Verachtung (*Vārāhī*).

455. मालिनी

Mālinī

Sie, die schmückende Halsketten trägt.

Jemand, der gerne eine aus den 51 Buchstaben des Sanskrit-Alphabets gefertigte Halskette trägt.

Devī ist "reich geschmückt mit einer Kette aus roten Blumen", wie es im Anrufungsvers (*dhyānaśloka*) heißt.

Devī wird begleitet von *Mālinī*, die ihrerseits Gefährtin von Pārvatī zur Zeit deren Hochzeit war, wie es in der *Vāmana Purāṇa* dargestellt wird. *Mālinī* ist auch Gangā, die eine Halskette aus Wellen trägt, bzw. Devī ist *Mālinī*, wenn Sie von der Gangā begleitet wird.

Mālinī heißt ein Versmetrum in der Sanskrit-Dichtung; außerdem wird ein Mädchen von sieben Jahren, Dhaumya zufolge, auch *mālinī* genannt. Die Verehrung junger Mädchen während der Devī *pūja* beruht auf dieser Tradition.

456. हंसिनी

Hamsinī

Sie, die wie "ein Schwan", ein Hamsa (ein Yogi von hoher spiritueller Entwicklung) ist.

Sie besitzt die besondere Qualität eines Schwans, der bei einem Wasser-Milchgemisch die Milch vom Wasser zu trennen weiß, wie gesagt wird. Das heißt, Devī wird mit einem Schwan verglichen und *Hamsinī* genannt, weil Sie das Gute vom Bösen zu trennen vermag.

Das *ajapa*-Mantra wird *Hamsinī* genannt; Devī nimmt die Gestalt dieses Mantras an.

457. माता

Mātā

Sie, die Mutter des Universums.

Weiterhin: "Sie, die *Matṛka* ist." *Matṛkas* sind Buchstaben des Alphabets.

"Die Höchste Göttin heißt *Matṛka*, denn Sie ist die Mutter aller Mantren." (*Skanda Purāṇa*)

Sie ist (*pra*)*māta* oder "jemand, der weiß", also der erste Teil der Triade aus Wissendem, Gewußten und Wissen (*pramāta, prameya* und *pramāna*). Der Beiname *Mātā* kann daher interpretiert werden als "Sie, die alles weiß."

Mātā heißt dazu die Gottheit des zehnten Tags des lunaren Halbmonats, eine andere Form der Devī. Und *Mātā* heißt auch die Gottheit des Kāyāvarohana Tempels.

Schließlich wird das *Lakṣmibīja*-Mantra *Mātā* genannt. Devī erscheint in der Form dieses Mantras. *Śrī, Mī, Ramā, Kamalā* und *Mātā* bedeuten allesamt Lakṣmī.

458. मलयाचल वासिनी

Malayācala vāsinī

Sie, die in den Malaya-Bergen wohnt.

Sie wird auch Malayālayā genannt, was dieselbe Bedeutung hat. Diese Berge sind berühmt für ihre Sandelholzbäume, ihre kühle Luft und heilige Atmosphäre.

459. सुमुखी

Sumukhī

Sie, die ein schönes Antlitz hat.

Devīs Antlitz verliert nie seinen leuchtenden Schein. Die Schönheit Ihres Gesichts wird durch den Ausdruck tiefer Weisheit gesteigert. Die *Śruti* erklärt: “Wer Es kennt, dessen Gesicht leuchtet.” *Chāndogya Upaniṣad* (IV.14.2) bezieht sich gleichfalls auf diese Schönheit der Weisheit: “Liebes Kind, dein Gesicht schimmert wie das eines Brahman-Wissenden.”

Sumukhī heißt auch eine *nitya*-Gottheit, die im Verlauf eines *ṣodaśī*-Mantra-Rituals als Aspekt angebetet wird. Die Gottesmutter trägt ebenso diesen Aspekt.

Sumukhī ist dann noch eine besondere *rāga*-Musik, gleichfalls eine Manifestation Devīs.

460. नलिनी

Nalinī

Sie, deren Körper weich und schön ist wie ein Lotusblütenblatt.

Devīs Hände, Füße, Augen und Gesicht lassen sich mit der Schönheit einer Lotusblume vergleichen.

Nalinī ist ebenso ein Beiname der Göttin *Gangā*.

König Nala, ein Verehrer der Göttlichen Mutter, wurde eins mit Ihr; darum wird Sie, *Saubhāgyabhāskara* zufolge, *Nalinī* genannt.

461. सुभ्रुः

Subhruḥ

Sie, mit den wunderschönen Augenbrauen.

Das *Ājñā cakra* wird durch einen Lotus mit zwei Blütenblättern symbolisiert. Hier stehen Ihre Augenbrauen für dieses Chakra.

462. शोभना

Śobhanā

Sie, die immer Strahlende.

Sie, die dank Ihres eigenen Strahlens alles andere erstrahlen läßt.

463. सुरनायिका
Suranāyikā
Sie, die Anführerin der Götter.

Da Sie die Anführerin selbst der Götter ist, existiert niemand außerhalb Ihrer Herrschaft.

Devas werden jene Wesen genannt, die mit besonderem Wissen leuchten. Devī ist die Anführerin jener begnadeten Wesen.

464. कालकण्ठी
Kālakaṇṭhī
Sie, die Gemahlin Śivas.

Als der Milchozean gequirlt wurde, um Nektar zu gewinnen, entstand als erstes Gift. Niemand wagte es anzurühren, da es, würde es verschüttet, die ganze Welt verbrannt hätte. Sowohl den *devas* wie den *asuras* graute davor. Gott Śiva aber nahm das Gift ohne zu zögern und schluckte es. Devī Pārvatī geriet darob in Panik und preßte seine Kehle zu, um die giftige Flüssigkeit am Weiterfließen zu hindern. Das Gift stockte in Śivas Kehle, und er wurde so zu *Kālakaṇṭha* (dunkelkehlig), *Nīlakaṇṭha* (blaukehlig) oder *Śrikaṇṭha* (giftschluckend).

Kālakaṇṭhī bedeutet auch: "Sie, mit süßer Kehle (Stimme)." Devīs Stimme ist von göttlicher Süße (siehe Mantra 27).

Der *Devī Purāṇa* zufolge ist Kālanjara einer der 68 heiligen Orte Indiens. Die dort installierte Gottheit trägt den Namen *Kālakaṇṭhī.*

Die *Liṅga Purāṇa* beschreibt außerdem, wie die Große Mutter die Formen von *Kālī*, von *Kapardinī* und von *Kālakaṇṭhī* annahm, um den Dämonen Dāruka zu töten.

465. कान्ति मती

Kānti matī

Sie, die Strahlende.

Der Beiname *Kānti* ist bereits beschrieben worden (siehe Mantra 449). Die dort angegebene Bedeutung trifft hier auch zu.

466. क्षोभिणी

Kṣobhiṇī

Sie, die Aufruhr im Gemüt erzeugt.

Der durch Sie hervorgerufene Aufruhr gebiert kreative Kräfte. Aus der Sicht der *Sāṅkhya*-Philosophie ist *Puruṣa* (der kosmische Adam bzw. Mensch) im eigentlichen Wesen inaktiv. Die Große Weltenmutter (*Prakṛti* oder Natur) regt ihn dazu an, zu handeln und das Universum zu schaffen.

Eine Geschichte in der *Varāha Purāṇa* lautet so: Vaiṣnavī, die Gemahlin Viṣṇus, begab sich auf den Mandāra-Berg, um Buße zu tun. Nach längerer Zeit voller Bußübungen wurde ihr Gemüt von Wünschen aufgewühlt, woraus zahllose junge Frauen von großer Schönheit entstanden. Das Wort *Kṣobhiṇī* gilt seit dieser vergangenen Epoche als Aspekt und Beiname der Devī.

467. सूक्ष्म रूपिणी

Sūkṣma rūpiṇī

Sie, die eine sehr feinstoffliche Form besitzt (zu fein, um mit den Sinnesorganen wahrgenommen zu werden).

Es gibt drei Arten von manifestierten Formen - grobstofflich, feinstofflich und feinststofflich (*parā*). In unserem Mantra wird über Devī gesagt, Sie habe eine subtile Form. “Feiner als das Feine, größer als das Große” (*Kaṭha Upaniṣad*, I.ii.20 und *Kaivalya Upaniṣad* 16), derart wird das Allerhöchste beschrieben.

Der Begriff *sūkṣma* trägt auch die Nebenbedeutung *homa* (rituelle Transformation). Es finden sich zwölf Arten des *homa*-Rituals, und unter ihnen gilt die tägliche Transformation im Feuer des *mūlādhāra cakra* als die sublimierteste Art. Diese Transformation wird als *mānasa pūja* bezeichnet, die schweigend in der Vorstellung ausgeführt wird.

Das behandelte Mantra erinnert uns daran, daß die wirkliche Zustandsform der Göttlichen Mutter nicht grobstofflich-physisch ist, sondern die allersubtilste Qualität besitzt - die des ungeteilten Brahman.

468. वज्रेश्वरी

Vajreśvarī

Sie, die Vajreśvarī ist, die sechste Tagesgöttin.

Das *Śrīcakra* besitzt zwölf diamantene Wände. Inmitten der elften Wand findet sich ein Fluß namens Vajramayi, und *Vajreśvarī* heißt die Gottheit dieses Flusses; sie ist ein Teilaspekt der Muttergöttin. Darum trägt diese auch den Beinamen *Vajreśvarī.*

Devī reichte Indra das *vajra* (Blitzstrahl) als Waffe, wie es in der *Brahmāṇḍa Purāṇa* geschildert wird. Deshalb ist Sie ebenso als Göttin des Vajra (*Vajreśvarī*) bekannt. Indra führte Bußübungen im Wasser durch; Devī erhob sich aus dem Wasser, gab ihm die Vajra-Waffe und verschwand. Hochzufrieden kehrte Indra damit in den Himmel zurück.

Die *Lalitāstavaratna* stellt Sie etwas anders dar: "In jenem immerwährend strömenden Vajra-Fluß mit seinen schönen Ufern, unter denen anmutige Schwäne auf den Wellen wiegen, da strahlt die Göttin *Vajreśvarī*, mit Diamanten reich geschmückt und bedient von Indra, der die *vajra*-Waffe mit sich führt."

Vajreśvarī ist dazu noch der Name der Gottheit des *Jālandhara Pīṭha.*

469. वाम देवी

Vāma devī

Sie, die Gemahlin von Vāmadeva (Śiva).

Vāma bedeutet "linke Seite" und Vāmadeva ist Śiva, die halb-weibliche, halb-männliche Gottheit, dessen linke Körperhälfte eben die Devī einnimmt. Die *Śiva Purāṇa* erklärt: "Das schöne Gesicht Śivas, das nach Norden blickende, rot wie Vermilion, wird *Vāma* genannt." Es ist dies *Vāmavyūha*, eine der fünf Formen (*vyūhas*) Śivas.

Vāma bedeutet daneben "gut", sowie "die Frucht des Karma". Devī regiert als oberste Gottheit über alles Gute und über die Früchte aller Handlungen.

Vāma hat weiters die Bedeutung von "schön". Devī ist der Sitz des Schönen. Wahrheit, glückliches Gelingen und Schönheit (*satyam, śivam, sundaram*) sind doch Ihre Attribute.

Vāmācāra bezeichnet den linken Pfad der Devī-Verehrung, und *Vāmadevī* heißt dessen göttliche Patronin. Der *Devī Purāṇa* zufolge gilt: "*Vāma* ist der entgegengesetzte oder umgekehrte Pfad; Devī spendet auf diesem Pfade Ihren Segen, und Ihr wird daher als *Vāmadevī* gedacht." (Siehe Mantra 332)

470. वयोवस्था विवर्जिता

Vayovasthā vivarjitā

Sie, die von zeit- und altersbedingten Veränderungen ausgenommen ist.

Devī ist jenseits solcher Veränderungen wie Geburt, Altern und Tod.

471. सिद्धेश्वरी

Siddheśvarī

Sie, die von spirituellen Adepten verehrte Gottheit.

Devī gewährt alle yogischen Kräfte (*siddhis*); darum paßt dieser Beiname für Sie.

Siddheśvarī ist ebenso der Name einer berühmten Tempelgottheit in Kāśi (Varanāsi/Benares).

472. सिद्ध विद्या

Siddha vidyā

Sie, die in Gestalt des Siddhavidyā, des 15-silbigen Mantras erscheint.

Da das *pañcadaśi*-Mantra ewige und universelle Gültigkeit besitzt, müssen bei diesem die für andere Mantren geltenden Regeln der Vorbereitung, der Zeit und des Ortes nicht beachtet werden. Anbetungen mit diesem Mantra können überall und zu jeder Zeit durchgeführt werden.

473. सिद्ध माता

Siddha mātā

Sie, die Mutter der Siddhas.

Als *Siddhas* werden jene bezeichnet, die allen weltlichen Bindungen entsagt haben. Devī ist ihnen allen Mutter. Sie kümmert sich um sie und beschützt sie wie eine Mutter. An Sie wenden sie sich wegen allem. Sie erhört ihre Rufe und gibt ihnen, was immer sie benötigen.

Devī gilt als Mutter all jener, die Seelenbefreiung ersehnen. Sie möchte, daß jene mit ihren Bemühungen Erfolg haben.

474. यशस्विनी

Yaśasvinī

Sie, deren Bekanntheit unübertroffen ist.

Der Ruhm der Weltenmutter ist dank Ihrer vielen wunderbaren *līlās* (göttliche Spiele) unvergleichlich. Ihre Liebe, Ihr Mitgefühl und Ihre Beschützermacht verleihen Ihr einen überaus glorreichen Nimbus.

475. विशुद्धि चक्र निलया

Viśuddhi cakra nilayā

Sie, die im Viśuddhicakra residiert.

Viśuddhi, in der Kehle lokalisiert, ist das fünfte der sechs *ādhāra cakras* (siehe Kommentar zum Mantra 99). *Ḍākinī* Devī wohnt hier.

In 62 Namen, beginnend mit dem jetzigen, werden die Gottheiten, die sechs *ādhāra cakras* und das *sahasrāra* regieren, als unterschiedliche Aspektformen der Göttlichen Mutter gesehen. Die Gottheiten sind *Ḍākinī, Rākiṇī, Lākinī, Kākinī, Sākinī, Hākinī* und *Yākinī.*

Über sie wird folgendermaßen meditiert: "In der Höhlung der Kehle, im Zentrum des *Viśuddhi*, dem 16-blättrigen Lotus, bete ich *Ḍākinī* an, rosig ist sie, dreiäugig, und trägt den Stock, das Schwert, den Dreizack und ein großes Tierfell in den Händen; aber sie hat nur ein Gesicht und läßt die Wesen vor Furcht erzittern. Sie hat *pāyasa* (süßer Milchpudding) immer gern, kontrolliert den Tastsinn, ist begleitet von *Amrita* und anderen göttlichen Wesen und wird verehrt von den Kriegern."

Diese Eigenschaften werden in den nachfolgenden neun Mantren im einzelnen beschrieben.

476. आरक्त वर्णा

Ārakta varṇā

Sie, mit rosiger Hautfarbe.

Ḍākinī Devīs Hautfarbe ist zart rötlich wie die Farbe der *pāṭala*-Blume (Trompetenblume).

477. त्रि लोचना
Tri locanā
Sie, die drei Augen hat.

Sonne, Mond und Feuer sind Ihre Augen und ebenso Vergangenheit, Gegenwart und Zukunft.

478. खट्वाङ्गादि प्रहरणा
Khaṭvāṅgādi praharaṇā
Sie, die mit einem Schlagstock und weiteren Waffen versehen ist.

Khaṭvāṅga ist ein Schlagstock mit einem Totenkopf am einen Ende. Es ist dies eine Waffe Śivas. Mit "anderen Waffen" sind Schwert, Dreizack und Rutenpeitsche gemeint. Im Meditationsvers wird *Ḍākinī* mit vier Armen geschildert, mit denen Sie den Schlagstock und die anderen Waffen hält.

479. वदनैक समन्विता
Vadanaika samanvitā
Sie, die nur ein Gesicht besitzt.

Ḍākinī Devī, die in der Kehle wohnt, hat nur ein Gesicht. Die Schriften schreiben Schweigen während des Essens vor. Der Grund dafür ist, daß die Devī im *Viśuddhicakra* der Kehle nur ein Gesicht besitzt.

480. पायसान्न प्रिया
Pāyasānna priyā
Sie, die süßen Reis besonders liebt.

481. त्वक्स्था

Tvaksthā

Sie, die Gottheit des Tastsinns (der Haut).

482. पशु लोक भयङ्करी

Paśu loka bhayaṅkarī

Sie, die die sterblichen, vom weltlichen Leben versklavten Wesen mit Furcht erfüllt.

"Im Vergnügen birgt sich die Furcht vor Krankheit, in der Familie die Furcht vor dem Niedergang, im Reichtum die Furcht vor dem König, im öffentlichen Ansehen die Furcht vor dem Elend, in schöner Gestalt die Furcht vor jungen Frauen, im Wissen die Furcht vor der Debatte, im Guten die Furcht vor Bösewichten, im Körper die Furcht vor dem Tod. Ohne Zweifel verursachen alle Dinge auf Erden Furcht, und Leidenschaftslosigkeit alleine schenkt das Freisein von Furcht und Angst und ist die einzige Zuflucht."

Alles gibt Anlaß zur Furcht - für den in *samsāra* gefangenen Menschen. Der einzige Zustand, in dem es keine Furcht gibt, ist die Leidenschaftslosigkeit.

Paśu bezeichnet jemand, der das Einssein des *jīva* mit dem Höchsten nicht erfahren hat. Wer Unterschiede sieht - *paśyati* - ist ein *paśu*.

483. अमृतादि महाशक्ति संवृता

Amṛtādi mahāśakti samvṛtā

Sie, die von Amṛta und anderen śakti-Gottheiten umgeben ist.

Der Lotus des *viśuddhicakra* besitzt sechzehn Blütenblätter, wovon jedes von einer *śakti* besetzt wird. Ihre Namen sind *Amṛta, Ākarṣini, Indrānī, Īśānī, Umā, Ūrdhvakeśi, Rudrā, Rikarā, Likarā,*

Lukarā, Ekapādā, Aiśvaryātmikā, Omkārā, Auṣadhī, Ambikā und *Akṣarā.*

Die sechzehn *śaktis* repräsentieren die inneren Kräfte, wie Intelligenz und Ich, sowie die mehr auf äußeren Attributen beruhenden Kräften der Anziehung. *Ḍākinī* wird von ihnen allen umgeben.

484. डाकिन् ईश्वरी

Ḍākin Īsvarī

Sie, die Ḍākinī-Gottheit (durch die neun vorhergehenden Namen beschrieben).

485. अनाहताब्ज निलया

Anāhatābja nilayā

Sie, die im anāhata-Lotus des Herzen residiert.

Die Mantren 485-494 beschreiben *Rākiṇi* Devī. Das *Anāhata* ist ein Lotus mit zwölf Blütenblättern. *Rākiṇī* wohnt in dessen Mitte. Sie wird imaginiert wie folgt: "Wir meditieren über *Rākiṇī*, die die Wünsche uns erschafft, im zwölfblättrigen Herzens-Lotus residiert, zwei Gesichter hat, mit ausladenden Stoßzähnen und von schwarzer Farbe; die in den Händen einen Diskus, einen Dreizack, einen Totenkopf und eine Trommel hält; die dreiäugig ist, das Blut regiert, der von *Kālarātri* und anderen aufgewartet wird, der mit Öl bereitetes Essen überaus mundet und die von den Tapferen angebetet wird."

486. श्यामाभा

Śyāmābhā

Sie, von schwarzer Hautfarbe.

Ein 16jähriges Mädchen wird auch Śyāma genannt. Devī ist ein ewiges Mädchen von sechzehn.

487. वदन द्वया

Vadana dvayā

Sie, die zwei Gesichter hat.

Alles existiert in Gegensatzpaaren - Glück und Leid, Hitze und K*ä*lte, Gewinn und Verlust.

488. दंष्ट्रोज्ज्वला

Damṣṭrojjvalā

Sie, die glänzende Stoßzähne zeigt.

489. अक्ष मालादि धरा

Akṣa mālādi dharā

Sie, die rudrākṣa- und andere Ketten (mala) trägt.

Der Autor Saubhāgyabhāskara interpretiert das Mantra anders: *Akṣa* bedeutet "das Rad eines Streitwagens". *Akṣamāla* bezeichnet etwas, das Ähnlichkeit besitzt (*la+ma*) mit einem Rad bzw. einem Diskus. Also trägt die Devī eine Wurfscheibe und weitere Waffen (Dreizack usw.), wie bereits im Mantra 485 geschildert.

490. रुधिर संस्थिता

Rudhira samsthitā

Sie, die das Blut in den Körpern lebender Wesen regiert.

491. काल रात्र्यादि शक्त्यौघवृता

Kāla rātryādi śaktyaughavṛtā

Sie, die von Kālarātri und anderen śaktis umgeben wird.

Das Herzchakra wird durch zwölf Blütenblätter symbolisiert, und jedes davon repräsentiert eine *śakti*. In der Blütenstaubkapsel im Zentrum wohnt *Rākiṇi* Devī.

492. स्निग्धौदन प्रिया

Snigdhaudana priyā

Sie, die Opfergaben liebt, welche mit geklärter Butter, Öl und anderen Fetten zubereitet sind.

493. महा वीरेन्द्र वरदा

Mahā vīrendra varadā

Sie, die großen Kriegern Geschenke Ihrer Gunst verleiht.

Indra kennt Brahman direkt. "Er nahm wahr; daher ist er als Indra bekannt", wie es in der *Śruti* heißt. *Mahāvīrendras* heißen jene Wesen, die Brahmans Nektar dauernd genießen.

Mahāvīra heißt das Gefäß, in dem die Gaben während eines Opferrituals dargeboten werden. Indra und andere Göttern nehmen von diesen Opfergaben.

Sie, die Mahāvīra (Prahlāda), Indra und anderen Ihre Gunst in Form von Geschenken erweist. Die *Devī Bhāgavata* erwähnt, daß Indra Buße tat und damit die Göttliche Weltenmutter erfreute.

Große Yogis, die den vierten Zustand von *turīya* erreichten, werden *mahāvīras* genannt. Dies sind die großen Krieger, die die machtvollen Feinde "Wunschverlangen, Zorn und Gier" bekämpften und überwanden. Die Weltenmutter gewährt diesen Kämpfern Ihre reiche Gunst.

Warum brauchen solche Yogis, die *turīya* erreicht haben, Segens- und Gunstgeschenke? Nun, im Zustand des *vyuddhāna-daśa,* wie das heißt, übernehmen sie die leitende Verantwortung in weltlichen Angelegenheiten, wozu sie die Kraft durch eben jene Segensgaben der *Rākiṇi* Devī erhalten.

494. राकिण्यम्बा स्वरूपिणी

Rākiṇyambā svarūpiṇī

Sie, die in Gestalt der Rākiṇi-Gottheit (in den neun vorhergehenden Mantren geschildert) erscheint.

495. मणिपूराब्ज निलया

Maṇipūrābja nilayā

Sie, die im zehnblättrigen Lotus des maṇipūraka cakra residiert.

Dies ist der Wohnsitz der *Lākinī Yogini*. Über sie wird derart meditiert: "Wir wollen über *Lākinī* im Nabel-Lotus meditieren, dreigesichtig ist sie, mit Stoßzähnen, blutroter Farbe, in den Händen den Wurfspeer, den Donnerkeil, die Rute und *abhaya* (eine Waffenart), überaus furchtbar; von *Ḍāmarī* und anderen *śaktis* wird sie bedient, sie flößt den Unwissenden Furcht ein, regiert das Fleisch der Körper lebender Kreaturen, liebt süße Speisen und tut allen Wesen Gutes." In jedem der zehn Blütenblätter dieses Chakras wohnen *Ḍāmarī* und ihre *śaktis*. *Lākinī* aber wohnt im Zentrum, im Blütenstaubbeutel.

496. वदन त्रय संयुता

Vadana traya samyutā

Sie, die drei Gesichter hat.

497. वज्रादिकायुधोपेता

Vajrādikāyudhopetā

Sie, die den vajra (Blitzstrahl) und andere Waffen hält.

Die Waffen sind der *vajra*, der Wurfspeer, die Rute und *abhaya* (ein *mudra*-Symbol, das Furchtlosigkeit verleiht).

498. डामर्यादिभिर् आवृता

Ḍāmaryādibhir āvṛtā

Sie, die von Ḍāmarī und anderen Gottheiten umgeben ist.

Wie oben erwähnt [Mantra 495], warten der *Lākinī* zehn Gottheiten auf - zehn Blütenblätter, besetzt von zehn Śaktis. Über diese dienenden Gottheiten wird in der Schrift *Pūjāpaddhati* gesprochen.

499. रक्त वर्णा

Rakta varṇā

Sie, die von roter Hautfarbe ist.

500. मांस निष्ठा

Māmsa niṣṭhā

Sie, die das Fleisch lebender Wesen regiert.

Damit enden die hundert Namen in rucikalā, dem sechsten kalā der Sonne.

501. गुडान्न प्रीत मानसा

Guḍānna prīta mānasā

Sie, die süßen Reis, mit rohem Zucker zubereitet, sehr schätzt.

502. समस्त भक्त सुखदा

Samasta bhakta sukhadā

Sie, die all Ihren Verehrern Glück spendet.

Hier ist das Glücklichsein in diesem und im jenseitigen Leben gemeint. Zweifellos erzielen die Verehrer der Göttlichen Mutter schnelle Resultate. Sie ist mitfühlender und großzügiger als jede andere Gottheit.

503. लाकिन्यम्बास्वरूपिणी

Lākinyambāsvarūpiṇī

Sie, die in Gestalt der Lākinī Yoginī erscheint (porträtiert in den vorigen acht Mantren).

504. स्वाधिष्ठानाम्बुज गता

Svādhiṣṭhānāmbuja gatā

Sie, die im sechsblättrigen Lotus des svādhiṣṭhāna (als Kākinī Yoginī) wohnt.

Kākinī sei hier in der Meditationsanrufung vorgestellt: "Wir meditieren über *Kākinī,* die im sechsblättrigen *svādhiṣṭhāna*-Lotus residiert, viergesichtig, dreiäugig, in den Händen den Dreizack, die Schlinge, den Totenkopf und die *abhaya*-Waffe; überaus stolz ist Sie, regiert die Lymphe in lebendigen Körpern; bedient wird Sie von Bandinī u. a., gelb ist Ihre Hautfarbe, Honig liebt Sie und mit Yoghurt vermengtes Essen, und die Wünsche flößt Sie ein."

Der Meditationsvers formuliert buchstäblich "*Veda*-gesichtig", was heißt, die Veden repräsentieren Ihre vier Gesichter.

505. चतुर् वक्त्र मनोहरा

Catur vaktra manoharā

Sie, die vier schöne Gesichter hat.

Dies sind die vier Veden, die Gesichter *Kākinīs*, wie vorhin angesprochen.

506. शुलाद्यायुध सम्पन्ना

Śulādyāyudha sampannā

Sie, die den Dreizack nebst anderen Waffen trägt. (Die Waffen sind der Dreizack, die Schlinge, der Totenschädel und abhaya.)

507. पीत वर्णा

Pīta varṇā

Sie, die von gelber Farbe ist.

508. अति गर्विता

Ati garvitā

Sie, die sehr stolz ist (auf Ihre Waffen und Ihre überwältigende Schönheit).

509. मेदो निष्ठा

Medo niṣṭhā

Sie, die das Fett lebender Körper regiert.

510. मधु प्रीता

Madhu prītā

Sie, die Honig und mit Honig zubereitete Opfergaben liebt.

511. बन्धिन्यादि समन्विता

Bandhinyādi samanvitā

Sie, die von Bandhinī und anderen śaktis begleitet wird.

Kākinī wohnt im zentralen Stempel des sechsblättrigen Lotus, umgeben von den sechs śaktis (von Bandhinī bis Lamboṣṭhī), deren jede ein Blütenblatt besetzt.

512. दध्यन्नासक्त हृदया

Dadhyannāsakta hṛdayā

Sie, die mit Yoghurt zubereitete Opfergaben besonders gerne hat.

513. काकिनी रूप धारिणी

Kākinī rūpa dhāriṇī

Sie, die in Gestalt der Kākinī Yoginī erscheint (in den zehn vorhergehenden Beinamen beschrieben).

514. मूलाधाराम्बुजारूढा
Mūlādhārāmbujārūḍhā
Sie, die im Lotus des mūlādhāra wohnt.

Sākinī Yoginī wird jetzt geschildert. Der Lotus des *mūlādhāra* besitzt vier Blütenblätter, die von vier *amṛta śaktis* okkupiert werden. Von ihnen umgeben, residiert *Sākinī* im Samenbeutel. Sie wird derart angerufen: "Wir meditieren über *Sākinī*, die im vierblättrigen *mūlādhāra*-Lotus wohnt, fünfgesichtig, dreiäugig, rauchfarben, die Knochen lebender Wesen regierend; in Ihren Händen hält Sie den Stachelstock, die Lotusblume, ein Buch und zeigt das *jñānamudrā* (Symbol des Wissens); Sie wird von der sanften Varadā und anderen Gottheiten bedient, ißt gerne *mudga*-Bohnen und trinkt Honigwein, der Sie berauscht."

515. पञ्च वक्त्रा
Pañca vaktrā
Sie, die fünf Gesichter hat.

Vier der Gesichter blicken in die vier Himmelsrichtungen, das fünfte blickt nach oben.

516. अस्थि संस्थिता
Asthi samsthitā
Sie, die in den Knochen wohnt.

Sie ist die Göttin, die das Knochengerüst lebender Wesen regiert.

517. अङ्कुशादि प्रहरणा
Aṅkuśādi praharaṇā
Sie, die den Stachelstock und andere Waffen trägt.

Sie hält Stachelstock, Lotus und Buch in den Händen und zeigt das *mudrā* (Finger- und Handhaltung) des Wissens, wie es im Anrufungsvers beschrieben wird.

518. वरदादि निषेविता

Varadādi niṣevitā

Sie, der von Varadā und anderen śaktis aufgewartet wird.

Sākinī wohnt im Samenbeutel (*karnika*) des vierblättrigen Lotus, umgeben von Varadā, Sarasvatī etc.

519. मुद्गौदनासक्त चित्ता

Mudgaudanāsakta cittā

Sie, die Speiseopfer aus mudga (eine Linsensorte) besonders gerne hat.

520. साकिन्यम्बा स्वरूपिणी

Sākinyambā svarūpiṇī

Sie, die die Form von Sākinī Yoginī besitzt (portraitiert in den obigen sechs Namen).

521. आज्ञा चक्राब्ज निलया

Ājñā cakrābja nilayā

Sie, die im zweiblṛttrigen Lotus des ājñācakra wohnt.

Nun wird *Hākinī Yoginī* geschildert: "Wir meditieren über *Hākinī*, die zwischen den Augenbrauen wohnt, im zweiblättrigen *bindu*-Lotus; von weißer Farbe ist Sie, zeigt das *jñānamudrā*, hält die [kleine Doppel-] Trommel, die *mālā* (Halskette) aus *rudrākṣa*-Samen und den Schädel in den Händen, ist sechsgesichtig und dreiäugig, wird bedient von Hamsavatī u. a. *śaktis*, liebt Essen, das mit Gelbwurz gewürzt ist, und spendet allen Wesen Gutes."

522. शुक्ल वर्णा

Śukla varṇā

Sie, die weiß ist.

Das *Ājñācakra* ist auch der Sitz des *candramaṇḍala*, der Mondscheibe, und daher rührt die Weiße.

523. षडानना

Ṣaḍānanā

Sie, die sechs Gesichter besitzt.

Das *Ājñācakra* repäsentiert das Reich des Intellekts. Erinnern wir uns, daß es darin sechs śāstras (Wissenszweige) gibt.

524. मज्जा संस्था

Majjā samsthā

Sie, die das Knochenmark regiert.

525. हंसवती मुख्य शक्ति समन्विता

Hamsavatī mukhya śakti samanvitā

Sie, die von den śaktis Hamsavatī und Kṣamāvatī (auf den zwei Blütenblättern des Lotus) begleitet wird.

526. हरिद्रान्नैक रसिका

Haridrānnaika rasikā

Sie, die mit Gelbwurz gewürztes Essen liebt.

In etlichen berühmten Tempeln wird häufig Reis, mit Gelbwurz angereichert, als *prasādam* verteilt.

527. हाकिनी रूप धारिणी
Hākinī rūpa dhāriṇī
Sie, die in Gestalt der Hākinī Devī erscheint (in den vorigen sechs Mantren geschildert).

528. सहस्र दल पद्मस्था
Sahasra dala padmasthā
Sie, die im tausendblättrigen Lotus wohnt.

Yākinī Yoginī, die nun portraitiert wird, residiert in der Samenkapsel des tausendblättrigen Lotus im *Brahmarandhra* oberhalb des *ājñācakra*. Die Meditation über Sie wird derart geführt: "Wir meditieren über *Yākinī* Devī, die im Mond [Stempel] des Blütenstaubbeutels des tausendblättrigen Lotus im *Brahmarandhra* residiert, den Samen regiert, mit allen Arten von Waffen versehen ist, nach allen Seiten blickt, von den vielen *śaktis* der Buchstaben von *A* bis *Kṣa* bedient wird, in allen Farben leuchtet, alle Arten von Nahrung liebt und dem Höchsten Śiva ganz ergeben ist."

529. सर्व वर्णोपशोभिता
Sarva varṇopaśobhitā
Sie, die in vielen Farben leuchtet.

Helles und dunkles Rot, Schwarz und Gelb wären hier die Hauptfarben (*varṇas*).

Varṇa bedeutet auch "Buchstabe des Alphabets". Die Buchstaben *A* bis *Kṣa* des Sanskrit-Alphabets gelten manchmal als Gottheiten *Amṛtaśakti* bis *Kṣamāśakti*. Genauso spricht man von den *śaktis Amṛta* bis *Hamsavati,* und meint damit die Buchstaben *A* bis *Ha*. In beiden Fällen soll jeder Buchstabe jeweils eine *śakti* symbolisieren.

Summiert man die Zahl der Blütenblätter der Lotusse von *mūlādhāra* bis *ājñācakra*, erhält man fünfzig, und jedes wird von einer *śakti* eingenommen. Nimmt man die aufsteigende und die absteigende Linie durch die Chakren, so ergibt sich eine Gesamtsumme von hundert *śaktis*. Im gegenwärtigen Mantra steht das Wort *upa* für zehn. Wiederholt sich jede der hundert Buchstaben-*śaktis* in zehn Blütenblättern, erhält man tausend. Dies ist die eigentliche Bedeutung der tausend Blütenblätter. *Yākinī* Devī strahlt in ihnen allen mit vielen leuchtenden Farben.

530. सर्वायुध धरा

Sarvāyudha dharā

Sie, die alle bekannten Waffen trägt.

Yākinī Devī wird mit zahlreichen Waffen in Ihren vielen Händen dargestellt.

531. शुक्ल संस्थिता

Śukla samsthitā

Sie, die den Samen regiert.

Unter den sieben *dhātus* (wesentlichen Bestandteilen des Körpers) wird der Samen als der wichtigste erachtet. Man glaubt, daß er mit dem Gehirn zusammenhängt; deshalb scheint es wesentlich, ihn zu erhalten. Auch für einen verheirateten Mann ist seine Vergeudung abträglich und hat negative Auswirkungen auf sein Gehirn.

Śukla gilt daneben als anderes Wort für die *tārakabrahma dhyāna* Meditation. Die Göttliche Mutter manifestiert sich demnach auch in Form von *Tārakabrahma*.

532. सर्वतोमुखी

Sarvatomukhī

Sie, deren Gesichter in alle Richtungen blicken.

533. सर्वौदन प्रीत चित्ता
Sarvaudana prīta cittā
Sie, die über alle Nahrungsopfergaben erfreut ist.

534. याकिन्यम्बा स्वरूपिणी
Yākinyambā svarūpiṇī
Sie, die in Gestalt der Yākinī Yoginī erscheint (in den vorhergehenden sechs Mantren beschrieben).

Nachdem die verschiedenen *Yoginīs* dargestellt wurden, nehmen wir wieder die Beschreibung der Eigenschaften der Göttlichen Mutter auf.

535. स्वाहा
Svāhā
Sie, Empfängerin der Anrufung "svāhā" am Ende der Mantren, die bei yāgas (Feuerzeremonien) während der Darbringung der Opfergaben rezitiert werden.

Svāhā bedeutet "das Fördernd-Nützliche bei Anrufung der auserwählten Gottheit". *Svāhā* ist ebenso die Gattin Śivas in seiner Manifestation als Agni (Feuer). Die *Liṅga Purāṇa* erklärt: "*Svāhā* meint des Feuers Wesen, und wer diesen Namen ruft, ist Śiva angenehm." Traditionellerweise wird "Om" zu Beginn und "*svāhā*" zum Abschluß der Mantren rezitiert, während [ins Feuer] geopfert wird.

Weiterhin bezeichnet *svāha* (*sva+aha*) die eigene Rede. Die feminine Form davon, *svāhā*, ist das gegenwärtige Mantra. Das Wort des Beters und das Wort der Devī werden eins.

Svāhā (*su+aha*) kann auch "gute Äußerung", "gute Worte", "Worte der Weisheit" bedeuten.

Bhāskararāya interpretiert das Mantra so: "Sie, die sich selbst gut kennt." Das ist das Wissen von *Brahman*. Die Weltenmutter besitzt das Wissen über Brahman und vermittelt dieses Wissen.

536. स्वधा

Svadhā

Sie, die Empfängerin der Anrufung "svadhā" am Ende der Mantren.

Am Ende der Mantren, welche während des Opferrituals für die Vorfahren rezitiert werden, ertönt das Wort "*svadhā*", vergleichbar mit dem Wort "*svāhā*" bei Opfergaben für Gottheiten [s. oben].

Svadhā kann auch ausgelegt werden als: "Sie, die alle Wesen einschließlich Viṣṇu (*su,* gut + *a*, Viṣṇu + *dha*, nährt) trägt (nährt, beschützt)."

Devī Māhātmya führt an: "Oh Devī, wenn Dein Name rezitiert wird, gefällt das allen Göttern, denn Du bist sowohl *svāhā* wie auch *svadhā*."

Svāhā, svadhā, ṣrauṣaṭ, vauṣat und *vaṣaṭ* sind jeweils mantrische Formeln, die zur Invokation verschiedener Gottheiten während der Darbringung von Opfergaben rezitiert werden.

537. अमतिः

Amatiḥ

Sie, die in Form der Ignoranz und des Nichtwissens erscheint.

Amati oder *Avidyā* ist jener Gottesaspekt, der die gefühlsmäßig, ohne vernünftige Unterscheidung ausgeführten Handlungen regiert.

Der unweise Mensch will, wie es die *Kaṭha Upaniṣad* (I.ii.2) erläutert, in Lust und Vergnügen waten; darum wendet er sich vom Pfad des Guten ab und wählt den Pfad des Vergnügens. Dieselbe *Upaniṣad* (II.iv.2) führt weiter aus: "Die Unwissenden (die Kindlichen) suchen seichte Vergnügungen und verfangen sich in den ausgebreiteten Schlingen des Todes."

Es ist *amati* (Unwissenheit), die den *samsāri* auf den Pfad des Vergnügens und in die Fallen des Todes stößt.

Amati wird auch als die erste Schöpfung interpretiert - sie war ohne Intelligenz.

Durgācārya legt dieses Mantra in der Lesart von *matiḥ* und also als "Wissen vom Selbst" aus.

538. मेधा

Medhā

Sie, die die Gestalt der Weisheit (des Wissens) hat.

Sie ist die zweite, mit Intelligenz versehene Schöpfung.

Die Göttin des Wissens heißt Sarasvatī, und das Mantra bedeutet dementsprechend: "Sie, die in der Gestalt Sarasvatīs erscheint." Die Schrift *Devī Māhātmya* preist Sie als "die Göttin, die in Form von *medhā* (Intelligenz) in allen Wesen wohnt."

Die *Padma Purāṇa* stellt Sie auch als Medhā, eine Gottheit Kaśmīrs, dar.

539. श्रुतिः

Śrutiḥ

Sie, die in Form der Veden erscheint.

Śruti bedeutet das, was gehört wird und was durchs Hören gelernt werden soll; *Śruti* steht als Synonym für die Veden. *Śruti* ist das, was die Rishis während ihrer Meditation hörend empfingen.

Die vier Veden sind *Ṛg, Yajus, Sāma* und *Atharva*. Es wird gesagt, sie seien durch das Ausatmen Brahmans entstanden. Die Veden verkörpern das Wissen. Ihrem Wesen nach ewig, sind sie mit Brahman identisch. Die Göttliche Mutter, selbst *Brahman-als-Wissen* (*jñānabrahman*), wird *Śruti* genannt.

"*Śruti* ist Mātā (Mutter)", das ist ein bekanntes Sprichwort. In der Musik repräsentiert *śruti* (Tonhöhe, Ton) die Mutter und *laya* (Zeit) den Vater.

540. स्मृतिः
Smṛtiḥ
Sie, die die Form der Smṛti hat.

Smṛtis heißen die Schriften, die auf den Veden (*Śruti*) basieren.

Es existieren etliche *Smṛtis - Manusmṛti, Bārhaspatyasmṛti, Yājñavalkyasmṛti*. Falls *Smṛti* und *Śruti* bezüglich eines Themas differieren, sollte die Auslegung der *Śruti* als letzte Autorität betrachtet werden. Die *Smṛti* kann sich mit der Zeit ändern.

Smṛti bedeutet auch Erinnerung. Da die Devī die Erinnerung weckt und belebt, wird Sie im vorliegenden Mantra *Smṛti* genannt.

Die *Devī Purāṇa* erklärt Devī als *Smṛti*, weil Sie sich an Vergangenheit, Gegenwart und Zukunft erinnert.

541. अनुत्तमा
Anuttamā
Sie, die Beste, von niemand übertroffen.

Wenn wir jemand preisen, weil er/sie intellektuell oder physisch ohnegleichen ist, dann vergleichen wir ihn/sie nicht mit Brahmā, Viṣṇu oder Śiva, sondern wir preisen seine oder ihre *śakti* (Energie, Stärke), die ohnegleichen ist. Diese *śakti* ist die der Göttlichen Mutter.

542. पुण्य कीर्तिः
Puṇya kīrtiḥ
Sie, deren Ruhm geheiligt ist und zu Recht besteht.

Devis glorreicher Ruhm ist solcherart, daß er jeden erhöht, der sich seiner erinnert oder sich über ihn verbreitet. Es heiligt sogar, über Ihren Ruhm zu hören. Wie es Śaṅkarācārya ausdrückt: "Wie kann ein Mensch ohne Verdienst von Ihrem glorreichen Ruhm überhaupt vernehmen, sich daran erinnern oder darüber meditieren?" (*Saundarya Laharī*, Vers 1)

Das Mantra bedeutet auch: "Sie, die von verdienstvollen und rechtschaffenen Menschen gerühmt wird."

543. पुण्य लभ्या

Puṇya labhyā

Sie, die nur von rechtschaffenen Seelen erreicht wird.

Wer die Gottesmutter verehrt, um einen Wunsch erfüllt zu bekommen, wird die Erfüllung des Wunsches erlangen, jedoch nicht das Geschenk Ihres *darśan* (Anwesenheit, Schau Ihrer Form). Ihr *darśan* wird nur von selbstlosen *karmayogis* und von *jñānis*, den Wissenden der Wahrheit, erlangt. "Devī, die huldvolle Göttin, wird nur von jenen mit Verdienst erschaut, von jenen, die die Wahrheit der Veden kennen, von jenen, die *tapas* [weltentsagende Disziplin] üben. Jene, die von Wünschen getrieben sind, erschauen Sie nicht."

Aber wie gering ist die Zahl solch selbstloser *karmayogins* [und Wissender]! Sie sind die Tapferen, die Heldenhaften - sie sind die Anker dieser Welt.

544. पुण्य श्रवण कीर्तना

Puṇya śravaṇa kīrtanā

Sie, die jedem Gunst schenkt, der von Ihr hört und Sie preist.

Wir wollen Sie preisen - wenigstens dann, wenn schlechte Gedanken den Sinn beschleichen. Ihn von unsauberen Gedanken zu säubern, ist verdienstvoll. Unreine Gedanken und Handlungen sind gemeinhin als Sünde bekannt. "In achtzehn *Purāṇas* sagte Vyāsa durchwegs nur eines: anderen zu dienen, ist *puṇya*, andere zu verletzen, ist *pāpa* (Sünde)."

Wer vom Ruhm der Weltenmutter hört und ihn preist, erwirbt Verdienst; er denkt nicht daran, andere zu verletzen.

545. पुलोमजार्चिता

Pulomajārcitā

Sie, die von Pulomaja angebetet wird.

Pulomaja ist Indrānī, Indras Gattin. Dem Rat Bṛhaspatis, Guru der *devas*, folgend, betete Pulomaja zu Devī, um das Himmelskönigsreich von Nahuṣa, der es an sich gerissen hatte, für ihren Gatten zurückzuerhalten.

Nahuṣa, ein König aus dem Sonnengeschlecht, hatte sich die Position Indras erworben, als er hundert *yāgas* (Feuerrituale) ausführte. Doch meinte er, seine Stellung wäre erst vollständig, wenn er auch Indrānī zu seinem Weibe hätte. Indrānī ward darob höchst unglücklich. Sie betete zu Tripurasundarī Devī, um Indra als Gatten behalten zu können. Während ihres Betens sah sie, wie sie das Unheil abwenden könnte.

Ihre Bedingung, unter der sie Nahuṣa als Ehegemahl akzeptieren würde, verlangte, daß er in einer von den *ṛṣis* getragenen Sänfte zu ihr gebracht werden würde. Der liebestolle Nahuṣa willigte ein. In großer Pracht trat er seine Reise zum Bettgemach Indrānīs an und wurde von den großen Weisen im Palanquin getragen. Dem Weisen Agastya, da von kleiner Statur, kippte die Sänfte nach einer Seite. Nahuṣa trieb ihn an, indem er auf seinen Kopf schlug und rief: "*Sarpa, sarpa* (beweg dich, beweg dich)!" Deswegen ergrimmt, verfluchte ihn Agastya und schrie: "*Sarpo bhava*!", was heißt, "werde zur Schlange!" Worauf Nahuṣa sich in eine große Schlange verwandelte, die über den Boden glitt. In solcher Weise, durch Verehrung der Gottesmutter, überwand Indrānī die Gefahr und gewann ihren Gemahl zurück.

546. बन्ध मोचनी

Bandha mocanī

Sie, die von Bindungen frei ist - Sie, die von Bindungen befreit.

Die Göttliche Mutter schenkt Freisein von allen Arten der Verhaftung oder Ankettung. Die Königin Ekāvalī wurde vom Dämon Kālaketu ins Gefängnis geworfen. Ihre Dienerin verehrte die Devī und war ihr wohlgefällig, worauf diese die Königin aus der Gefangenschaft befreite. In ähnlicher Art gewann Aniruddha, vom Kaiser Bāna eingekerkert, durch die Anbetung der Gottesmutter seine Freiheit zurück, woraufhin er dann Bānas Tochter Uṣā heiraten konnte. Nichts scheint unmöglich, wenn die Gnade der Devī wirksam ist.

547. बर्बरालका

Barbarālakā

Sie, deren Haar in welligen Locken fällt.

Reiches, volles Haar ist ein Kennzeichen von Devīs Schönheit. Dieser jetzige Beiname wird auch als "*Bandhurālakā*" angegeben - "jemand mit wunderschönem Haar".

548. विमर्श रूपिणी

Vimarśa rūpiṇī

Sie, die in der Form von Vimarśa auftritt.

Die Begriffe *Prakāśa* und *Vimarśa* werden in der Śiva-Śakti-Doktrin benutzt und können als inneres Leuchten und dessen Widerspiegelung übersetzt werden. Śiva, *prakāśa*, ist reines Bewußtsein, das kreative Kraft latent beinhaltet. Śakti, *vimarśa*, ist der Energieblitz, der Pulsschlag (*sphurana)* in diesem Bewußtsein, der den Kreislauf von Schöpfung, Erhaltung und Auflösung initiiert und energetisiert. Derart steht der gesamte

Schöpfungs-prozeß unter der Kontrolle der Göttlichen Mutter in Ihrer *Vimarśa*-Form.

Vimarśa und *prakāśa* können auch als "das Wort und dessen Bedeutung" interpretiert werden, wie weiter oben angeführt. Außerdem wird Vimarśa als Gestalt oder Form verstanden. Und so manifestiert sich die Große Weltenmutter in Namen und Formen, aus denen die Allgestalt des Universums besteht.

549. विद्या

Vidyā

Sie, die in Form des Wissens erscheint.

Devī hat den Charakter des Wissens (*vidyā).* Wir beschrieben Sie bereits als die Gottheit der 64 Formen der Kunst und als Gottheit, die die Natur der *Śrutis* und der *Smṛtis* besitzt. Das gegenwärtige Mantra verweist auf das Wissen vom Selbst; Devī erscheint in Gestalt und im Modus dieses Wissens. *Vidyā* bezeichnet das Wissen insbesonders, das zur Befreiung führt.

550. वियदादि जगत् प्रसूः

Viyadādi jagat prasūḥ

Sie, die Mutter des Universums, aus allen Elementen und dem primären Ätherelement zusammengesetzt.

Die *Śruti* erklärt: "Der Äther entstand aus dem *Ātman*." (*Taittiriya Upaniṣad* II.2)

551. सर्वव्याधि प्रशमनी

Sarvavyādhi praśamanī

Sie, die jegliche Krankheit und jeglichen Kummer beendet.

Vyādhi hat die Bedeutung "Altern, Kranksein". Devī vertreibt alle körperlichen und geistigen Krankheiten. Mit Ihrer Gnade können nicht allein Krankheiten verschwinden, sondern selbst der Tod kann ferngehalten werden.

552. सर्व मृत्यु निवारिणी

Sarva mṛtyu nivāriṇī

Sie, die Ihre Anhänger vor etlichen Todesarten bewahrt.

Der Tod kann durchs Alter kommen oder unerwartet. Durch den Willen der Gottesmutter können beide Arten von Toden hinausgezögert werden.

"Führe mich vom Tod zur Unsterblichkeit", dies ist ein bekanntes Gebet. Und die Feststellung in der *Śruti*, "nur durch das Wissen über Es transzendiert man den Tod; kein anderer Weg ist dazu bekannt", bekräftigt den Sachverhalt, daß Devīs Gnade dazu befähigt, den Tod zu überwinden. "Wer derart von Ihm weiß, durchtrennt die Fesseln des Todes." (*Śvetāśvatāra Upaniṣad* IV,15)

553. अग्र गण्या

Agra gaṇyā

Sie, die als das Allererste gesehen werden muß.

Da die Gottesmutter Ursprung des Universums ist, erscheint Sie in der Tat als das Allererste - als *sat-cit-ānanda*, Sein-Bewußtsein-Glückseligkeit.

"Dieses *Sat* alleine, liebes Kind, steht zuvorderst", konstatiert die *Śruti*.

554. अचिन्त्य रूपा

Acintya rūpā

Sie, deren Form jenseits gedanklicher Begriffe liegt.

Der Verstand beruht auf den drei *guṇas* (fundamentale Qualitäten). Alles, was dem Verstand verständlich wird, muß gleichfalls die Natur der *guṇas* haben. Devī, andererseits, überschreitet diese *guṇas*. Deshalb wird Sie umschrieben mit "jenseits der Reichweite von Verstand und Sprache" (siehe Mantra 415).

Die Gottrealisierung wird nicht durch den Verstand erreicht, denn sie findet jenseits aller Sinneserfahrung statt. Nun speist diese aber den Verstand, worauf er denkt. Daher existiert die Devī jenseits dieses Denkens.

555. कलि कल्मष नाशिनी

Kali kalmaṣa nāśinī

Sie, die die Sünden des Kali-Zeitalters vernichtet.

"Wie der Sonnenaufgang die Dunkelheit auflöst und Wasser das Feuer löscht, so wäscht der gesungene Name der Göttlichen Mutter die unzähligen Sünden des dunklen Kali-Zeitalters hinweg", erklärt die *Kūrma Purāṇa*. Die *Brahmāṇḍa Purāṇa* meint: "Die Erinnerung der Füße Parāśaktis ist die höchste Form der Buße für alle wissend oder unwissentlich begangenen Sünden."

556. कात्यायनी

Kātyāyanī

Sie, Tochter des Weisen namens Kata.

Wohlbekannt ist, daß Kātyāyanī, deren Körper mit den Strahlen (*tejas*) aller Devas unvergleichlich leuchtet, niemand anderer als die Devī ist. Die *Vāmana Purāṇa* sagt: "Diese Helligkeit, die schönste und stärkste, wurde von der Welt Kātyāyanī genannt. Unter diesem Namen strahlt Sie und wird gefeiert überall."

Bhāskararāya hebt hervor, daß Kātyāyanī die Hauptgöttin des Tempels in Oḍyāṇa ist.

557. कालहन्त्री

Kālahantrī

Sie, Vernichterin der Zeit (des Todes).

Die Gottesmutter existiert - von vornherein - jenseits der Zeit. Sie kann ebenfalls die Nachwirkungen schlimmer Lebensphasen beseitigen. In Ihrer Gegenwart wird die Zeit vergessen.

558. कमलाक्ष निषेविता

Kamalākṣa niṣevitā

Sie, bei der Viṣṇu Zuflucht sucht.

Der *Padma Purāṇa* zufolge erwarb Viṣṇu seinen eigenen Rang dadurch, daß er die saphirfarbene Devī beständig anbetete.

559. ताम्बूल पूरित मुखी

Tāmbūla pūrita mukhī

Sie, deren Mund voll ist, da Sie Betel kaut.

Devī kaut gerne Betelblätter mit aromatisiertem Kalk und Nüssen. In solchen Augenblicken des Genießens ist Sie besonders großzügig und flink im Verteilen Ihrer Huld.

Das Betelkauen läßt die natürliche Schönheit Ihres Gesichts noch anziehender erscheinen. Man stelle sich eine indische Mutter vor, die nach Beendigung ihrer Haushaltspflichten liebevoll ihren Kindern zusieht und dabei entspannt Betel kaut.

560. दाडिमी कुसुम प्रभा

Dāḍimī kusuma prabhā

Sie, die wie eine Granatapfelblüte schimmert.

Die Farbe der Granatapfelblüte ist eine besonders schöne Rotschattierung. Kurz gesagt, Devīs Haut erscheint außerordentlich anziehend.

561. मृगाक्षी

Mṛgākṣī

Sie, mit länglich-schönen Augen, die jenen einer Hirschkuh gleichen.

562. मोहिनी

Mohinī

Sie, die bezaubert.

Devī bezaubert jeden mit Ihrer Schönheit und bringt jeden dazu, Ihre Wünsche auszuführen. Die *Laghu Nāradīya Purāṇa* formuliert dies so: "Oh Du Wunderschöne, da die ganze Welt von Dir bezaubert wird, soll Dein Name 'die Bezaubernde' sein."

Die *Brahmāṇḍa Purāṇa* schildert, wie Brahmā in Meditation versunken saß und Śakti vor ihm als Prakṛti - die die Wünsche der Götter erfüllen kann - erschien. Dies war das erste Mal, daß Mohinī auftrat.

Das zweite Mal fand während des Verquirlens des Milchozeans statt. Viṣṇu meditierte über die Form Mohinīs und nahm deren Gestalt an. Sie erschien dann vor den Göttern und Dämonen, die um den Nektar stritten, der durch das Quirlen des Ozeans entstand. Bei ihrem Anblick dachten die Dämonen, es wäre am besten, ihr den Nektarkrug anzuvertrauen, so daß sie jedem daraus gerecht ausschenkte. Sie stellte zur Bedingung, daß alle die Augen geschlossen hielten, solange sie ausschenkte, und daß sie den heiraten würde, der die Augen zuletzt öffnete. Ihnen allen erschien jede Bedingung der Bezaubernden annehmbar, und so saß jeder mit geschlossenen Augen da.

Mohinī begann, den Nektar an die Götter auszuteilen; die Dämonen warteten und warteten und wagten ihre Augen nicht zu öffnen. Nach einer Weile aber schlug Rāhu die Augen auf und sah, daß sie die Götter schon bedient hatte. Da tötete ihn Viṣṇu, indem er ihm mit seinem *cakra* den Kopf abtrennte, ihn somit zweiteilte.

Die am Ufer des Pratarā Flusses installierte Gottheit heißt ebenso Mohinī.

563. मुख्या
Mukhyā
Sie, die das Erste ist.

Die Gottesmutter ist das Erste, das erste *Prāṇa* (Hiraṇyagarbha, ein Beiname Brahmās, der "goldener Mutterleib" oder schöpferische Lebenskraft bedeutet).

Sie ist bereits als Agraganyā, als das "Erste, das gezählt wird" gepriesen worden. Dazu ist Sie auch die "alle überragende Eine". "Ich bin die Erstgeborene der Wahren Wesen." (*Taittiriya Upaniṣad* III.10.5)

564. मृडानी
Mṛḍānī
Sie, Gemahlin von Mṛḍa (Śiva).

Mṛḍa ist der Spender des Glücklichseins, also Śiva. Die Göttliche Mutter ist, neben Ihrer Rolle als Frau Mṛḍas, selbst Glücksspenderin für jeden. Mṛḍa repräsentiert Śivas überwiegend *sāttvischen* Aspekt.

565. मित्र रूपिणी
Mitra rūpiṇī
Sie, die Freundin von jedermann, die Freundin des Alls.

Mitra ist mit Sonne gleichzusetzen. Der Name will sagen, daß Devī die Pracht von Millionen von Sonnen besitzt. Sie leuchtet in Gestalt zwölf verschiedener Sonnen (*dvādaśāditya*) im Verlauf der zwölf Monate.

566. नित्य तृप्ता

Nitya tṛptā

Sie, die ewig Zufriedene.

Die Gottesmutter ist die Zufriedenheit selbst. Ewige Zufriedenheit findet sich nur im Zustand von *mokṣa*, der Befreiung. Zufriedenheit definiert den Zustand der Wunschlosigkeit. Und so personifiziert quasi die Gottesmutter Befreiung an und für sich. Vyāsa erklärt: "Das höchste Glück besteht in der Abwesenheit von Wünschen." Dies ist Seelenbefreiung. *Nityatṛpta* charakterisiert jemand, der in diesem Zustand beständig lebt.

567. भक्तनिधिः

Bhaktanidhiḥ

Sie, der wertvolle Schatz Ihrer Verehrer.

Ein Schatz erfüllt unsere Wünsche, wird unerwartet erhalten und bereitet Freude. Für den Devotee ist Devīs *darśan* wie ein solcher Schatz.

Ein Schatz wird gehütet, so daß er nicht verloren geht. Devī gleicht diesem Schatz und wird mit großer Sorgfalt in den Herzen Ihrer Verehrer bewahrt.

568. नियन्त्री

Niyantrī

Sie, die alle Wesen überschaut und auf den rechten Pfad leitet.

Eine Episode in der *Kena Upaniṣad* beschreibt, wie der allesverschlingende Agni (Feuer) außerstande war, auch nur einen Grashalm zu verzehren. Vāyu (Luft), der alles entwurzelt, konnte denselben Grashalm keinen Millimeter bewegen. Die verbrennende Macht des Feuers und die hinwegblasende Macht der Luft sind nichts anderes als die *Māyā* von Brahman. Alles im Kosmos steht unter der Kontrolle dieser *Māyā*.

569. निखिलेश्वरी
Nikhileśvarī
Sie, die über alles und jedes herrscht.

Herrscherin über Lebendiges und Nichtlebendiges.

570. मैत्र्यादि वासना लभ्या
Maitryādi vāsanā labhyā
Sie, die durch Liebe und gute Eigenschaften erreicht werden kann.

Traditionellerweise werden vier Typen von guten *vāsanās* (Dispositionen, Einstellungen) unterschieden: *maitri* (Freundschaft), *karuṇā* (Mitgefühl), *mudita (*Freudigkeit) und *upekṣa* (Gleichgültigkeit). Sie werden in der *Bhāgavata Purāṇa* dargestellt. Wir sollten mit den Glücklichen Freundschaft pflegen, Mitgefühl mit den Unglücklichen haben, Freude an der Verbindung mit Tugendhaften und Gleichgültigkeit gegenüber den Sündern empfinden. Solche Devotees, in denen diese *vāsanās* derart Wurzeln schlagen, erreichen die Göttliche Mutter und empfangen Ihre Gnade leicht. Die *Patānjalī Yoga Sūtra* (I.33) fügt an, daß durch die Kultivierung eben dieser vier *vāsanās* eine ungetrübte Ruhe des Geistes gewonnen wird.

571. महा प्रलय साक्षिणी
Mahā pralaya sākṣiṇī
Sie, Zeugin der Großen Auflösung.

Brahmā, Viṣṇu und Indra ersterben zur Zeit der kosmischen Auflösung; nur die Große Mutter bleibt als Zeugin. Laut Überlieferung verursacht Śivas *tāṇḍava*-Tanz die Auflösung des Alls.

Dabei enden die Lebenszyklen Brahmās, Viṣṇus und anderer Gottheiten, und lediglich Devī, die Śakti Rudras, verbleibt, um dem kosmischen Tanz beizuwohnen (siehe Mantra 232). Diese Mythen drücken aus, daß allein die Essenz des Brahman unvergänglich ist, und diese ist die Devī.

Es wird angeführt, daß Śiva nur die kosmische Auflösung überlebt, weil die Göttliche Mutter seine Gemahlin ist. Saubhāgyabhāskara rezitiert: "Oh Devī, Du alleine bleibst die Siegerin, und hältst den Stachelstock, den Blumenpfeil, den Bogen aus Zuckerrohr, und bist die Zeugin des *tāṇḍava*-Tanzes von Parabhairava."

572. पराशक्तिः

Parāśaktiḥ

Sie, die höchste Ursprungskraft.

Devī ist die Höchste Macht, alles transzendierend, alles kontrollierend.

Kāmikāgama behauptet, daß die zehnte Elementarsubstanz (*dhātu*) im Körper der Parāśakti entspricht. Unter den *dhātus* leiten sich Haut, Blut, Fleisch, Fett und Knochen von der Devī ab, während Knochenmark, Samen, Atem und Vitalität von Śiva stammen. Das zehnte *dhātu* erhöht und erhält die erwähnten neun und wird eben der Parāśakti zugeordnet.

Wo immer es Energie gibt, da ist Devī anwesend. Die Weisen betrachten Sie als die Energie in allen Substanzen. (*Liṅga Purāṇa*)

Es gibt ein Mantra namens *parā*, auch *parāśakti* genannt. Devī manifestiert sich in Form dieses Mantras.

573. परानिष्ठा

Parā niṣṭhā

Sie, das Oberste Ende, der Erhabene Wohnsitz.

Alle lebendigen und nichtlebendigen Wesen und Dinge finden ihre letzte Ruhe in der Weltenmutter.

Jede Bewegung bedarf eines bewegungslosen Ausgangspunktes oder Fundaments. Vom Grashalm bis zum Planeten bewegt sich alles nur, weil es seine Stütze hat in einer grundierenden Essenz - welche die Gottesmutter ist.

Der Begriff *Parāniṣṭha* bezeichnet jenes Wissen, das alle Wünsche und Handlungen endgültig beendet. Die *Sūta Gītā* (V 50-54) umschreibt dieses Wissen. Wer es erworben hat, dessen Erfahrung bleibt unerschütterlich nichtdualistisch. [...]

574. प्रज्ञान घन रूपिणी

Prajñāna ghana rūpiṇī

Sie, die reines, konzentriertes Wissen ist.

Ein Salzkristall schmeckt innen und außen genauso. Ähnlich ist die Göttliche Mutter reines Bewußtsein von einheitlicher Form, in dem es keinen Unterschied zwischen innen und außen, keine Spur von *avidyā* (Unwissenheit) gibt. So definiert *prajñānaghana* reines, homogenes Bewußtsein. Wie unter Mantra 426 dargestellt, deklariert eines der *Mahāvākyas* (Große Maximen): "Bewußtsein ist Brahman."

575. माध्वी पानालसा

Mādhvī pānālasā

Sie, die träge vom Weintrinken ist; die sich um nichts bekümmert.

Madhu (Wein), wie er hier angesprochen wird, steht für den Nektar, der vom *candramaṇḍala* (Mondscheibe) ins *ājñācakra* überfließt. Devī, so wird dies ausgedrückt, ist [da von allem erfüllt] träge von seinem Genuß.

576. मत्ता
Mattā
Sie, die berauscht ist.

Mattā bedeutet dazu auch "Egoismus" (der "mein-Sinn", *mat+ta*). Devī ist das Ichbewußtsein (*parāhanta*) Śivas und trägt deshalb den Beinamen Mattā.

577. मातृका वर्ण रूपिणी
Mātṛkā varṇa rūpiṇī
Sie, die in Form und Farbe der Buchstaben des Alphabets auftritt.

Mātṛkāvarṇas heißen die 51 Lettern des Sanskrit-Alphabets. *Varṇa* bedeutet sowohl Buchstabe wie Farbe.

Das Werk *Sanatkumāra Samhita* ordnet den verschiedenen Buchstaben verschiedene Farben zu. Die 16 Vokale sind rauchfarben, die Konsonanten von *ka* bis *da* rot, *dha* bis *pha* sind gelb, *ba* bis *ra* purpurrot, *la* bis *sa* golden und *ha* und *kṣa* haben die Farbe des Blitzes. Die Buchstaben sollen, so wird ausgeführt, vor dem inneren Auge der Yogis erscheinen. Unser jetziges Mantra will besagen, daß alle Lettern Devīs eigene Farben bilden. Manche Interpreten meinen, alle Buchstaben würden in weißer Farbe erscheinen.

In der Schrift *Mātṛkāviveka* wird erklärt: "*A* ist göttlich, eine Form des Brahman, von roter Farbe und Beschützer aller Buchstaben."

Die Konsonanten werden, wenn mit Vokalen verbunden, hörbar. Vokale sind mit Śakti verbunden und Konsonanten mit Śiva. Auf diese Weise repräsentieren die Silben die Verbindung zwischen Śiva und Śakti. "Śiva vermag Seine kosmische Aufgabe nur zu erfüllen, wenn Er mit Śakti verbunden ist", stellt die *Saundarya Laharī* fest.

Unser Mantra kann auch so gedeutet werden: "Sie, die eine Halskette aus Buchstaben trägt", eine Halskette aus *akṣa*; wobei *a* der erste und *kṣa* der letzte Buchstabe des Sanskrit-Alphabets ist. Eine weitere Deutung wäre: "Sie, die die Buchstaben des Alphabets erschuf."

Im Tantra bedeuten *mātṛkāvarṇas* die Lettern, die zum *Śrīcakra* gehören. Die Meditation über die Buchstaben und über das *Śrīcakra* gilt, den Weisen zufolge, als gleichwertig. Der technische Begriff für diese Buchstaben-Meditation über die Göttliche Mutter heißt *Kailāsaprastāra.* Das tantrische Schrifttum erwähnt drei Meditationsarten unter der Kategorie *prastāra*: *Kailāsaprastāra,* wie angegeben; *Meruprastāra,* die Meditation über die 16 täglichen Gottheiten und die Devī als identische Wesen; *Bhūprastāra,* die Meditation über die acht *vāsini*-Gottheiten und Devī als identische Wesen.

Einige Kommentatoren betrachten das Mantra als aus zwei Namen zusammengesetzt: *mātṛkā* und *varṇarūpini. Mātṛkā* bedeutet "etwas (oder jemand), das (der) die Wunschbegierde zerschneidet und als Licht des Wissens leuchtet" (*mā:* das, was schneidet; *tṛ*, das für *tṛṣna* steht: starker Wunsch; und *kā:* sie, die leuchtet). *Varṇarūpiṇi* bedeutet "jemand, der in Gestalt von Buchstaben existiert", wie oben beschrieben.

578. महा कैलास निलया

Mahā kailāsa nilayā

Sie, die in/auf dem großen Kailāsa-Berg residiert.

Mahākailāsa gibt den "Wohnsitz Śivas" (über den Kailāsa-Berg hinausgehend) an.

Kailāsa bezieht sich auch auf das *sahasrāra* im *Brahmarandhra.* Devī wohnt dort. Die Schrift *Tripurasāra* beschreibt das *sahasrāra* folgendermaßen: "Es ist als Kailāsa bekannt, als Sitz von Akula, wo der Herr der Herren, Śiva, im *bindu* wohnt."

Die sechs Chakren vom *mūlādhāra* bis zum *ājña* werden als *kula* und das *sahasrāra* darüber als *akula* eingeordnet.

Daneben entspricht *Mahākailāsa* der vorhin zitierten *Kailāsaprastāra*-Meditation. Die Besonderheit des *Mahākailāsa* besteht darin, daß Vāśini und die Tagesgöttinnen dort nichts zu suchen haben. Sie sind auf die *Bhu*- und *Meruprastāras* beschränkt. Wenn wir uns daran erinnern, daß das *mūlādhāra* als *bhu tattva* (*bhu*: Erde) und die Wirbelsäule als *merudaṇḍa* eingestuft werden, gewinnt diese Aussage ihre weitergefaßte Bedeutung.

579. मृणाल मृदु दोर् लता

Mṛṇāla mṛdu dor latā

Sie, deren Arme so weich und kühl wie Lotusblumenstengel sind.

Die Weichheit zeigt die Großzügigkeit der Weltenmutter, und die Kühle Ihre tröstende Natur.

580. महनीया

Mahanīyā

Sie, die überaus Anbetungswürdige.

Mahilā ist das andere Wort mit der Bedeutung ”anbetungs-würdig”. Traditionellerweise bezieht man sich in Indien mit diesem Beinamen auf Frauen, und das zeigt die geachtete Stellung, die die Frauen einst innehatten. Im Rahmen dieser Tradition wird der Göttlichen Mutter der Rang der ”überaus Anbetungswürdigen” zuerkannt.

581. दया मूर्तिः

Dayā mūrtiḥ

Sie, die das Mitgefühl in Person ist.

Jedem, der Ammas liebevolles Mitgefühl erlebt hat, wird dieser Beiname als überaus angebracht erscheinen. Mitgefühl ist die Grundlage aller guten Qualitäten und Mangel an Mitgefühl Ursache aller Übel.

582. महा साम्राज्य शालिनी

Mahā sāmrājya śālinī

Sie, die das große Reich der drei Welten kontrolliert.

Das "große Reich" kann auch Mahākailāsa bedeuten. Dann würde der Beiname besagen: "Sie, die sich in Mahākailāsa ergeht, in gänzlicher Freiheit."

583. आत्म विद्या

Ātma vidyā

Sie, das Wissen vom Selbst.

Sie, die Ihre Verehrer mit dem Wissen vom Selbst segnet.

Es gibt ein Mantra namens "*Ātmāṣṭākṣara*"; es wird auch *Ātmavidyā* genannt. Devī schwingt ebenso in Form dieses Mantras.

584. महा विद्या

Mahā vidyā

Sie, der Sitz des erhabenen Wissens (des Wissens vom Selbst).

Das *Vanadurgā* Mantra ist als *Mahāvidyā* bekannt. Devī existiert in Form dieses Mantras.

585. श्री विद्या

Śrī vidyā

Sie, das Heilige Wissen.

Das *pañcadaśi*-Mantra gilt als *Śrīvidya*. Die *Viṣṇu Purāṇa* erklärt, daß jedes *vidyā* (Wissen) eine Form der Gottesmutter ist. "Oh Devī, Du bist die Wissenschaft der Opferrituale, das geheime Wissen vom Selbst, das Befreiung schenkt; dazu die Wissenschaft der Meditation, der philosophischen Axiome, der drei Veden, des Handels und der Rechtsprechung." All diese Formen des Wissens führen zu *Śrīvidyā*.

586. काम सेविता

Kāma sevitā

Sie, die von Kāmadeva verehrt wird.

Sie, die verehrt wird, damit die Wünsche erfüllt werden, oder Sie, die entsprechend dem Wunsch verehrt wird. Die *Purāṇas* führen an, daß Kāma, der Gott der Liebe, die Göttliche Mutter mit dem *Śrīvidyā*-Mantra anbetete.

Kāma ist der Sohn von Lakṣmī und wird als *ananga*, als jemand ohne Körper vorgestellt. Obwohl er keine Arme hat, betet er Devī mit zusammengelegten Handflächen an; obwohl ohne Hals, trägt er doch das diamantene Halsband *Śrīvidyā*; obwohl ohne Sinnesorgane, erfreut er sich doch aller Sinne. Und dieser Kāma steht der Göttlichen Mutter zu Diensten.

Kāma, der Wunsch, ist also der Sohn der Göttin des Wohlstands. Je mehr Wohlstand sich einstellt, desto größer die Wünsche. Freiheit vom Wünschen ist die wahre Befreiung, führt zum wahren geistigen Frieden.

Kāma gilt auch als Mahākāmeśa, als Gott Śiva. Devī wird von ihm verehrt.

587. श्री षोडशाक्षरी विद्या

Śrī ṣoḍaśākṣarī vidyā

Sie, die sich in Form des 16-silbigen Mantras zeigt.

Man erhält dieses Mantra, indem man die Silbe *Śrī* zum *pañcadaśākṣari* (15-silbigen) Mantra hinzufügt.

Ein Mantra wird nicht lediglich durch das Arrangement der Silben wirkungsvoll; ausschlaggebend sind die geistige (*sāttvische*) Reinheit und die Aufrichtigkeit der Person, die das Mantra verwendet. Aus diesem Grund wird vorgeschrieben, daß man von einem Meister in das Mantra eingeweiht werden soll, einem *mantrasiddha*, der über die Macht der Mantren durch lange Praxis weiß. Dahinter verbirgt sich ein Sachverhalt jenseits rein logischer Regeln.

588. त्रिकूटा

Trikūṭā

Sie, die in drei Teilen existiert.

Das *pañcadaśākṣari*-Mantra teilt sich in drei Teile oder *kūṭas* auf (siehe Mantren 85-87).

Trikūṭa schließt laut den überlieferten Deutungen mehrere unterschiedliche Dreiheiten ein, wie die drei Teile des 15-silbigen Mantras; die Trinität Brahmās, Viṣṇus und Maheśvaras; Schlafen, Träumen und Tiefschlaf; Himmel (*svarga*), Erde und Unterwelt (*pātāla*); *sattva*, *rajas* und *tamas*; *Ṛg*, *Yajur* und *Sāma Vedas*. Es wird generell angenommen, daß die Gottesmutter in ihnen allen existiert und sie ihrerseits jeweils die Gottesmutter verkörpern.

589. काम कोटिका

Kāma koṭikā

Sie, von der Kāma (Śiva) ein Teil oder eine angenäherte Form ist.

Koṭi heißt hier "ungefähr, näherungsweise". Śivas Natur schließt nur einen Teil der Weltenmutter ein. Wie weiter oben gesagt, erscheint Śiva als *ardhanārīśvara* (halb-weiblicher, halb-männlicher Gott). Dieses vorliegende Mantra soll Devīs unermeßliche

Größe ausdrücken. Jedes *kāma*, alles Gewünschte stellt nur einen kleinen Teil von Ihr dar.

590. कटाक्ष किङ्करी भूत कमला कोटि सेविता

Kaṭākṣa kiṅkarī bhūta kamalā koṭi sevitā

Sie, der Millionen von Lakṣmīs dienen, Ihren bloßen Blicken ergeben.

Jedem, der Devīs Gnade erhalten hat, werden unzählige Göttinnen des Reichtums dienen.

591. शिरःस्थिता

Śiraḥ sthitā

Sie, die im Haupt residiert.

Bhāskararāya erklärt, daß Sie im *Brahmarandhra* (des Kopfes) in der Gestalt des Gurus wohnt.

592. चन्द्र निभा

Candra nibhā

Sie, die strahlend wie der Mond erscheint.

Das *candramaṇḍala* (Scheibe des Mondes) befindet sich direkt unterhalb des *Brahmarandhra.* Diese Region repräsentiert eines der drei *kūṭas* des *pañcadaśi*-Mantras. Der Mond dortselbst soll die Leuchtkraft von Millionen von Lichtblitzen besitzen. Und derart strahlt Devī.

593. फालस्था

Phālasthā

Sie, die in der Stirne residiert (zwischen den Augenbrauen).

Zwischen den Augenbrauen sitzt das *ājñācakra,* auch ein Wohnsitz Devīs.

Eine andere Ausdeutung: "Sie, die in der Stirne wohnt in Form des *bindu* [Nasalierung angebender Punkt im Sanskrit] der Keimsilbe *Hrīm*."

594. इन्द्र धनुष् प्रभा

Indra dhanuṣ prabhā

Sie, die wie der Regenbogen leuchtet.

Der *bindu* der Silben *Om* und *Hrīm* heißt *ardhamātra*; er strahlt auf der Stirne. Darunter leuchtet die Mondsichel mit der überwältigenden Schönheit von *indradhanuṣ* (Indras Bogen), eines Regenbogens; dies ist der Sitz der Devī.

595. हृदयस्था

Hṛdayasthā

Sie, die im Herzen wohnt.

In der Herzgegend ist das *anāhatacakra* lokalisiert. Devī residiert im *sūryamaṇḍala* (der Sonnenscheibe).

In der *Kalpasūtra* wird Devīs *parābīja* "*Hṛdaya*" (Herz) genannt. Der Verehrer, der die *parābījaśakti* (das Herz des Höchsten) kennt, erhält jedes Glück und jeden Wohlstand.

Es gibt eine *Upaniṣade* mit dem Namen *Parameśvarahṛdaya*, auch *hṛdaya* abgekürzt genannt. Da die Devī die Essenz dieser Upanishade ist, wird sie *Hṛdayasthā* genannt.

Der Keim von allem liegt im Herzen; darum wird es *viśvabīja* genannt, Saatkeim des Universums. Die Gottesmutter besitzt die Form dieses universellen Saatkeims und wohnt in den Herzen aller Lebewesen. Die *Gītā* (XVIII.61) formuliert: "Der Herr wohnt im Herzen jedes Wesens, oh Arjuna!"

596. रवि प्रख्या

Ravi prakhyā

Sie, die mit der besonderen Leuchtkraft der Sonne strahlt.

Prakhyā bedeutet "besondere Leuchtkraft", außerdem auch "Ähnlichkeit". Deshalb gleicht Devī der Sonne an Leuchtkraft. Sie trägt daneben auch den Beinamen "Sie, deren Strahlen dem von Millionen Sonnen gleichkommt."

597. त्रि कोणान्तर दीपिका

Tri koṇāntara dīpikā

Sie, die als Licht innerhalb des Dreiecks strahlt.

Im *mūlādhāra* figuriert ein Dreieck, dem das *agnimaṇḍala* (der Kreis des Feuers) einbeschrieben ist. Dies gibt den Ort eines der drei Teile (*kūṭas*) des *pañcadaśi*-Mantras an. Im *Tantrarāja* heißt es: "Für alle Wesen gilt, daß im *mūlādhāra* das Feuer herrscht, im Herzen die Sonne und im Kopf, unterhalb des *Brahmarandhra*, der Mond. In der Art teilt sich das ursprüngliche, ewige *pañcadaśi*-Mantra in drei Teile auf und symbolisiert damit diese drei Qualitäten."

Die *Viṣṇu Purāṇa* spricht über drei Welten und drei Städte, die jeweils Dreiecke bilden. Die drei Welten sind Himmel, Erde und die Unterwelt; die drei Städte jene von Indra, Candra und Yama. Die Sonne geht demzufolge in der Stadt von Candra (Mond) auf und in der Stadt Yamas unter. Die Devī strahlt in allen drei Welten und Städten gleichzeitig - deshalb dieser jetzige Beiname.

Dīpikā bezieht sich auch auf das *agnimaṇḍala.*

598. दाक्षायणी

Dākṣāyaṇī

Sie, die Satīdevī ist, Tochter von Dakṣa Prajāpati.

Die *Purāṇas* berichten eingehend über das Geschick von Satī. Verärgert über ihres Vaters Beleidigung von Śiva, wirft sie sich in das Feuer, an dem Dakṣa ein Opferritual zelebriert, erfährt ihre Wiedergeburt als Umā, die Tochter Himavats, und wird wieder mit Śiva verheiratet.

Daneben gilt auch diese Deutung: Devī sind die Opfergaben wohlgefällig, die während des *Dākṣāyaṇa*-Feuerrituals dargebracht werden. In diesem Ritual werden das *darśa* und das *pūrṇamāsa yajña* mehrmals wiederholt.

Die Göttinnen (des Sternes) Aśvini und benachbarter Sterne heißen Dakṣāyaṇis. Sie sind Töchter Dakṣas. Die Devī "strahlt in Gestalt von Aśvini und anderer Sterne."

599. दैत्य हन्त्री

Daitya hantrī

Sie, die Vernichterin der Dämonen.

Devī tötete Bhaṇḍa und viele weitere Dämonen (*daityas*).

600. दक्ष यज्ञ विनाशिनी

Dakṣa yajña vināśinī

Sie, die Zerstörerin des von Dakṣa zelebrierten Opferrituals.

Es gibt zwei Dakṣas. Dakṣa Prajāpati, der Vater von Satī, war der erste (siehe Mantra 598). Später gab es einen König namens Dakṣa, der eine Reinkarnation von Dakṣa Prajāpati während der Cākṣuṣa-Zeitperiode gewesen sein soll. Beide führten berühmte Opferrituale durch. Und beide Opferrituale wurden von Śiva abgebrochen, wobei die Devī in beiden Fällen der Grund war.

Es war Śivas Fluch, der die Wiedergeburt von Dakṣa Prajāpati als Dakṣa bewirkte - als Enkel von Prācīna Barhis und Sohn von Pracetas, während des Zeitalters von Cākṣuṣa Manu. Sowohl die Brahmāṇḍa als auch die *Vāyu Purāṇas* lassen sich darüber aus.

Mit diesem Mantra enden die hundert Namen im siebten kalā, das suṣumna heißt.

601. दरान्दोलित दीर्घाक्षी

Darāndolita dīrghākṣī

Sie, die längliche, bebend-funkelnde Augen hat.

Darāndolita bedeutet, "sich ein wenig bewegen", *dara* = ein wenig, und *andolita* = hin- und herschwingen, oszillieren.

Devī besitzt pulsierend-funkelnde Augen, die als Zeichen der Schönheit gesehen werden. Es ist nur natürlich, daß die Devī, selbst der Ursprung der Schönheit, Augen besitzt, die über die Maßen attraktiv sind.

Andere Interpretationen des Wortlauts wären: "Sie, die die Furcht vertreibt" (*dara* heißt auch Furcht und *andolita* "vertreiben"). Oder: "Sie, deren längliche Augen intensiv funkeln, furchterregend"; auch dies ist passend. Denn natürlich funkeln Ihre Augen wild umher, wenn Sie dabei ist, Dāruka oder Bhaṇḍāsura zu töten.

So sind also Ihre Augen wild und zur selben Zeit fesselnd-attraktiv.

602. दर हासोज्ज्वलन् मुखी

Dara hāsojjvalan mukhī

Sie, deren Antlitz vor Lachen strahlt.

Auch hier kann *dara* in der Bedeutung von "furchterregend" genommen werden. Wenn Sie da wie eine Löwin steht und brüllt, bereit, Dāruka zu töten, dann ist Ihr Gelächter schrecklich. Das gleiche Mantra beinhaltet also zwei Aspekte der Devī: den der liebevollen Segnung wie jenen der Vernichtung der Übeltäter.

603. गुरुमूर्तिः

Gurumūrtiḥ

Sie, die eine ernste Form bzw. die die Gestalt des Guru annahm.

So wie ein Topf, ein Krug, eine Teeschale verschiedene Formen aus Lehmerde sind, genauso können das Mantra, die Gottheit und der Guru als verschiedene Formen der einen, gleichen Wahrheit gesehen werden.

Gu: Dunkelheit, *ru:* das, was entfernt; *gurumūrti* ist also die Verkörperung von Licht, das die Dunkelheit vertreibt. Nehmen wir *gu* in der Bedeutung von *Brahman* und *ru* in der Bedeutung von Wissen, dann heißt das Mantra "Sie, die die Form des Brahman-Wissenden besitzt."

Gurumūrtī wird in der *Nityahṛdaya* als die Devī interpretiert, die jegliche Gestalt und Form willkürlich annehmen kann.

604. गुण निधिः

Guṇa nidhiḥ

Sie, das Schatzhaus aller guten Eigenschaften.

Sie, mit vielen verschiedenen Formen, wie sie sich aus Kombinationen der drei *guṇas - sattva, rajas* und *tamas* - ergeben.

Guṇa bedeutet *vyūha* (zusammengesetzter Komplex von Qualitäten), und *nidhi* entspricht numerologisch der Zahl neun. Gott Śiva soll in Form von neun *vyūhas* existieren. Die neun *vyūhas* wären: Zeit, Familie, Name, Wissen, Verstand, *nāda*, *bindu*, *kalpa* und *jīva*. So gesehen bedeutet das Mantra: "Sie, das Schatzhaus der neun *vyūhas*."

Guṇa läßt sich daneben mit "Seil" übersetzen. Die *Purāṇas* schildern den folgenden Vorfall, der sich zur Zeit von Gott Viṣṇus Verkörperung als Fisch abspielte. Bevor die ganze Welt in der kosmischen Auflösung ausgelöscht wurde, kamen alle guten Pflanzensamen und die sieben großen *ṛṣis* in ein großes Boot. Das wurde ans Horn des Großen Fisches mit einem Seil gebunden - *Vaṭīrikā* (oder *rikāvaṭi* in der *Matsya Purāṇa*) hieß es. Um es am Reißen zu hindern, flößte ihm die Devī Ihre Kraft ein. Da Sie derart das Seil (*guṇa*) zum Gefäß (*nidhi*) Ihrer Stärke machte, heißt Sie *Guṇanidhi*.

605. गो माता

Go mātā

Sie, die zu Surabhī wurde, der alle Wünsche erfüllenden Kuh.

Das Wort *go* trägt viele Bedeutungen: u. a. Wort, Intelligenz, Himmel, Sternenstrahl, Blitz, Mond, Auge, Haar, Erde, Richtung, Pfeil, Wasser, Feuer, Gesicht, Wahrheit, Pfad. Devī ist von alledem die Mutter, darum wird Sie *Gomātā* genannt.

606. गुह जन्म भूः

Guha janma bhūḥ

Sie, die Mutter von Guha (Subrahmanya).

Guha kann auch mit "bedeckt oder verhüllt" übersetzt werden und *janmabhū* mit "Geburtsstätte".

Die [vedische] Feststellung, "das Wesen des Dharma ist in *guha* verborgen", mag also so gedeutet werden: "Das eigentliche Wesen des Dharma bleibt verhüllt." Auch heißt es: "Die Wahrheit birgt sich hinter Dunkelheit."

Die individuellen Seelen, die von Unwissenheit gebunden sind, werden mit dem Begriff *guha* im obigen Sinn bezeichnet. Devī ist ihre Mutter. Die ganze Schöpfung strömt schließlich aus dieser Mutter, so wie Funken aus dem Feuer sprühen. Daher heißt Sie *Guhajanmabhūḥ*.

607. देवेशी

Deveśī

Sie, die Beschützerin der Götter.

608. दण्डनीतिस्था

Daṇḍanītisthā

Sie, die die Regeln der Gerechtigkeit aufrechterhält, ohne sich je zu irren.

Die Devī beseelt das System aus Gerechtigkeit, Gesetzen und Regeln zur Aufrechterhaltung eines rechten, eines *dhārmischen* Lebens.

Einige Samen keimen schnell, andere mögen Tage oder Monate brauchen, und es gibt Samen, die jahrelang in der Erde schlafen. Mit den Folgen des menschlichen Karmas verhält es sich ganz ähnlich. Manche Handlungen tragen sofort Früchte. Bei anderen braucht es dazu längere Zeit, vielleicht viele Leben. Doch die Natur läßt es nicht zu, daß irgendeine Tat vergeudet ist. Sie achtet drauf, daß jede Handlung gleich einer Saat sprießt, manchmal eher, manchmal später.

Die Alten wußten ehedem von dieser Wahrheit und unterschieden zwischen zwei Arten der menschlichen Handlungen - jenen, die verdienstvoll und solchen, die schlecht sind (*puṇya* und *pāpa*). Wer dem falschen Weg folgt, getrieben von selbstsüchtigem Wunsch, gibt Gott die Schuld, wenn er die Folgen der eigenen schlechten Taten erleiden muß. Doch Gott fällt dabei keine besondere Funktion zu, außer der, die Regel der "Bestrafung" anzuwenden. In dieser Weise also gilt die Göttliche Weltenmutter als Aufrechterhalterin der Gerechtigkeit, als *Daṇḍanītisthā*.

609. दहराकाश रूपिणी

Daharākāśa rūpiṇī

Sie, die das subtile Selbst im Herzen ist.

Dahara bedeutet klein und *ākāśa* "feinstofflicher Raum", was auf Brahman verweist.

Daharākāśa bedeutet der kleine Raum des Herzens, die winzige Höhlung im Herzenslotus. Die Göttliche Mutter erscheint in der Form dieses subtilen Raums, der Brahman entspricht.

Die *Chāndogya Upaniṣad* (VIII.1.1) drückt dies derart aus: "Nun gibt es in dieser Stadt Brahmans ein Wohnhaus in der Form eines kleinen Lotus, mit einem kleinen inneren Raum (*ākāśa*). Was sich darin befindet, das sollte gesucht werden; und es zu verstehen, danach sollte man sich sehnen."

610. प्रतिपन् मुख्य राकान्त तिथि मण्डल पूजिता

Pratipan mukhya rākānta tithi maṇḍala pūjitā

Sie, die täglich angebetet wird, beginnend mit pratipad (erster Tag des lunaren Halbmonats) und endend mit dem Vollmond.

Sie, die von der ganzen Gruppe der *nitya devatas* (täglichen Gottheiten) verehrt wird, von Kāmeśvari an *pratipad* bis zu Citra an *paurnami* (Vollmond).

Der *Varāha Purāṇa* zufolge sieht die Liste der *nitya*-Gottheiten so aus (anders als die beim Mantra 73 aufgeführte): Agni, Aśvinikumāras, Gaurī, Gaṇapati, die Nāgas, Ṣanmukha, Sūrya, die Mātṛs, Durgā, die Vierteln, Kubera, Viṣṇu, Yama, Śiva und Candra. Devī wird von ihnen allen angebetet.

611. कलात्मिका

Kalātmikā

Sie, die sich in Form der kalās manifestiert.

Kalā wird verschieden interpretiert. Es gibt zehn *kalās* (Teile) von Agni (Feuer), zwölf von der Sonne und sechzehn vom Mond. Dann gibt es noch 64 *kalās* oder Kunstformen. Devī ist die Essenz all dieser *kalās*.

Dazu finden sich vier *kalās* (Teile) in jedem der vier Zustände des Wachens, Träumens, Tiefschlafs und *turīyas*. Sie werden als *kāmakalā* bezeichnet. Die vier *kalās* des Wachzustands sind: Aufstehen, Wachsein, Bewußt-Sein (*bodha*) und andauernde Verstandestätigkeit. Die vier *kalās* des Traumzustandes wären: Wunsch, Verwirrung, Angst und das Gebanntsein durch Sinnesobjekte. Jene des Tiefschlafs: Tod, Vergessen, Fühllosigkeit und von Dunkelheit umhüllter Schlaf. Die vier *kalās* des *turīya*-Zustandes schließlich: Leidenschaftslosigkeit, Wunsch nach Seelenbefreiung, Unterscheidung des Wirklichen vom Unwirklichen, *samādhi*. Da diese "Teile" allesamt in Devīs Śakti enthalten sind, trägt Sie den Beinamen *Kalātmikā*.

612. कलानाथा

Kalānāthā

Sie, die Meisterin aller kalās.

Kalās wie oben beschrieben.

Kalānāthā bedeutet auch der Mond. Erinnern wir uns an die Mondscheibe im *Śrīcakra*. Devī regiert dort als Königin.

613. काव्यालाप विनोदिनी

Kāvyālāpa vinodinī

Sie, der es Freude bereitet, gesprochener Dichtung zuzuhören.

Der Devī bereitet es Vergnügen, dem Vortrag der ruhmvollen *Purāṇas* oder der Epen des *Rāmāyana*, *Mahābhārata* und *Devī Māhātmya* zuzuhören.

614. सचामर रमा वाणी सव्य दक्षिण सेविता

Sacāmara ramā vāṇī savya dakṣiṇa sevitā

Sie, die von Lakṣmī auf der linken und Sarasvatī auf der rechten Seite - beiden halten zeremonielle Fächer - bedient wird.

615. आदिशक्तिः

Ādiśaktiḥ

Sie, die Ursprungskraft, die Parāśakti und erste Ursache des Universums.

Das ganze Weltall entspringt der Gottesmutter, besteht in Ihr und löst sich in Ihr auf. Sie ist die Ursache und das Weltall ist die Wirkung; die Wirkung verlöscht am Ende in der Ursache.

616. अमेया

Ameyā

Sie, die auf keine Weise und mit keinem Mittel gemessen werden kann.

Das Ausmaß des Universums wurde von der Wissenschaft noch nicht bestimmt. Wie sollten wir dann das All-Eine ermessen, das Ursache aller Himmelskörper ist? Sie wird darum als unmeßbar betrachtet. Die *Liṅga Purāṇa* erklärt: "In allen acht Welten des *brahmāṇḍa* (Kosmos), von den Himmeln bis zu den Unterwelten (*pātāla*), ist, was immer auch gemessen werden kann, es Umā selbst - und jener, der Sie messen kann, ist Maheśvara."

617. आत्मा

Ātmā

Sie, die das Selbst in allem ist.

Das Selbst (*Ātman*) in jedem *jīva* (*jivātma*) ist identisch mit dem Höchsten Selbst (*Paramātman*). Oder wie Śaṅkarācārya feststellt: "*Jīva* ist von *Brahman* nicht unterschieden."

Die *Liṅga Purāṇa* konstatiert: "Wie die Funken des Feuers, so existieren alle *jīvas* in Śiva, der das Höchste Selbst ist." Und die *Śiva Purāṇa*: "Der höchste achte Körper Śivas wird *Ātman* genannt; er durchdringt all die anderen sieben; daher ist Śiva das Weltall." Vasiṣṭha formuliert: "Die Körper aller inkarnierten

Seelen sind Gestaltungen der Göttlichen Mutter, und alle individuellen Seelen sind Teile von Śiva."

Der Begriff *ātma* bedeutet auch Körper, Verstand, Intellekt, Natur oder Festigkeit. Je nach Zusammenhang werden alle diese Bedeutungen mit Devī in Verbindung gebracht.

618. परमा
Paramā
Sie, die das Höchste ist [mißt].

Paramā bezeichnet das Wesen, das das Höchste (*para*) mißt (*ma*). Das Höchste Brahman ist ohne Beginn und ungeteilt. Die Weltenmutter ist jene Energie, die dieses Brahman aufteilt und in unzähligen Gestaltungen manifestiert. Was dann unterteilt ist, wird meßbar. So ist die Weltenmutter die, welche das Höchste mißt.

Para wird mit Śiva und *mā* mit Lakṣmī identifiziert. Devī ist Śivas Lakṣmī oder Śivas Ruhm.

Daneben gilt: Devī transzendiert die vier Modalitäten *Parabrahmans,* nämlich *Puruṣa* (den Kosmischen Menschen), *avyakta* (das Unmanifestierte), *vyakta* (das Manifestierte) und *kāla* (die Zeit).

619. पावनाकृतिः
Pāvanākṛtiḥ
Sie, die heilige Form.

Ākṛti bedeutet "Form" und auch "Weisheit, Wissen." Die Wahrnehmung von Devīs Form und der Lobpreis Ihres Wirkens reinigen den Verstand und wecken *jñāna*, Weisheit.

Die Schrift *Yājñavalkya Smṛti* hebt hervor: "Ich-Kasteiung und Wissen sind die Mittel der Reinigung für die inkarnierte Seele. Das Wissen reinigt die Einsicht, und die Seele (*kṣetrajña*) wird durch das höhere Wissen von Gott gereinigt." Buße, Kasteiung und Wissen helfen der verkörperten Seele (*bhūtātma*), den Verstand zu reinigen und die Organe der Wahrnehmung - Verstand und Intellekt - unter Kontrolle zu halten.

620. अनेक कोटि ब्रह्माण्ड जननी

Aneka koṭi brahmāṇḍa jananī

Sie, die Schöpferin von unzähligen Millionen von Welten.

Brahmāṇḍa bedeutet buchstäblich Brahman-als-Ei. Im Kosmos erscheint alles eiförmig - Sonne, Mond und Atome zeigen angenähert sphärische Formen. (Ansammlungen von Atomen mögen andere Formen haben ...) Die großen Weisen sprachen von vielen Millionen von Welten. Die moderne Naturwissenschaft stimmt darin überein und spricht ebenso von Millionen von Galaxien. Die Weisen sprachen vor Tausenden von Jahren über das Gravitationsfeld des Mondes und der Sonne und über *brahmāṇḍas*. Dies zeigt die Weitsicht, welche die *ṛṣis* dem analytischen Studium des Universums voraus hatten. Devī ist die Mutter von unzähligen Millionen solcher Welten.

Sie ist aber auch die Mutter von *Virāṭ*, *Svarāṭ* und *Samrāṭ*. *Virāṭ* bezeichnet das kosmische Individuum mit den 16 Modifikationen oder *ṣoḍaśa vikāras* (fünf [klassische] Elemente, fünf Sinnesorgane, fünf Handlungsorgane und der Verstand). *Svarāṭ* wird mit dem *liṅga śarira* (dem feinstofflichen Kollektivkörper des Kosmos) assoziiert. Und *Samrāṭ* wäre die Ursache von beiden. Die *Śruti* stuft *Virāṭ Purūṣa* generell als *Brahmāṇḍa*, *Svarāṭ* als dessen Natur und *Samrāṭ* als beides zusammen ein.

Virāṭ und *Svarāṭ Purūṣas* regieren über zahllose *brahmāṇḍas*. *Samrāṭ Purūṣa* verkörpert die Kombination dieser beiden. Und Devī ist aller Mutter.

621. दिव्य विग्रहा

Divya vigrahā

Sie, die einen göttlichen Körper hat.

Dieser Name kann folgendermaßen ausgelegt werden: wenn wir *vigraha* im Sinn von "Kampf" und *divya* im Sinn von "zum Himmel gehörig" annehmen, dann bedeutet *divyavigrahā* "jemand, der am Himmel kämpfte, ohne den Boden zu berühren". In der *Mārkaṇḍeya Purāṇa* wird geschildert, wie die Devī am Himmel mit den *asuras* kämpfte und sie vernichtete. Die Dämonen mit ihren schwarzmagischen Kräften waren Experten darin, am Himmel zu kämpfen. Um sie zu schlagen, fuhr die Devī gleichfalls zum Himmel auf und focht ohne jegliche Unterstützung gegen sie. Solcherart erhielt Sie den Beinamen *Divyavigrahā.*

622. क्लीङ्कारी

Klīṅkārī

Sie, die Schöpferin der Silbe klīm.

Devī trägt auch den Namen *Klīm. Klīm* wird als "Kāmabīja" bezeichnet, also als mantrische Keimsilbe, von der Göttlichen Mutter kreiert.

Daneben ist *Klīṅkāra* mit Kāmeśvara identisch. Die Devī ist *Klīṅkārī*, Kāmeśvaras Gemahlin.

623. केवला

Kevalā

Sie, das Absolute - vollständig, unabhängig und ohne Eigenschaften.

Kevalā definiert Sie, die von Veränderungen innerhalb der eigenen "Verwandtschaft", bei anderen oder Ihr selbst nicht berührt wird.

Sie, die im Modus des Absoluten Wissens, des Wissens von Brahman erscheint.

Die Silbe *klīm* des vorgehenden Mantras kann in ka + la + im aufgeschlüsselt werden. *Klīm* wird als Kāmabīja und *īm* als Kāmakalā kategorisiert. Kāmabīja und Kāmakalā entsprechen dem weltlichen Leben und der Seelenbefreiung (*mokṣa*). Die drei grundsätzlichen Ziele des Lebens - moralische Integrität (*dharma*), Wohlstand (*artha*) und Wunscherfüllung (*kāma*) - werden durch das Kāmabīja, und Befreiung (*mokṣa*) wird durch das Kāmakalā erlangt. Kāmakalā entspricht dem *turīya*-Zustand. Und in diesem Zustand stellt sich *Kevala* dar.

624. गुह्या

Guhyā

Sie, die im Geheim-Verborgenen gefunden werden muß.

Guhyā bedeutet "jemand, der in einer Höhle verborgen ist". Die Devī muß durch besondere, "geheime" Arten der Anbetung in der Höhle des Herzens erreicht werden. "Geheime" Anbetungsart meint die zurückgezogen praktizierte Verehrung unter vollständiger Selbsthingabe.

625. कैवल्य पद दायिनी

Kaivalya pada dāyinī

Sie, die Befreiung schenkt.

Kaivalyapada ist der fünfte Zustand, nach dem *turīya*-Zustand. Die Göttliche Mutter schenkt ihn.

Kaivalya geht über die Zustände *sālokya, sārūpya, sāmīpya* und *sāyūjya* hinaus. *Sālokya* (Gleichheit der Welt) erreicht jene Welt, die dem angebeteten Gottesaspekt entspricht. *Sārūpya* (Gleichheit der Form) bedeutet die Meditation über die als nicht separat gesehene Gottheit und damit die Entfaltung ähnlicher Eigenschaften. *Sāmīpya* (Nähe) umschreibt den Zustand, in dem der Verehrende der Gottheit ständig nahe zu bleiben vermag. Dieser Zustand wird erlangt durch die anbetende Verehrung bei striktem Zölibat und gemäß den Regeln. Im *sāyūjya*-Zustand (Einswerdung) wird der Verehrer eins mit der Gottheit - jeder Sinn von Getrenntsein wird gelöscht; dies entspricht der Realisierung von *Īśvara* mit Eigenschaften. Und schließlich bezeichnet *kaivalya* den ewigen Zustand, erlangt kraft jenes Wissens, durch welches das Selbst als Reines Bewußtsein erfahren wird.

626. त्रिपुरा
Tripurā
Sie, die älter ist als die Dreiheit.

Bhāskararāya zufolge wird die Devī *Tripurā* genannt, weil Sie älter ist als die Trinität von Brahmā, Viṣṇu und Śiva. Gauḍapāda hingegen führt an, Sie sei *Tripurā*, weil Sie das erste *tattva* (Primärprinzip, *Brahman*), aufgeteilt in drei, darstellt. Eruttacchan spricht gleichfalls über die "Essenz von Omkāra, die sich dreiteilt".

Tripurā bezieht sich auch auf die drei Nervenbahnen *iḍā*, *piṅgala* und *suṣumnā* sowie auf die drei Gestaltungen des *antaḥkaraṇa* (Mentals): *manas*, *citta* und *buddhi*. Devī heißt *Tripurā*, da Sie in diesen wohnt (*Tripurārṇava*). Ebenso werden die drei Körper - physisch-stofflicher, feinstofflicher und kausaler - *Tripurā* genannt; Devī wohnt auch in ihnen. Tatsächlich residiert die Göttliche Mutter in allem Dreifaltigen: in den drei Divinitäten der Trinität, den drei *Veden*, den drei *agnis* (Feuern), den drei Energien (von *Mantra*, *prabhu* und *utsāha*), den drei Welten, drei Städten (Indras, Yamas und Candras) und drei Körpern. In all diesen Dreiheiten stellt Sie sich als *Tripurā* dar. Die christliche Trinität von Vater, Sohn und Heiliger Geist mag auch darunterfallen.

"*Tripurā* ist die Allerhöchste Macht", deklariert die *Laghustava.*

627. त्रिजगद् वन्द्या
Trijagad vandyā
Sie, die von den Bewohnern aller drei Welten angebetet wird.

Die Göttliche Mutter wird selbst von den Dämonen, den *asuras,* angebetet.

628. त्रिमूर्तिः

Trimūrtiḥ

Sie, die kombinierte Gestalt der Dreiheit (von Brahmā, Viṣṇu und Śiva).

Devī nimmt die Form Brahmās, Viṣṇus oder Śivas je nach Erfordernis der Schöpfung, Erhaltung oder Auflösung an.

Dieser Beiname hat die Nebenbedeutung: "Sie, die sich in den drei Farben Rot, Weiß und Schwarz darstellt." Die *Devī Bhāgavata* führt an: "Śāmbhavi ist weiß, Śrī Vidyā rot und Śyāma ist von schwarzer Farbe; die drei Śaktis repräsentieren die drei *guṇas*." Klar wird hier, daß die drei Devīs die Farben der drei *guṇas* - *sattva*, *rajas* und *tamas* - tragen und diese damit repräsentieren.

Ein Mädchen, das die Farben Weiß, Rot und Schwarz zeigte, trat vor Brahmā, Viṣṇu und Śiva. Diese fragten sie: "Oh, du Lächelnde, wer bist du?" "Kennt Ihr mich nicht?" erwiderte sie. "Ich bin Eure eigene Śakti. Ich wurde durch Euren eigenen Blick in dieser schönen Gestalt geboren." Sie versprachen ihr Geschenke und baten sie: "Bitte teile doch deinen Körper in drei." Dementsprechend nahm das Mädchen drei Gestaltungen von drei Farben an - Weiß, Rot und Schwarz. (*Varāha Purāṇa*)

An anderer Stelle wird gesagt, daß Parāśakti drei Formen annahm - eine in Weiß, vorwiegend *sāttvisch*, belebt mit der Śakti Brahmās; eine in Rot, vorwiegend *rājasisch*, aus der Śakti Viṣṇus bestehend; und eine in Schwarz, überwiegend *tāmasisch*, die Śakti von Śiva manifestierend.

Trimūrtis werden also unterschiedlich dargestellt als Brahmā, Viṣṇu und Śiva; Vāma, Jyeṣṭha und Raudri; Śāmbhavi, Śrī Vidyā und Śyāma, die Śaktis von Icchā, Kriyā und Jñāna.

Dhaumyācārya zufolge wird ein dreijähriges Mädchen [in der klassischen Sanskrit-Literatur] als *trimūrtī* bezeichnet.

629. त्रिदशेश्वरी

Tridaśeśvarī

Sie, die Herrscherin über die Götter.

Tridaśas sind *devas*. Es gibt im Leben vier Phasen - Kindheit, Jugend, Erwachsenenzeit und Alter. Und die *devas* verbleiben dauernd in der dritten (*tri*) Phase (*daśa*). Sie zeichnen sich durch Reichtum und Wissen aus. Die Gottesmutter ist Regentin (*īśvarī*) über sie. Die *Purāṇas* führen die Zahl von 330 Millionen *devas* an. Der Name *Tridaśa* impliziert ebenso 330 Millionen.

Daneben bezeichnet er die drei Zustände des Schlafens, Träumens und Wachens. Devī regiert alle Wesen, die sich in diesen Zuständen befinden; Sie ist Herrscherin und Zeugin dieser drei Zustände.

630. त्र्यक्षरी

Tryakṣarī

Sie, deren Form aus drei Buchstaben/Lauten besteht.

Der Klang *Om* setzt sich aus den drei Lauten *a*, *u* und *m* zusammen und bildet so ein *tryakṣarī mantra* (Mantra mit drei Buchstaben). Die Weltenmutter besitzt die Natur des *Om*.

Weiterhin ist Sie *Tryakṣarī*, weil Sie (und Ihr Mantra, das *pañcadaśi*) drei *kūṭas* hat, jedes mit einer Keimsilbe (*bījākṣara*). Die drei *kūṭas* sind *Vāgbhavakūṭa*, *Kāmarājakūṭa* (oder Madhya) und *Śaktikūṭa*. "Im *Vāgbhavakūṭa* wohnt Vagīśvarī, die *jñānaśakti*, welche Befreiung schenkt; im *Kāmarājakūṭa* residiert Kāmeśi, die *kriyāśakti*, welche Wünsche erfüllt; im *Śaktikūṭa* wohnt Parāśakti, die *icchāśakti*, welche in Gestalt Śivas erscheint. Devī Mahātripurasundarī ist auf diese Art dreisilbig." (*Vāmakeśvara Tantra)* Die Göttliche Mutter ist in der Tat die Konjunktion von *jñāna-*, *kriyā-* und *icchāśaktis* (siehe Mantra 658).

Gauḍapādācārya erklärt, daß *Śuddhavidyā-* und *Kumāri-*Mantren dreisilbig sind. Und *Śuddhavidyā* meint das *pañcadaśi*, das in der Tat drei Lettern hat (wegen seiner drei *bijākṣaras*, wie oben ausgeführt).

Die *Bṛhadāraṇyaka Upaniṣad* (V.3.1 und V.5.1) erwähnt: "Das Wort *hṛdayam* (Herz) ist dreisilbig" und "das Wort *satyam* (Wahrheit) ist dreisilbig". Dergestalt existiert die Göttliche Mutter in der Schwingungsform des Herzens und der Wahrheit. Anstelle von *sa-t-yam* kann *sukṛtam* (gute Tat) als anderes dreisilbiges Wort gesetzt werden.

[...]

631. दिव्य गन्धाढ्या

Divya gandhāḍhyā

Sie, reich versehen mit göttlichem Duft.

Devī ist immer umgeben von göttlichen Wesen und göttlichen Dingen und umhüllt von himmlischem Wohlgeruch. Sie ist die Erhöhteste (*ādhya*) unter jenen, die mit göttlichem Duft versehen sind. Duftender Wohlgeruch ist wahrlich eines Ihrer Attribute. Die Erde duftet, und Devī ist das Erdelement selbst (*bhū tattva*); wer kann also göttlicheren Duft verbreiten als Sie?

In der *yogaśāstra* wird beschrieben (auf lebendiger Erfahrung von Betroffenen fußend), wie der Atem derer, die die Höhe der Gottesmutter-Verehrung erreichten, wohlriechend wird. Wenn gar Ihre Verehrer dies erfahren, was muß da noch über die Gottesmutter gesagt werden!

Gandha kann auch *bandha*, d. h. Beziehung bedeuten. Die Weltenmutter steht zum gesamten lebendigen und nicht lebendigen Universum in Beziehung.

632. सिन्दूर तिलकाञ्चिता

Sindūra tilakāñcitā

Sie, deren Stirne strahlt (geschmückt ist) mit einem zinnoberroten Punkt (aus leuchtendem Pigmentpulver, zur Paste verrührt).

Sindūratilakā bezeichnet ebenfalls einen weiblichen Elefanten und eine Frau, deren Ehemann lebt; *añcita* bedeutet "jemand, der verehrt wird". Dementsprechend kann unser Mantra zusätzlich so ausgelegt werden: "Sie, die der Anbetung durch Elefanten, Frauen und Frauen mit langsam-anmutigen Schritt, der jenem eines Elefanten gleicht, - überaus würdig ist."

Die *Purāṇas* besingen die Geschichten vieler schöner Frauen, wie z. B. Rukminīs, die die Gottesmutter verehrten und durch Ihre Gnade ihre Gatten wiedergewannen.

633. उमा

Umā

Sie, die Göttin Parvati.

U steht für Śiva und *Mā* für Lakṣmī. *Umā* figuriert derart als Kombination von Śiva und Lakṣmī. Glück und Gedeihen ergänzen einander, und die Göttliche Mutter gewährt beides.

Ma bezeichnet auch jemand, der oder die mißt; alles was gemessen werden kann, ist begrenzt. Auf diese Art weist die Gottesmutter auch Śiva (*U*) Grenzen zu. Brahmā, Viṣṇu und Śiva verschwinden während der kosmischen Auflösung. Eben darin liegt die Begrenzung von Śiva. Was immer begrenzt ist, wird vergehen.

Umā heißt daneben rot bzw. zinnoberrot, Ruhm und Ausstrahlung.

Kālīdāsa beschreibt in seinem Werk *Kumārasambhava,* wie Mena, die Gemahlin Himavats, ihre Tochter Pārvatī davon abbrachte, sich partout Kasteiungen zu unterziehen; dabei rief sie die Worte: "U mā!" ("Oh, setz' dir nicht diese Buße in den Kopf!") Pārvatī erhielt deshalb den Namen *Umā.*

Umā bedeutet weiterhin Indukalā, das dem Tantra zufolge den Wach- und den Schlafzustand verursacht. Dieses Indukalā ist im Samenbeutel des Herzlotus lokalisiert.

Umā bezeichnet außerdem ein sechsjähriges Mädchen; die *Kumāri Pūja* erhält von daher ihre Bedeutung.

In der *Śaiva*-Doktrin ist *Umā* identisch mit *icchāśakti* (Willenskraft).

634. शैलेन्द्र तनया

Śailendra tanayā

Sie, die Tochter von Himavat, des Königs der Berge.

Sie, die zum allerhöchsten Zustand Indras führt (falls wir den vorgegebenen Namen in *śaila* + *indrata* + *naya* trennen).

635. गौरी

Gaurī

Sie, die eine hellschöne Haut besitzt.

Ein weibliches Wesen mit goldfarbener Haut wird *Gaurī* genannt. Die *Devī Purāṇa* erklärt: "Da die Gottesmutter sich, nachdem Sie sich im Yoga-Feuer selbst verbrannt hatte, als Tochter des Himālaya wiederverkörperte, mit der Hautfarbe des Muschelhorns, des Jasmins, des Mondes - ist Sie seither als *Gaurī* bekannt."

Gaurī ist auch die verehrte Gottheit im Tempel von Kanyākubja. Andere Quellen verweisen darauf, daß Varuṇas Gattin *Gaurī* heißt und ein zehnjähriges Mädchen genauso genannt wird.

636. गन्धर्व सेविता

Gandharva sevitā

Sie, die von den Gandharvas (wie z. B. Viśvāvasu) bedient wird.

Die Musikwissenschaft [des klassischen Indiens] wird *gandharva-vidyā* genannt. Die Devī wird von den großen Musikern verehrt und besungen, besonders während des Navarātri-Festes [neun Nächte/Tage, an denen die verschiedenen Aspekte der Göttlichen Mutter mit vielen Ritualen gefeiert werden].

Gandharva kann auch Pferd (*aśva*) bedeuten. Devī wäre dann *Aśvārūḍha* (zu Pferde) und umsorgt von der *śakti* namens Aśvārūḍha (siehe Mantra 67). Das *aśvārūḍha*-Mantra ist im Tantra recht gut bekannt.

Gandharva bezeichnet daneben [von Fall zu Fall] die Sonne; die Göttliche Mutter wird von der Sonne verehrt.

637. विश्व गर्भा

Viśva garbhā

Sie, die das ganze All in Ihrem Leibe trägt.

Dies will sagen, daß das ganze Universum aus Ihrem Leib hervorging - Sie ist die Mutter des Weltalls.

Doch ist Sie auch im Mutterleib des Alls verborgen. Wer also das Weltall betrachtet, sieht nicht die Gottesmutter; und wer Ihren *darśan* erhält, sieht das All nicht mehr. Das beschriebe den Unterschied zwischen der Erfahrung des Einsseins mit dem Allerhöchsten einerseits und den unzähligen weltlichen Erfahrungen andererseits.

638. स्वर्णगर्भा

Svarṇagarbhā

Sie, die Ursache des Universums.

Sie, die heilige Mantrasilben in sich trägt (*su*: gut, *arṇa*: Buchstabe, *garbhā*: schwanger mit; leuchtend vor), oder: Mantrasilben emanieren läßt.

639. अवरदा

Avaradā

Sie, die die unseligen Bösen zerstört.

Dā kann sowohl "geben" wie auch "schneiden" bedeuten. *Avara* bezeichnet "ein unheiliges Wesen, jemand von dämonischer Natur". Der jetzige Name bezieht sich auf die Göttliche Mutter als Zerstörerin der *asuras* (Dämonen).

Ava bedeutet "glänzend" und *rada* "Zahn"; der Beiname kann also auch mit "Sie, die glänzende Zähne hat" übersetzt werden.

Oder: Sie, die Ihre Anhänger mit passenden Geschenken beglückt (*a:* ähnlich wie, dem Verdienst angemessen; *varadā*: Spender von Geschenken).

640. वाग् अधीश्वरी

Vāg adhīśvarī

Sie, der die Sprache untersteht.

Devī ist Sarasvatī, die Göttin der Sprache.

641. ध्यान गम्या

Dhyāna gamyā

Sie, die durch die Meditation erreicht werden muß.

Die Göttliche Mutter ist jenseits der Sinne und kann mit den körperlichen Augen nicht gesehen werden. Nur durch lange und regelmäßige Meditation mag Sie erfahren werden.

"In Meditation versunken, sahen sie (die Rishis) das Göttliche Selbst verborgen in Seinen eigenen *guṇas*." (*Śvetāśvatāra Upaniṣad* I.3)

642. अपरि च्छेद्या

Apari cchedyā

Sie, das Unendliche ohne Grenze.

Nur die erschaffenen Dinge sind meßbar. Die Weltenmutter, die Ursache aller Schöpfung und jenseits von Zeit und Raum, ist unbegrenzt und unmeßbar.

643. ज्ञानदा

Jñānadā

Sie, die (höchstes) Wissen über das Selbst gibt.

Allein kraft der Gnade der Gottesmutter - der großen Śakti - können Menschen das höchste Wissen erlangen, das den *samsāra*-Schmerz tilgt. (*Skanda Purāṇa*)

Auch die *Sūta Gītā* konstatiert, daß man nur durch die Gnade Devīs (die sich über gläubige Hingabe freut) die endgültige Befreiung in Form von grenzenlosem Wissen, Wahrheit und Glückseligkeit erreichen kann.

644. ज्ञान विग्रहा

Jñāna vigrahā

Sie, die Verkörperung des Höchsten Wissens.

Nehmen wir *vigraha* in der Bedeutung von "durch besondere Mittel in Erfahrung gebracht", dann erhalten wir diese Auslegung: "Sie, die jenes Wissen ist, das auf spezielle Art erlangt wird", d. h. durch Ihre Verehrung [wird es erlangt].

"Das Höchste Selbst ist ausschließlich Wissen. Wissen ist die Ursache der Befreiung wie auch der Bindung. Im Universum ist alles Wissen. Nichts existiert jenseits des Wissens. Oh Maitreya, erkenne, daß *vidyā* wie auch *avidyā* Wissen sind!" (*Viṣṇu Purāṇa*)

Die Göttliche Mutter überdies "dehnt das Wissen aus".

645. सर्व वेदान्त संवेद्या

Sarva vedānta samvedyā

Sie, die in allen Vedāntas beschrieben wird.

Samvedyā bedeutet: "Sie, die gut bekannt ist." Die Gottesmutter ist die innere Essenz aller Veden. Sie macht uns das auch klar. Sie ist das Thema der Logik und des *Vedānta*, wie die *Varāha Purāṇa* erklärt.

646. सत्यानन्द स्वरूपिणी

Satyānanda svarūpiṇī

Sie, deren Form Sein und Glückseligkeit ist.

Satya (Existenz, Wirklichkeit) definiert das, was sich in den Zeitläufen nicht ändert.

Devī ist die Sonne *(yā)*, die Lebenskraft *(sat: prāṇa)* in allen Wesen.

Seligkeit ist die Natur des Brahman. "Brahman ist Wissen und Seligkeit", wie es in der *Śruti* heißt. Und Devī ist dieses Brahman. In der *Śruti* heißt es an anderer Stelle: "Brahman ist Sein, Wissen und Unendlichkeit."

647. लोपामुद्रार्चिता

Lopāmudrārcitā

Sie, die von Lopāmudrā, der Gattin des Weisen Agastya, verehrt wird.

Das *pañcadaśi*-Mantra heißt gleichfalls *Lopāmudrā.* Also auch diese Interpretation gilt: "Sie, die mit dem *pañcadaśi*-Mantra angebetet wird."

Das Wort *Lopāmudrā* kann so übersetzt werden: "Jemand, der triviale Vergnügungen beendet" (*lopa:* weniger, *mud:* Vergnügen, *rā:* jemand, der blockiert). Weltliche Vergnügen sind sicherlich trivial. "Sogar den Rang von Indra können wir erlangen - doch wofür? Er ist so wertlos!", ruft Eruttacchan aus. *Lopāmudrārcitā* bezeichnet eine Devī, die von Yogis (welche alle oberflächlich-profanen Vergnügen abtaten, um die unbegrenzte, unübertroffene Seligkeit zu erlangen) verehrt wird.

648. लीला क्लृप्त ब्रह्माण्ड मण्डला

Līlā kḷpta brahmāṇḍa maṇḍalā

Sie, die das Weltall schuf und es erhält aus reinem Spiel.

Wie wohldefiniert und stabil ist doch die Organisation Ihres Universums! Technische Meisterwerke der größten Experten veralten mit der Zeit. Doch wie exakt und mit welcher Variationsbreite stellte Sie diese kosmische Maschine zusammen - für uns besteht sie aus Sonne, Mond und Millionen von Sternen, aus ragenden Gebirgen und riesigen Meeren -, die fortwährend läuft und läuft! Und alles zum unterhaltenden Zeitvertreib!

Was für die Erschaffung gilt, ist ebenso für die Erhaltung und die Auflösung dieser "Maschine" gültig. Sie, die das All zusammensetzt, kann es auch behüten und wieder auseinander-nehmen

Die *Devī Stava* spricht es so aus: "O Mutter, auch Śiva besitzt nicht die Macht, Brahmā, Viṣṇu und die anderen *devas* zu erschaffen, zu beschützen und zu vernichten. Für Dich aber ist es nur ein *līlā,* dieses Universum zu regieren."

649. अदृश्या

Adṛśyā

Sie, die mit den Sinnesorganen nicht wahrgenommen wird.

Nur was an der Natur der drei *guṇas* teilhat, ist durch die Sinne wahrnehmbar. Devī existiert jenseits der *guṇas*. Daher ist es ausgeschlossen, daß Sie mittels der Sinne erfahren wird. Texte mit Autorität sprechen häufig so über Sie: "Deine eigenschaftslose Wesensform wird von den Augen nicht gesehen", und "die Śakti, die jenseits der *guṇas* existiert, ist nicht leicht zu erreichen".

650. दृश्य रहिता

Dṛśya rahitā

Sie, für die es nichts zu sehen gibt.

Nur solche Objekte, die verschieden von uns sind, müssen wir sehen. Für die Devī existiert nichts, was von Ihr verschieden ist, daher gibt es für Sie nichts zu sehen.

Dṛśya heißt ”das Sichtbare”, und das sind die unbeständigen Dinge im Weltall. Die Devī gehört nicht zu diesen Dingen. Das Mantra impliziert die Ewigkeit und Unvergänglichkeit der Göttlichen Mutter.

651. विज्ञात्री

Vijñātrī

Sie, die die Wahrheit des physischen Universums kennt.

Jñāna und *vijñāna* werden oft gleichbedeutend für ”Wissen” verwendet. Zum Beispiel: ”Brahman ist *satyam*, *jñānam* und *anantam* (Existenz, Wissen und Unendlichkeit)”, und ”Brahman ist *vijñānam* und *ānandam* (Wissen und Seligkeit).” Doch wird bei genauerer Unterscheidung zwischen materiellem und spirituellem Wissen *vijñāna* für das erstere und *jñāna* für das letztere benutzt. Was durch Studium erlernt werden kann, gilt als *vijñāna,* und was durch die spirituelle Erfahrung heranreift, gilt als *jñāna. Vijñāna* wird dann generell mit Wissen und *jñāna* mit Weisheit übersetzt.

So ist also der Sinn des vorliegenden Mantras dieser: ”Sie, die alles über das Materielle und Körperliche weiß.” Oder: ”Sie, die durch spezielle Erfahrung kennengelernt werden muß.” *Vijñātrī* kann auch heißen: ”Sie, die alles Wissen schützt.”

652. वेद्य वर्जिता

Vedya varjitā

Sie, für die es nichts mehr zu wissen gibt.

Sie ist allwissend. Es existiert nichts Materielles oder Spirituelles, das Ihr unbekannt wäre. ”Sie, die jenseits von allem Bekannten ist.”

653. योगिनी

Yoginī

Sie, die für immer mit Parāśiva vereint ist; Sie, die yogische Macht besitzt.

"Yoga bedeutet die Beherrschung der Verstandestätigkeit", der *Yoga Sūtra* (I.2) von Patānjali zufolge. Yoga heißt, das unstete Hin und Her des Verstandes anzuhalten und ihn dazu zu bringen, im reinen Bewußtsein zu verharren. Yoga bezeichnet letztendlich das Einssein der individuellen Seele mit Brahman. Die Göttliche Mutter ist in andauernder Einheit mit Śiva.

Die *Gītā* stellt fest: "Seelenruhe ist Yoga" (II.48), und weiter: "Wisse, daß Yoga die Freiheit von Schmerz-Verhaftung bedeutet." (VI.23) Ein anderer Vers in der *Gītā* (II.50) postuliert: "Yoga ist Geschicklichkeit im Handeln." Die Handlungen werden mit Geschick ausgeführt, doch ohne Stolz darauf; wirksames Tun wird getätigt, doch ohne Sorge um die Früchte des Tuns. Die Devī ist jene, der diese *yogaśakti* eignet.

Es finden sich u. a. vier Arten des Yoga: *Mantra yoga, laya yoga, hatha yoga* und *rāja yoga.* Beim *rāja yoga* werden drei Typen unterschieden: *Śaṅkhya, tāraka* und *amanaska.*

Außerdem erwähnt das *Mantraśāstra* sieben *yoginīs,* angefangen mit Ḍākinī (siehe Mantren 475-534). Überhaupt gibt es unzählige *yoginīs,* wie uns das Mantra *"Mahā-catuḥ-ṣaṣṭi-koṭi-yoginī-gaṇa-sevitā"* (237) unterrichtet. Devī ist unter ihnen die größte *Yoginī*, ihre *Īśvarī.*

Zusätzlich werden auch die acht Planeten-Gottheiten, von *Maṅgala* bis *Sankaṭa, yoginīs* genannt.

654. योगदा

Yogadā

Sie, die die Macht des Yoga verleiht.

Die Devī initiiert in den Yoga - das ist die Vereinigung des *jīvātman* mit Brahman. Sie spendet auch materielle Freuden als Ausdruck Ihres Segens. Die *Śākta*-Doktrin, auf die wir uns eben beziehen, stellt fest, daß die göttliche Gnade wesentlich ist, wenn es um die Selbst-Realisierung geht.

655. योग्या

Yogyā

[Sie, das Objekt von jeglichem Yoga]; Sie, die alle Arten von Yoga besitzt.

Dieses und die zwei vorausgegangenen Mantren offenbaren die Qualitäten "Praxis" (*cārya*), "Schenken" (*dāna*) und "Reichtum" (*sampatti*). Diese drei Beinamen verbinden die Devī also mit der Praxis, dem Geschenk und dem Besitz des Yoga.

Unter dem Einfluß von *Māyā* (aus den drei *guṇas* bestehend) manifestiert sich das Höchste Brahman in drei Formen: dem Wissenden, dem Gewußten und dem Wissen an sich. Hat *sattva* die Übermacht über *rajas* und *tamas*, so wird es als *śuddhasattva* definiert. Diesem entspricht Īśvara als Manifestation der höchsten Wahrheit, der dann *Yogadā* (Spender des Yoga) genannt wird. Herrscht *rajas* vor und sind *sattva* wie *tamas* schwächer, so manifestiert sich dieselbe höchste Wahrheit als individuelle Seele und heißt *Yoginī*. Und wenn schließlich *tamas* dominiert, *sattva* und *rajas* geschwächt sind, dann stellt sich die höchste Wahrheit als das bewegungslose Weltall dar und wird *Yogyā* genannt.

Die Ausübung des Yoga (*yogācārya*) korrespondiert der vorwiegend *rājasischen* Natur von "*Yoginī*" - Aktivität ist ein Zeichen von *rajas*. Schenkung oder Verleihung von Yoga (*yogadāna*) entspricht mehr der *sāttvischen* Natur und drückt die Großzügigkeit von *Yogadā* aus. Der Besitz des Yoga (*yogasampatti*) durch *Yogyā* zeigt den *tāmasischen* Aspekt der Devī. Reichtum jeglicher Art steht mit *tamas* in Verbindung.

656. योगानन्दा

Yogānandā

Sie, die durch Yoga erlangte Glückseligkeit; oder: Sie, die sich der Seligkeit des Yoga erfreut.

Außerdem: Sie, die sich im Zustand des *yoganidra*, des yogischen Schlafes befindet. Der Tiefschlaf ist ein seliger Zustand.

"Yoga" wird im jetzigen Mantra als die Vereinigung von Śiva und Śakti ausgelegt. Einige Kommentatoren sehen den gegenwärtigen Namen als *ayogānanda* und interpretieren das Wort als *ayoga* + *nanda*. *Ayoga* bezeichnet jemand ohne Verhaftungen, ohne "Joche" ("ohne *yoga*"), und *nanda* ist jemand, der Seligkeit genießt. Konsequenterweise wäre die Devī dann jene, die Seligkeit durch Nicht-Verhaftung erreicht. *Ayoga* (*ay+u+ga*) kann auch dies bedeuten: "Jemand, der Śiva durch glückverheißende Schritte erreicht (*aya:* günstig, gut, *U:* Śiva, *ga:* jemand, der geht)." In dieser Ausdeutung gilt *Nanda* als Alakānanda, ein Beiname von Gangā, die Śiva erreicht.

Der *Padma Purāṇa* zufolge ist *Nanda* der Name eines heiligen Flusses in der Nähe des Sees von Puṣkara [Rajasthan], dessen Erinnerung bereits ausreicht, alle Sünden zu tilgen.

Devī inkarnierte als Nanda, um den Dämonen Mahiṣāsura zu töten, der daraufhin in den Vindhya-Bergen unter dem Namen Caitrāsura wiedergeboren wurde. Die Devī inkarnierte erneut als Nanda [Nanda Devī] und vernichtete ihn. *(Devī Purāṇa)*

Mahiṣa repräsentiert *ajñāna* (Nichtwissen), und Mahiṣāsuramardini - die Devī als Siegerin über Mahiṣa - fungiert als die Kraft von *jñāna* (Wissen).

Daneben ist Nanda die Gottheit des ersten, sechsten und elften Tages des lunaren Halbmonats.

657. युगन्धरा
Yugandharā
Sie, die die Bürde der yugas trägt.

Yuga bedeutet "Zeitalter, Äon". Die vier *yugas* Kṛta, Treta, Dvāpara und Kali bezeichnen sehr lange Zeitperioden.

Die Göttliche Mutter trägt die Verantwortung für die Leitung der vier Zeitäonen; daher wird Sie "Trägerin der *Yugas*" genannt.

Die anderen Hauptbedeutungen des Wortes *Yuga* sind "Joch" und "ein Paar." So wie der Ochse das Joch bei der Bestellung des Feldes trägt, genauso trägt die Gottesmutter als *Māyā* die Last der Schöpfung, und Sie wird auch deshalb *Yugandharā* genannt.

Die Weltenmutter selbst i s t die Paareinheit (*yuga*) aus Śiva und Śakti. In der Welt ist alles von dualer Natur - Hitze und Kälte, Glück und Leid, Sieg und Verlust. Und da die Große Mutter alle Gegensatzpaare stützt und trägt, heißt Sie wiederum *Yugandharā*. Sie ist gleichzeitig das Universum, dual in seiner Natur, und die Parāśakti, jenseits aller Dualität.

658. इच्छा शक्ति ज्ञान शक्ति क्रिया शक्ति स्वरूपिणी
Icchā śakti jñāna śakti kriyā śakti svarūpiṇī
Sie, die in Gestalt der Willens-, der Weisheits- und der Tatkraft erscheint.

Brahman ist die erste, ursprüngliche Ursache des Universums. Vor Beginn der Schöpfung offenbart sich die in Brahman latente Energie als *icchāśakti*, als Willensmacht bzw. als Schöpfungswunsch. Dann erhebt sich *jñānaśakti*, die Macht des Wissens, kraft derer über den Schöpfungsplan entschieden wird. Darauf erwacht der Tatendrang und zeigt sich als *kriyāśakti*, als die Schöpferkraft.

Der Schrift *Saṅketapaddhati* zufolge entspricht die Willenskraft dem Haupt der Devī, die Kraft des Wissens Ihrem göttlichen Oberkörper und die Schöpferkraft Ihrem unteren Körper von der Taille bis zu den Füßen.

Erhebt sich der Wille oder der Wunsch zur Tat, dann muß das angemessene Wissen eingesetzt werden, bevor zur Tat geschritten wird. [...] Brahman wünschte, "viele zu werden". Die allwissende Weisheit wirkte, um diesen Wunsch zu erfüllen, und das Weltall begann zu enstehen. Für jedes Tun sind Wille plus angemessenes Wissen die Vorbedingung; nur wenn sie erfüllt ist, wird die rechte Handlung folgen können.

Die Trinität von Brahmā, Viṣṇu und Maheśvara zeigt eine andere Facette desselben Konzepts. Bhāskararāya zitiert passend aus dem *Vāmakeśvara Tantra*: "Devī Tripura zeigt sich in drei Gestaltungen - Brahmā, Viṣṇu und Śiva; Sie ist die Kraft des Willens, der Weisheit und der Tat."

Kriyāśakti, die Tat- oder Schöpferkraft, teilt sich, der *Sūta Samhita* zufolge, in fünf Aspekte auf: Bewegung (*spanda*), Gegenbewegung (*pratispanda*), Beginn (*ārambha*), Wiederholung (*āvartana*) und Ausbreitung (*pracāra*). Eine ähnliche Aufteilung findet sich auch im *Tarkaśāstra*, der Wissenschaft der Logik. Dort wird *karma* als steigende, fallende, sich biegende, sich ausbreitende und als zum Ziel schreitende Bewegung differenziert.

Wir sollten bestrebt sein, die Wünsche, das Wissen und die Handlungen makellos zu halten, sind sie doch eigentlich göttlicher Natur und stammen von der Großen Mutter selbst.

659. सर्वाधारा

Sarvādhārā

Sie, auf der alles ruht, die alles trägt.

Hier ist nicht die übliche Vorstellung der tragenden Stütze und des Gestützten anwendbar. Wenn wir sagen, "Geld in der Schachtel" oder "Buch auf dem Bücherbrett", dann sind die Schachtel und das Bücherbrett die Träger oder Stützen. Dies ist aber im gegenwärtigen Mantra nicht gemeint. Seine Bedeutung ist eher zu vergleichen mit "Schlange im Seil" oder "Bläue des Himmels". Wir können die Schlange nicht vom Seil [Māyā läßt das gewundene

Seil als Schlange wahrnehmen] und die Bläue nicht vom Himmel trennen. Ähnlich können wir die Weltenmutter nicht vom Weltall trennen. Dies ist also der Sinn der "tragenden Stütze" bei unserem Mantra: Alles ruht und bewegt sich in der Großen Mutter - nichts ist außerhalb von Ihr.

660. सुप्रतिष्ठा

Supratiṣṭhā

Sie, [das feste Fundament alles Seienden;] die fest Verankerte.

Devī ist jenseits der Zeit und darum fest verankert. Sollten wir eine Wahrheit oder eine Philosophie als ewig (*sanātana*) bezeichnen, so müßten beide unerschütterlich fest erscheinen in Vergangenheit, Gegenwart und Zukunft. Wenn wir die nichtdualistische Advaita-Philosophie samt aller mit ihr verbundenen spirituellen Lehren als "ewig" deklarieren, so unterstellen wir damit, sie habe jene Festigkeit, welche sie aus den Zeitaltern heraushebt.

Supratiṣṭha ist nebenbei auch die Bezeichnung eines Versfußes (*chandas*) in der Dichtung. Die Devī soll in Form dieses Versfußes auftreten.

661. सद् असद् रूप धारिणी

Sad asad rūpa dhāriṇī

Sie, die sowohl die Zustandsform des Seienden wie auch des Nichtseienden (sat und asat) annimmt.

Der unbelebte Körper und die Lebenskraft - beides ist die Große Mutter. Wie die *Śruti* sagt: "Alles hier ist Brahman."

Wer eine Schlange anstatt des Seiles sieht, sieht nicht das Seil, sondern eben nur die Schlange. Wer das Seil sieht, sieht nicht die Schlange. Wer, von der Dunkelheit getäuscht, das Seil sah, der hielt es tatsächlich für die Schlange. Bei Tageslicht stellte er/sie fest, daß es nur ein Seil war [...]. Was ist nun die Wahrheit, die vorgetäuschte, scheinbare Schlange oder das Seil, als das es sich entpuppte, da die Täuschung verflog? Niemand wird von einer überhaupt nicht existierenden Schlange erschreckt. Doch für jemand, der unter dem Bann der Täuschung steht, existiert die Schlange. Allein das schlichte Seil existiert nur für den, dessen Illusion beseitigt wurde. Es gibt also nur ein Ding, aber zwei Erscheinungen. Genauso ist für ihn, der die Wahrheit sieht, das Weltall reine Essenz - Brahman. Ihm, der die Wahrheit nicht gesehen hat, gilt es nach wie vor als Weltall. Das Weltall definiert sich als *asat* (Nicht-Seiendes) und Brahman als *sat*. Beide sind in der Großen Mutter enthalten. Aus diesem Grund wird Sie *Sadasadrūpadhāriṇī* genannt.

Sat und *asat* kann auch gute und schlechte Taten bedeuten. Handlungen im Sinne der Veden sind gut (*satkarma*), Handlungen entgegen der vedischen Moral sind schlecht (*asatkarma*). Devī wirkt als Unterstützung von beiden und heißt auch aus diesem Grunde *Sadasadrūpadhāriṇī*.

Devī stellt sich in zwei Modalitäten des Wissens dar, *asat* und *sat* - auch *savikalpa* (basierend auf *vikalpa*) und *nirvikalpa* genannt. *Vikalpa* bedeutet "verrückte Vorstellung", eine durch Worte vermittelte Vorstellung, die der Realität entbehrt. Die "Hörner eines Kaninchens" gelten als klassisches Beispiel dafür. Was immer auf solchem *vikalpa* beruht, heißt *savikalpa* und gilt als *asat* (nicht-seiend oder unwirklich), und was nicht auf *vikalpa* beruht, heißt *nirvikalpa* und ist *sat* (Seiendes). Die alte Weisheit formuliert es so: "Alles, was der Intellekt wahrnimmt, ist *asat*."

662. अष्ट मूर्तिः

Aṣṭa mūrtiḥ

Sie, die aus acht Formen besteht.

Die Bezeichnungen für die acht Formen differieren in den verschiedenen Quellen. Die *Matsya Purāṇa* sagt: "Oh Sarasvatī, mit den acht Formen Lakṣmī, Intelligenz, Erde, Nahrung, Gauri, Zufriedenheit, Strahlung und Mut, beschütze mich!"

Das *Yogaśāstra* erklärt, daß das Selbst aus acht verschiedenen Aspektformen besteht, die von den *guṇas* abhängen, nämlich der verkörperten Seele (*jīvātman*), dem inneren Selbst (*antarātman*), dem Höchsten Selbst (*paramātman*), dem unbefleckten Selbst (*nirmalātman*), dem Reinen Selbst (*śuddhātman*), dem Weisheits-Selbst (*jñānātman*), dem Großen Selbst (*mahātman*) und dem Elemental-Selbst (*bhutātman*). Die Devī ist das Selbst in diesen acht Aspekten.

In der Schrift *Śaktirahasya* figurieren die fünf grobstofflichen Elemente plus Sonne, Mond und dem *jīvātman* als die acht Formzustände der Devī. Der Himmel oder auch der "Opfernde" ersetzen in einigen anderen Auflistungen den *jīva*.

In der *Gītā* (VII.4) wird konstatiert: "Erde, Wasser, Feuer, Luft, Äther (*ākāśa*), Verstand, Intellekt und Ichsinn (*ahaṅkāra*) sind Meine achtfältige Natur." Wenn wir den Verstand als Mond annehmen, den Intellekt als Sonne und den Ichsinn als *jīvātman* oder Opfernden, dann erscheint die Nichtübereinstimmung [mit der *Śaktirahasya*] als beseitigt.

663. अजा जैत्री

Ajā jaitrī

Sie, die Unwissenheit besiegt.

Avidyā hat keinen Beginn, daher ist sie *ajā* (das, was nicht geboren ist). "Es gibt ein ungeborenes Wesen, ein weibliches, von roter, weißer und schwarzer Farbe, das zahlreichen Nachwuchs gebiert", wie es die *Śruti (Śvetāśvatāra Upaniṣad IV.5)* ausdrückt. Die drei Farben Rot, Weiß und Schwarz symbolisieren die drei *guṇas* von *rajas*, *sattva* und *tamas*. *Avidyā* zeigt eine Mischung aus diesen *guṇas* und ist *ajā*.

Es ist sehr schwierig, *ajā,* d. h. Māyā, zu besiegen, doch für den Gläubigen, der Devīs Gnade gewann, ist dies möglich. Das ist die Aussage des Mantras. Da die Devī *ajā* besiegt, heißt das auch, daß Ihre Verehrer die Illusion und Unwissenheit überwinden, sind sie doch, wie wir wissen, von Ihr nicht getrennt.

664. लोक यात्रा विधायिनी

Loka yātrā vidhāyinī

Sie, die den Lauf der Welten bestimmt.

Sie ist jenes Allwesen, das die Leben aller Einzelwesen in den Welten lenkt, samt den Bewegungen der Sphären und der Himmelskörper.

665. एकाकिनी

Ekākinī

Sie, die einsam und alleine ist.

Sie ist die Eine. Es gibt kein Zweites. Sie ist die Nicht-Zweiheit. Es gibt nichts von Ihrer oder von anderer Art, das ein "Zweites" für die Gottesmutter wäre.

In der *Devī Purāṇa* wird Sie solcherart besungen: "Alleine Sie verzehrt die Welten, alleine Sie verankert sie, alleine Sie erschafft das Universum - und darum heißt und ist Sie *Ekākinī.*"

666. भूम रूपा

Bhūma rūpā

Sie, das Hologramm aus allen existierenden Dingen.

Bhūma heißt "viele", aber auch Brahman, das Eine. Da der Beiname direkt nach dem Namen *Ekākinī* (die einsam Alleinige) folgt, kann angenommen werden, er bedeute hier "viele". Die *Devī Purāṇa* charakterisiert Sie derart: "Auch wenn Sie nur Eine ist, wird Sie doch aufgrund der [universell erscheinenden] Bedingtheiten überall als *Bhūma* ("viele") gefeiert. So, wie ein Kristall die Farben der umliegenden Gegenstände aufnimmt, so erscheint Sie als *Bhūma* aufgrund der *guṇa*-Kombinationen."

Deuten wir *bhūma* im Sinn von *Brahman*, dann besagt das Mantra, daß Devī identisch mit Brahman ist. Und alles im Kosmos zeigt nur illusorische *(vivarta)* Formen von Brahman. So wie Wasser zwar ein Element ist, aber als Welle, Schaum und Strudel auftritt, ebenso ist Brahman das Eine ohne ein Zweites, aber erscheint unter vielen Namen und Gestalten im All.

667. निर्द्वैता

Nirdvaitā

Sie, die ohne Zweiheits-Sinn ist.

Aus der Sicht der dualistischen Weltanschauung mag das absurd erscheinen. Selbst ein Nicht-Dualist (Monist, *advaitin*) findet sich damit ab, daß alles dualistisch erscheint, solange nicht das Allerhöchste erreicht ist. Sobald man dort jedoch angelangt ist, sieht man nichts Vergängliches, Endliches mehr. Wie es in der *Chāndogya Upaniṣad* (VII.24.1) heißt: "Jenes ist das Unendliche, in dem man nichts anderes sieht, nichts anderes hört, nichts anderes versteht. Doch dies ist das Endliche, in dem man etwas anderes sieht oder hört oder versteht. Jenes Unendliche allein ist unsterblich, dieses Endliche aber ist sterblich."

668. द्वैत वर्जिता

Dvaita varjitā

Sie, die jenseits von Zweiheit ist.

Es erscheint unpassend, dieses Mantra mit der wörtlichen Bedeutung von *varjita* zu interpretieren, als "Sie, die die Dualität abstreifte bzw. sich von ihr befreite", denn das implizierte, daß es anfangs Dualität in Ihr gab, die Sie später überwunden hat. Doch anfangs gab es nur reines Sein, und das ist Eines ohne ein Zweites, laut der *Śruti.*

Die Vorstellung von zwei (Dualität) entspringt der Täuschung. In jedem Atom des Universums west das Wesen Brahmans, west die Große Mutter selbst. Der Sinn des vorgegebenen Mantras ist, daß sich keine Spur des Dualitätsdenkens in der Gottesmutter findet.

669. अन्नदा

Annadā

Sie, die allem Lebendigen Nahrung spendet.

Anna meint an erster Stelle das, was das Leben in allen lebenden Wesen nährt und aufrechterhält. Daneben bedeutet es "alle lebenden und nicht-lebenden Dinge".

Die *Gītā* führt an, daß aus den Wolken die Nahrung stamme und der Körper durch die Nahrung wachse. Devī spendet nicht nur Nahrung, sondert segnet alle lebenden Wesen mit allem, was für ihren Lebensunterhalt nötig ist.

Śrī Śaṅkara lobpreist die Göttliche Mutter in einer berühmten Hymne als "Annapūrṇa" (überreichlich mit Nahrung versehen). Aber er erbittet von Ihr mehr als nur Nahrung: "O Devī, Annapūrṇa, Liebling von Śiva, Du, die Du immerzu reichlich hast, gewähre mir das Almosen der Weisheit und das Almosen der Leidenschaftslosigkeit, o Pārvatī, Du!" (*Annapūrṇā Stotram*)

670. वसुदा

Vasudā

Sie, die Spenderin von allem, was wertvoll ist.

Devī schenkt Reichtum (*vasu*) in jeglicher Form - Getreide, Geld oder wertvolle Juwelen.

Wer Ihren Segen erhält, dem wird es nie an etwas mangeln - weder an Nahrung noch an Kleidung noch an anderem Lebensnotwendigen. "Dieses unendliche, geburtslose Selbst schenkt die Nahrung, schenkt den Reichtum." (*Bṛhadārnyaka Upaniṣad* IV.4.24)

671. वृद्धा

Vṛddhā

Sie, die uralt ist.

Die Große Mutter war die Erste Ursache und existierte schon vor der Weltenerschaffung.

Vṛddha heißt wortwörtlich "fortgeschritten, höher entwickelt". Dies mag in vier verschiedenen Aspekten der Fall sein: Man kann fortgeschritten sein in der Weisheit (*jñānavṛddha*), in der Rechtschaffenheit (*dharmavṛddha*), im Alter (*vayovṛddha*) und im Reichtum (*dhanavṛddha*). Alle vier Aspekte treffen auf die Devī zu, wie im Kommentar zu den Mantren dargelegt wird.

672. ब्रह्मात्मैक्य स्वरूपिणी

Brahmātmaikya svarūpiṇī

Sie, deren Natur die Verbindung von Brahman und Ātman demonstriert.

Brahman entspricht Śiva und Ātman entspricht der individuellen Seele, dem jīva. Svarūpa bedeutet "die Gestalt von sva zu haben", was ein Beiname des Hamsa-Mantras ist. Devī zeigt sich in der Form dieses Mantras, das die Union des jīva mit Śiva, dem Höchsten, bewirkt.

673. बृहती

Bṛhatī

Sie, die immens Große.

Bṛhat ist Brahman. Devī ist Brahman.

Bṛhatī bezeichnet auch einen Versfuß von 36 Silben in der Sanskrit-Dichtung. Devī findet sich also ebenso in diesem

Versfuß. Nebenbei können wir uns daran erinnern, daß es auch 36 Tattvas gibt.

674. ब्राह्मणी
Brāhmaṇī
Sie, die (sāttvische) Weisheit des Ewigen.

Brāhmaṇa (feminine Form davon ist *Brāhmaṇī*) ist jemand, in dem der *sāttvische* Charakter dominiert. Devī ist die Verkörperung der von *sattva* geprägten Weisheit.

Brāhmaṇī (oder *Brāhmi*) heißt auch eine Arzneipflanze. Devī schwingt in der Essenz dieser Arznei, die laut der *Smṛti* "göttlich, ja Bewußtsein selbst ist".

Die *Parāśara Smṛti* beschreibt Śiva als Brāhmaṇa. *Brāhmaṇī* ist sein Weib.

675. ब्राह्मी
Brāhmī
Sie, die die Sprache regiert.

Brāhmī und *Bhāratī* bedeuten beide "Sprache".

Andere Auslegung: "Sie, die dem Ewigen/Brahma angehört."

676. ब्रह्मानन्दा
Brahmānandā
Sie, die Glückseligkeit des Brahman.

Die Natur der Seligkeit (der *Taittiriya Upaniṣad* folgend) ist unter Mantra 252 beschrieben worden, samt des Spektrums der Seligkeit, wie sie sich darstellt bei einem Normalsterblichen und bei jemand, der fest in Brahman verankert ist.

Brahmānandam steht für das existentielle Glücksgefühl, das sich bei der Rückkehr der Seele zum Höchsten Bewußtsein (von dem es sich vor langer Zeit trennte) ausbreitet. Die Große Mutter ist mit diesem alles durchdringenden Glücksgefühl identisch, so sagt uns das Mantra.

[...]

677. बलि प्रिया

Bali priyā

Sie, die die Opfergaben Ihrer Verehrer liebt.

Der Mensch erweise seine Dankbarkeit gegenüber der Natur im gleichen Maße, wie sie aus ihrer Fülle spendet. Um mit den verschiedenen Naturkräften (den *śaktis*) kommunizieren zu können, konzipierten die alten Seher unterschiedliche *yagñas (*Opferrituale), bei denen Mantren und *pūjas* als Kommunikationsmittel dienten. Da alle *śaktis* Teilaspekte der Großen Mutter sind, sind Ihr auch Rituale, die zu deren Ehren abgehalten werden, lieb und teuer - geradeso, wie das den Kindern gezollte Lob auch die Eltern beglückt.

Bali kann auch für Mahābali stehen. Dann würde *Balipriyā* derart übersetzt werden: "Sie, die von der Gläubigkeit des Königs Mahābali entzückt ist."

Bali heißt jemand mit der Stärke (*balam*), die Unwissenheit zu besiegen. Solche Menschen sind der Großen Mutter besonders lieb.

678. भाषा रूपा

Bhāṣā rūpā

Sie, die die Form der Sprache hat.

Die Göttliche Mutter nimmt die Form der Sprache der jeweiligen Gegend an. Sie ist die Göttin des Phänomens Sprache, und darum sind alle Sprachen Ihre Gestaltungen. So, wie der Allmächtige unseren Ruf hört, ganz gleich in welcher Sprache wir rufen, so sind alle Sprachen auch die Sprachen der Großen Mutter. Aus diesem Grunde wird Sie *Bhāṣārūpā* genannt.

679. बृहत् सेना

Bṛhat senā

Sie, die eine riesige Armee zur Verfügung hat.

Sie hat 640 Millionen *yoginīs* (*śaktis*) zu Ihrer Disposition; dazu viele Regimenter von Elefanten, Pferden und Streitwagen. Insgesamt ergeben Ihre Kampftruppen eine riesige, machtvolle Armee.

680. भावाभाव विवर्जिता

Bhāvābhāva vivarjitā

Sie, die jenseits von Sein und Nicht-Sein ist.

Bhāva bedeutet Sein oder Existenz und *abhāva* Nicht-Sein, Nicht-Existenz. Bereits bevor ein Ding entsteht, existiert sein morphologisches Design, sein Substrat, seine ”Idee”. Und hört das Ding auf zu bestehen, so existiert dieses Substrat unvermindert weiter fort. Die Gottesmutter ist eben dieses ”Substrat” aller Dinge und deshalb jenseits von Sein oder Nicht-Sein.

Die sechs Veränderungen, die im Verlauf eines Lebens geschehen, heißen *bhāvavikāras* oder Existenzmodifikationen: Geburt, Dasein, Wachstum, Veränderung, Verfall und Tod.

Abhāva, Nicht-Existenz, ist von vier Arten: 1) Der Existenz vorausgehend (*prāgbhāva*) als etwas, das vorher nicht existierte. Bevor der Topf hergestellt wird, gibt es ihn nicht. 2) Nicht-Existenz wegen Zerstörung (*Pradhvamsābhāva*). Wenn der Topf zerbrochen wird, so existiert er danach nicht mehr. 3) Wechselseitige Nicht-Existenz (*Anyonyābhāva*). Der Topf existiert nicht als das Tuch, das Tuch existiert nicht als der Topf. 4) Äußerste, ultimative Nicht-Existenz (*Atyantābhāva*). Der Zustand von etwas, das nie existieren wird.

Keine dieser Formen des Seins oder Nichtseins berühren die Große Mutter, die das stützende Substrat von allem ist.

681. सुखाराध्या

Sukhārādhyā

Sie, deren Anbetung leicht ist.

Das will besagen, für die Verehrung der Gottesmutter gibt es keine strikten Regeln oder obligatorischen Vorbereitungen.

Manche Arten der Anbetung scheuen sich nicht, dem Angebeteten durch Selbstzufügung von Schmerzen oder Erleiden körperlicher Qualen näher zu kommen. Doch existiert keine Regel, die bei der Verehrung der Göttlichen Mutter geistige Pein oder körperliche Schmerzen fordert. Sie freut sich über das einfache Singen Ihrer Namen, wenn es mit Hingabe geschieht. Und Sie spendet Ihren Segen - nach einer Verehrung, die leicht fiel.

Der Herr versichert in der *Gītā* (II.40): "Keine vergebliche Mühe, keinen Fehler gibt es da. Selbst ein klein wenig von dieser gläubigen Hingabe erlöst euch bereits von der Furcht." Es ist also nicht nötig, Angst vor einem Fehler bei den Verrichtungen oder vor bösen Folgen zu haben. Bereits ein kleiner erster Schritt in diese Richtung der Hingabe wird uns vor der *samsāra*-Furcht beschützen. Die Verehrung der Gottesmutter flößt solchen Optimismus ein, daß wir leicht vertrauen können und uns nicht darum sorgen müssen, ob vielleicht komplizierte Prozeduren vergessen wurden. Sagt doch der Herr in der *Gītā*, die Devī freue sich über einfache Gaben, bestehend aus "Blatt, Blume, Frucht und Wasser". Die Göttliche Mutter vergibt Irrtümer, die Ihre Lieblingskinder unwissentlich begehen.

682. शुभ करी

Śubha karī

Sie, die Gutes tut.

Sie tut selbst jenen Gutes an, die Sie unvollständig verehren, ist Sie doch die Mutter des Universums. Eine Mutter würde nur das Beste für ihr Kind tun, auch wenn es vom Weg irrt.

683. शोभना सुलभा गतिः
Śobhanā sulabhā gatiḥ
Sie, die über einen hellen, leichten Weg zu erreichen ist.

Die Devī zeigt Ihren Devotees einen leichten und hellen Pfad zur Erlösung (*Śobhana*: leuchtend, Erlösung; *sulabha*: leicht zu erreichen; *gati:* Pfad oder Frucht). Es liegt hier nahe, daran zu erinnern, daß auch ein einfacher Jäger wie Kannappadāsa durch seinen aufrichtigen Glauben die Unsterblichkeit erlangen konnte. Gänzliche Selbsthingabe und Liebe zur erwählten Gottheit sind immer die wichtigsten Bedingungen.

"Die Devī allein ist das letzte Ziel aller lebenden Wesen", sagt die *Kūrma Purāṇa.*

Bhāskararāya erwähnt, daß der vorliegende Name manchmal in Form dreier separater Namen betrachtet wird, also *śobhana, sulabha* und *gati.*

Eine alternative Interpretation (das Mantra als *śobhana asulabhāgati* gegliedert) besagt: die Devī ist *nicht* leicht zu erreichen. Der Grund dafür ist, daß der nicht zurückkehrt, der in Ihren Zustand kommt - er wird in diesem *samsāra* nicht wiedergeboren. Die *Brahma Purāṇa* stellt fest, daß ein "*jīva* die Frucht des 15-silbigen Mantras erst bei seinem letzten Atemzug erhält".

Das Mantra mag auch in dieser Weise ausgelegt werden: Diejenigen, welche Sie anbeten, werden ein rechtes Leben führen. Die Göttliche Mutter gestaltet das ruhmreich, was schwer zu erwerben ist (*asulabhāgati*), wie z. B. eine menschliche Geburt. Und so sagt die *Devī Bhāgavata*: "Die Leben jener Menschen sind vergeblich, die die *Devī Bhāgavata* [das umfangreicheWerk über das Wirken der Göttlichen Mutter in verschiedenen Verkörperungen] nicht lesen oder hören oder die die Erste Prakṛti [Schöpferin der Natur] nicht verehren."

684. राज राजेश्वरी

Rāja rājeśvarī

Sie, die Herrscherin über Könige und Kaiser.

Die Große Mutter ist Īśvari - die Herrscherin und alles kontrollierende Macht -, nicht nur über Menschen, auch über Brahmā, Viṣṇu, Śiva, Indra, die sieben Rishis und alle anderen Wesen.

Dazu gilt: Rājeśvara ist Kubera, der Gott des Reichtums. Wenn wir sagen, Devī regiere über Kubera, dann heißt dies, daß der gesamte Reichtum der Welt Folge Ihres Segens ist und von Ihr kontrolliert wird.

685. राज्य दायिनी

Rājya dāyinī

Sie, die die Herrschaft verleiht.

Herrschaftsbereiche gibt es nicht nur in dieser Welt, sondern auch in anderen Welten wie Vaikuṇṭha, Kailāsa und Brahmāloka. Devī entscheidet kraft Ihrer übergeordneten Position, wer die Herrschaft über diese Welten jeweils ausübt.

Der gläubige Devotee wird die Feststellung nicht bezweifeln, daß die materiellen und die spirituellen Reiche allesamt nur mit Ihrem Willen und zu Ihrer Freude betreten oder gewonnen werden können.

686. राज्य वल्लभा

Rājya vallabhā

Sie, die die Herrschaftsbereiche beschützt.

Devī behütet nicht nur alle Herrscher, sondern ihre Reiche schützt Sie auch.

687. राजत्कृपा
Rājatkripā
Sie, deren tiefes Mitleid jeden rührt.

Im allgemeinen gibt es eine Grenze für Mitleid und Mitgefühl, doch für Sie gibt es die nicht. Ihres schließt jeden ein, gleich ob Freund oder Feind. Es erreicht die in der Nähe und die in der Ferne. Gerade dies ist unter *rājatkripā* zu verstehen. Gerade deshalb ist dies Mitgefühl so rühmenswert.

688. राज पीठ निवेशित निजाश्रिता
Rāja pīṭha niveśita nijāśritā
Sie, die Ihre ergebenen Devotees auf königliche Throne setzt.

Alle hohen Positionen werden zur Hälfte mit Gottes Hilfe und zur anderen Hälfte durch eigene Anstrengung erworben. Die Anstrengung allein würde nicht reichen. In verschiedenen Phasen unseres Lebens stecken wir einfach fest, ohne den geringsten Fortschritt zu machen - nicht, weil es uns am Wunsche fehlt, an der Anstrengung oder an der Fähigkeit, weiterzukommen. Nein - es existiert über all diesem ein unumgänglicher Kontrollfaktor, ohne den "nichts geht": Gottes Gnade. Und die muß ebenfalls zu unseren Gunsten wirken.

689. राज्य लक्ष्मी
Rājya lakṣmī
Sie, die Verkörperung des Wohlstands der Welt.

Das Mantra *rājyalakṣmī* wird im *Tantrarāja* beschrieben. Devī ist die Essenz auch dieses Mantras.

690. कोश नाथा

Kośa nāthā

Sie, die die Schatzmeisterin ist.

Die Tatsache, daß dieser Beiname auf den Namen *Rājyalakṣmī* folgt, legt diese Interpretation nahe: Reichhaltige Schätze und Finanzen sind für die Sicherheit einer Nation wesentlich; die zwei Elemente, die das Geschick eines Landes zum Guten bestimmen, sind sein Reichtum und sein starkes Heer.

Fassen wir hingegen das Wort *kośa* in der Bedeutung von "Wörterbuch" auf, dann regiert die Devī über die gesamte Welt der Worte.

Schließlich gibt es noch die Bedeutung der fünf "Hüllen" (*kośas*) der menschlichen Person. Devī regiert diese *kośas* (siehe Mantra 428).

691. चतुर् अङ्ग बलेश्वरी

Catur aṅga baleśvarī

Sie, die die vier Streitkräfte kraftvoll kommandiert.

Caturaṅga bezeichnet die vier Streitkräfte: Elefanten- und Kampfwagen-Regimenter, Kavallerie und Infanterie. Devī ist ihr Oberbefehlshaber. Viele Geschichten kursieren über Sie, wie Sie in der Schlacht steht und Ihre Armeen zum Schutz der Devas und zur Vernichtung der Asuras kommandiert.

Caturaṅgabala bedeutet dazu auch vier *vyūhas* oder Organisationen. Den *Purāṇas* zufolge haben die Vaiṣṇavas, Śaivas und Śaktas ihre jeweils unterschiedlichen *vyūhas*, über die Devī bestimmt.

Caturaṅgabala meint daneben die vier Typen des *Puruṣa*: *Puruṣa* (Person) im Körper, *Puruṣa* in den Chandas (Versmaßen), *Puruṣa* in den Veden und der Große *Puruṣa* (*Mahāpuruṣa*).

692. साम्राज्य दायिनी

Sāmrājya dāyinī

Sie, die kaiserliche Herrschaft verleiht.

Sāmrājya bezeichnet die Herrschaft eines *samrāṭ*, eines Königs der Könige, einen Kaisers also. Dieser Titel wurde traditionell nach der Durchführung eines Rājasūya-Opferrituals verliehen. Die Devī gibt großzügig Ihren Segen dazu.

693. सत्य सन्धा

Satya sandhā

Sie, die der Wahrheit verpflichtet ist, sie aufrechterhält.

Sie hält Ihr Versprechen: Sie gibt Ihr Wort darauf, daß Sie sich verkörpern werde, wenn dies zur Vernichtung der Bösen und der Bewahrung der Rechtschaffenen notwendig sei. Da Sie Ihr Versprechen strikt hält, wird Sie *Satyasandhā* genannt. "Wann immer die Welt derart leidet, werde Ich mich verkörpern und deren (der Bösen) Vernichtung durchführen." (*Devī Māhātmya,* Kapitel XI)

694. सागर मेखला

Sāgara mekhalā

Sie, die Meerumschlungene.

Sie ist Mutter Erde, von den Weltmeeren umgürtet. Die Erde wird als Mutter verehrt, "reich an Wasser und Früchten, kühl unter den Bergwinden und mit Pflanzen üppig grün", denn sie ist ja ein Abbild der Göttlichen Mutter. Das Gefühl für das [indische] Land als Mutterland rührt da her.

695. दीक्षिता

Dīkṣitā

Sie, die unter einem Gelübde steht.

Dīkṣa heißt die Einhaltung eines Gelübdes, mit einem Ziel im Sinn. Es gibt viele Arten von *Dīkṣas*, z. B. Einhaltung des Zölibats, Gelübde der Weltentsagung (*sannyāsa*) usw. Das Gelübde von Pāñchāli (die Ehefrau der Pāṇḍavas), daß sie ihre Haare solange nicht flechten werde, als es nicht mit dem Blut Duśśāsanas benetzt sei, ist beispielhaft für ein spezielles *dīkṣa.*

Dīkṣitā bezeichnet jemanden, der ein Gelübde ablegte. Devī hat gelobt, die Übeltäter zu beseitigen und Ihre Anhänger zu beschützen.

Dīkṣitā gibt - und schwächt bzw. eliminiert. Das will in diesem Kontext besagen, daß Devī den Devotees gute Wünsche schenkt, einschließlich des Wunsches nach Seelenbefreiung, indem Sie ihre Sünden mindert oder beseitigt. Das *Parānanda Tantra* erklärt, die Devī bewerkstellige dies über die Initiation Ihrer Anhänger in Ihr Mantra (*mantradīkṣa*).

Ein klares Bewußtsein vom Ziel - *lakṣyabodha* - bildet die Grundlage des Erfolges. *Dīkṣa*, die Einhaltung eines Gelübdes, ist das Mittel, dieses Ziel zu erreichen.

696. दैत्य शमनी

Daitya śamanī

Sie, die die Dämonen, die üblen Kräfte, zerstört.

Berühmt sind die Geschichten über die Vernichtung der Dämonen (*daityas*, wie Bhaṇḍa und Dāruka) durch Sie.

697. सर्व लोक वशंकरी

Sarva loka vaśaṅkarī

Sie, die alle Welten unter Ihrer Kontrolle hält.

Die *Bhāgavata Purāṇa* (II V. 42) definiert zwei Zuordnungen der Welten (*lokas*). In der ersten entspricht die Region zwischen Füßen und Taille dem *bhūloka* (der Erde als der ersten Welt), die Region von Taille bis zum Nacken dem *bhūvarloka* und der Abschnitt zwischen Nacken und Scheitel dem *svarloka* (dem Himmel als der obersten der drei Welten). Diese drei Welten sind in uns enthalten.

In der zweiten, detaillierteren Zuordnung werden 14 Welten lokalisiert. Dabei korrespondiert *bhūloka* der Taille, *bhūvarloka* dem Nabel, *svarloka* dem Herzen. Der Brust entspricht *maharloka*, dem Nacken *janaloka*; die Lippen bilden *tapoloka* und der Scheitel ist *satyaloka*. Unterhalb der Taille wird *atala* den Hüften zugeordnet, *vitala* den Schenkeln und *sutala* den Knien. Den Unterschenkeln entspricht *talātala*, den Fersen *mahātala*. *Rasātala* korrespondiert dem Fußrist und *patāla* schließlich den Fußsohlen. (*Bhāgavata Purāṇa* II V. 38-41)

Devī hält all diese Welten unter Ihrem Szepter.

698. सर्वार्थ दात्री

Sarvārtha dātrī

Sie, die alle Wünsche erfüllt.

Devī vermag alle gewünschten Dinge für ein gutes Leben zu gewähren. Sie gibt, entsprechend dem Verdienst und zur angemessenen Zeit, die vier großen Lebensgüter - *dharma* (menschliche Tugend, Lebensethik), *artha* (Reichtum), *kāma* (sinnliche Wünsche) und *mokṣa* (Befreiung).

699. सावित्री

Sāvitrī

Sie, die Kreatrix, die kreative Macht im Universum.

Devī ist Sāvitrī, Mutter der Sonne (*savitā*). "Die Sonne wird *savitā* genannt, da sie alle Kreaturen erschafft", sagt die *Viṣṇu Dharmottara*. Als Sāvitrī wird die Devī hochgepriesen, weil Sie der Sonne Ihr Licht gibt und unser Solarsystem erschafft, wie es die *Bhāradvāja Smṛti* ausführt.

Savitā ist auch ein Synonym für Śiva. Devī ist seine Gemahlin und darum Sāvitrī.

Die *Devī Purāṇa* führt diesen Ihrer Beinamen auf Ihre natürliche Reinheit zurück.

In der *Padma Purāṇa* wird schließlich eine Gottheit in einem Tempel bei Puṣkara, Rajasthan, namens Sāvitrīdevī erwähnt.

700. सत् चिद् आनन्द रूपिणी

Sat cid ānanda rūpiṇī

Sie, deren Wesen aus Sein, Bewußtsein und Seligkeit besteht.

Die Gruppe der einhundert Namen des achten kalā der Sonne, bhogadā (Spender allen Wohlstands) genannt, endet hiermit.

701. देश काला परिच्छिन्ना

Deśa kālā paricchinnā

Sie, die von Zeit und Raum nicht begrenzt, nicht bedingt und nicht gemessen wird.

Von Lord Brahmā bis zum niederen Insekt ist alles begrenzt durch einen Beginn, ein Ende und eine Form. Was nicht nach dem Beginn und vor dem Ende existiert, ist auch nicht in der Gegenwart vorhanden. Die Große Mutter aber lebt ohne Beginn oder Ende, da Sie Brahman ist - nicht bedingt von Raum und Zeit und ewig. ”Da Er von Zeit und Raum begrenzt nicht ist, ist Er der Erste Guru.“ (*Yoga Sūtra*)

“Er, der wie der Äther alldurchdringend ist, von dem getrennt nichts existiert, wird nicht bedingt von Zeit und Raum und Dingen.” (*Saura Samhita*)

702. सर्वगा

Sarvagā

Sie, die alle Welten, alles Lebendige wie Nicht-Lebendige durchdringt - allgegenwärtig.

Die *Śruti* drückt es so aus: "Gegenwärtig überall, dem Äther (*ākāśa*) gleich und ewig."

Die *Varāha Purāṇa* beschreibt eine besondere Szene. Es geschah einmal, daß Devī in der Gestalt der Kriyāśakti (Kraft der Handlung) Buße tat in den Śveta-Bergen. Es erschien Gott Brahmā, der Sie fragte, was Sie wünschte. Sie sagte: "O heiliger Gott, ich möchte nicht auf eine Ecke der Welt beschränkt bleiben; deshalb bitte ich Dich, mir die Gabe der Allgegenwart zu gewähren."

Es mag sich hier Zweifel einstellen: Wie kann das Brahman, das doch "ewig, omnipräsent, beständig und unbewegt" sein soll, Buße tun? Nun, es ist alles das *līlā* (Spiel) der Großen Mutter. Tatsächlich besagt das Credo des Gläubigen, daß das formlose Brahman gelegentlich menschliche Gestalt annimmt, um die Menschheit auf den richtigen Pfad zu führen.

In der *Devī Purāṇa* wird der Lobpreis der Devī derart intoniert: "O du Weiser, dies ist die wirkliche Wahrheit über die Devī. Ausgebreitet ist Sie über alle Veden, alle Opferrituale, alle Himmel, Sie durchdringt alles und jedes, ob belebt, ob unbelebt. Sie ist jene, die verehrt, und jene, der geopfert wird. Nahrung ist Sie und Getränk. Allgegenwärtig ist Sie, unter vielen Namen und in vielen Formen - in Bäumen, Luft und Äther, im Wasser und im Feuer. Daher soll Sie angebetet werden, wie es die Regeln verlangen. Wer das innere Wesen Devīs kennt, der wird gänzlich in Ihr aufgehen."

703. सर्व मोहिनी

Sarva mohinī

Sie, die alle täuscht.

Viele Geschichten in den *Purāṇas* demonstrieren, daß selbst Weise wie Nārada, der doch fest verankert im Höheren Selbst zu sein schien, die Täuschungskraft der *Māyā* unwiderstehlich fanden. Nicht nur der normale Erdenmensch, nein, auch die

Klügsten führen ein Leben, zersplittert in viele Funktionen und weit entfernt von der Einheit mit dem Selbst, obgleich sie diese lang und ausdauernd geübt hatten. Der Erkenntnissinn, der das Viele sieht, wird von *Māyās* Macht der Illusion geschaffen. Die *Kaṭha Upaniṣad* (II.iv.1) bietet dazu eine Erklärung: "Das aus sich selbst existierende Absolute erschuf die Sinne mit ihren extravertierten Tendenzen; darum nimmt der Mensch das äußere Universum wahr, doch nicht das innere Selbst." Jeder blickt ins Äußere, und das Selbst im Inneren sieht er nicht.

Die Außensicht suggeriert die Vielheit. Die Innensicht aber führt zur Einheit. Die natürliche Tendenz ist allerdings, nach außen zu blicken; dieser Drang ist ein notwendiges Element der Weltenbühne. Darum stellt Krishna in der *Gītā* (VII.3) fest: "Unter Tausenden strebt vielleicht einer nach Vollendung; und selbst unter den erfolgreich Strebenden wird, falls überhaupt, nur einer Mein Wesen kennen."

Nun mag man fragen, inwiefern Gegensätze, wie ewig und äußerlich, untätig und lebendig, von der Devī stammen können. Die Antwort ist, daß Sie eben jeden täuscht, indem Sie den Dualitäten-Sinn in uns kreiert und damit die Einheit verbirgt.

In Wahrheit ist der Unterschied zwischen Brahman und dem Weltall nur Trug und Illusion. Śiva sagt in der *Kūrma Purāṇa:* "Diese Parāśakti, die niemand anderer als Brahman ist, existiert in Mir. Sie, die als *Māyā* alle Welt verzaubernd täuscht, ist Mir wohlgefällig." An anderer Stelle spricht Devī zu Himavat: "Die Gelehrten Kapāla, Bhairava, Sakala, Gautama und andere, die im Widerspruch zur *Śruti* und zur *Smṛti* die Dualität der Welt behaupteten, wurden allesamt von Mir erschaffen, um die Menschen zu verwirren."

Die *Sūta Samhita* konstatiert: "Von *Māyā* verwirrt, erleiden die Sünder Geburten und Tode, ohne von Gott zu wissen." Die Große Mutter täuscht in dieser Weise alle drei Welten. Es gibt ein Mantra wie auch Yantra mit dem Namen "Trailokyamohana", "alle drei Welten verwirrt machend". Der Beiname *Sarvamohinī* kann als der Devī-Aspekt gesehen werden, der sich in diesem Mantra und in jenem Yantra manifestiert.

704. सरस्वती

Sarasvatī

Sie, die Sarasvatī ist, Göttin des Wissens.

Die *Bhāradvāja Smṛti* erklärt: "Sie, die in der Sprache aller Menschenwesen wohnt und ihre Rede lenkt, wird Sarasvatī von den großen *ṛṣis* genannt." Und die *Vāsiṣṭha Rāmāyaṇa*: "Sie ist Sarasvatī, da Sie den Pfad für alle Augen zeigt."

Saras bedeutet "See" und *vati* meint "jemand, der besitzt". Der See ist in diesem Zusammenhang das *Brahmarandhra*, aus dem Nektar fließt. Der innere Sinn des Mantras ist also, daß zur Devī das *Brahmarandhra* gehört, aus dem sich der Nektar ergießt. Das *Vāsiṣṭha Rāmāyaṇa* führt an, daß *Sarasvatī* der Fluß des Wissens oder der durch die Sinne empfangenen Eindrücke bedeutet.

Dhaumya zufolge wird ein zweijähriges Mädchen auch *Sarasvatī* gerufen.

705. शास्त्रमयी

Śāstramayī

Sie, die in Gestalt der heiligen Schriften erscheint; Sie, deren Körperteile die heiligen Schriften sind.

Die vier Veden wurden durch Ihr Ausatmen geschaffen, und die großen Mantren von Ihrem Ichsinn. Von Ihren süßen Lippen floß das Leben in die Dichtung, das Drama und die Redekunst. Von Ihrer Zunge wurde Sarasvatī geboren. Die sechs *vedāngas* (Ergänzungsschriften zu den Veden) wurden von Ihren Wangen kreiert, und *mīmāmsa*-Philosophie, *nyāya* (Logik), *Purāṇas* und *dharmaśāstra* (Kodex der Ethik und Moral) entstanden aus Ihrer oberen Kehle; Medizin und die Kunst des Bogenschießens aus dem mittleren Teil und die 64 Künste aus dem untersten Teil

Ihrer Kehle; die Kunst der Liebe wurde von Ihren Schultern und die Tantras von Ihren Gliedern geboren. (*Brahmāṇḍa Purāṇa*)

Was die *śāstras* sagen, ist die letzte Wahrheit - nicht was unsere Sinneserfahrung oder unsere Vernunft sagt. Selbst die *Vedānta* stimmt darin überein. Wir sollten akzeptieren, was die *śāstras* sagen, auch wenn Sinneserfahrung und Vernunft ihnen zu widersprechen scheinen. Wir kennen ja einige Beispiele der gänzlich irreführenden Natur der Sinneserfahrung in der physischen Welt: die Sonne scheint für uns z. B. im Osten auf- und im Westen unterzugehen; und doch entspricht diese Wahrnehmung nicht den wirklichen astronomischen Fakten.

706. गुहाम्बा

Guhāmbā

Sie, die Mutter von Guha (Subrahmanya); Sie, die in der Höhle des Herzens wohnt.

Die *Purāṇas* besingen die Geschichte Subrahmanyas, der als Sohn von Śiva und Śakti geboren wird, um dann die Truppen der Devas in den Kampf gegen den Dämonen Tāraka zu führen, ihn zu töten und die Götter von der Schreckensherrschaft der Asuras zu befreien.

Das Wort *guha* (Höhle, Höhlung) wird in den Schriften häufig als Synonym für Herz verwendet. Die Beschreibung der *Śruti:* "das, was die Höhle betritt und dort Wohnung nimmt" (*Kaṭha Upaniṣad*), die sich auf den *jīva* in der Höhlung des Herzens bezieht, ist ein Beispiel dafür.

707. गुह्य रूपिणी

Guhya rūpiṇī

Sie, die von geheimnisvoller Form ist.

Wenn wir Devī als die Mutter von Guha beschreiben, mag es so aussehen, als akzeptierten wir dualistische Konzepte. Der jetztige

Namen mag verstehen lassen, daß "Dualität" nicht das zwingende Resultat einer tieferen Analyse der Wahrheit sein kann, auch wenn gesunder Menschenverstand und praktische Erfahrung dabei eingesetzt werden. Am Ende bleibt nur Nichtdualität übrig. Doch diese wiederum erscheint als sehr esoterisch-geheim und ist nicht ohne weiteres erkennbar. Eben deshalb wird von der Großen Mutter gesagt, Sie habe eine geheimnisvolle, eine verborgene Form.

Die *Sūta Samhita* stellt klar: "Wir beten die Göttliche Mutter an, die die Gestalt des Gurus annimmt, die die Form des geheimen Wissens besitzt, die von Ihren geheimen Anhängern geliebt wird und die am geheimen Orte wohnt."

Die Große Mutter - insofern Sie von den äußeren Sinnen wahrgenommen werden kann - besitzt die Gestalt des physischen Universums. Die Große Mutter aber, die ausschließlich vom inneren Auge erkannt wird, besitzt die Form der Weisheit, *jñāna*. Die Devī heißt *Guhyarūpiṇī*, weil Sie eben dies Wesen der Weisheit hat. "Unter allen *Upaniṣaden* ist die Devī die *Guhyopaniṣad*", wie es die *Kūrma Purāṇa* ausdrückt.

708. सर्वोपाधि विनिर्मुक्ता

Sarvopādhi vinirmuktā

Sie, die von allen Beschränkungen frei ist.

Upādhi bedeutet Begrenzung, Bedingtheit, Bedingung und auch Unterstützung. Alles, was wir sehen, ist in irgendeiner Form bedingt von *upādhi*. Wie es im *Vedānta* besprochen wird, kann im System der fünf Großen Elemente und ihrer *upādhis* das *ākāśa* (der Äther) durch den Klang wahrgenommen werden; *ākāśa* ist, wo Klang ist. Die Hände, die zum Rhythmus der Musik klatschen, können einen Klang produzieren, weil sie einen Anteil an *ākāśa* haben. *Ākāśa* manifestiert sich also nur durch die Bedingung (*upādhi*) des Klangs. Die Sonnenstrahlen, die auf die Wüste brennen, bewirken Fata Morganas. Sonnenlicht ist die *upādhi*, die die Luftspiegelung inszeniert. Auf der ruhigen Wasseroberfläche eines Sees erscheinen Bäume so, als würden sie auf ihren Baumkronen stehen. Hier ist die Wasseroberfläche die *upādhi.* Jedes Wissen ist mit solchen Bedingtheiten (*upādhis*) verknüpft. Allein die Göttliche Mutter ist jenseits aller *upādhis.*

Es ist offensichtlich, daß begrenzende und qualifizierende Beschreibungen der Devī wie "Mutter von Skanda", "Gemahlin von Śiva" oder "Tochter von Himavat" nicht Ihre *wahre* Identität darstellen. Ihre wahre Identität besteht stattdessen aus der okkulten, nichtdualistischen Qualität jenseits all solcher Aspekte. Natürlich könnte man jetzt einwenden, daß es doch auch Schriften gäbe, die die Dualität als existierend voraussetzen; wieso beharrten wir also darauf, daß "Nichtdualität" die einzige Wirklichkeit sei! [Unsere Erwiderung wäre:] Dualität ist die Erfahrungswahrheit des täglichen Lebens, Nichtdualität hingegen bestimmt die Höchste Wahrheit. Alle in der dualen Welt erfahrenen Unterschiede rühren aus der großen Illusion. Die einschlägigen Textstellen der heiligen Schriften deklarieren allesamt die nichtduale Natur des Höchsten Brahman. Die Wissenschaften dagegen befassen sich allgemein mit der empirischen, der tagtäglich erfahrbaren Welt. Deshalb sollte es ausreichen, wenn wir jenen Mantren, die einen dualen Aspekt portraitieren, Bedeutung nur für die normale Erfahrung zumessen.

Unser jetziges Mantra bedeutet nebenbei auch, daß Devī von den Beschränkungen der Logiker nicht betroffen ist; Sie ist jenseits davon.

709. सदाशिव पतिव्रता

Sadāśiva pativratā

Sie, die ergebene Gattin Sadāśivas.

Devīs Treue gegenüber Gott Śiva wurde an früherer Stelle durch das Mantra "*Kāmeśa-jñāta-saubhāgya-mārdavoru-dvayānvitā*" (Mantra 39) ausgedrückt. Ihre non-duale Qualität wird dort in den dualen Aspekt transponiert.

710. सम्प्रदायेश्वरी

Sampradāyeśvarī

Sie, die Wächterin der geheimen Traditionen.

Sampradāya bedeutet das, was den Schülern in der richtigen Weise vermittelt wird, nämlich die überlieferte Weisheit, durch das Wort des Gurus an die Schüler weitergegeben. Devī ist die über dieses Wissen regierende Gottheit. [...]

Obgleich die Devī ohne Eigenschaften und ohne Abhängigkeit ist, betrachtet die Tradition Sie, als ob Sie Eigenschaften hätte und abhängig wäre. Die Devotees beten Sie in Bildnissen und *sālagrāma* (heiligen Steinen) an, verehren Sie durch das überlieferte *arcana* und mit bestimmten Finger-, Hand- und Körperhaltungen, und empfangen deshalb weltliche und spirituelle Wohltaten. Dies ist der Grund, weshalb Devī als die *Īśvarī* geheimer, überlieferter Rituale bezeichnet wird.

711. साधु

Sādhu

Sie, die voller Gleichmut ist.

Die Kombination aus diesem und den nächsten Namen ist *sādhvi*. Der Kommentator Bhāskarācārya nimmt diesen jetzigen Beinamen als *sadhu* - ein Wort im Neutrum - und den nächsten Namen als *Ī*. Das Mantra wird als *Om sādhune namaḥ* inkantiert.

Sādhu charakterisiert das, was *samatva* (Gleichmut) besitzt. Wie die *Gītā* postuliert: Gleichmut ist Verankerung im Yoga. Wie die Hitze zum Feuer gehört und die Kühle zum Wasser, so gehört Gleichmut zur Devī.

Bhāskarācārya mißt dem Wort *sādhu* das Attribut "angemessen" zu. [Daraus folgt:] Was angemessen ist, gehört zum Dharma, was nicht angemessen ist, zum *adharma*. Der angemessene Aspekt ist Devī und der unangemessene ist Ihre *Māyā*.

712. ई
Ī

Sie, die vom Buchstaben Ī symbolisch repräsentiert wird.

Derart wird Devī als *Kāmakalā* (siehe Mantra 322) dargestellt.

Der Vokal *A* entspricht Viṣṇu und der Vokal *Ī* der Devī, die Viṣṇus Schwester ist.

Das Brahman, das Eines ist, wird zum Zweck der Schöpfung zweifach und teilt sich in die Qualität (*dharma*) und in das qualitätsbesitzende Objekt (*dharmi*) auf. *Dharmi* ist Śiva. Was ist *dharma*? Das Universum besteht aus zusammengesetzten (*samaṣṭi*) und aus individuellen (*vyaṣṭi*) Formen. Dharma ist *parāhanta*, die Ichzentriertheit des Allerhöchsten in Form des Individuums. Brahman teilt sich weiter in eine männliche und eine weibliche Form auf. Die weibliche wird zur Schwester von Viṣṇu und der Frau von Śiva. Sie ist Kāmakalā. Die männliche Form regiert in Gestalt Viṣṇus das Weltall.

Aus diesem *Ī*, der Kāmakalā, entspringen die Schöpfung und die Verhaftung gegenüber *Māyā*.

Das *Vāmakeśvara Tantra* erklärt: "Abgesehen von Vokalen und dem *visarga* [eine Art Doppelpunkt im Sanskrit, der das Aushauchen eines Endlauts angibt], abgesehen vom wellengleichen Wissen, das aus dem *bindu* [siehe weiter oben] strömt - wenn sich *Ī*, die wahre Natur des Lichts, vereint mit dem Fluß der Schwingungen, dann, erst dann erhebt sich *Māyā*."

Dem *Vāmakeśvara Tantra* zufolge repräsentiert Kāmakalā den *turīya*-Zustand. Kāmakalā wird als rotfarben beschrieben, und das ist die Farbe des *raja guṇa*. Die Schöpfung hat die Natur dieses *guṇa* bekommen.

Unser Mantra wird als "*Om yai namaḥ*" rezitiert.

713. गुरु मण्डल रूपिणी

Guru maṇḍala rūpiṇi

Sie, die in sich den Stammbaum der Gurus verkörpert.

Die Reihe der Gurus, beginnend mit Paramaśiva und endend mit dem eigenen Guru, wird *Gurumaṇḍala* genannt. Diese Reihe ist von der Devī, dem Höchsten Brahman, nicht getrennt.

"Guru ist Brahmā, Guru ist Viṣṇu, Guru is Śiva; Guru ist das Höchste Brahman. Wir verbeugen uns vor diesem heil'gen Guru!"

Indien verfügt über einen berühmten Stammbaum von Gurus. "Ich verbeuge mich immerzu vor Nārāyaṇa, dem lotusgeborenen Brahmā, vor Vasiṣṭha, vor Śakti, seinem Sohn Parāśara, vor Vyāsa, Śuka, Gauḍapāda, Govinda, seinem Schüler Śaṅkara, vor Padmapāda, Hastāmalaka, Toṭaka und all meinen anderen Gurus." Diese Genealogie der Gurus wächst weiter an.

Das gegenwärtige Mantra kann interpretiert werden als: "Sie, das Geheimnis des Tantra von Kāmakalā", da dieses Geheimnis traditionellerweise von der Linie der Gurus bewahrt wird. Und da der Guru von der Devī nicht verschieden ist, gilt die ganze Ahnenreihe, in welcher der Guru steht, als Form von Ihr.

714. कुलोत्तीर्णा

Kulottīrṇā

Sie, die die Sinne transzendiert.

Die Devī transzendiert (*uttīrṇā*) die inneren und äußeren Sinne (*kulas*). Sie ist kein Sinnesobjekt und kann nur über die Meditation erreicht werden. Da Sie also jenseits der Sinne ist, kann Sie nicht an weltlichen Freuden und Sorgen beteiligt sein.

Dies zieht die Trennungslinie zwischen uns und Gott. Wir erfahren Glück und Leid über die Sinne - Gott aber findet sich jenseits der ganzen Familie von Sinnen.

715. भगाराध्या

Bhagārādhyā

Sie, die in der Sonnenscheibe angebetet wird.

Hier bezieht sich *bhaga*, die Sonnenscheibe, auf das *anāhata cakra* des Herzens. *Bhaga* kann Sonne bedeuten, jedoch auch Mond oder Gott Śiva. Infolgedessen besagt das Mantra, daß die Devī von allen dreien verehrt wird.

Bhaga kann auch als Kāmakalā interpretiert werden. Siehe Mantren *Bhagamālini* (277) und *Bhagavatī* (279) zwecks weiterer Hinweise zum Wort *bhaga.* Aus ihnen läßt sich dies ableiten: Devī wird von den sechs *aiśvaryas* (Attribute des Hervorragenden) - glückverheißender Aspekt, Überlegenheit, Ruhm, Tapferkeit, Unterscheidungsfähigkeit und Wissen - verehrt.

716. माया

Māyā

Sie, die Macht der Illusion.

Māyā ist etwas, das zu sein scheint, was es nicht ist. *Māyā* ist also nicht die Abwesenheit von etwas, sondern die augenscheinliche Existenz von etwas, das nicht real ist. [...] Man wird, wie bereits gesagt, von einer Schlange erschreckt, die nicht das existierende Seil ist, aber trotzdem - stattdessen - zu existieren scheint.

Es ist nicht so, daß die Welt nicht existiert; vielmehr ist die Welt nicht das, als was sie erscheint. Es existiert nur *Brahman.* Dieses erscheint entweder als Brahman oder als Kosmos. Wir sollten nicht schlußfolgern, das eine sei nicht im anderen, sondern vielmehr folgern, das eine sei vom anderen nicht verschieden.

Die *Devī Purāṇa* sagt: "Es wird *Māyā* genannt, weil es das Instrument zu wunderbaren Taten ist und so unvorstellbare Ergebnisse produziert, wie sie nur in Träumen oder in der Zauberei vorkommen."

Die individuelle Seele, der *jīva* lebt in der Welt und hat den Ich-Verstand (*antaḥkaraṇa*) als sein Instrument (*upādhi*); Gott lebt hier und hat *Māyā* als Sein Instrument.

Māyā ist auch jene seltsame Macht, die das Reine unrein und Wissen als Unwissenheit erscheinen läßt. Sie verbirgt die wahre Natur eines Objekts und stülpt ihm etwas über, was es nicht ist.

Es ist die Macht von *Māyā*, die die Jahreszeiten schafft, den Mond zu- oder abnehmen und Ebbe wie Flut entstehen läßt. Diese Macht ist die Willenskraft der Großen Mutter. Zur Erschaffung der Welt reichen Materie und physikalische Energie nicht aus, es ist auch ein Wille nötig. Die drei Teilklänge *a*, *u* und *m*, welche die heilige Silbe *Aum* (Om) ergeben, symbolisieren Materie, Energie und Wille (oder ... Brahmā, Viṣṇu und Śiva). Die Große Mutter besitzt die Willensmacht, die die Schöpfung initiiert und die Vereinigung von Śiva und Śakti einleitet.

717. मधुमती

Madhumatī

Sie, deren Natur süß wie Honig ist.

Madhu bedeutet Honig und berauschendes Getränk. Beides ist der Devī wohlgefällig und darum offerieren Ihr die Devotees manchmal auch beides während der Rituale. So bedeutet das Mantra zusätzlich: "Sie, der während des Anbetungsrituals *madhu* offeriert wird."

Dem *Yogaśāstra* zufolge gibt es vier Arten von Yogis. Jene der vierten Art werden *atikrāntabhāvanas* genannt; sie sind über die Ebene des *samādhi* hinausgelangt. Doch dann müssen sie noch sieben weitere Stufen bewältigen, deren letzte die sog. *madhumatī*-Stufe ist. Auf dieser Stufe hat der Yogi den Zustand vollständigen Wissens erreicht, so daß er ganz von *samsāra* befreit ist. Dieses Wissen wird als *tāraka-jñāna* oder *samsāra-tāraka* (*tāraka*: das, was zu überqueren hilft) bezeichnet.

Die Devī erscheint auch in Gestalt eines heiligen Flusses namens *Madhumatī*. Außerdem hat Devī die Form des *madhuvidyā*-Mantras.

718. मही

Mahī

Sie, die Gottheit Erde.

Devī verkörpert, wie Mutter Erde, die Geduld. Und wie die Erde ist Sie der allem gemeinsame Grund, und deshalb trägt Sie den Beinamen "Gottheit Erde".

Und wie so häufig, ist *Mahī* auch der Name eines heiligen Flusses und die Devī erscheint als dessen Gewässer. Ihr wurde der Name *Mahī* gegeben, da Verehrer Sie am Ufer dieses Flusses anbeten.

719. गणाम्बा

Gaṇāmbā

Sie, die Mutter von Śivas Bediensteten.

Sie ist die Mutter von ganzen Heerscharen von Śivas *gaṇas* (Leibwächter, Diener, Bedienstete); Pramatha ist unter den vielen.

Gaṇa bezieht sich auch auf Gaṇeśa (Anführer der *gaṇas*) - Devī ist seine Mutter [in Form von Parvatī].

Gaṇa bedeutet gewöhnlich "Gruppen von Sternen" oder "Heeresabteilungen". Die Devī wird als Mutter auch von diesen betrachtet.

720. गुह्यकाराध्या

Guhyakārādhyā

Sie, die von den guhyakas angebetet wird.

Guhyakas sind Halbgötter wie yakṣas, kinnaras, gandharvas und kimpuruṣas.

Das Wort *guhyaka* meint etwas sehr Geheimes [vgl. Mantra 707]. Wir können unterstellen, daß die Gottesmutter unter großer Geheimhaltung an einem ungestörten, versuchungsfreien Ort verehrt und Ihr deshalb dieser jetzige Name beigegeben wurde.

721. कोमलाङ्गी
Komalāṅgī
Sie, die wunderschöne Gliedmaßen hat.

Devīs Körperformen sind berückend schön.

722. गुरुप्रिया
Gurupriyā
Sie, die Geliebte der Gurus.

Guru bedeutet erst einmal Śiva, der Guru der Welt. Devī ist seine Frau und ihm wohlgefällig.

Das Mantra kann auch so interpretiert werden: "Sie, die den Guru gerne hat." In diesem Fall ist der Guru Bṛhaspati, der Guru der Götter. Devī schätzt diesen Guru sehr.

Die heilige Formel besagt: "Der Guru is das Höchste Brahman selbst." Die Große Weltenmutter ist die *Māyā*, die dem "Brahman-mit-Form" bzw. "Brahman-mit-Teilen" (*Sakalabrahman*) lieb und teuer wurde, als Es die Welterschaffung wünschte.

723. स्वतन्त्रा
Svatantrā
Sie, die von allen Beschränkungen unabhängig ist.

Die Göttliche Mutter ist unabhängig, da Sie während des Schöpfungsprozesses niemandens Hilfe benötigt. *Sva* bedeutet "Selbst" und *Tantra* "Sie, die abhängig ist"; daraus folgt: "Sie, die nur von Ihrem Selbst abhängt." Devī lebt mit Śiva, dem Selbst, vereint.

Das Mantra kann ebenso heißen: "Sie, die Ihre eigenen (*sva*: eigenes) Tantras hat." Alle Tantras wie *Śaiva*, *Vaiṣṇava*, *Gāṇapatya* und *Śākteya* besingen die Göttliche Mutter; daher sind Ihr alle Tantras zu eigen.

724. सर्व तन्त्रेशी

Sarva tantreśī

Sie, die Gottheit aller Tantras.

Es existieren 64 Haupttantras. In all diesen figuriert Devī als Gegenstand der Anbetung.

725. दक्षिणा मूर्ति रूपिणी

Dakṣiṇā mūrti rūpiṇī

Sie, die die Gestalt Dakṣiṇāmūrtis (Śivas) besitzt.

Als Śiva das höchste Wissen an Brahmā, Viṣṇu u. a. weitergab, saß er mit Blick nach Süden und erhielt daher den Beinamen Dakṣiṇāmūrti (*dakṣiṇa*: Süden). Er war der Guru, der selbst den Göttern lehrte. Unser Mantra bedeutet, daß die Devī die Form dieses Dakṣiṇāmūrti angenommen hat.

Der Śiva, der wegen des Verlustes von Satī sich in die Himālayas zwecks Askese zurückzog, wird auch Dakṣiṇāmūrti genannt [er ist hier ebenso nach Süden gewandt].

726. सनकादि समाराध्या

Sanakādi samārādhyā

Sie, die von Sanaka und anderen Weisen angebetet wird.

Sanaka und die anderen Weisen werden als Gurus gesehen, die die Riten für die Devī-Verehrung festlegten.

Die *Brahmāṇḍa Purāṇa* formuliert: "Du bist ohne Anfang, vollständig und in der Form sowohl von Ursache wie von Wirkung. Yogis wie Sanaka suchen ausschließlich nach Dir." Hier bedeutet "suchen" wohl die Anbetung unter Beachtung der vorgeschriebenen rituellen Regeln.

727. शिव ज्ञान प्रदायिनी
Śiva jñāna pradāyinī
Sie, die das Wissen über Śiva vermittelt.

Wissen über Śiva kann auch als höchstes Wissen vom Selbst verstanden werden. Devī vermittelt dieses. *Vāsiṣṭha Rāmāyana* stellt fest: "Der Wind wird durch seine Berührung erfahren, das Feuer durch seine Hitze; Śiva, das reine Bewußtsein, wird nur durch Śakti erfahren, durch jene Energie, die Ihn in Bewegung bringt."

Umgekehrt gilt, daß Devīs Wahrheit (*svarūpa*) durch Śiva vermittelt wird, da Er Ihr Wesen kennt. In diesem Fall wird *svarūpa* als "die Wahrheit des Wissens über Devī" übersetzt und nicht wörtlich als "Form".

728. चित् कला
Cit kalā
Sie, das Bewußtsein in Brahman.

Kalā heißt übersetzt "Teil". Devī ist das dem Brahman innewohnende Bewußtsein, definiert als *Satcidānanda* oder Existenz-Bewußtsein-Seligkeit. Im jetzigen Mantra wird nicht unterstellt, daß Existenz, Bewußtsein und Seligkeit drei separate Teile Brahmans seien, sondern es wird hier der *cit*- (Bewußtseins-) Aspekt betont.

Śrī Kṛṣṇa sagt in the *Gītā* (X.41): "Welches Wesen auch immer großartig, wohlgeraten oder stark ist, wisse, daß es einen Teil Meiner Pracht darstellt." Er bezieht sich auch auf die allen innewohnende Seele als "Strahl Meiner Selbst, der ewige *Jīva* in der Welt der lebenden Wesen". (*Gītā,* XV.7)

Unser jetzige Name bedeutet also, daß sich das Selbst der Gottesmutter in allen Wesen als Bewußtsein kundtut.

729. आनन्द कलिका

Ānanda kalikā

Sie, die Knospe der himmlischen Seligkeit.

Ihre Gegenwart wird von allen Wesen als Seligkeit erfahren. Sie selbst schenkt den Segen, der die verborgene Knospe erblühen läßt und den *jīva* in eine überreiche Seligkeit jenseits des Begreifens führt. Das Selbst ist Seligkeit; deshalb spiegelt es sich auch in den Sinnen wider, und wir mögen ein wenig davon erfahren. Das ist so, als färbe sich die Milch blau, sowie ein Saphir eingetaucht wird. In Wirklichkeit ist die Milch nicht blau, sondern die Präsenz des Saphirs leiht ihr eine Blaufärbung. Genauso ist die Glückseligkeit keine Eigenschaft der Sinne oder des Verstandes; doch wenn sich das Selbst (das ist: Seligkeit) in ihnen widerspiegelt, können wir die Seligkeit erfahren.

Das Wort *kalika* (Knospe) ist hier betrachtenswert. Manche Knospen welken und sterben, andere erblühen duftend. Knospen appellieren nicht wirklich an unsere Herzen - voll erblühte Blumen sind für uns und für die Bienen attraktiver. Die in *samsāra* verfangene Seele gleicht der Knospe, die welkt und stirbt. Jene Seele aber, die das Selbst kennt, zieht Tausende anderer Seelen an wie die aufgeblühte Knospe: sie ist mit Nektar bis zum Rand gefüllt und voller Wohlgeruch.

730. प्रेम रूपा

Prema rūpā

Sie, die reine Liebe ist.

Sowohl die gläubige Hingabe des Beters zur Gottesmutter als auch Ihr Mitgefühl für ihn sind Formen der Liebe (*prema*), die Ihr Wesen ist.

"Sie, die die Form der ausschließlichen Liebe, Zuneigung und Hingabe angenommen hat", sagt Bhāskararāya. Devī existiert als Liebe in allen Wesen. Gegenseitige Anziehung gehört zur Natur der Liebe. Devī ist die Macht, die diese Anziehung dirigiert. "Vielmals verbeugen wir uns vor jener Großen Mutter, die in allen Wesen in Gestalt der Liebe wohnt." (*Devī Māhātmya*)

731. प्रियङ्करी

Priyaṅkarī

Sie, die gewährt, was Ihren Anhängern lieb und wichtig ist.

Hier bedeutet *priyam* (lieb) "Wunscherfüllung." Die Göttliche Mutter erfüllt die Wünsche, die recht sind und Gutes stiften.

732. नाम पारायण प्रीता

Nāma pārāyaṇa prītā

Sie, die die Wiederholung Ihrer Namen erfreut.

Es können "Namen" jeder Gottheit sein. Sie liebt sie alle. Amma sagte einmal: "Gott wird auf jeden göttlichen Namen, den wir rufen, antworten. Ob wir Devī, Kṛṣṇa oder Śiva sagen, es bringt dasselbe Resultat. Einige Kinder reden ihre Mutter mit Schwester an. Aber die Mutter weiß, das Kind ruft sie." "So wie alles Wasser, das vom Himmel fällt, zum Ozean fließt, genauso geht die Verbeugung vor jeder Gottheit zu Keśava." Keśava ist auch die Devī.

Alle Buchstaben des Alphabets, von *A* bis *Kṣa*, werden als Namen der Devī betrachtet. Der *Laghustuti* zufolge (Vers 12) gibt es insgesamt 96.874 Namen. Vers 18 erwähnt eine noch höhere Zahl (195.840). Alle möglichen Kombinationen der 51 Buchstaben des Sanskrit-Alphabets ergeben diese Anzahl von Namen. [...] Da es schwierig erscheint, eine solch große Zahl von Mantren zu rezitieren, werden statt dessen die 1000 Namen, d. h. die *Lalitā Sahasranāma Stotra* empfohlen. Unser gegenwärtiges Mantra hätte dann den Sinn: "Sie, die die Rezitation der *Sahasranāma* erfreut." Natürlich gehören andere ähnliche Hymnen hier dazu, z. B. die *Viṣṇu Sahasranāma*.

Bhāskararāya geht von insgesamt 20.736 Namen aus. Die genaue Zahl stellt aber kein Thema dar; sie ist eher das Resultat unmittelbarer Visionen seitens verschiedener Seher. Es genügt zu wissen, daß es unzählige heilige Namen der Devī gibt, angefangen mit dem Mantra *Om*. Im Vorwort der *Sahasranāma* sagt die Devī: "Ob ein Devotee Mich im *Śrīcakra* verehrt oder nicht, ob er das *pañcadaśi mantra* wiederholt oder nicht - er wird Mir immer wohlgefällig sein, wenn er nur diese 1000 Namen regelmäßig singt."

Rāmakṛṣṇa Paramahamsa drückte es auf seine Weise aus: "So wie die Krähen von deinem Händeklatschen vertrieben werden, ebenso vertreibt das *japa* von heiligen Namen die Sünden." Es gibt kein größeres *yagña* (Opfer) als *japa*. Heilige Namen zu rezitieren oder zu singen ist das machtvollste Mittel, alle Herzen miteinander zu verbinden und dem hohen Ziel entgegenzuheben. Für *japa* gibt es keine unpassenden Zeiten. Eruttacchan, der Dichter-Heilige aus Kerala, erklärt entschieden: "Zu keiner Zeit und für niemand ist es verboten, Haris [Krishnas] Namen zu rufen - nicht für eine Frau, die ihre Periode hat, nicht für einen Bettler, nicht für jemand, der Leichen verbrennt, nicht für die Gefallenen und nicht für den *brāhmaṇa*, der das Feuerritual durchgeführt hat." Von solcher Art ist also die universelle Zugänglichkeit des *nāma japa* - es ist leicht, einfach, bereitet Freude und führt am Ende zur Befreiung. Hymnen wie die *Sahasranāmas* haben Tausende von Jahren als kostbarste Schätze überlebt und dabei Millionen von Gläubigen Zuflucht geschenkt.

Die *Purāṇa* beschreibt, wie Ajāmila, bereits in den Fängen des Todes, voll Schmerz nach seinem Sohn Nārāyaṇa ruft, und ihn allein der Ausruf des heiligen Namens direkt nach Vaikuṇṭha, Gott Viṣṇus Wohnstatt brachte. Etwas soll besonders angemerkt werden: damit der göttliche Name im letzten Lebensmoment auf die Zunge kommt, muß er tief im Gedächtnis verwurzelt sein. Andernfalls wird man sich an ihn nicht erinnern können. - Nur das Gebet, das aus der Tiefe des Herzens kommt, wird wirksam sein. Maria Magdalena wurde frei von Makel, weil ihr Gebet tief aufrichtig und bewegend war.

733. नन्दि विद्या

Nandi vidyā

Sie, die durch Nandis Mantra (vidyā) verehrt wird.

Nandividyā ist das von Nandikeśvara (einer von Śivas Hauptleuten) durch *upāsana* (Anbetung) erworbene Mantra. Devī schwingt in der Form dieses Mantras bzw. ist dessen Quintessenz.

Nandi bedeutet auch "Viṣṇu" und "Śiva". Dementsprechend konstituieren genauso *Vaiṣṇava* und *Śaiva vidyās* das Wesen der Gottesmutter.

734. नटेश्वरी

Natesvarī

Sie, die Gemahlin von Nateśa (Śiva).

Nateśa ist der Herr des Tanzes. Śivas Tanz heißt *tāṇḍava* und Devīs Tanz *lāsya.*

735. मिथ्या जगद् अधिष्ठाना

Mithyā jagad adhiṣṭhānā

Sie, die das Fundament des illusorischen Universums ist.

Die Grundlage oder Unterstützung des täuschenden Weltalls ist Brahman. Das aktuelle Mantra bedeutet, Devī ist die Quintessenz von Brahman.

Mithya bezeichnet das, was illusorisch, also nicht beständig ist. Alles was sich verändert, ist Illusion. Was beständig ist, erweist sich als die Wahrheit. Und es gibt nur *eine* solche Wahrheit - Brahman.

Die *ṛṣis* Indiens erkannten vor Tausenden von Jahren, daß alles Brahman ist. Zwar manifestiert sich das Universum im

Wesen von Brahman, doch die Manifestation [alleine] drängt sich beharrlich auf, solange dieses Brahman nicht erfahren wird. Bis dahin ist die physische Welt tatsächlich Realität, "relative Realität". Solange also die Gebundenheit durch *samsāra* existiert, ist die Welt "wirklich". Nur jemand, der die letzte Wahrheit des Selbst realisiert hat, erfährt die Welt als reine Illusion. Diejenigen, die (ohne es zu bemerken) gegen die Welt kämpfen und lediglich *denken*, sie wäre Illusion, kämpfen allerdings vergeblich; und sie sollten sich darüber klar werden, daß es ein sinnloser, aussichtsloser Kampf ist.

736. मुक्तिदा

Muktidā

Sie, die Befreiung schenkt.

Die *Kūrma Purāṇa* postuliert: "Jeder mit dem Wunsch nach Erlösung sollte bei Pārvatī Parameśvarī Zuflucht suchen, denn Sie ist die Seele aller Wesen und die Essenz von Śiva." Die *Brahmāṇḍa Purāṇa* hält fest: "Jene, welche Parāśakti verehren, ob unter Einhaltung der Regeln oder nicht, verfangen sich nicht im *samsāra.* Sie sind befreit, daran gibt es keinen Zweifel."

Mukti ist nicht nur Befreiung nach dem Tode. Sie kann während des Lebens erfahren werden. Wer das Leben willkommen heißt, wie es auch sein mag und auftritt, wer Wunschbegierde und Furcht überwunden hat, mit einem Gemüt, das an nichts gebunden ist, und wer während einer Handlung nicht ans Ergebnis der Handlung denkt - ein solcher Mensch ist eine befreite Seele. In Indien gibt es viele solcher Befreiten, selbst heutzutage. Sie werden *jīvanmuktas* genannt, lebendig Befreite.

737. मुक्ति रूपिणी

Mukti rūpiṇī

Sie, die die Gestalt der Befreiung hat.

Mukti ist Seligkeit. Daher bedeutet der Beiname auch: "Sie, die die Form der Seligkeit hat." Die Wortwahl hier [und anderswo] mag scheinbar dem Formlosen eine Form zuordnen. In der *Saurasamhita* (Kapitel 14) wird dieser Zustand der Erlösung beschrieben: "Dieser Zustand wird nicht durch die Beseitigung der Unwissenheit oder auf der *turīya*-Stufe erreicht." Es ist eine beseligende Erfahrung jenseits davon.

738. लास्यप्रिया

Lāsyapriyā

Sie, die den lāsya-Tanz liebt.

Śivas *tāṇḍava*- und Devīs *lāsya*-Tanz sind nicht nur alte, poetisch-mystische Metaphern. Auch die moderne Naturwissenschaft studiert den unaufhörlichen Tanz der Energien in den Molekülen der Materie. Beeindruckt blickt sie zu den Visionen der alten Rishis, die wissenschaftlich und zeitübergreifend-ewig zu sein scheinen.

739. लय करी

Laya karī

Sie, die völlige Versenkung bewirkt.

Laya bezeichnet einen speziellen Bewußtseinszustand, in dem der Verstand vom Gegenstand der Meditation vollständig absorbiert und die Umgebung gänzlich vergessen wird. Ein *laya* hat den Wert von fünf [normalen] Meditationen.

Auch die tiefe Herzensrührung, wie sie beim Zuhören einer harmonischen tonalen und rhythmischen Auflösung in der Musik erfahren werden kann, wird als *laya* charakterisiert. "*Śruti* (Tonhöhe) ist die Mutter und *laya* der Vater", ist ein geflügeltes Wort unter Musikern. Der harmonische *laya*-Zustand in der Musik wird durch Devīs Gnade hervorgerufen, so glaubt man. Erwähnenswert wäre, daß viele gefeierte Musiker auch Devotees der Devī sind. Die Verehrung des "Brahman-als-Klang" [*Nada Brahman*] stellt ein wichtige Form von *upāsana* dar und wird in Indien immer noch praktiziert.

740. लज्जा

Lajjā

Sie, die als Bescheidenheit in Menschenwesen existiert.

"Wir verbeugen uns vor der Devī, die in allen Wesen als Bescheidenheit wohnt", sagt die *Devī Māhātmya.*

Scheue Züchtigkeit erscheint hier als äußeres Zeichen von nobler Geburt und Bescheidenheit. Es sollte nicht als Schwäche beurteilt werden, da es doch in Wirklichkeit eine Charakterzierde ist.

Unser Mantra besagt, daß die weibliche Form von Devī (Attribut Ihrer stofflichen Präsenz) die Bescheidenheit verkörpert.

Im *Mantraśāstra* wird das *bījākṣara* (die Keimsilbe) "*hrīm*" als *lajjā* bezeichnet. Daher impliziert das jetzige Mantra, daß die Devī in der Schwingung von "*hrīm*" zu finden ist.

741. रम्भादि वन्दिता

Rambhādi vanditā

Sie, die von himmlischen Damen wie Rambhā u. a. verehrt wird.

Devī wird von den himmlischen *apsaras,* wie Rambhā, Urvaśī, Menakā und Tilottamā, bewundert und angebetet.

Schönheit ist ein Geschenk, durch göttliche Gnade gewährt. Rambhā und andere "Hofdamen" haben daher ihre Bedeutung an Indras Hof, brillieren sie doch als Beispiele weiblicher Schönheit.

742. भव दाव सुधा वृष्टिः

Bhava dāva sudhā vṛṣṭiḥ

Sie ist der Nektarregen, der auf den Waldbrand der weltlichen Existenz fällt.

Die Große Mutter ergießt Ihren Nektar über die Gläubigen, die vom flammenden Feuer des weltlichen Daseins verzehrt werden.

Die vorstehende Bedeutung ergibt sich, wenn der Name in *bhava* (weltliche Existenz) + *dāva* (Waldbrand) + *sudhā* (Nektar) + *vṛṣṭi* (Regen) aufgetrennt wird. Einen anderen Sinn erhalten wir, wenn wir den Namen aufteilen in *Bhava* (Śiva) + *da* (*dāna*, gebend) + *vasu* (Reichtum) + *dhā* (Aufrechterhaltung, Zurückhaltung) + *vṛṣṭi* (Regen). Dann wird er so übersetzt: "Sie, die uns Śiva bringt, des Selbstes Seligkeit, und, ohne sich zurückzuhalten, uns mit großem Reichtum überhäuft."

Wer sich nach der Seligkeit des Selbst sehnt, begehrt keine weltlichen Reichtümer. Doch wenn die Gnade der Göttlichen Mutter wirkt, erhält man beides in reichem Maß. Wie das Buch *Rudrayāmala* es ausdrückt: "Wo weltliches Vergnügen ist, da ist keine Erlösung; wo Erlösung ist, da ist kein weltliches Vergnügen. Doch die reifsten Devotees von Śrī Sundarī empfangen sowohl Erlösung wie auch Vergnügen."

743. पापारण्य दवानला

Pāpāraṇya davānalā

Sie, die gleich einem verzehrenden Brand den dichten Wald der Sünden überfällt.

Ein Waldbrand legt selbst große Bäume in Asche. Ähnlich verbrennt die Gnade der Devī auch schwere Sünden zu Asche. Der Mensch zögert nur vor der ersten Sünde. Ist die begangen, dann folgt eine nach der anderen. Auf diese Art wächst um uns ein wilder Sündendschungel heran. Doch rufen wir den Namen der Großen Mutter auch nur einmal mit Glaube und Hingabe, dann reicht das, unsere Sünden zu verbrennen.

"Die Erinnerung an die Füße der Parāśakti ist die beste Wiedergutmachung aller wissentlich oder unwissentlich begangenen Sünden", kommentiert die *Brahma Purāṇa*. Im anderen Zusammenhang sagt diese *Purāṇa*: "Oh Devendra, höre dieses große

Geheimnis, das alle Sünden vernichtet. Während du im Wasser nach dem Bade stehst, wiederhole mit Hingabe und Glauben das *pañcadaśi*-Mantra 108 mal. Wenn du die Höchste Śakti in dieser Weise anbetest, wirst du von allen Sünden befreit."

744. दौर्भाग्य तूल वातूला

Daurbhāgya tūla vātūlā

Sie, die Sturmbö, die das Unglück wie Baumwollbällchen fortbläst.

Vātūla bedeutet Sturmbö und *tūla* Baumwolle. Die Sturmbö kann auch große Bäume entwurzeln, was sind da schon Baumwollbällchen. Ganz ähnlich wiegen Widrigkeiten, Pech und Unglück in der mitleidsvollen Sicht der Großen Mutter so wenig wie Baumwollbällchen, die Sie einfach fortbläst.

Vātūlā kann auch gewisse "Sühneakte" bedeuten, die die Sünden wiedergutmachen, und es wird impliziert, daß der Impuls zu solchen Akten von der Gottesmutter kommt.

Ammas Worte sind hier wert, erinnert zu werden: "Von Herzen kommende Gebete und Akte der Sühne, mit gläubiger Hingabe vorgenommen, vertreiben 90 Prozent des Kummers aus dem eigenen *prārabdha*."

745. जरा ध्वान्त रवि प्रभा

Jarā dhvānta ravi prabhā

Sie, das Sonnenlicht, das die Dunkelheit des Alters vertreibt.

Die alles umhüllende Dunkelheit verschwindet gänzlich, und neue Energie erwacht an ihrer statt, sowie das Licht der Sonne aufzieht. Dem vergleichbar verschwinden auch geistige Müdigkeit und körperliche Beschwerden des Alters, sobald sie den Strahlen des Mitgefühls der Großen Mutter ausgesetzt sind.

746. भाग्याब्धि चन्द्रिका

Bhāgyābdhi candrikā

Sie, die wie der Vollmond auf den Ozean des Glückes einwirkt.

So wie der Vollmond die Flut im Meer bewirkt, geradeso läßt Devīs Segen Wogen des Glücks heranfluten.

Glück und Pech wechseln einander gewöhnlich im Leben ab. Wir alle müssen hin und wieder einer Woge des Unglücks standhalten. Doch bei den Anhängern der Devī verwandelt sich gar Unglück zu Glück, denn Ihre Gnade besitzt die Kraft, auch dem Schicksal entgegenzuwirken.

747. भक्त चित्त केकि घनाघना

Bhakta citta keki ghanāghanā

Sie, die Wolke, welche die Herzen Ihrer Devotees tanzen läßt, als ob sie Pfaue wären.

Man meint, die Wolken brächten die Herzen der Pfaue in solch freudige Wallung, daß sie zu tanzen begännen. Genauso beben die Herzen der Devotees vor Freude, sobald sie an die Göttliche Mutter denken. Sie beginnen zu singen und zu tanzen. Sie singend zu rühmen gilt ihnen wie Donner; die Blitze der Ekstase beim Erinnern Ihrer Form sind wie Gewitterblitze, und die frohen Tränen der Hingabe gleichen einem kühlen Regenguß.

Das Wort *ghanāghanā* bedeutet Wolke, wie oben, oder [anders getrennt] *ghana* ist Wolke und *aghana* heißt "fortwährend" - was den Sinn des Beinamens verstärkt: Devī spendet den fühlenden Herzen der Anhänger fortwährend Nahrung. Und welch süßeres Gefühl gäbe es, als gläubige Hingabe?

748. रोग पर्वत दम्भोलि

Roga parvata dambholi

Sie, der Donnerkeil, der den Berg der Krankheit zerschmettert.

Dambholi heißt der Donnerkeil/[Blitzstrahl] Indras (*vajra*-Waffe). Kṛṣṇa sagt in der *Gītā*: "Ich bin der *vajra* unter den Waffen." Angesichts des Gebirges von Krankheiten wirkt die Göttliche Mutter wie der *vajra*. Ihr *darśan*, Ihre Berührung und Umarmung gleichen wirklich Waffen, die die Krankheit überwältigen. Doch letztlich kann man das nur selbst erfahren.

Wir können bei diesem Beinamen an eine alte Geschichte denken: Vor langer, langer Zeit konnten die Berge fliegen, so wird darin erzählt. Indra schnitt ihre Flügel mit seiner *vajra*-Waffe ab und zwang sie so, ständig an derselben Stelle zu bleiben. Deshalb war es Indras Donnerkeil zu verdanken, daß die Erde von den Attacken der maraudierenden Berge fürderhin verschont blieb. Genauso gebietet ein einziger Blick der Devī allen Angriffen der Krankheiten augenblicklich Einhalt, als ob's ein Donnerkeil wäre.

749. मृत्यु दारु कुठारिका

Mṛtyu dāru kuṭhārikā

Sie, die Axt, die den Baum des Todes fällt.

Dāru heißt Baum. Numerologisch interpretiert ergibt *dāru* die Zahl 28. Einer Auslegung zufolge soll dies die Anzahl der verschiedenen Bande (*pāśas*) sein, die den *jīva* binden, wie unter dem Mantra *paśupāśavimocinī* (354) ausgeführt. Devī ist die Axt, die all jene Bande durchschlägt, welche die Furcht vor dem Tod suggerieren. Diese Bande können auch als Sorgen verstanden werden.

[...] Die Gnade des Guru vermag selbst den Tod, der mit dem Alter kommt, zu verzögern, wie uns die Erfahrung lehrt.

750. महेश्वरी

Maheśvarī

Sie, die Höchste Herrscherin.

Andere Auslegungen: *Maha* bedeutet "Fest", und Devī präsidiert über die Feste; Sie, die für große Seelen die Göttin (Īśvari) ist; Sie, die Gemahlin von Śiva (Maheśvara).

751. महा काली

Mahā kālī

Sie, die große Kālī.

Kālī bedeutet jene Instanz, die die Zeit (*kāla*) transzendiert bzw. kontrolliert. Die Göttliche Mutter ist die Mahākālī, die Kālī mit großer Kühnheit, die die Zeit eliminiert, um uns zum Wissen vom Selbst zu führen - jenseits von Vergangenheit, Gegenwart und Zukunft.

Mahākāla ist Śiva und Sein Weib Mahākālī. Einer anderen Vorstellung zufolge wurde Kālī aus Śivas drittem Auge geboren.

Kālī ist von schwarzer Farbe.

Die in Ujjain [einer der vier heiligen Orte, an denen regelmäßig die Kumbha Mela gefeiert wird] installierte Göttin ist Mahākālī. Und das heutige Calcutta hieß ursprünglich Kālīghāṭṭa und war wegen Kālī berühmt.

752. महा ग्रासा

Mahā grāsā

Sie, die alles Große verschlingt; Sie, die große Verschlingerin.

Die Weltenmutter verschlingt alles, selbst Brahmā, Viṣṇu und Śiva, am Ende des Äons. Die *Kaṭha Upaniṣad* (I.ii.25) erklärt trocken, daß auch der alles verschlingende Tod für *Brahman* nur ein Nebengericht darstellt.

753. महाशना

Mahāśanā

Sie, die alles ißt, was Größe hat.

Am Ende der Tage strömt alles im All wieder in Sie zurück - die Große Esserin. Dieses Universum und das nächste löst Sie in sich auf.

In der epischen Erzählung *Devī Māhātmya* wird die Devī beschrieben, wie Sie im Verlauf des Kampfes mit Chaṇḍa und Muṇḍa die gesamte *asura*-Armee einschließlich Elefanten, Streitwagen und Pferden aufißt.

754. अपर्णा

Aparṇā

Sie, die keine Schulden hat.

Aparṇa: *apa+ṛṇa*; *ṛṇa* heißt "Schuld". Devī ist ohne Schuld. Wie das Lotusblatt auch im Wasser nicht feucht wird, so vergleichbar ist die Gottesmutter niemand verpflichtet. Sie erfüllt das Weltall, doch wird Sie vom Weltall nicht berührt. Sie, die ohne Verhaftung ist, schuldet niemand etwas. Man könnte auch unterstellen, daß Sie keine Schulden anhäuft, weil Sie die Wünsche Ihrer Anhänger rasch erfüllt.

Aparṇā heißt zusätzlich "kein Blatt" (*a + parṇa*). Devī nahm Ihre Geburt als Tochter von Himavat und übte äußerste Askese, um Gott Śiva als Ehemann zu gewinnen. So groß war Ihre Selbstkasteiung, daß Sie nicht einmal die Blätter aß, die von den Bäumen fielen. Der große Kālidāsa schildert Ihr *tapas* in *Kumārasambhava* (V. 28): "Es stellt bereits die strengste Form der Selbstkasteiung dar, die Blätter nur zu essen, die von den Bäumen fallen; doch Sie gab auch dieses auf. Darum nennen Sie die süßer Worte Kundigen, die auch die alten Mythen kennen, *Aparṇā*."

Die *Kālikā Purāṇa* enthält die gleiche Erklärung: "Sie verzichtete selbst auf Blätter als Nahrung. Deshalb wird die Tochter

Himavats *Aparṇā* von den *devas* genannt." Die *Brahmāṇḍa Purāṇa* erinnert ebenfalls daran.

Indem er *parṇa* als "Herbst" übersetzt, kann Bhāskarācārya das Wort *aparṇā* als "jemand, der keinen Herbst hat" interpretieren.

755. चण्डिका

Caṇḍikā

Sie, die zornig ist (über die Übeltäter).

Caṇḍī bedeutet Ärger, Zorn. Devī zeigt Zorn gegenüber den bösen Kräften. Als *Caṇḍikā* wird Sie gerühmt wegen Ihres Zorns über die Dämonen Caṇḍa und Muṇḍa.

Jemand, der lediglich vorgibt, zornig zu sein, heißt auch *Caṇḍikā.* In Devīs Fall ist der Zorn nur Theater. Wie kann Sie wirklich zornig werden? Wie kann Sie je unter dem Druck von Emotionen stehen? Doch gibt es Zeiten, wo eine Zornesdemonstration dem Zweck der Überredung dient. Und dann wird Sie zu *Caṇḍikā.*

(Ein siebenjähriges Mädchen kann auch *Caṇḍikā* gerufen werden.)

756. चण्ड मुण्डासुर निषूदिनी

Caṇḍa muṇḍāsura niṣūdinī

Sie, die Caṇḍa, Muṇḍa und andere asuras tötete.

In der *Mārkaṇḍeya Purāṇa* heißt es: "Oh Devī, da Du Caṇḍa und Muṇḍa gefangen nahmst, bist Du allüberall als *Cāmuṇḍā* bekannt."

Die *Varāha Purāṇa* erzählt, wie die Göttinmutter den Dämon Ruru tötet und Sie, da Sie seine Körperhaut (*carman*) samt seinem Kopf (*muṇḍa*) mit Ihrem Dreizack ablöste, *Cāmuṇḍā* genannt wird.

757. क्षराक्षरात्मिका

Kṣarākṣarātmikā

Sie, die in Form des vergänglichen wie auch des unvergänglichen Ātman erscheint.

Der vergängliche (*kṣara*) *Ātman* ist *samsāra*-gebunden und hält den Körper irrtümlicherweise für das Selbst. Der unvergängliche (*akṣara*) *Ātman* aber ist das Ewige Selbst. Die unsterbliche und anfangslose Natur des Selbst wird in vielen Literaturpassagen geschildert; in der *Bhagavad Gītā* (II. 23) heißt es: "Ihn verletzt keine Waffe, kein Feuer brennt Ihn."

Kṣara bedeutet auch "unterschiedlich". Tatsächlich erscheint ein Ich-Verstand, der in unterschiedliche Richtungen hetzt, als sehr sterblich.

Akṣara kann auf Buchstaben oder Silben verweisen. Demzufolge wäre die Devī in Gestalt dieser Lettern zu finden. Sie ist dann "ein-silbig" oder "viel-silbig". Als Schöpferin ist Sie ein-silbig; als Devī [Māyā], die die Wahrnehmung der Unterschiedlichkeit erweckt, ist Sie vielsilbig.

Kṣara entspricht *sat* (Sein) und *akṣara* entspricht *asat* (Nicht-Sein). Devī lebt in beiden Zustandsformen. Gleich dem Gold, das als reines Metall oder in Form unterschiedlicher Schmuckgegenstände auftritt, existiert die Große Mutter als *kūṭasṭha,* als die Erhabenste Majestät, und gleichzeitig in Form der *jīvas* mit ihren vielen Namen und Gesichtern. Eine häufig zitierte Textstelle der *Gītā* (XV.16) besagt: "Das sterblich Vergängliche umfaßt alle Geschöpfe; das allerhöchst Erhabene aber ist unvergänglich."

758. सर्व लोकेशी

Sarva lokeśī

Sie, die Herrscherin aller Welten.

759. विश्व धारिणी

Viśva dhāriṇī

Sie, die das Universum stützt.

Das mag beinhalten, daß das Weltall innerhalb der Großen Mutter existiert.

760. त्रि वर्ग दात्री

Tri varga dātrī

Sie, die drei Werte des Lebens verleihend.

Diese sind Rechtschaffenheit (*dharma*), Reichtum (*artha*) und Wunschbefriedigung (*kāma*).

Die hier ausgedrückte Dreiheit (*trivarga*) kann auch Willens-, Wissens- und Tatkraft sein (siehe Mantra 658). Die Devī verleiht Ihren Devotees all dieses. Von Ihr stammen alle irdischen Reichtümer, von Ihr die fest begründete Rechtschaffenheit, von Ihr der unermüdliche Eifer zur Tat.

761. सुभगा

Subhagā

Sie, der Sitz allen Wohlstands.

In Ihr sind alle *bhagas* versammelt.

Es finden sich zahlreiche Bedeutungen für das Wort *bhaga* (siehe Mantren 277, 279, 715): U. a. Reichtum, Wunsch, Stärke, Größe, Verdienst, Sonne, Mutterleib und Befreiung. Die Devī ist die Schatzkammer aller nur erdenklichen *bhagas.*

Nehmen wir den Wortsinn "Mutterleib" an, so würde das Mantra implizieren, daß Kinder Geschenke der Gnade Devīs sind.

Subhagā meint auch das schöne Weib, das die Lust ihres Ehemanns weckt. Im Modell des Kosmos, der aus *Puruṣa* und *Prakṛti* besteht, erweckt das Weibliche (*Prakṛti*) das indifferente Männliche (*Puruṣa*) durch seine Anwesenheit und regt es zum

Schöpfungswerk an. Wo immer es einen fesselnden weiblichen Aspekt im Weltall zu finden gibt, da ist die Große Mutter präsent als *Subhagā*.

Interpretieren wir *bhaga* als "Sonne", [so mag daran gedacht werden, daß] aus der Sicht der *Śruti* die Sonne ihr eigenes Licht dank eines Anteils von Devīs Ausstrahlung erhält. Die Sonne wird auch als Manifestation des Gottes Viṣṇu aufgefaßt. Die *Viṣṇu Purāṇa* behauptet, daß *Ṛg*, *Yajus* und *Sāma Veda* für diese Sonne wie Morgendämmerung, Mittag und Abenddämmerung sind. Dieses Werk interpretiert die Sonne als Brahmā, Viṣṇu und Śiva in einem, als [Verkörperung der] Trinität also. Die "sieben Strahlen" der Sonne werden von Devas (Götter), *ṛṣis* (visionäre Weisen), *gandharvas* (Musiker des Himmels), *apsaras* (himmlische Nymphen), *yakṣas* (Dämonen), *sādhyas* (himmlische Wesen) und *rākṣasas* (andere Dämonen) gebildet. Die Große Mutter ist *Subhagā*, Fundament und Stütze all dieser Wesen.

Subhagā mag sich auch auf *aṣṭamāṅgalya* beziehen, eine Sammlung von acht Dingen, die zu besonders glückverheißenden Zeitpunkten benutzt werden (oder auf die Devī selbst, als dem Sitz alles Glückverheißenden). Die Liste dieser acht Gegenstände variiert je nach benutzter Quelle. Eine Zusammenstellung aus der *Padma Purāṇa* führt dies an: Zuckerrohr, *tāla-* (Palm-) Baum, *niṣpāva* (eine Bohnenart), *jīra* (Kümmel), Kuhmilch in allen Produktformen, *kusumbha*, Blumen und Salz. *Kusumbha* kann die *kausumbha*-Blume oder Gold oder *kamaṇḍalu* (der Wassertopf eines Sadhus) oder Saffran bedeuten.

Eine andere Liste zählt folgendes auf: der glückverheißende *kurava-* Klang, von Frauen bei bestimmten Gelegenheiten erzeugt, ein Spiegel, eine Lampe, ein *pūrṇakumbha* (ein verzierter Krug, mit Wasser gefüllt und präsentiert bei günstigen Gelegenheiten), ein Tuch, ein Gefäß voll Getreide, eine verheiratete Frau und Gold.

(Ein fünfjähriges Mädchen wird auch *subhagā* genannt.)

762. त्रयम्बका
Tryambakā
Sie, mit den drei Augen.

"Sonne, Mond und Feuer bilden die drei Augen der Devī, die darum auch *Tryambakā* gerufen wird."

Tryambakā heißt dazu "die Mutter von dreien". Parāśakti ist die Mutter von Brahmā, Viṣṇu und Śiva.

763. त्रिगुणात्मिका
Triguṇātmikā
Sie, die [harmonische] Quintessenz der drei guṇas.

Die Devī wird mit Bezug auf die drei *guṇas* in drei Formtypen portraitiert; dabei charakterisiert *sattva* Pārvatī, *rajas* Durgā und *tamas* Kālī. Die Einheit hinter dieser Verschiedenheit erscheint besonders bemerkenswert.

Der Komplex der drei *guṇas* wird in der *Sāṅkhya*-Philosophie *prakṛti* [Natur] genannt. Beim Anblick des *Puruṣa* belebt sich die bewegungslose *Prakṛti* und vereint sich in Liebe mit ihm, erschafft auf die Weise Freude und Befreiung. So wie die Lampe nahegelegene Gegenstände leuchten läßt, so erweckt der mit Bewußtsein erfüllte *Puruṣa* die träge *Prakṛti*. Die Große Weltenmutter Devī ist beides - *Prakṛti* und *Puruṣa*.

764. स्वर्गापवर्गदा
Svargāpavargadā
Sie, die den Himmel und die Befreiung gewährt.

Svarga (Himmel) definiert einen Ort des Glücks, einen angenehmen Aufenthaltsort, zu dem man aufgrund seiner Verdienste gelangt. *Apavarga* bedeutet ewigwährende Befreiung. Die Göttliche Mutter gewährt sowohl den temporären Himmel als auch die ewige Befreiung.

Das äußerste, was durch Opferzeremonien und andere Rituale erreicht werden kann, ist der vorübergehende Himmelsaufenthalt. Zwar sehen einige Religionen den Himmel als den höchsten Zustand an, doch das *Sanātana Dharma* (Kodex ewiger Werte, der dem "Hinduismus" zugrundeliegt) behandelt ihn als angenehmes Zwischenspiel, das dann stattfindet, wenn reichlicher Verdienst angesammelt worden ist. Aber, wie läßt doch Kālidāsa den König Duṣyanta in *Śākuntala* feststellen: "Oh Hoffnung - aufwärts wahrlich strebst du immer!" Also wird der Verstand auch nicht mit der Erlangung des Himmels zufriedengestellt sein; ja, es ist der Verstand selbst, der aufgelöst werden soll! Das wird *amanībhāva*, Abwesenheit des Verstandes genannt - und dies ist dann die Befreiung. Unsere *Gītā* (IX.21) bemerkt: "Nachdem sie die geräumigen Himmelswelten genossen haben und ihre Verdienste aufgezehrt sind, kehren sie zurück zur Welt der Sterblichen. Und da folgen sie den drei Veden, begehren die Objekte der Lust und gelangen in den Kreislauf von *samsāra* (der Zyklus von Geburt und Tod)." Für sie endet dieser Kreislauf nicht. Und doch ist das letzte Ziel der Einzelseele ihre Befreiung - die die Göttliche Mutter schenkt.

765. शुद्धा

Śuddhā

Sie, die Reinste.

Ihre Reinheit entspricht der Abwesenheit selbst der geringsten Spur von *avidyā* (Ignoranz, Nichtwissen).

766. जपा पुष्प निभाकृतिः

Japā puṣpa nibhākṛtiḥ

Sie, deren Körper wie eine Hibiskusblüte ist.

"*Japa*-Blume" bedeutet Hibiskus oder China-Rose. Devīs Körper besitzt die rote Farbe dieser Blumen. In den Meditationsversen wird Sie als "*sindūrāruṇa vigraha*" (mit einem Körper, rötlich wie Saffran) beschrieben.

Schenken wir Bhāskarācārya Gehör, so kann dieser Name als *Ajapāpuṣpanibhākṛtiḥ* gelesen und dann in zwei Namen aufgeteilt werden - *ajapā* und *puṣpanibhākṛtiḥ. Ajapā* ist ein bekanntes Mantra. Der erste Namen bedeutet demzufolge, Devī erscheine in der Form dieses Mantras. Der zweite Name *Puṣpanibhākṛtiḥ* drückt aus, daß Ihr Körper weich wie eine Blume sei.

Puṣpa kann auch als *puṣpaka* ausgelegt werden, und das wäre das Gefährt Kuberas, das nach Wunsch überall hingelangt und für das keine Hindernisse existieren. Auch für die Devī gibt es keine Hindernisse, und Sie kann an jedem Ort erscheinen. So besitzt Devī eine Energieform, die wie *puṣpaka* überall hingelangt. Ihre Energieform ist wahrlich subtiler als die subtilste und gewaltiger als die gewaltigste.

767. ओजोवती

Ojovatī

Sie, die voller Lebenskraft vibriert.

Devī ist das, was als *ojas*, als Lebenskraft in allen Wesen schwingt.

Ojas bedeutet Licht, Vitalität, Stärke, Größe und Ausstrahlung. Dies alles sind Eigenschaften von Devīs Wesen.

768. द्युति धरा

Dyuti dharā

Sie, die voller Licht und Pracht erstrahlt. Sie, die von einer Aura des Lichts umgeben ist.

Das Licht, das in allen Wesen leuchtet, ist das Licht der Weltenmutter.

769. यज्ञरूपा

Yajñarūpā

Sie, die die Gestalt des Opfers hat.

Die *Śruti* erklärt: "Das *Yajña* (Opfer) ist Viṣṇu selbst." Also findet sich Devī in der Form von Viṣṇu.

In der *Harivamśa* und der *Padma Purāṇa* wird der sich opfernde Viṣṇu beschrieben. Demnach sind seine Füße die Veden, seine Hände die Opfergaben, sein Gesicht das geweihte Holz für die Feuergrube, seine Zunge das Feuer, und sein Zähne sind die Pfosten, an denen die Opfertiere festgebunden werden. Seine Augen entsprechen Tag und Nacht, sein Ohrenschmuck entspricht dem *Vedānta* und sein Mund wird mit dem langstieligen Löffel gleichgesetzt, mit dem die [speziellen] Opfergaben dem Feuer zugeführt werden. Seine Nase ist das *ghee* (flüssige Butter), seine Stimme ist der Klang der *Sāmaveda.* Sein Kopf fungiert als der *brāhmaṇa*, der das Feuerritual durchführt, und sein Haar sind die (unzähligen) rituellen Regeln. Weiterhin sind seine Nägel die strengen Entsagungen; seine Darmbewegungen entsprechen den guten Taten, seine Kniee den Opfertieren. Sein Zeugungsorgan ist das *homa* und die *dhātus* (Elemente) seines Körpers sind die Früchte. Sein Herz wird zum Geschenk und sein Blut wird *soma* (ambrosisches Getränk). Die Wendigkeit seines Verstandes ist die Opfergabe an die Götter und die Vorfahren, die Mantren sind die Rituale, sein Gang ergibt die verschiedenen Versmaße der Dichtung. Sein Sitz ist die *Guhyopaniṣad* und sein Schatten schließlich ist sein Weib (das an der Opferzeremonie teilnimmt). Solcherart ist die Form von Viṣṇu als Opfer. Das vorgegebene Mantra besagt, daß eben dies die Form der Devī sei.

770. प्रिय व्रता

Priya vratā

Sie, die Gelübde erfreuen.

Bhāskarācārya zitiert die *Bhaviṣyottara Purāṇa* als Autorität [und meint]: Alle Gelübde vor irgendeiner Gottheit, welche es auch sei, erfreuen Śiva und Śakti, die Erschaffer der Welt. Es kann da keinen Unterschied [zwischen dieser und jener Gottheit] geben, da die ganze Welt nur aus Śiva und Śakti besteht.

Nebenbedeutung: Sie, die vom König Priyavrata angebetet wird.

771. दुराराध्या

Durārādhyā

Sie, die Ihre Anbetung schwierig macht.

Devotion sollte beständig und fest sein, damit sie Früchte zeitigt. Nur unbedingte und selbstlose Hingabe bringt diese Beständigkeit zuwege. Die Devī ist für diejenigen schwer zu verehren, deren Sinn unbeherrscht hierhin und dorthin zappelt. Die quasi zweckgebundene, materialistische Devotion wird schwankend und auch ergebnislos sein.

772. दुराधर्षा

Durādharṣā

Sie, die schwer zu kontrollieren ist. [Andere Deutung: Sie, der schwer zu widerstehen ist.]

Die *Śruti* kommentiert: "Das Selbst wird nicht vom Schwächling erlangt." Nur ein spiritueller Sucher von großer geistiger Stärke kann die Devī für sich gewinnen. Und dazu bedarf es eines beständigen Gottes-Dienstes über einen langen Zeitraum.

773. पाटली कुसुम प्रिया

Pāṭalī kusuma priyā

Sie, die die pāṭali-Blume (die blaßrote Trompetenblume) gerne hat.

Die *Padma Purāṇa* formuliert: "Śaṅkara liebt den *bilva*-Baum und Pārvatī die *pāṭali*-Blume."

774. महती

Mahatī

Sie, die sehr Große.

Devī übertrifft alles an Größe, Wert und Umfang; Sie besitzt großen Reichtum, vielseitigste souveräne Fähigkeiten und hat die höchste Position inne.

Maha kann auch die Bedeutung von "*pūja*" haben. Dementsprechend wäre die Übersetzung dann: "Sie, die es wert ist, angebetet zu werden." (Yāska)

Mahatī bezeichnet jemand, der alles messen kann. "Das Maßkriterium für alles", wie Śakapūni meint.

Mahatī ist auch der Name von Nāradas *vīna*. Auf diese Bedeutung bezogen hieße das Mantra: "Sie, die in Gestalt der *vīna* erscheint." Dazu sei gesagt, daß die Devī das *vīna*-Spiel liebt.

775. मेरु निलया

Meru nilayā

Sie, die auf dem Meru-Berge wohnt.

Das *Tantraśāstra* mißt dem Wort Meru verschiedenerlei Bedeutung zu. Das Rückgrat wird *merudaṇḍa* genannt. *Meruprastāra* heißt eine der drei Arten der *Śrīcakra*-Verehrung. Die anderen beiden heißen *Bhūprastāra* und *Kailāsaprastāra* (wie beim Mantra 577 besprochen).

In der Schrift *Jñānārṇava* gilt "Meru" als Name eines neunsilbigen Mantras. Devī ist die Gottheit dieses Mantras, daher Ihr Beiname *Merunilayā*. Die neun Keimsilben dieses Mantras symbolisieren Erde, Mond, Śiva, Māyā, Śakti, Kṛṣṇadhvan, *madana*, Halbmond und *bindu*.

Wieder eine andere Herleitung finden wir im *Tantrarāja* (Kapitel 18). Dort gibt es 16 Tagesgottheiten und umgebende Meere, Meru steht in der Mitte, und Devī residiert auf seinem Gipfel. 14 Welten, deren jeweilige regierende *devatas* und - vor allem - Brahman als *ākāśa* (*ākāśabrahman*) umhüllen ihn. Tatsächlich ist dies eine Beschreibung des *Śrīcakra* und des menschlichen Körpers.

Das *Bhūprastāra* mit *Vaśini* und acht weiteren *yoginis*, das *Kailāsaprastāra* mit den *Matṛkākṣari*-Gottheiten und das *Meruprastāra* mit den täglichen (*nitya*) Gottheiten bilden Variationen des *Śrīcakra*-Verehrungsrituals. Und da die Devī *Meruprastāra* zu Ihrem Wohnsitz erkor, wird Sie *Merunilayā* genannt.

776. मन्दार कुसुम प्रिया

Mandāra kusuma priyā

Sie, die die mandāra-Blüte liebt.

Mandāra heißt ein himmlischer, wunscherfüllender Baum. Die Devī hat seine Blüten gern.

Es gibt fünf Arten himmlischer Bäume: *mandāra*, *pārijāta*, *santāna*, *kalpavṛkṣa* und *haricandana*.

Mandāra heißt auch die weiße *arka*-Blume.

777. वीराराध्या

Vīrārādhyā

Sie, die von Helden verehrt wird.

Vīras sind einmal heldenhafte Krieger, aber daneben auch Kenner des Selbst, die Begierden, Ärger und andere negative Eigenschaften überwanden.

Das Wort *vīra* charakterisiert auch jemanden, der den Schmerz beseitigt. Und Devī wird von den *Mahātmas* verehrt, deren Ziel es ist, anderen [in ihrem Schmerz] zu helfen .

Wer der Dualität widersteht, ist ebenfall ein *vīra.* Devī wird von den Yogis angebetet, für die es keine Dualität gibt.

(*Vīra* mag vielleicht auch Vīrabhadra sein, der die Devī anbetet.)

778. विराड्रूपा

Virāḍrūpā

Sie, das kosmische Ganze.

Kapitel 11 der *Bhagavad Gītā* (XI.10) besingt die kosmische Gestalt Brahmans: "Mit unzähligen Mündern, unzähligen Augen, mit unzähligen wunderbaren Erscheinungen, unzähligen göttlichen Ornamenten, mit hoch erhobenen Waffen unendlicher Zahl ... (so war Seine Gestalt, die Er zeigte)." *Virāṭ* ist das ganze Universum.

779. विरजाः

Virajāḥ

Sie, die ohne rajas ist.

Rajas bedeutet hier Wunschbegierde und Ärger. Auf Arjunas Frage: "Was drängt den Menschen zu schlechten Taten?", gibt der Herr die Antwort: "Es ist Begierde, Ärger ist es, aus *rajas* geboren." (*Gītā*, III.37) Devī ist jenseits davon.

Dieser Beiname bezieht sich auch auf die Devī, die im Tempel bei Viraja als Bildnis steht. Ein *darśan* von Ihr soll sieben folgende Generationen von Sünden reinigen.

Rajas bedeutet zusätzlich "Licht", "Wasser" und "Welten". Alle drei haben die Eigenschaft der Beweglichkeit. Mit dem Präfix *vi* (das "ausgezeichnet" oder "besonders" bedeutet) erhalten wir *Virajā* und das heißt: "Jemand, der besondere Ausstrahlung, heilige Wasser und erhabene Welten besitzt."

780. विश्वतो मुखी
Viśvato mukhī
Sie, die in alle Richtungen blickt.

[Da Sie in alle Richtungen sieht,] vermag die Devī jedes lebende Wesen auf seinem Pfad zu führen. Sie erfüllt das ganze Universum mit Ihrer kosmischen *virāṭ*-Form, und alles Leben untersteht Ihrer Führung.

781. प्रत्यग् रूपा
Pratyag rūpā
Sie, das innewohnende Selbst.

Pratyagātma ist der *jīvātman.*

Wir sollten die Gottesmutter nicht außerhalb suchen, sondern innen. Amma sagt so schön: "Draußen nach Gott zu suchen ist so, als würde man Fische fangen wollen, indem man das Meer austrocknet. Wir sollten in uns selbst nach Ihm suchen. Wir sollten ganz besessen davon sein, Ihn zu sehen, so wie ein Mensch unter Wasser ganz besessen nach Luft drängt. Gott ist etwas, das existiert - Er wird gefunden werden; aber nicht ohne Anstrengung."

Die Gestalt der Göttlichen Mutter soll durch die Innenschau gesucht und gefunden werden. Die *Śruti* drückt dies so aus: "Das aus sich selbst existierende Brahman erschuf die Sinne mit extrovertierten Tendenzen; darum sieht der Mensch das äußere Weltall und nicht das innere Selbst. Ein weiser Mensch hat die Augen von den Objekten der Sinne abgewendet, wünscht die Unsterblichkeit und sieht den *Ātman* in seinem Inneren." (*Kaṭha Upaniṣad*, IV.1)

782. पराकाशा
Parākāśā
Sie, die der transzendente Äther ist (die morphogenetische Ursache der kosmischen und individuellen Körper).

Ākāśa (Äther oder [formhervorbringender] Raum) weist auf Brahman. Devī ist das Höchste Brahman.

Die *Chāndogya Upaniṣad* (I.9.1) bringt vor: "Er sagte, *ākāśa* (ist die Essenz). Alle Wesen entstehen nur aus *ākāśa*."

"*Ākāśa* ist Brahman, wegen der charakteristischen Kennzeichen", erklärt die *Brahma Sūtra* (I.1.22).

"Sie, die *Ākāśa* genannt wird, ist der Ursprung des Universums. Die alles kontrollierende, anfanglose Energie ist eben diese Maheśvari", wie es die *Kūrma Purāṇa* beschreibt.

Auch wenn wir vom Himmel als dunkel, klar oder rot sprechen, so tangieren diese Farben doch nicht den Himmel. Ähnlich haben Eigenschaften der Objekte der Welt, wie Form oder Geruch, nichts mit der Devī direkt zu tun, auch wenn sie mit Ihrer Essenz getränkt sind. Der wesentliche Punkt bei dem Mantra ist Devīs Eigenschaftslosigkeit, Unverschmutztheit und alldurchdringende Omnipräsenz.

"ES ist verankert in *Parākāśa*", sagt die *Taittiriya Upaniṣad* (III.6.1). *Parākāśa* ist der Ort der Manifestation von Brahman. Das kann auch als *ākāśa* (Raum) im Herzen verstanden werden, *daharākāśa* genannt (siehe Mantra 609). Dementsprechend wird mit Hinsicht auf *parākāśa* manchmal von *daharākāśa* gesprochen.

So sagt die *Cidgaganacandrika:* "In *ākāśa* bewegt sich keine Sonne und kein Mond. Was existiert, ist das, was im Herzen wohnt, und das ist die Energie, die Bewegung hervorbringt. Dies ist das oberste *ākāśa* - das *parākāśa*."

In der *Svacchandasamgraha* dagegen heißt es: "Über der Stirn gibt es eine Stelle namens *dvādaśānta*. Nah zu ihr, also nahe der obersten vorderen Schädelpartie, sowie zwei Fingerbreit innerhalb des Vorderkopfes findet sich *parākāśa*."

Manche Interpreten meinen, *parākāśa* sei der Raum jenseits der sieben Meere. Devī residiere dort. All dies zeigt, wie schwer es ist, Sie zu erreichen.

Der aktuelle Beiname kann auch in *parāka* (hart, fleißig) + *āśa* (Richtung, Gegend) zerlegt werden. Die Große Mutter muß über einen schwierigen Pfad erreicht werden. Wenn wir den Namen aus *para* (groß) + *aka* (Sünde) + *āśa* (er, sie, es ißt) zusammengesetzt sehen, so erhalten wir: "Sie, die selbst die größten Sünden ißt (entfernt)."

Ākāśa (im Sinn von "Raum") kann definitive Formen annehmen, doch die Weltenmutter kann keiner Form fest zugeordnet werden. Ganz in diesem Sinn heißt es in der *Gītā* (IV.11): "Wie immer auch die Menschen sich Mir nähern, in gleicher Weise werd' Ich sie belohnen."

783. प्राणदा

Prāṇadā

Sie, die Leben gibt.

Sie, die die fünf *prāṇas* und die elf Organe kontrolliert (falls wir *da* in der Bedeutung von "kontrollieren" nehmen).

Prāṇa (Lebensenergie) strömt aus Brahman. Devī spendet das Wissen von Brahman. Die *Kauṣītakī Upaniṣad* gibt dies wieder: "Ich bin *prāṇa.* Ich bin Bewußtsein. Verehre Mich als Leben und verehre mich als Unsterblichkeit."

784. प्राण रूपिणी

Prāṇa rūpiṇī

Sie, die das Leben selbst ist.

Wie im vorigen Mantra steht *prāṇa* hier wieder für Brahman. Und *rūpa* (wörtlich "Form, Gestalt") meint nicht eine definierte Form, sondern impliziert, daß die Große Mutter das Wesen von Brahman besitzt.

Die *Chāndogya Upaniṣad* (IV.10.4) deklariert: "*Prāṇa* ist Brahman; Seligkeit ist Brahman; *ākāśa* ist Brahman." In der Schrift *Manu Smṛti* (XII.123) heißt es: "Dasselbe Brahman wird von manchen 'Feuer', von anderen Manu, Prajāpati, Indra, Prāṇa und Maheśvari genannt."

Im *Nitya Tantra* figurieren die 16 täglichen *Nitya*-Gottheiten als *Prāṇas*. Es heißt, die Planeten und die Sterne bewegen sich mit den Atemzügen (*prāṇa*) dieser Gottheiten. Die Große Mutter glänzt im Zentrum dieser Gottheiten und ist deshalb *Prāṇarūpiṇī*.

785. मार्तण्ड भैरवाराध्या

Mārtāṇḍa bhairavārādhyā

Sie, die von Mārtāṇḍabhairava verehrt wird.

Mārtāṇḍabhairava ist ein *deva*, der zwischen der 22. und 23. Grundlinie des *Śrīcakra* wohnt. Die Hymne *Lalita Stava Ratna* von Durvāsas (Vers 100) schildert, wie er dort wohnt, "mit einer juwelengeschmückten Krone gekrönt, sich ergehend mit seinem Weibe Chāya [...]". Da die Sehkraft von ihm stammt, ist der Name Chāya (Widerspiegelung) passend für seine Frau. (Manche Texte führen an, daß der Sitz Mārtāṇḍabhairavas zwischen der 32. und 33. Linie sei.)

Das *Tantracintāmaṇi* erzählt, wie Śiva als Mallāri oder Mārtāṇḍabhairava inkarnierte, um den Dämonen Manimalla zu töten. Das gegenwärtige Mantra meint demnach, daß die Devī von Śiva in dieser Form verehrt wird.

Devī wird von Mārtāṇḍa und von Bhairava verehrt. Mārtāṇḍa gilt als Sonne. Bhairava steht synonym für *brahmacārin* [im Zölibat lebender Mann] Es gibt eine Gruppe von Śakti-Verehrern, bekannt als Bhairavas, die glauben, es sei möglich, in den Himmel mit einem intakten Erdenkörper aufzusteigen. Was die extreme Willenskraft dieser Gläubigen illustriert.

Überdies werden Sonnenverehrer manchmal Bhairavas genannt. Die Große Mutter ist auch ihr Verehrungsobjekt.

786. मन्त्रिणी न्यस्त राज्य धूः

Mantriṇī nyasta rājya dhūḥ

Sie, die ihre königliche Verantwortung an Ihre mantriṇī (Ministerin) delegierte.

Die Devī hat Ihre Regierungsverantwortung auf Ihre Ministerin, Śyāmala Devī, übertragen.

Mantriṇī kann auch bedeuten "an jemand, der das Mantra hat". Ganz in diesem Wortsinn hat Devī dann Verantwortung an die Devotees delegiert, die Sie anbeten und Ihr Mantra voll Glaube und Hingabe verwenden. "Königliche Verantwortung" weist hier auf das Geheimnis des *sādhana,* das den Verehrer näher zu Devī bringt.

Die Macht, die dem spirituellen Sucher den Wunsch nach Vereinung mit der Devī einflößt, wird gleichfalls *mantriṇī* genannt. Sie besteht in Seelenruhe und Gleichmut, eine unerläßliche Qualität beim Regieren. Auf diese Art bleibt Devī von Sorgen frei, indem Sie Ihre Regierungspflichten auf Ihre Minister - Ihre Devotees - überträgt, die die erforderliche Seelenruhe besitzen.

787. त्रिपुरेशी

Tripureśī

Sie, die Gottheit des Tripura.

Tripura ist das *sarvāśaparipūraka cakra*, eines der neun Chakren im *Śrīcakra*. Devī regiert über dieses Chakra.

Die neun im *Śrīcakra* enthaltenen Chakren sind: 1) *trailokyamohana*, 2) *sarvāśāparipūraka*, 3) *sarvasamkṣobhana*, 4) *sarvasaubhāgyadāyaka*, 5) *sarvārthasādhaka*, 6) *sarvarakṣākara*, 7) *sarvarogahara*, 8) *sarvasiddhiprada* und 9) *sarvānandamaya*. Diese Namen bedeuten in ihrer Reihenfolge: Bezauberer der drei Welten, Erfüller aller Wünsche, Anreger von allem, Spender allen Wohlstands, Bringer aller Lebenswerte, Gewährer allen Schutzes, Tilger aller Schmerzen, Geber aller *siddhis* und Allseliger.

788. जयत् सेना

Jayat senā

Sie, mit einem Heer, das nur den Sieg gewohnt ist.

Devīs Armee siegte über Bhaṇḍāsura. Es ist ein Heer, das nie eine Niederlage erfuhr.

[Sekundäre Interpretation:] König Jayatsena war Devīs Verehrer. Da Sie von Ihren Devotees nicht verschieden ist, wird Sie selbst *Jayatsenā* genannt.

789. निस्त्रैगुण्या

Nistraiguṇyā

Sie, die ohne die drei guṇas ist.

Māyā ist aus den drei *guṇas* komponiert. Die Gottesmutter jedoch geht über *Māyā* hinaus und transzendiert so die *guṇas*. Der Mensch vermag es nicht, die *guṇas* zu transzendieren, solange er Körperbewußtsein besitzt. Solange er sie aber nicht transzendiert hat, wird er nicht in der Lage sein, eine Macht zu verehren, die *nirguṇa,* d. h. frei von allen Eigenschaften ist. (Nur einem Yogi, der über diesen Körpersinn hinauswuchs, wird das möglich sein.) Wenn also jemand - trotz *samsāra*-Gebundenheit - behauptet, einen von jedweder Form abstrahierten Gott zu verehren, so gleicht das der Behauptung, in einem wasserlosen See zu schwimmen.

Devī wird vorgestellt als jenseits der *guṇas* befindlich, weil Sie [in dieser Dimension] ausschließlich Bewußtsein und pure Seligkeit ist.

790. परापरा

Parāparā

Sie, die sowohl das Absolute wie das Relative ist.

Parā ist hochstehend, *aparā* ist tiefstehend. *Parā* ist groß, *aparā* klein. *Parā* ist Wahrheit, *aparā* Erscheinung. Die Weltenmutter ist gleichzeitig beides. Während Sie *aparā* für den *samsārin* ist, west und wirkt Sie als *parā* für den Yogi.

Parā ist fern, *aparā* ist nah. Die Große Mutter ist wahrlich fern und nah zugleich. Jeder zeigt auf sein Herz und sagt "ich". Das Ich-Bewußtsein ist ganz nah. Aber sobald wir es direkt erfahren wollen, scheint es so weit entfernt von uns zu sein!

Parā bedeutet Wissen vom Selbst (*jñāna*); *aparā* ist das Wissen vom physischen Universum (*vijñāna*) (siehe Mantra 651). Alles Wissen insgesamt jedoch ist Brahman; und so ist die Große Mutter beides - *jñāna* und *vijñāna*.

Die Verehrung der Devī gibt es in drei Arten: *parā*, *aparā* und *parāparā*. Meditation, in Nicht-Dualität verankert, ist *parāpūja*. Verehrung des *Śrīcakra* gilt als *aparāpūja*. Und als *parāparāpūja* wird die Anbetung verschiedener göttlicher Formen eingeordnet. Das Werk *Yoginīhṛdaya* stellt diese Verehrungsarten [im einzelnen] dar.

Auch das Bewußtsein wird in die zwei Kategorien *parā* und *aparā* unterteilt: Als *parabodha* wird das Bewußtsein in der Form von *parā*, *paśyantī* und *madhyama* bezeichnet, und als *aparābodha* das Bewußtsein im Modus des Wach-, Traum- und Tiefschlaf-Zustands.

Das Opferfeuer (*homa*) kann gleichfalls auf zweierlei Art durchgeführt werden, nämlich als *parā* und als *aparā*. Als *Parāhoma* definiert sich, was in der geistigen Vorstellung ausgeführt wird, in der lodernden Energie des Yoga, ohne äußeres Feuer oder weiteren Opfergaben. *Aparāhoma* hingegen wird außen, mit einem tatsächlichen Feuer zelebriert. [...]

Die Devī findet sich auch in Form des *parāpara*, einem viersilbigen Mantra, das häufig zusammen mit dem 15silbigen (*pañcadaśākṣari*) und dem 16silbigen (*ṣoḍaśākṣari*) Mantra rezitiert wird.

791. सत्य ज्ञानानन्द रूपा

Satya jñānānanda rūpā

Sie, die Wahrheit, Wissen und Seligkeit ist.

Brahman ist ”Wahrheit, Wissen und unendliche Seligkeit”. Devī ist dieses Brahman.

Dieses Mantra wird auch folgendermaßen interpretiert: *Sati + ajña + anānanda + rūpa* ergeben ”Sie, die Sorgenschmerzen (*anānanda*) denen gibt (*rūpa*), die nicht eingedenk (*ajña*) der wahren Weisheit (*sati*) sind.” Sati könnte auch als Satīdevī gedeutet werden; diese Tochter von Dakṣa ist eine andere Form der Devī.

[Eine weitere Auslegung:] ”Sie, die jenen Schmerzen schickt, die unwissend bezüglich Ihrer wahren Form sind.” Fest steht, daß in dieser Welt die *jñānis* Weisheit erlangen, die Unwissenden aber nur Schmerz. Die *Gītā* (Kapitel 18) klärt uns auf, wie alle physischen Freuden, die zu Beginn süß wie Nektar erscheinen, am Ende sich als vergiftet herausstellen.

792. सामरस्य परायणा

Sāmarasya parāyaṇā

Sie, in die Seelenruhe unerschütterlicher Weisheit eingetaucht.

Sāmarasa steht für den Zustand des Gleichmuts oder der beständigen Weisheit (*sthitaprajña*), und *sāmarasya* ist Ausdruck dieser Kondition. In solchem Zustand verliert das Gemüt angesichts von Glück oder Schmerz, Gewinn oder Verlust, Sieg oder Niederlage sein Gleichgewicht nicht. ”Er, dessen Sinn von Widrigkeiten nicht erschüttert wird, der im Wohlstand keinen Vergnügungen hinterherläuft, der frei von Verhaftung, Furcht und Ärger ist, er wird ein Weiser von beständiger Weisheit genannt.” (*Gītā* II.56) Die Göttliche Mutter ist in diesen Zustand unerschütterlicher Weisheit eingetaucht. Der Zustand der gelassenen Seelenruhe eignet auch der vereinten Einheit von Śiva und Śakti.

[Nebendeutung:] Devī gibt sich der Freude an den Inkantationen der *Sāmaveda* (*sāma + rasya + parāyaṇa*) hin.

793. कपर्दिनी

Kapardinī

Sie, die Gemahlin von Kapardin (Śiva).

Kapardin ist Beiname Śivas, der *kaparda* oder verfilzte, zottelige Haare trägt.

Die *Sūta Samhita* gibt die Bedeutungen "Mutter" und "Lobpreis" für das Wort *kaparda* an. Konsequenterweise hieße dann *Kapardinī*: "Sie, die Mutter Erde" oder "Sie, Objekt des Lobpreises".

Kapardinī ist auch - so führt die *Devī Purāṇa* an - der Name der Gottheit im Tempel von Chagalāṇḍa, einer der 64 heiligen Tempel.

Die Schrift *Viśvatīka* bietet für *kaparda* die Übersetzung "Fladen aus Kuhdung" und erzählt dazu diese Geschichte: Als Śiva einmal die Gestalt von Mailāra annahm, inkarnierte Devī als Mahālasā, sein Weib, das eine Halskette aus Kuhdung-Fladen trug. Daher wurde der Devī der Beiname *Kapardinī* gegeben.

794. कला माला

Kalā mālā

Sie, die alle 64 Künste als Halskette trägt.

Devī ist der innere Glanz aller Künste. Bhāskararāya offeriert eine weitere Bedeutungsfacette: "Sie, die die Schönheit (*kala)* von Blitzen (*mā*) besitzt (*lā*)." Für den spirituellen Schüler (*upāsak*) kommt das Geschenk von Devīs *darśan* häufig wie eine Blitzkaskade.

795. काम दुक्

Kāma duk

Sie, die alle Wünsche erfüllt.

Die Große Mutter erfüllt die Wünsche Ihrer ergebenen Anhänger im Strom Ihrer Gnade, so wie die wunscherfüllende Kuh des Himmels, Kāmadhenu, es tut.

796. काम रूपिणी

Kāma rūpiṇī

Sie, die eine begehrenswerte Gestalt besitzt.

Sie, die die Form Kāmeśvaras (Śivas) bzw. Kāmas, des Liebesgottes, hat.

Sie, die jegliche Gestalt (*rūpa*) willentlich (*kāma*) annehmen kann.

797. कला निधिः

Kalā nidhiḥ

Sie, die Schatzkammer aller Künste.

Wahrlich, so zahlreich sind die Reichtümer der Kunst, verborgen in Ihr, reich glänzend im geheimen wie ein Schatz, unter der Erde vergraben!

Kalā kann auch *prāṇa*, psychische Vitalenergie bedeuten; die Devī ist dafür die Grundlage.

Weiterhin kann *kalānidhi* für "Mond" stehen. Das Rund des Mondes ist eines der Wohnorte Devīs. Personen werden manchmal mit dem Namen ihres Wohnorts gerufen, und Devī wird hier nach dem Namen Ihres Wohnsitzes benannt.

Kalā heißt schließlich "Körper". Devī ist der Schatz, der ihn am Leben erhält. Und *Kalā* heißt auch noch Brillianz; Devī ist der Sitz aller Brillianz.

798. काव्य कला

Kāvya kalā

Sie, die die Dichtkunst ist.

Ein dichterisches Werk (*kāvya*) tritt in zweierlei Art auf - es kann gehört und es kann gesehen werden. [...]. Und solche Dichtung wird durch Devī verkörpert. Als gefeierte Dichter wie Kālidāsa durch Devīs Segen ihren Rang erlangten - gab es da je Zweifel daran, daß Sie der Altar der Dichtung ist?

Kāvya könnte dazu für Śukrācārya stehen, und *kalā* für *mṛtasanjīvanīvidyā*, der Fähigkeit, Tote wieder lebendig zu machen, der Macht über den Tod. Devī würde dann die Manifestation dieser speziellen Macht sein, über die Śukrācārya meditierte und die er anwandte.

799. रसज्ञा
Rasajñā
Sie, die alle rasas kennt.

Rasa bedeutet Stimmung oder Gefühl, ausgedrückt in der Dichtung. Man spricht von neun *rasas*: das erotische ("König der *rasas*"), pathetische, heroische, komische, wilde, furchtbare, schmähliche oder abstoßende, wundersame und ruhevolle *rasa*. Die Fähigkeit, diese Gefühle und Stimmungen jeweils zur passenden Zeit auszudrücken, ist der Devī eingeboren.

"ER ist *rasa* an sich", sagt die *Śruti*. Brahman ist *rasa*, die eigentliche Quelle der Seligkeit. Devī, von Brahman nicht geschieden, ist die Wissende der Seligkeit des Brahman.

Rasa bedeutet auch Geschmack auf oder Gelüst nach etwas. Jedes lebendige Wesen hat das größte Gelüst nach dem Leben selbst - und die Weltenmutter ist wirklich der Grund dieses Hungers.

Rasa endlich bezeichnet die Geschmackspalette. Sechs Geschmacksrichtungen gibt es: süß, sauer, salzig, stechend, zusammenziehend und bitter. Devī weiß über alle Geschmäcker.

800. रस शेवधिः

Rasa śevadhiḥ

Sie, die selbst die Schatzkammer der rasas ist.

Hier sollte *rasa* als die Seligkeit von Brahman verstanden werden - Seligkeit, die das höchste Ziel menschlichen Lebens ist. Devī gleicht einem Reservoir überirdischen Glücks. Die *Brahmāṇḍa Purāṇa* erklärt dazu: ”*Rasa* ist das Oberste Brahman, *rasa* ist der erhabene Pfad, *rasa* ist der Spender von Hellem für den Menschen; *rasa* ist der Same - so wird gesagt. ER ist wahrhaftig *rasa*. Hat man *rasa* erlangt, so wird man von Seligkeit erfüllt. Unter Berufung auf die Glaubwürdigkeit der heiligen Schriften: *rasa* ist der Lebensodem.”

Die *Taittiriya Upaniṣad* (II.7) annotiert: ”ER ist *rasa* an sich - Quell der Glückseligkeit. Gesegnet ist der Mensch, der von diesem Quell der Seligkeit beständig trinken kann.”

Damit enden die hundert Namen im neunten kalā der Sonne, viśvakalā genannt.

801. पुष्टा

Puṣṭā

Sie, die immer voller Kraft und Fülle, voller Stärke ist.

Es ist die aufrichtige Verehrung der Devotees, von der sich die Devī nährt. Die *Smṛti* stimmt darin überein, wenn sie feststellt, ”Brahman wird von den *brāhmaṇas* gespeist”. Auch die *Śruti* drückt aus, daß ”dem langlebigen Brahman langes Leben von den *brāhmaṇas* gegeben wird”. Diese Erklärungen bestätigen, daß Brahman durch die Kenner des Brahman genährt wird. Das heißt nicht, Brahman wäre einst schwach gewesen und die Weisen päppelten es auf. Nein - wenn es mehr *jñānis* gibt, so erhalten die in Brahman begründeten Tendenzen neues Leben und wachsen; dies ist gemeint mit Speisung des Brahman.

Die Große Mutter enthält in sich alle 36 *tattvas* (Monaden, Kategorien) und erquickt sich fortwährend am Nektar von Brahman. Darum heißt Sie *puṣṭā*, voller Kraft, voller Stärke, wohlgenährt.

802. पुरातना

Purātanā

Sie, die uralt ist.

Die Große Mutter war anwesend, als die Schöpfung begann; darum muß Sie tatsächlich alt sein. Der ganze Kosmos ging aus Ihr hervor, also war Sie vor allem anderen da.

803. पूज्या

Pūjyā

Sie, der Verehrung durch alle zusteht.

Sie läßt jeden zu Ihrem Begleiter werden. Sie nimmt die Stellung eines Guru für jeden ein. Aus diesem Grund verdient Sie Verehrung in jeder Art und jeder Weise.

804. पुष्करा

Puṣkarā

Sie, die vollständig ist; [die einem blühenden Lotus gleicht]
Sie, die allen Nahrung gibt.

Puṣkarā weist mehrere Wortbedeutungen auf – z. B. Lotus, Himmel, Wasser. Wie der Himmel durchwebt die Devi alles, und unverfärbt und formlos ist Sie. Nicht nur das Phänomen des Wassers stammt von Ihr, sondern die lebensspendende Kraft des Wassers ist Sie auch.

(Die Gottheit des heiligen Ortes *Puṣkara Tīrtha* heißt Puṣkarādevī.)

805. पुष्करेक्षणा

Puṣkarekṣaṇā

Sie, deren Augen Lotusblütenblättern gleichen.

In der *Padma Purāṇa* finden wir über diesen Namen eine Geschichte. Darin heißt es, daß *puṣkarā* die Gestirnsopposition zwischen der Sonne im Sternzeichen *Viśākha* und dem Mond im Zeichen *Kārttika* benennt. [...] Da die Devī jedoch weiterhin auf beide gleichzeitig blickt und zwar – um jeden Konflikt auszuschließen - ohne zu blinzeln oder die Blickrichtung zu verändern, erhielt Sie den Beinamen *Puṣkarekṣaṇā.*

Dieselbe *Padma Purāṇa* überliefert ein mythisch-poetisches Weltbild, in dem das All eine Lotusblüte ist, deren aufgerichtete Blütenblätter die Welt der Barbaren und deren abwärts hängende Blütenblätter die Welt der Dämonen und Schlangen bildet. Die Erde entstammt dem Samenbeutel dieses Lotus, und *puṣkara,* Lotus, ist deshalb Ihr Beiname. Unser gegebenes Mantra *Puṣkarekṣaṇā* charakterisiert die große Devī, Ihre Augen fixiert auf den Schutz und das Wohlergehen der Erde, die in besagter Weise entstanden war.

Puṣkara hat die Nebenbedeutung ”Banyan-Baum”. Die *Purāṇas* besingen Viṣṇu, der zur Zeit der kosmischen Auflösung als kleines Kind auf einem Banyan-Blatt mitten auf der Insel Puṣkara ruhte. Viṣṇu selbst wird da als “Puṣkara” bezeichnet. Da nun die Gottesmutter jenes Kind mit mütterlicher Zuneigung in Ihren Armen hielt, wurde Sie *Puṣkarekṣaṇā* ([jetzt in diesem Sinn:] “Sie, mit Augen auf Puṣkara gerichtet”) genannt.

Wie erwähnt, heißt *puṣkara* auch ”Wasser”. Bei Anwendung dieses Wortsinns würde das Mantra ausdrücken, daß Devī vier Typen von ”Wasser” (*ap*) nährt und beschützt, nämlich *devas* (Götter), Menschen, *manes* (Vorfahren) und Dämonen. [Als Vorstellungshilfe ließen sich Variationen des astrologischen Prinzips “Wasser” oder das klassische Element Wasser samt möglicher Modifikationen assozieren.]

806. परम् ज्योतिः
Param jyotiḥ
Sie, das höchste Licht.

Wahrlich, die Weltenmutter "reduziert die Sonne zur Finsternis mit Ihrem vieltausendmal überlegenen Strahlen". Sie leuchtet wie zehntausend Sonnen, die alle zur gleichen Zeit aufgehen. *Bṛhadāraṇyaka Upaniṣad* (IV.4.16) sagt: "Über dieses Licht der Lichter meditieren die Devas, um langes Leben zu erwerben."

Die *Kaṭha Upaniṣad* (II.ii.15) erklärt parallel dazu: "Die Sonne scheint dort nicht, und nicht der Mond und nicht die Sterne, auch leuchtet nicht der Blitz, noch weniger dies Feuer. Wenn ER leuchtet, dann leuchtet alles erst nach Ihm, und durch Sein Strahlen nur gewinnen alle ihren Schein."

Paramjyoti heißt ein achtsilbiges Mantra (beschrieben in der Schrift *Dakṣināmūrtisamhita*). Man kann sich Devī in der Form dieses Mantras vorstellen.

807. परम् धाम
Param dhāma
Sie, die höchste Wohnstätte.

Devī bedindet sich im höchsten Zustand. Die *Bhagavad Gītā* (XV.6) spricht darüber und führt an, daß jemand, der diesen Zustand erreicht, nicht mehr geboren wird: "[...] wenn sie dort hingekommen sind, kehren sie nicht mehr zurück; es ist dies Mein höchster Wohnsitz."

Die *Śruti* beschreibt diesen Zustand als "den erhabenen Sitz Viṣṇus". (*Kaṭha Upaniṣad* I.ii.9) Unzweideutig steht hier Viṣṇu für Brahman. Die *Kūrma Purāṇa* sagt dazu: "Meine Energie ist identisch mit Maheśvarī, mit Gauri, fleckenlos, ruhevoll, die Wahrheit, das Wissen, ewige Seligkeit, der erhabene Wohnsitz [...]."

808. परमाणुः

Paramāṇuḥ

Sie, die das kleinste Unteilbare [Quant, Partikel] ist.

Die Beschreibung der *Śruti* dazu: "feiner als das Feinste", ist wohlbekannt. (*Kaṭha Upaniṣad*, I.ii.20) Das mag bedeuten, die Devī könne nur durch große Anstrengungen erreicht werden.

Āṇu kann auch "Mantra" heißen. Dem folgend, ließe sich der Beiname *param ānuh* in "Sie, die sich in Gestalt des erhabensten Mantras zeigt" übersetzen.

809. परात् परा

Parāt parā

Sie, die Erhabenste der Erhabenen.

Höher als Brahmā, Viṣṇu und Maheśvara.

"*Para* bezieht sich auf einen Tag im Leben Brahmās, und der halbe Tag heißt *parārdhā.* Doch für Jenes, das feiner als das Feinste und gröber als das Gröbste ist, gibt es weder Tag noch Nacht noch Jahr", sagt die *Kālika Purāṇa.*

Dieses wie auch die vorhergehenden Mantren schildern das Wesen der Devi als feiner denn das Feinste und gröber denn das Gröbste.

810. पाश हस्ता

Pāśa hastā

Sie, die eine Schlinge in der Hand hält.

Die Schlinge ist die Waffe in Devīs unterer linker Hand. Sie wurde unter Mantra 7, *Rāgasvarūpapāśāḍhyā,* beschrieben.

Die Devī wird mit vier, acht oder tausend Armen portraitiert, was jeweils vier oder acht Himmelsrichtungen oder die ganze Welt symbolisiert und die Herrschergewalt über alles und jedes ausdrückt.

811. पाश हन्त्री
Pāśa hantrī
Sie, die die Bande durchschneidet.

Die Göttliche Mutter schenkt Befreiung von allen *pāśas*, von jeder Verhaftung. Sie durchtrennt die Bande der Zeit. Sie löst alle karmischen Verkettungen und beseitigt damit die Notwendigkeit der Wiedergeburt. Allein durch Ihre Gnade werden die versklavenden Begierden und Negativtendenzen gelöscht.

812. पर मन्त्र विभेदिनी
Para mantra vibhedinī
Sie, die feindschaftliche Zauberwirkung böser Mantren bricht.

Devī beschützt Ihre Devotees vor den schädlichen Wirkungen übler Mantren und Riten, die von Gegnern angewandt wurden. *Para* bedeutet hier "Feinde".

Para kann aber auch "König" heißen. Und Devotees könnten durch königliche Machtausübung Schaden erleiden. Die Devī beschützt sie davor.

[Weitere Interpretation:] "Sie, die das höchste Mantra (*pañcadaśi mantra*) teilte." Devī teilte das Mantra in zwölf Teile und gab sie an zwölf Schüler, nämlich Manu, Sūrya, Candra, Kubera, Lopāmudrā, Agastya, Manmatha, Agni, Nandikeśvara, Subrahmanya, Śiva und Durvāsas.

813. मूर्ता
Mūrtā
Sie, die in Formen erscheint.

Darunter ist das gesamte Universum im *vivarta*-Modus - die Vielzahl der von *Māyā* produzierten Formen - zu verstehen. Das Konzept einer göttlichen Form impliziert die Dualität. *Ākāśa,* durch den Klang wahrgenommen, Luft, durch das Streichen über die Haut empfunden, Feuer, durch die Sichtung bemerkt, Wasser, über den Geschmackssinn erfahren, und Erde, über den Geruch erlebt - all dies sind die Formen der Devī, "all dies ist wahrlich Brahman", wie die *Śruti* postuliert, all dies ist die Große Weltenmutter selbst.

Einmal fragte ein Devotee Amma: "Wenn das Selbst allgegenwärtig ist, sollte dann seine Lebenskraft nicht auch in einem toten Körper gegenwärtig sein?" Ammas Antwort war: "Wenn eine Glühbirne ausgebrannt ist oder der Ventilator nicht mehr funktioniert, sollten wir nicht folgern, daß es keinen Strom gibt. Wenn du den Fächer niederlegst, fühlst du keinen Luftwiderstand mehr, aber die Luft hört nicht auf zu existieren. Wenn ein aufgeblasener Ballon platzt, beendet die Luft, die in ihm war, nicht ihre Existenz. Genauso ist das Selbst überall. Gott ist nirgendwo abwesend. Der Tod bedeutet lediglich die Auflösung des *upādhi*, des Instruments, nicht die Abwesenheit des Selbst."

814. अमूर्ता

Amūrtā

Sie, die formlos ist.

Tatsächlich herrscht hier kein Widerspruch. Das eine ist die dual erscheinende Wirklichkeit, das andere die höchste, letzte Wahrheit. Formen sind Elemente der physischen Realität, die scheinbar so ist, das Formlose hingegen ist die meta-phänomenale, eigentliche Realität.

"Die Irregeführten verachten Mich, da Ich mit einem menschlichen Körper bekleidet bin, und verkennen Meine höhere Natur als Herr aller Wesen", spricht Kṛṣṇa in der *Gītā* (IX.11). Seine wirkliche Essenz verursacht den Kosmos, aber die Unwissenden halten ihn fälschlicherweise für ein gewöhnliches Wesen mit menschlicher Gestalt.

"Brahman besitzt zwei Aspekte, *mūrta* (mit Form) und *amūrta* (formlos)." (*Bṛhadāraṇyaka Upaniṣad* II.iii.1) Die Form bildet das Weltall, das Formlose aber ist das Selbst. Ebenso spricht es die *Viṣṇu Purāṇa* aus: "Dieses Brahman besitzt zwei Zustandsarten - *mūrta* und *amūrta*, vergänglich und unvergänglich; beide herrschen in allen Wesen. Das Unvergängliche ist Ausdruck des ewig veränderungslosen Brahman (*kūṭastha*), während das Universum das Vergängliche ist."

Was durch die Sinne erfahren wird, heißt grobstofflich oder "mit Form", was durch sie nicht erfahrbar ist, heißt subtil oder "formlos". Die Große Mutter besitzt eine Form wie das Universum und ist formlos wie Brahman.

815. अनित्य तृप्ता

Anitya tṛptā

Sie, die selbst durch unsere vergänglichen Gaben zufriedengestellt wird.

Die Devī freut sich an unseren *pūjas* und Opfern, bei denen wir vergängliche Dinge verwenden. Eine bekannte Passage in der *Gītā* (IX.26) besagt: "Wer immer Mir ein Blatt, eine Blume oder Wasser mit gläubiger Hingabe offeriert, dessen Gabe, Mir aus reinem Sinn und voller Liebe zubereitet, nehm' ich an."

Devotion, gläubige Hingabe, ist das wichtigste bei der anbetenden Verehrung. Ist diese gegeben, so sind der Devī Blatt, Blume oder Wasser wohlgefällig.

Andererseits wird Sie durch ein sozusagen zementiertes *pūja*-Ritual nicht erfreut. Die Formen und Weisen der Verehrung haben entsprechend der Zeit und des Ortes zu wechseln. Solche Veränderungen gefallen der Devī.

Unser Mantra kann auch als *aniti* + *atṛpta* interpretiert werden. *Aniti* bedeutet "Lebewesen" (wörtlich "*prāṇa*", d. h. Lebensodem) und *atṛpta* "jemand, der nicht zufrieden ist". Bhāskarācārya zufolge ergäbe sich dann: "Sie, die von Lebewesen alleine nicht zufriedengestellt wird." Die *Kaṭha Upaniṣad* (I.ii, 25) klagt über das Brahman derart: "Wie soll man jenes Brahman denn erkennen, dem *brāhmaṇas* und *kṣatriyas* nichts als Futter sind, und der Tod nur ein Gewürz?" Die Devī ist [in diesem Aspekt] alles-verschlingend. Es stellt Sie nicht gänzlich zufrieden, wenn man Ihr nur die Lebensenergie überläßt.

Wie soll auch der einzelne, ohne entsprechende innere Transformation, die Erhabene erkennen können - Sie, in der alle Unterscheidungen zwischen Rang und Stand und Glauben zunichte werden und selbst der Tod verschluckt wird?!

816. मुनि मानस हंसिका

Muni mānasa hamsikā

Sie, der Schwan im Mānasaròvar-See der Herzen der Weisen.

Der Mānasaròvar-See am Fuß des Kailāsa Berges soll ein Stammquartier der Schwäne sein. In den Epen, *Purāṇas* und Dichtungen Indiens spielt dieser See eine große Rolle. Die Devī nun ergeht und genießt sich nach Lust und Laune in den Herzen der Weisen, so wie die Schwäne es tun im Mānasaròvar-See.

Trennen wir den Namen in *muni* + *māna* +*sahamsika* auf, dann erhalten wir: "Sie, die mit klingenden Fußkettchen tanzt und den stolzen, Ihr ergebenen Lebensstil der Weisen ehrt." *Mana* bedeutet Stolz. *Sahamsika* meint "Sie, die Fußkettchen [mit Glöckchen] oder *hamsakas* trägt"; diese werden gewöhnlich zum Tanzen angelegt.

817. सत्य व्रता

Satya vratā

Sie, die der Wahrheit fest verpflichtet ist.

Der Wahrheit (*satyam*) verpflichtet, in ihr verankert zu sein, das bedeutet Worte, die den Gedanken, und Taten, die den Worten entsprechen. *Satya* ist identisch mit Brahman und *vrata* heißt auch "wohlgefällig, lieb". [Also:] "Die in Brahman weilen, sind der Devī wohlgefällig.".

Das Buch *Saubhāgyabhāskara* interpretiert *satya* als "das, was schnell Ergebnisse bringt". Dementsprechend lautete das Mantra übersetzt dann: "Sie, die bei Gelübden schnelle Resultate schenkt." Die *Viṣṇu Bhāgavata* schildert, wie die Gopis, die zur Devī mit dem festen Gelöbnis beteten, nur Kṛṣṇa erlangen zu wollen, diesen Wunsch rasch erfüllt bekamen.

Satya trägt auch die Bedeutung von "Zuflucht". Die Göttliche Mutter hält sich an Ihr Gelübde, jedem Lebewesen Zuflucht zu gewähren. Śrī Rāma selbst hatte auch geschworen: "Wer auch immer in mir Zuflucht sucht, den will ich schützen - dies ist mein Gelöbnis."

Falls *satya* mit "körperlicher Gesundheit" übersetzt wird, dann heißt das Mantra: "Sie, deren Absicht immer ist, gute Gesundheit zu schenken." Die *Śiva Sūtra* deklariert: "Als ein Gelöbnis sollte es gelten, für den Körper Sorge zu tragen." [...] Bhaṭṭotpala dichtet: "Möge dieser Körper, von Śaktis Nektar gespeist, möge er lange leben, um die Hingabe an Dich zu genießen!"

Die Devī wird dazu als *Satyavratā* gepriesen, weil Sie sich über einen Brahmanen namens Satyavrata freute und ihn segnete. Die Episode wird in der *Devī Bhāgavata* erzählt. Satyavrata war ungebildet und dumm. Einmal wurde er von einem Eber erschreckt, worauf er davonlief und immerfort "ai, ai" schrie - das war der Ton, den er aus des Ebers Kehle grunzen hörte. Und da er so die Silbe, die ein Mantra der Devī ist [obwohl das "~ng" am Ende fehlt], ständig wiederholte, wurde er zum Weisesten der Weisen. Die immerzu mitfühlende Devī freute sich sehr über ihn: Sie machte ihn zum König der Dichter.

818. सत्य रूपा

Satya rūpa

Sie, die die Wahrheit selber ist.

Die Göttliche Mutter ist das Höchste Brahman, das zu allen Zeitepochen als die Letzte Wahrheit leuchtet.

Sie verkörpert die Wahrheit (satya). Überall, wo Wahrheit herrscht, da ist Sie. "Wahrheit und Unwahrheit sind Gegensätze; die Wahrheit wird von Śiva in Begleitung von Umā beschützt, die Unwahrheit von Ihm zerstört." (*Ṛgveda* 7.104.12)

819. सर्वान्तर्यामिनी

Sarvāntaryāminī

Sie, die allem innewohnt.

"Dies ist Dein Selbst, das in allem ist und unsterblich", tönt es aus der *Bṛhadāraṇyaka Upaniṣad* (III.7.3). Und "Dies wohnt in allem und ist von allem der Ursprung", aus der *Māṇḍukya Upaniṣad* (6). Die *Śruti* konstatiert: "Da ist dies Eine, das sich hineingebiert in die Formen aller *devatas*, zusammen mit den Elementen und mit Prāṇa (Hiraṇyagarbha), und das, nachdem es das Herz betreten hat, darin immer wohnt - wer dieses eine *Aditi* (Genießer des Universums) kennt, wahrlich, der kennt *Brahman* (die Ursache von allem). [Denn] Dies ist Das." (*Kaṭha Upaniṣad* II.1.7)

Die *Smṛti* formuliert: "Da Sie immer den Beginn und das Ende von allem weiß, und da Sie das Seiende und das Nicht-Seiende (*sat* und *asat*) erschafft, nennt man Sie *Sarvā.*"

Sarvāntaryāminī kann auch gedeutet werden als "Sie, die die inneren Sinne *(antah)* aller Wesen *(sarvā)* lenkt (*yāmini*).

Yāmini heißt dazu noch "Nacht." Folgen wir dieser Bedeutung, dann ergibt sich: "Sie, die Nacht ist für den inneren Sinn aller Wesen." Und wir sollten uns hier des Verses aus der *Gītā* (II.69) erinnern: "Was Nacht ist für die Lebewesen, hellwach hält dies den Weisen; wenn's Tag ist für die Wesen, gar Nacht ist's für den sehend Weisen." Wenn alle anderen vom Glanz des sinnlich erfahrbaren Scheines angezogen sind, strebt der Weise nur danach, die Wahrheit zu verstehen. Er ist für die Wirklichkeit offen - die Unweisen sind ihr gegenüber gleichgültig oder schlafen.

820. सती

Satī

Sie, die Wirklichkeit, das Ewige Sein.

Dazu auch die Tochter von Dakṣa Prajāpati, das ergebene Weib von Paramaśiva, die Verkörperung der ehelichen Treue. Ihr Ehemann war voll Freude, da sie den vom Vater erhaltenen Namen (Satī) im wahrsten Sinne des Wortes (treu) erfüllte, und Er gab ihr die Hälfte seines Körpers. So wurde Śiva zu Ardhanārīśvara. Pārvatī, die Tochter von Himavat, ist Satīs Reinkarnation (siehe Mantren 598 und 700).

821. ब्रह्माणी

Brahmāṇī

Sie, (der Schwanz,) die Stütze von allem - Brahman.

Aṇi heißt übersetzt "Schwanz", also das Steißbeinende und dessen Verlängerung. Bei Tieren fungiert er gewöhnlich auch als Stütze beim Sitzen. Die *Śruti* spricht über das *ānandamaya kośa* (die Seligkeitshülle), die aus fünf Teilen besteht, deren letzter "der Schwanz" ist. Dieser Schwanz dient als Stütze für das Weltall und ist mit Brahman identisch. (*Taittiriya Upaniṣad* II.5) Die Große Mutter ist dieses Brahman, die Stütze von allem.

Außerdem gab Sie Brahmā, dem Schöpfergott, Lebensenergie und wird auch deshalb *Brahmāṇī* genannt, wie es die *Devī Purāṇa* darstellt.

Und falls Sadāśiva als nicht verschieden von Brahmā gesehen wird, dann ist Devī *Brahmāṇī*, das Weib von Brahmā.

822. ब्रह्मन्

Brahman

Sie, die selbst Brahman ist.

Die *Śruti* erklärt: "Brahman ist Wahrheit, Wissen und Unendlichkeit." Wahrheit bedeutet das Reine Sein, das von der Zeit nicht alteriert wird. Wirkliches Wissen bleibt trotz der Zeitläufte - Vergangenheit, Gegenwart, Zukunft - unverändert. Und schließlich hat die Höchste Realität weder Beginn noch Ende, wurde nicht erschaffen und hat keine Teile.

Über dieses Brahman kann nicht diskutiert werden. Seine Existenz kann nicht durch logische Schlußfolgerungen bewiesen werden. Der einzige Beweis ist die persönliche Erfahrung. Man muß das Wesen von Brahman direkt erfahren, so wie man die Süße des Honigs oder den Duft der Blume direkt erfährt. [...] "Jenes Wissen wird *Brahman* genannt, das die Dualität vernichtet, jenseits der Worte existiert und nur vom Selbst alleine erkannt wird", wie es die *Viṣṇu Purāṇa* ausdrückt.

[Jenes letzte, höchste, Ultimative Sein ist die universelle Mutter.]

823. जननी

Jananī

Sie, die Mutter.

Devī ist die Mutter von allem: von Brahmā bis zum niedrigsten Insekt - allem ist Sie Weltenmutter.

824. बहु रूपा

Bahu rūpā

Sie, die eine Vielzahl von Formen angenommen hat.

Die Große Mutter füllt viele Formen aus, vom Atom bis zum höchsten Berg, vom Glühwürmchen bis zur Sonne. Die *Devī*

Bhāgavata sagt: "Da Sie die Oberste Wirklichkeit ist, ist Sie formlos. Da aber Ihre Natur tätig ist, besitzt Sie auch viele Formen." Ganz ähnlich die *Devī Purāṇa*: "Da Sie alles Bewegliche und alles Unbewegliche ist, eignen Ihr unzählige Formen."

Dieser Name wird auch interpretiert als: "Sie, die zu einem, zu zwei, zu 16 und zu 32 wird." Eins ist Brahman. Zwei steht für *Puruṣa* und *Prakṛti,* 16 für die Vokale und 32 für die Konsonanten [des Sanskrit] - die Sprache ist natürlich wesentlich in allen menschlichen Angelegenheiten. Die Zahl 16 mag sich auch auf die 16 Tagesgottheiten beziehen.

Die *Varāha Purāṇa* erklärt: "Raudrī, die *tāmasische* Śakti, ist als Cāmuṇḍā bekannt. Es gibt 90 Millionen verschiedene Cāmuṇḍās. Die *rājasische* Śakti, Vaiṣṇavī, die das Weltall repräsentiert, tritt in 180 Millionen Formen auf. Die *sāttvische* Śakti von Brahma besitzt eine unendliche Zahl von Formen. All diese Śaktis sind Schöpfungen Śivas; Er ist der Herr von allen. Śiva freut sich über jeden, der diese Śaktis verehrt, und die Śaktis freuen sich über Ihn. Daran gibt es keinen Zweifel."

Weiters wird Devī als vielgestaltig gefeiert, weil Sie vor den elf Erscheinungsformen Rudras in verschiedenen Gestalten auftrat, die jeder einzelnen der elf „Personen wohlgefiel. Die *Devī Bhāgavata Purāṇa* besingt die Devī der vielen Namen und Formen als "Lakṣmī, die dank erschaffener Sprache strahlt wie eine Tänzerin".

Bhāskarācārya zitiert die *Varāha Purāṇa*, um die Bedeutung dieses Mantras zu erklären: "Das Weltall wird als mannigfaltig angesehen, und Sie ist darin überall. Wegen der Vielzahl Ihrer Formen also ist [Devī] weitbekannt als *Bahurūpā*."

825. बुधार्चिता

Budhārcitā

Sie, die von den Weisen angebetet wird.

Nicht nur die weisen Menschen, auch die tugendhaften generell beten zu Ihr/[Ihm], wie in der *Gītā* (VII.16) dargelegt wird: "Vier Arten tugendhafter Menschen verehren mich, o Arjuna - die in Not sind, die nach Wissen suchen, die nach Reichtum suchen und der *jñāni* (der Mensch der Weisheit)."

Eine einfache Glasscheibe wird das Gesicht nicht spiegeln; sie muß auf einer Seite beschichtet sein, um als Spiegel zu dienen. Ähnlich ist es beim Menschen: seine menschliche Geburt bedeutet nicht automatisch, daß sich seine Gedanken auf Gott richten. Dazu benötigt er ein in früheren Geburten erworbenes gutes *samskāra.* Nur so ein Mensch kann nah am Feuer weilen und die Kälte abwehren [um es in dieser Metapher auszudrücken]. Andere werden Abstand halten und unter der Kälte leiden.

826. प्रसवित्री

Prasavitrī

Sie, die Mutter des Universums.

Sie, die das Weltall gebiert. Bhāskararāya zitiert aus der *Devī Purāṇa*, um diese Deutung zu stützen: "Die Śakti, aus der alle Dinge hervorgehen, von Brahmā bis zum Unbelebten, die Devī, aus der das ganze Universum, vom höchsten bis zum niedrigsten, geboren ward, die Mutter von allem verehren wir, vor Ihr beugen wir uns. Allen lebenden Wesen gibt Sie die Geburt und heißt deshalb Savitā."

827. प्रचण्डा

Pracaṇḍā

Sie, deren heiliger Zorn ehrfürchtiges Grauen erregt.

Pracaṇḍā heißt jene Devī, die gleich [den Dämonen] Bhaṇḍāsura und seine Begleiter töten wird.

Jemand mit ehrfurchterregenden Begleitern wird auch *Pracaṇḍā* genannt. Devīs Zorn drückt sich in Form des Zornes der Naturelemente Luft, Wasser und Feuer aus.

Die *Taittiriya Upaniṣad* (II.8.1) sagt von Brahman: "Aus Furcht vor Ihm bläst der Wind. Aus Furcht vor Ihm geht die Sonne auf. Aus eben dieser Furcht vor Ihm erfüllen Indra, Feuer und Tod ihren jeweiligen Pflichten."

"Wie kann jemand, der ohne Ärger ist und den niemand fürchtet, rechtes Verhalten erzwingen?" fragt Kāmandaka [rhetorisch].

Pracaṇḍā hat die *chaṇḍa*-Blume (die *śankha*-Blume) besonders gern. Erwähnenswert ist: sie wirkt als Gegenmittel gegen Gift.

828. आज्ञा

Ājñā

Sie, die selbst das göttliche Gebot ist.

Die Veden sind Ihre Gebote; Sie hat also die Natur der Veden. Die Veden formulieren das gleiche Gebot wie der Guru: "Sprich die Wahrheit; wandle auf dem Pfad des Dharma!" Es gibt dabei keine Ausnahme. Dieses Gebot ist ehern.

Die *Purāṇas* und Epen machen uns mit der Quintessenz eben desselben Gebotes vertraut - in Geschichten über Hariṣcandra und Yudhiṣṭhira wird es uns vermittelt; wir sollten damit geweckt werden wie durch ein geliebtes Wesen.

Der Autor Bhāskarācārya findet den Bedeutungsgehalt dieses Mantras in der *Liṅga Purāṇa* ausgedrückt, in der Śiva sagt: "Sie ist weder *prakṛti* (Ursache, Natur) noch *jīva* noch *vikṛti* (Wirkung). Sie ist das ewige Gebot, das seit altersher aus Meinem Mund entströmt."

Unser Mantra kann auch als *Jñā* genommen werden. Das Wort *jñā* bedeutet "Brahmā, ein weiser Mann, der Planet Merkur". Der *Liṅga Purāṇa* zufolge müßte das Mantra interpretiert werden als "Eine/r, die/der die *guṇas* genießt". Die *Śvetāśvatāra Upaniṣad*

(VI.2) dagegen erklärt: ”*Jñā* ist der Herr der Zeit, Besitzer der *guṇas* und allwissend.” In unserem Rahmen bedeutet dies, daß die Große Mutter die Essenz der drei *guṇas* und allwissend ist.

829. प्रतिष्ठा

Pratiṣṭhā

Sie, das Fundament.

Die *Śruti* sagt, ”Sie ist die Grundlage des ganzen Universums.” Und die *Brahma Gītā* erklärt, ”dieses Bewußtsein, das höchste, ist das Fundament aller Dinge.”

Pratiṣṭhā heißt daneben auch ein Versfuß von vier Silben pro Zeile im Versmaß von vier Zeilen. [...]

Eine spezielle Komponente des Wasserelements (*jalatattva*) heißt ebenfalls *pratiṣṭha*. Diese Komponente (*kalā*) soll Gesundheit und langes Leben geben, auch zur Gottesliebe anregen. Devī ist diese inspirierende Macht.

Pratiṣṭhā bedeutet schließlich noch ”Erde” und nicht selten auch ”Ruhm”. Ein Dichter, ”der *sthirapratiṣṭha* (festbegründeten Ruhm)” oder ”*cirapratiṣṭha* (immerwährenden Ruhm) erworben hat” - das ist ein gängiger Ausdruck. Die Devī zeigt sich als Muttergöttin Erde wie als Göttin des Ruhmes.

830. प्रकटाकृतिः

Prakaṭākṛtiḥ

Sie, die sich in Gestalt des Weltalls darstellt [oder, die sich in allen Wesen als Ich-Sinn manifestiert].

Prakaṭayoginis sind die Gottheiten des ersten Kreises des *Śrīcakra.*

Unser gegebenes Mantra würde dann heißen: ”Sie, die sich in Gestalt dieser *yoginis* manifestiert.”

Der Beiname kann auch als *Aprakaṭākṛtiḥ* (unmanifestierte Form) genommen werden. Dann ergäbe sich als Deutung: Die

Devī ist jenes Bewußtsein, das in diesem manifestierten Weltall ungeoffenbart existiert.

Bhāskarācārya seinerseits zitiert aus der *Sūta Samhita* [um seine Auslegung des Beinamens zu stützen]: "Alle Menschenwesen kennen Ihn als 'Ich' - doch da *Māyā* herrscht, erkennen sie in Ihm [im 'Ich'] nicht Śiva."

Manchmal wird das Mantra interpretiert als *ap + prakaṭākṛtiḥ*, und das bedeutet: "Sie, die sich in Form des Wasserelements (*jalatattva*; *ap* ist Wasser) manifestiert."

831. प्राणेश्वरी

Prāṇeśvarī

Sie, die die fünf prāṇas (und die Sinne) regiert.

Prāṇa bedeutet die fünf vitalen Odems oder Energien. "Er ist das *prāṇa* des *prāṇa* (das Od des Odems, der Atem des Atems)", wie es in der *Śruti* zu lesen ist.

Śaṅkarācārya belegt in seinem Kommentar zur *Brahma Sūtra,* daß *prāṇa* für Brahman steht. Devī ist also die Īśvari, identisch mit Brahman. *Prāṇa* bedeutet *śakti* oder Energie. Die Weltenmutter regiert alle Energien.

832. प्राण दात्री

Prāṇa dātrī

Sie, die Leben spendet.

Die Göttliche Mutter spendet allen Welten Leben. Der Begriff *prāṇa* hat mehrere unterschiedliche Bedeutungen, und sie sind bei diesem Namen alle anwendbar.

833. पञ्चाशत् पीठ रूपिणी

Pañcāśat pīṭha rūpiṇī

Sie, die fünfzig Zentren der rituellen Verehrung besitzt.

Obgleich *pañcāśat* fünfzig heißt, gehen viele große Lehrer (*ācaryas*) von 51 *pīṭhas* aus. In Indien existierten früher 51 berühmte Plätze der Śakti-Verehrung "zwischen Kāmarūpa und Chāyāchatra". Viele davon sind noch vorhanden, auch wenn sich die Namen änderten. Zum Beispiel könnte Chāyāchatra der heutige Staat Kerala sein. Aus der Tatsache, daß Kerala reichlich mit schattenspendenden Kokospalmen gesegnet ist (*Chāyāchatra* bedeutet "schattengebender Schirm"), ließe sich das ableiten. "Zwischen Kāmarūpa und Chāyāchatra" - das bedeutet vermutlich "von Norden bis Süden".

Harṣadīkṣita interpretiert *pañcāśat* in seinem Kommentar zum ersten Vers der *Śāradātilaka* als 51. Die Schriften *Jñānārṇava* und *Yoginīhṛdaya* erwähnen ebenso 51 *pīṭhas*. Einige Kommentatoren beharren allerdings darauf, daß 51 nicht die richtige Zahl der Śakti-*pīṭhas* sei, vielmehr gebe es nur 50 wirkliche Buchstaben im Sanskrit-Alphabet, die dann 50 *pīṭhas* repräsentieren.

834. विशृङ्खला

Viśṛṅkhalā

Sie, die ungebunden-frei in jeglicher Beziehung ist.

Śṛṅkhala heißt "Kette", *vi* bedeutet "verloren" bzw. "ohne". Im Kontext gesehen wird hier die Kette durch das *karma* geschmiedet. Ob die Kette aus Eisen oder Gold besteht, die Ankettung ist immer schmerzvoll. Fron, Versklavung und Ankettung bleiben zweifellos eben dies, auch in einem goldenen Käfig. Der einzige Unterschied dabei mag sein, daß schlechte Taten eine eiserne, gute Taten eine goldene Kette erbringen. Verdienst und Sünde - beides verursacht Verhaftung und Verkettung, beides führt zur Wiedergeburt. Alle Handlungen, die aufgrund von Geboten und im Hinblick auf das Resultat ausgeführt werden, sind für die Unwissenden, weil sie in Unwissenheit wurzeln. (Gebote des Erlaubten oder Nichterlaubten: "Du darfst töten" oder "Du sollst nicht töten" z. B.) [...] Doch verwandelt sich jedes *karma,* das ohne Sorge um das Ergebnis gelebt und ausgetragen wird, zu Yoga. Solches Tun verursacht keine Verhaftung und Ankettung. Das ist der Grund, weshalb Lord Kṛṣṇa in der *Gītā* sagt: "Ich trage keinen Wunsch nach den Früchten der Taten in Mir." Und genau so, ohne sich um die Resultate der Handlungen zu sorgen, befaßt sich die Gottesmutter mit den Angelegenheiten des Universums. Darum kann Sie sich nicht in karmischen Ketten verfangen.

Das Mantra wird auch so interpretiert: "Sie, die nichts, nicht einmal einen Gürtel trägt." Die Devī findet sich in vielen Tempeln derart installiert.

835. विविक्तस्था

Viviktasthā

Sie, die an abgeschiedenen Orten wohnt.

Vivikta bedeutet "abgeschieden". Das Wort beschreibt auch eine Person, die zwischen dem Selbst und dem Nicht-Selbst, dem Beständigen und dem Vorübergehenden unterscheiden kann. Devī wohnt in solchen weisen Menschen.

836. वीरमाता

Vīramātā

Sie, die Mutter der Tapferen (der Besten unter den Devotees).

Vīra bezieht sich auch auf Gaṇeśa. In der *Padma Purāṇa* spricht Lord Śiva: "Dieser *vīra,* oh Devī, bleibt meinem Herzen immer teuer, [denn] er vollführte wunderbare Heldentaten und er wird von unzähligen Gaṇeśas verehrt."

837. वियत् प्रसूः

Viyat prasūḥ

Sie, die Mutter des Äthers.

Da der Äther als das erste erschaffene Element betrachtet wird [aus dem sich dann die anderen herleiteten], bedeutet das Mantra tatsächlich: "Sie, die alle Elemente des Weltalls schuf." Die *Śruti* sagt dies mit dem Satz: "... aus dem all diese Elemente entspringen." Dazu: "Aus *Ātman* wird der Äther geboren." (*Taittiriya Upaniṣad* II.i)

838. मुकुन्दा
Mukundā
Sie, die das Heil schenkt.

Als einer, der Heil, Heilung, Erlösung schenkt, gilt Viṣṇu auch als *Mukunda*. Das *Tantrarāja* führt an, daß die Göttliche Mutter den Gopis Freude [und Heil] in Form von Kṛṣṇa schenkte.

Mukunda heißt daneben ein Edelstein in Kuberas Schatz. Devī soll in der Form dieses Kleinods erscheinen. Aller Reichtum stammt vom Göttlichen, vgl. *Gītā* (X.41): "Was da immer glorreich, wohlhabend oder stark ist, wisse, dies ist ein Teil Meines Glanzes."

839. मुक्ति निलया
Mukti nilayā
Sie, der Sitz der Erlösung.

Devī ist in der Tat der Sitz des befreienden Heils. Die fünf Stufen davon stellen sich dar als *sālokya* (Wohnen in derselben Welt zusammen mit der Gottheit), *sārūpya* (die gleiche Form wie die Gottheit), *sāmīpya* (Nähe zur Gottheit), *sāyūjya* (innige Gemeinschaft mit der Gottheit) und *nirvāṇa* (immerwährende Glückseligkeit, endgültige Befreiung von der Materie und Wiedervereinigung mit dem Selbst).

840. मूल विग्रह रूपिणी

Mūla vigraha rūpiṇī

Sie, die Stammwurzel von allem.

Da unser Verstand auf den drei *guṇas* beruht und deshalb die formlose Macht nicht begreift, beten wir die Große Mutter in verschiedenerlei Formen und Bildnisgestalten an. Unter ihren vielen Darstellungsformen wird Rājarājeśvari als die Basisform (*mūlavigraha*) angesehen. Andere Śaktis wie Bala oder Bagala leiten sich alle von dieser Wurzel ab. Daher preist dieses Mantra die Devī [de facto] als Rājarājeśvari.

841. भावज्ञा

Bhāvajñā

Sie, die alle Gedanken und Gefühle kennt.

Die Devī kennt alle inneren Geheimnisse (*bhāvas*) des Devotees, ohne daß sie Ihr erzählt werden.

Bhāva trägt viele Bedeutungsinhalte - Existenz, Natur, Gedanke, Seele, Geburt, Intelligenz, Reichtum, Mitleid, Sport, Devotion und Meditation. Die Devī kennt all dies. *Bhava* bedeutet *samsāra,* und *bhāva* bedeutet etwas, das zu *bhava* gehörig ist. Die Gottesmutter weiß alles über uns, die wir in *samsāra* gebunden sind.

Bhāva steht auch für die sechs Zustände, die jeder Mensch durchschreitet: Geburt, Existenz, Wachstum, Veränderung, Krankheit und Verfall, Tod. Sie alle kennt die Devī gut.

Bhava ist Śiva, und *bhāva* bezeichnet alles, was zu Ihm zählt. Sie, die das weiß, ist *Bhāvajñā.*

In der Philosophie bedeutet *bhāva* soviel wie Brahman, in der Dichtung steht es für das Gefühl und in der Grammatik bezeichnet es eine Wortwurzel.

Mantren beinhalten sechs Arten der Bedeutung (*arthas*): *bhāvārtha, sampradāyārtha, garbhārtha, kaulārtha, sarvarahasyārtha* und *mahātattvārtha.* Wenn also gesagt wird, daß Devī *Bhāvajñā* ist, "die Kennerin von *bhāvārtha*, Kennerin der offenkundigen Mantrabedeutung", dann schließt dies Ihre Kenntnis aller anderen Bedeutungsarten mit ein.

Bha heißt dazu "Licht" und *va* heißt "gehend, sich bewegend"; die Devī kontrolliert also die Bewegung von Sonne, Mond und Sternen.

842. भव रोगघ्नी

Bhava rogaghnī

Sie, die die Krankheit des ewigen Kreislaufs von Geburt und Tod heilt.

Im *Rāmāyaṇa* liest sich das so: "Ich sehe keine andere Medizin außer Śiva." Und in der *Śiva Purāṇa:* "So, wie die Medizin die Krankheit bekämpft, so ist Śiva der Feind der *samsāra*-geborenen Sorge."

843. भव चक्र प्रवर्तिनी

Bhava cakra pravartinī

Sie, die das Rad des Kreislaufs von Geburt und Wiedergeburt dreht.

"Eine nächste Geburt, ein anderer Tod, und dann wieder im Leib einer Mutter." Und so dreht sich das Rad von *samsāra* durch die Geburten und Tode, und es ist die Große Mutter, die es dreht.

Bhavacakra steht für das *anāhatacakra.* Bhava bedeutet Śiva [s. oben], und das *bhavacakra* ist Śivas Chakra. Das *anāhatacakra* in der Herzgegend ist der Sitz Śivas; die Devī aktiviert und lenkt es.

Es mag verwirren, daß das Herz jetzt als Sitz Śivas bezeichnet wird, da es doch an früherer Stelle als Wohnsitz der Devī galt. In Wahrheit aber sind Śiva und Devī und Brahman eines. Es ist dies die Einheit in der Verschiedenheit und die Konjunktion aller Qualitäten.

Cakra heißt auch Verstandessinn. *Bhavacakra* definiert also Śivas Verstandessinn. Devī spielt damit. In Kālidāsas Worten: "Und was Śiva anbelangt, so hat von Seiner Fassung Er eine Kleinigkeit verloren." (*Kumārasambhava*)

Die *Viṣṇu Purāṇa* schreibt (über den Verstand als *cakra*): "Viṣṇu trägt in Seiner Hand den Verstand in Gestalt dieses *cakra*, das sich dauernd dreht und geschwinder ist als der Wind."

844. छन्दः सारा

Chandaḥ sārā

Sie, die Essenz aller Veden.

Chandas bedeutet die Veden, dann Versformen wie das *gāyatri*-Mantra, dann auch Wille oder Wunsch (*iccha*). Devī ist die Essenz aller Veden. Śrī Nārāyaṇa Guru besingt Sie als "juwelengeschmückte Lampe der vier Veden". *Chandas* kann auch ungebremste Bewegung (des Verstandes) bedeuten. Für uns ergäbe die Anwendung dieses Wortsinns, daß alle Regungen des Verstandes auf das Höchst-Erhabene ausgerichtet sein sollten.

Sāra läßt sich mit "Essenz, Stärke" oder "Beständigkeit" übersetzen. Devī verkörpert demnach das Ideal beständiger Willenskraft (*icchāśakti*).

Die Quintessenz der *chandas* oder Veden soll das 15silbige (*pañcadaśi*) Mantra sein, das als der Kern des *gāyatri*-Mantras betrachtet wird. Devī findet sich in Gestalt dieses Mantras.

Zum Wissenserwerb sind [im klassischen Indien] vierzehn verschiedene Methoden gefördert worden; das Studium der Veden ist dabei die wichtigste gewesen, und in ihnen nimmt das *gāyatri*-Mantra den ersten Platz ein. Dieses Mantra besitzt zwei Formen - die eine kann von jedermann rezitiert werden, die andere ist gänzlich okkult. Selbst die *Veda Puruṣa* ("personifizierte" Veda) spricht über die zweite Form nur in symbolischen Begriffen wie *kāma*, *yoni* und *kamala*. (*Varivasyārahasya*)

845. शास्त्र सारा

Śāstra sārā

Sie, die Essenz aller Schriften.

Der Begriff *śāstras* (Schriften) umschreibt die Veden und die *vedāngas* (Ergänzungen zu den Veden). Bhagavān Vyāsa (der die Veden kodifizierte und edierte) sagte: "Die *Gītā* ist die Essenz aller *śāstras*; Manu ist die Essenz aller Veden; Gangā ist der Ursprung alles heiligen Wassers; und Lord Hari [Vishnu] ist die Essenz aller Göttlichen Wesen." Die *Gītā* ist die Essenz aller *Upaniṣaden,* die ihrerseits die keimenden Samen zu allen *śāstras* liefern.

"*Śāstra* heißt das, was den Menschen darin unterrichtet, recht zu handeln oder vom Handeln abzulassen." (Vācaspati Miśra)

846. मन्त्र सारा

Mantra sārā

Sie, die Essenz aller Mantras.

"So, wie alles Wasser, das vom Himmel fällt, hin zum Ozean fließt, so geht jedes *pranam* (Prostration) vor jedweder Gottheit hin zu Keśava." Wir können hier Keśava mit der Gottesmutter ersetzen. In Wahrheit rangieren alle Gottheiten an zweiter Stelle hinter der Mutter-Śakti. Die Essenz der Mantren, die an andere Gottheiten gerichtet sind, stammt von Ihr.

"Mantra" meint hier die Veden, dann das, was in den Tantras verwendet wird, und schließlich auch die 64 Bücher über Mantren.

847. तलोदरी

Talodarī

Sie, die eine schmale Taille hat.

Jemand mit einer Taille, die mit einer Handfläche umfaßt werden kann. Eine zierliche Taille gilt der *Sāmudrika Śāstra* zufolge als Kennzeichen der Schönheit.

Der Beiname kann auch als *atalodari* genommen werden. In diesem Fall befände sich die Devī in der Zustandsform des Universums(*virāṭ*) und *atala* (eine der vierzehn Welten) wäre dabei Ihre Taille. Das Mantra hieße dementsprechend: "Sie, die in kosmischer Gestalt existiert."

848. उदार कीर्तिः

Udāra kīrtiḥ

Sie, deren Ruhm grenzenlos ist.

Anstelle der Silbentrennung in *udāra +kīrti,* die zu obiger Übersetzung führt, kann getrennt werden in *ud +a +ara +kīrti*, was ergäbe: "Sie, deren Verehrung rasch zu grenzenlosem Ruhm führt."

Ud bezeichnet die goldene Person in der Sonnenscheibe. Die *Chāndogya Upaniṣad* (I.1. 6-7) weist darauf hin: "Jenes Wesen, lichtstrahlend wie Gold und in der Sonne zu sehen - sein Name ist Ud." Bhāskarācārya hält seine eigene Auslegung dagegen, wonach die Verehrung der Gottesmutter den Verehrer mit soviel Ruhm bedeckt, daß er jenen der Person in der Sonne übersteigt.

Udārakīrti bedeutet Ruhm, so glorreich wie der Nektar des Mondlichts. Guter Ruhm ist weiß wie Mondlicht und schlechter Ruhm ist dunkel. Unser Mantra will sagen, der Ruhm der Großen Mutter sei so weiß wie der Mondlicht-Nektar und Sie übertrage solchen Ruhm.

Nebenbedeutung: Sie, die den Einfluß übler Götter (*ara*), wie z. B. Maṅgala, abwehrt (*ud*).

849. उद्दाम वैभवा

Uddāma vaibhavā

Sie, deren Macht ohne Grenzen ist.

Erschaffung, Erhaltung und Auflösung gehören zu den gewaltig-glorreichen Akten der Weltenmutter. Śaṅkarācārya streicht hervor, wie unvorstellbar die kosmische Glorie sei, die sich in der Erschaffung des Universums zeige.

Uddama bedeutet "mit ungebundenem Seil". *Dāma* meint ein Seil oder "das, was begrenzt". Die Devī ist also jenes Wesen, dessen Macht die Seilschlingen des *samsāra* entflechtet. Sie schenkt die Seelenbefreiung.

850. वर्ण रूपिणी

Varṇa rūpiṇī

Sie, deren Form von den Lettern des Sanskrit-Alphabets beschrieben wird.

[...]

Varṇa hat verschiedenerlei Bedeutung: die vier Hauptkasten (*cāturvarṇa*), unterschiedliche Farben, anmutige Formen. Diese Bedeutungen sind allesamt Darstellungen der Devī. [...Sie ist die Einheit in allen Verschiedenheiten.]

851. जन्म मृत्यु जरा तप्त जन विश्रान्ति दायिनी

Janma mṛtyu jarā tapta jana viśrānti dāyinī

Sie, die Friede und Erholung jenen gibt, die unter Geburt, Alter und Tod leiden.

Friede jenseits der Sorgen von *samsāra* bedeutet natürlich *mokṣa* (Befreiung). So gesehen wäre die Lesart des Mantras: "Sie, die Befreiung gibt." Weltliches Leben führt zu Sorgen. Je erfreulicher das Leben erscheint, desto größer sind die Sorgen am Ende. Man sorgt sich eben mehr beim Verlust von Dingen, die einem am Herzen liegen. Nur der Akt des Abgebens und Loslassens wird diese [permanenten] Sorgen auflösen. *Vairāgya* (Losgelöstheit) kann erst dann eintreten, wenn die Wunsch-Begierden und Leidenschaften zurücktreten.

Der Gipfel von *vairāgya* wird erreicht, wenn man seine ganze Zuflucht bei der Großen Mutter sucht und jenen Frieden (*viśrānti*) findet, der in diesem Mantra angesprochen ist.

852. सर्वोपनिषद् उद्घुष्टा
Sarvopaniṣad udghuṣṭā
Sie, die von allen Upaniṣaden verkündet wird.

Der Begriff "*Upaniṣade*" definiert das, was das Selbst näher zu Brahman bringt (*upa*) und die Unwissenheit beseitigt (*niṣat*).

Die Anzahl der *Upaniṣaden* ist riesig - eine Berechnung spricht von 1180, die *Bhāgavata Purāṇa* spricht von 1135. Jeder Zweig (*śākha*) der Veden soll eine *Upaniṣade* enthalten. Die *Ígveda* hat 21, *Yajurveda* 109, *Sāmaveda* 1000 und *Atharvaveda* 5 oder 50 *śākhas*, was eine Summe von 1135 bzw. 1180 ergibt. Heute sind die meisten davon verloren gegangen.

Zehn der *Upaniṣaden* wurden durch Śaṅkaras Kommentar dazu bekannter, nämlich *Īśāvāsya, Kena, Kaṭha, Praṣna, Muṇḍaka, Māṇḍukya, Taittiriya, Aitareya, Chāndogya* und *Bṛhadāraṇyaka*. Das Thema aller *Upaniṣaden* ist das Selbst. Mithin ist die Große Mutter ihr Hauptthema.

853. शान्त्यतीत कलात्मिका
Śāntyatīta kalātmikā
Sie, die den Zustand des Friedens transzendiert.

Friede (*śānti*) ist der Zustand der angstlosen geistigen Ausgeglichenheit. Der Zustand jenseits davon entspricht der gänzlichen Befreiung - *śāntyatīta kalā* (der Zustand jenseits des Friedens) genannt. Die *Śaiva*-Literatur beschreibt diesen Zustand als *parinirvāṇa* (absolute Befreiung); es ist dies das innere Wesen der Gottesmutter.

854. गम्भीरा

Gambhīrā

Sie, die Unauslotbare.

Gambhīrā bezeichnet eine Tiefe, die nicht geschildert und nicht ausgelotet werden kann. Die *Śiva Sūtra* erklärt: "Durch Meditation über das *mahāhrada* (die große Tiefe) erfährst du die Macht des Mantra." Die "große Tiefe" entspricht der Devī, der Weltenmutter - jenseits des Raums, jenseits der Zeit und doch allgegenwärtig.

Nehmen wir *gambhīrā* in der konkreten Bedeutung, also "eine Stelle von großer Tiefe", so meinen die Schriften diesbezüglich, daß ein in sehr tiefem heiligen Gewässer zelebriertes Verehrungsritual besonders gute Resultate zeitigt.

Bhāskarācārya gibt die folgende Textinterpretation: *Gam* steht für *Gaṇapati*, *bhi* bedeutet Furcht und *rā* bezeichnet das, was austreibt. Demzufolge befreit uns die Devī von der Furcht vor Gaṇeśa und anderen Gottheiten.

Hier könnten wir an die verschiedenen *pūjas,* wie *Rāhupūja* und *Śanipūja,* durchgeführt in Ammas göttlicher Gegenwart, denken. Für jene, die an solchen Planeten-Ritualen teilnahmen, wird die Erinnerung daran herzlich und tröstend sein.

855. गगनान्तःस्था

Gaganāntaḥsthā

Sie, die im Äther und im Raume wohnt.

Hier bezieht sich "Äther" auf den Raum des Herzens (*daharākāśa* - siehe Mantra 609).

Devī ist das Bewußtsein, das dem Element Äther [der Äther impliziert alle Gestalten, Formen und Modifikationen der darunter stehenden Dimensionen] einbeschrieben ist, d. h. Sie ist das Höchst-Erhabene *Parākāśa Brahman.*

Sie existiert auch dann weiter, wenn während der kosmischen Vernichtung das Ätherelement aufgelöst wird. Zu dieser Zeit löst sich das Erdelement im Wasser, das Wasser im Feuer, das Feuer im Luftelement, dieses im Äther, und schließlich löst sich auch dieser auf. Selbst dann bleibt die Weltenmutter in aller Stärke erhalten.

Dem *Tantraśāstra* zufolge steht *gagana* repräsentativ für die Silbe *ha.* Außerdem faßt der Begriff *antasthas* die Silben *ya, va, ra* und *la* in der Sanskrit-Grammatik zusammen. Nun sind diese fünf Silben die keim-mantrischen Silben, die den fünf Elementen korrespondieren. D. h. unser gegenwärtiger Name charakterisiert die Göttliche Mutter in der Form der fünf Elemente, insofern diese durch ihre jeweiligen Keimsilben repräsentiert werden.

856. गर्विता

Garvitā

Sie, die stolz ist [die der Stolz Śivas ist].

Hier ist der Stolz wohl mit der Erschaffung des Weltalls verbunden.

"Du bist der Akt der Schöpfung, bist der Schöpfer und bist die Myriaden von erschaffenen Dingen; und Du bist, o Herr, auch das Material für die Schöpfung!" sagt der Dichter.

Soll die Schöpfung stattfinden, so muß die Weltenmutter sich selbst in den Schöpfer und in den Schöpfungsakt verwandeln. Der dazugehörige Schöpfungsdrang entstammt dem *parāhanta*, dem Höchsten Ich. Es könnte sich jetzt die Frage erheben, wie es zu einer derartigen Verwandlung kommt. Eruttacchan sagt dazu, er "kann die staunende Verwirrung nicht beschreiben angesichts von zweien, die Du doch Eine bist!"

Natürlich ist die Göttliche Devī auch stolz auf Ihre große Schönheit [menschlich gesprochen, sozusagen], die es Ihr gestattete, gar die Hälfte von Śivas Körper zu beanspruchen! Kālidāsa schildert die Verfassung Śivas, als er die schwellende Schönheit Pārvatīs erblickt, die ihn inmitten seiner asketischen Zurückgezogenheit aufsucht: "Hara, der von Seiner Fassung eine Kleinigkeit verloren hatte, ganz ähnlich wie das Meer, wenn der Mond beginnt heraufzusteigen, Hara läßt Seine drei Augen wandern über Umās Antlitz und Ihre Lippen, die so rot sind wie die *bimba*-Frucht." (*Kumārasambhava* III.67) Derart unterbrach Ihre unbeschreibliche Schönheit das *tapas* von Gott Śiva und gewann Seine Zuwendung.

857. गान लोलुपा

Gāna lolupā

Sie, die Musik entzückt.

Es gibt vier Arten von klassischen Musikinstrumenten: Saiteninstrumente (*tata*), Trommeln (*ānaddha*, mit Leder bespannt), Instrumente aus Metall, wie Zimbeln (*ghana*), und Blasinstrumente, wie Flöte (*suṣira*, mit Löchern).

Devī liebt Gesang und die Musik, die auf diesen Instrumenten gespielt wird. Speziell hat Sie zwei Arten von Vokalmusik aus der *Sāmaveda* gerne - *sāma* und *gāndharva*.

858. कल्पना रहिता

Kalpanā rahitā

Sie, die frei von den imaginären Attributen [der Wirklichkeit] ist.

Kalpanā bedeutet einmal "Befehl, Form, Ähnlichkeit". Und das Mantra meint dann dementsprechend: die Große Mutter ist ohnegleichen, gestaltlos und niemandens Befehl unterworfen.

Das Wort *kalpanā* bezeichnet zum zweiten ein Ding der Vorstellung. Die Wellen des *samsāra*-Meeres (das sind die *jīvas*) werden als *kalpanā* gesehen (da sie nur imaginiert sind). Devī ist unbenetzt von diesen Wellen, *Kalpanārahitā*.

Kalpa für sich genommen heißt das Zeitäon, das bis zur Auflösung des Universums verstreicht. Darauf bezogen kann das Mantra übersetzt werden mit: "Sie, die den Menschenwesen (*nara)* bis zur Zeit der kosmischen Auflösung Gutes antut (*hita*)."

Kalpa kann auch die kosmische Zerstörung selbst bedeuten. Diesen Sinn unterlegend, wäre die Große Mutter jene, die den Seelen zur Zeit der Weltall-Auflösung gütig hilft. Sie trägt ja die feinstoffliche Lichtstruktur aller Menschenwesen in Form ihrer *vāsanās* mit sich und beginnt - nach der universellen Auflösung -, im Zuge eines neuen Zeitäons (*kalpa*) alles von neuem wiederzuerschaffen. Dieser Zyklus setzt sich ununterbrochen fort. In der *Aṣṭhāvakra Gītā* wird das so beschrieben: "In dem unendlichen Ozean von Bewußtsein, der Ich bin, erheben sich Wellen von Lebewesen, sie rollen gegeneinander, spielen und kehren naturgewollt zu Mir zurück. Wie erstaunlich dies doch ist!"

859. काष्ठा

Kāṣṭhā

Sie, die sich im höchsten Zustand befindet (jenseits dessen nichts mehr ist).

Bhāskarācārya nimmt Bezug auf die *Sūta Samhita*, wenn er sagt: "Sei es mit Form oder ohne, sei es wirklich oder unwirklich - immer ist der allerhöchste Śiva der Punkt, von dem die Postulate des *Vedānta* ausgehen bzw. den sie als höchsten Zustand (*parākāṣṭhā*) anvisieren." Ähnlich sagt die *Śruti*: "Eben dies ist *kāṣṭhā*, das höchste Ziel; dies ist der erhabene Weg." (*Kaṭha Upaniṣad* I.iii.11)

Kāṣṭhā umschreibt dazu dasjenige, das alles durchdringt. Kṛṣṇa erklärt in der *Gītā* (X.42): "Ich stütze das ganze Weltall, durchdringe es mit einem Bruchteil Meines Selbst." Und die *Liṅga Purāṇa* daneben drückt aus, daß die Göttliche Mutter *Kāṣṭhā* ist, die Gemahlin des Höchsten Śiva, der seinerseits in Form von *akāśā* (in diesem Fall Bhīma genannt) erscheint und in sich alle lebendigen wie nicht-lebendigen Entitäten enthält.

Der Begriff *Kāṣṭhā* bezeichnet auch jemand, der jenseits des *samsāra*-Ozeans steht.

860. अकान्ता
Akāntā
Sie, die alle Sünden und Sorgen beendet.

Aka bedeutet Sünde und Sorge. Die Große Mutter läßt die vielen Variationen beider enden. Bei den Sorgen gibt es drei Arten - solche, deren Urheber man selbst ist, solche der materiellen Welt und solche, die von göttlichen Kräften verursacht sind (siehe Mantra 397). Sie werden allesamt von Ihr eliminiert.

861. कान्तार्ध विग्रहा
Kāntārdha vigrahā
Sie, die mit einer Körperhälfte Ihres Gemahls identisch ist.

Hier ist *ardhanārīśvara* gemeint, die Gottheit, die des Gefährten oder der Gefährtin Körperhälfte für sich annahm.

Bhāskarācārya unterstellt dem Wort *Kāntā*, daß es auf den Buchstaben *khā* (im Sanskr.-Alphabet folgt er auf *ka*) verweist, der für "Himmel" steht. Demnach habe die Gottesmutter den Himmel zur Körperhälfte.

862. कार्य कारण निर्मुक्ता
Kārya kāraṇa nirmuktā
Sie, die dem Gesetz von Ursache und Wirkung nicht unterworfen ist.

Im Kosmos ist alles durch das Gesetz von Ursache und Wirkung organisiert. Doch ist die Große Mutter, selbst Ursache vom Ganzen, nicht verursacht. Gäbe es eine Ursache für Sie, so müßten wir danach suchen, und diese Suche würde sich unendlich fortsetzen. Der Zustand der nicht endenden Suche wird mit dem Begriff *avyavastha* (unbereinigt,ungelöst) benannt.

Kārya umschreibt die Kategorien-Hierarchie der Dinge (sie beginnt an der Spitze mit *mahat*), deren Wurzelursache (*mūlaprakṛti,* siehe Mantra 397) *kāraṇa* ist.

Von beidem ist die Devī frei, und das bedeutet wieder, Sie ist reines Brahman. Darüber spricht die *Śvetāśvatāra Upaniṣad* (VI.8): "Von Ihm ist keine Wirkung, kein Organ bekannt. Nichts von gleichem oder überlegenem Rang ist da zu finden. Seine große Macht wird (in den Veden) als von vielerlei Art beschrieben. Sein Wissen, Seine Kraft und Seine Taten werden als Ihm innewohnend dargestellt."

863. काम केलि तरङ्गिता

Kāma keli taraṅgitā

Sie, die in Kāmeśvaras Umarmung überströmt vor freudvollem Genuß.

Die Devī wird, wenn Sie sich mit Kāmeśvara im Blütenstaub-Beutel des tausendlättrigen Lotus innig vereint, als freudevibrierend und als Ozean mit sehr bewegten Wogen beschrieben. Die Vereinigung von Śiva und Śakti ist etikettiert worden mit dem Wort *mahāmaithuna* - die große Vereinung.

864. कनत् कनक ताटङ्का

Kanat kanaka tāṭaṅkā

Sie, die goldglänzende Ohrgehänge trägt.

Die Darstellung der Devī in Ihrer verführerischen weiblichen Gestalt zeigt Sie gewöhnlich mit leuchtenden Goldringen in den Ohren. In Ihrer kosmischen (*virāṭ*) Form schmücken Sonne und Mond Ihre beiden Ohren. Aufgehender Vollmond und untergehende Sonne sind goldfarben.

865. लीला विग्रह धारिणी

Līlā vigraha dhāriṇī

Sie, die für Ihr [kosmisches] Spiel ganz unterschiedliche Formen annimmt.

Dieser Beiname gibt eine Antwort auf die Frage: "Braucht die Göttliche Mutter, die doch reines Brahman ist, goldene Ohrringe und das Liebesspiel?" Alles ist für Sie nur ein Zeitvertreib. Doch warum das göttliche Spiel?

Das Leben spielt sich nie ausschließlich auf dem Boden der Tatsachen ab. Wenn es das täte, wäre es uninteressant und vertrocknet. Auch das Herz Vālmīkis, des Weisen, der die Selbstbeherrschung selber war, schmolz vor Mitleid, als der eine Vogel eines verliebten Vogelpärchens herunterfiel, durchbohrt vom Pfeil des Jägers. Und was war das Resultat? Eines der größten Epen der Welt, das *Rāmāyaṇa.*

Wenn eine Blume blüht, so ist die Pollenübertragung das einzige Motiv dabei. Der Duft, die Weichheit, die berückenden Farben, der Nektar - all dies fungiert als Vorgeschobenes, das die Wahrheit verdeckt. All dies ist nicht der wahre Sachverhalt. Und darin [in diesem universell Vorgeschobenen wie auch dem Dekorum] liegt der ergötzliche Zeitvertreib - das *līlā* jener Kraft, die das Weltall schuf.

Die unterschiedlichen *vigrahas* (Formen) der Göttlichen Mutter drücken sich in Ihren vielen Inkarnationen zum Zwecke dieses kosmischen Spiels aus.

Yogavāsiṣṭha merkt an, daß die im Tempel zu Padmarāja beheimatete Göttin *(vigraha)* Līlādevi heißt. Auch solcherart ist die Mutter also *Līlāvigrahadhāriṇī.*

866. अजा

Ajā

Sie, die ohne Geburt ist.

Die *Śruti* beschreibt Sie als: "Das Eine ungeborene Wesen - Sie, von roter, weißer und schwarzer Farbe" (*Śvetāśvatāra Upaniṣad* IV.5). Und die *Gītā* (II.20) erklärt: "Er ist weder geboren noch stirbt Er je." Das *Mahābhārata* formuliert: "Ich war nicht, bin nicht und werde zu keiner Zeit geboren. Ich bin der *kṣetrajñā* (Wissende) aller Wesen; deshalb werde Ich *Ajā* (ungeboren) genannt."

Allem Geborenen ist das Ende sicher. Die Große Mutter, die kein Ende hat, hat auch keinen Anfang - Sie ist *Ajā*. "Ungeboren, ewig, unveränderlich und uralt-ursprünglich", wie die *Gītā* [das Große Göttliche] charakterisiert.

867. क्षय विनिर्मुक्ता

Kṣaya vinirmuktā

Sie, für die es keinen Verfall gibt.

Die Devī wird nicht geboren und daher von Verfall (*kṣaya*) nicht berührt.

Kṣaya heißt außerdem Haus. Bhāskarācārya erklärt, die Devī rette auch jene (Haushälter) vom weltlichen Jammer, die Sie zuhause verehren. Jemand, der sein Heim gern hat, wird es nur aufgeben, wenn sich ein anderer, attraktiverer Wohnsitz findet. Und so gewährt die Devī dem Gläubigen anstelle dieses vergänglichen Körpers den permanenten Zustand der Befreiung und das ewige Leben.

868. मुग्धा

Mugdhā

Sie, die durch Ihre Schönheit überwältigt.

Das Wort *Mugdhā* bezeichnet ein Wesen, dessen Schönheit unbeschreibbar ist.

Devīs verschwenderische Schönheit ist seit vedischen Zeiten von Dichtern besungen wurden. Und noch heute fühlen sich

Menschen mit poetischem Genius dazu inspiriert, Sie in immer neuen Bildern zu beschreiben. Selbst Śaṅkarācārya griff für seine Hymne an die Gottesmutter zu dem Namen "*Saundarya Laharī*", der mit "Wellen der Schönheit" oder "Rausch der Schönheit" übersetzt wird. Derart einmalig und ewig frisch erscheint Devīs Schönheit.

869. क्षिप्र प्रसादिनी

Kṣipra prasādinī

Sie, die leicht zu erfreuen ist.

Eine Mutter ist vom süßen Geplapper und den verspielten Bewegungen ihrer kleinen Kinder entzückt. Ähnlich freut sich die Große Mutter bereits über kleine Gaben reiner Devotion.

[...]

Die *Śiva Purāṇa* versichert: "Selbst jemand, der nur etwas Glauben hat, wird nach der dritten Wiedergeburt keinen Mutterleib mehr aufsuchen müssen."

"Gebete, Opfergaben und Verehrungsrituale werden - auch wenn sie unregelmäßig sind - zumindest in der nächsten Inkarnation zur Erlösung führen", meint das *Tantrarāja*.

870. अन्तर् मुख समाराध्या

Antar mukha samārādhyā

Sie, die innerlich, geistig verehrt werden [kann] soll.

Wie es ein Autor formuliert: "Wer die Blumen des Verstandes pflückt und sie Maheśa offeriert, braucht nichts anderes zu tun." Und wer dazu nicht fähig ist [dem sei gesagt]: "Wenn Sein Name nur gerufen wird oder wilde Blumen Ihm geopfert werden, so verschwindet *Māyās* Illusion."

Dieses Mantra erklärt den ganz besonderen Wert der *mānasa pūja* (geistige Verehrung), die Amma uns nahelegte. Da doch alles in der Vorstellung des Verstandes erschaffen wird, wie kann da geistige Verehrung versagen und keine Früchte erbringen?

Innere Verehrung katalysiert einen Prozeß, der schließlich die *Kuṇḍalinī* erweckt. Die im individuellen *jiva* eingerollte *Kuṇḍalinī* ist keine andere als Lalitāmbika. Die Erweckung und Führung der *Kuṇḍalinī* zu ihrer Vereinung mit Śiva im *sahasrāra* und die erstaunlichen Veränderungen im Körper des spirituellen Aspiranten, die damit einhergehen, sind an früherer Stelle beschrieben worden. Die Devī trägt den Beinamen *Antarmukhasamārādhyā*, weil Sie von jenen [wirklich] verehrt wird, die nach innen blicken und geistiges *upāsana* üben.

871. बहिर् मुख सुदुर्लभा

Bahir mukha sudurlabhā

Sie, die schwer zu erreichen ist von jenen, deren Blick sich nach außen wendet.

Die Naturwissenschaften befassen sich mit der Analyse äußerer Objekte. Als Ergebnis dieser Analyse leuchtet [normalerweise] kein spirituelles Licht. Wie soll auch ein Meeresfisch in einem Baum zu finden sein? Man muß da schon ins Meer tauchen. Es reicht auch nicht, an der Küste zu stehen. Man kann zwar vom Strand aus ein Netz ins Wasser werfen und warten, aber das hat nur begrenzten Erfolg. Der Fang wird größer sein, wenn man im Boot den Wellen trotzt und ein Netz auswirft. Doch auch der Gott des Meeres muß seinen Segen geben! Ohne diesen könnten Boot, Netz und selbst Fischer verloren gehen!

Nur ein Entsagender, der die fünf Sinne durch Beherrschung und Disziplin zu bezähmen erlernt hat, vermag einzelne blitzhafte Strahlen aus Devīs Licht zu empfangen und darüber in selige Freude zu geraten.

872. त्रयी

Trayī

Sie, die die dreiteilige Veda ist.

Die drei Veden *Ṛgveda*, *Yajurveda* und *Sāmaveda* werden als *trayi* (dreifältig) zusammengefaßt. Devī schwingt als innere Essenz dieser Veden.

(Die *Sāma* und die *Ṛg Veda* beginnen beide mit dem Buchstaben *a*. Die *Yajurveda* beginnt mit dem Buchstaben *I*. Kombinieren wir diese Anfangslaute von *Ṛg* und *Yajurveda*, *a* + *i*, entsprechend der grammatischen Regeln, so erhalten wir den Klang *e*. Bei Hinzufügung vom *a* der *Sāmaveda* ergibt sich *ai*. Der Klang *ai* wird im Tantra *śucirūpa* genannt. Und dies ist das *bījākṣara* (Keimsilbe) in der *vāgbhava kūṭa* des *pañcadaśi*-Mantras. Auf diese Art, indem wir die ersten Buchstaben der drei Veden kombinieren, erhalten wir den Sinn des Namens *Trayī*: die Devī erscheint in Form von Śuci, der Keimsilbe des *vāgbhava kūṭa*.)

873. त्रिवर्ग निलया

Trivarga nilayā

Sie, die Heimstatt für das dreifältige Ziel des menschlichen Lebens ist.

Die primären drei Lebensziele wären [in diesem Kontext] *dharma* (Rechtschaffenheit, rechtes Leben), *artha* (Reichtum) und *kāma* (Wunscherfüllung). Die drei bilden eine Triade (*trivarga*), deren Heim (*nilaya*) die Große Mutter ist.

Trivarga kann auch die drei Modi der Zeit bedeuten - Vergangenheit, Gegenwart, Zukunft - oder sich auf die drei Töne *a*, *u*, *m* beziehen, die das *praṇava* (Om) klangbilden.

874. त्रिस्था

Tristhā

Sie, die in den drei Welten wohnt.

Die Zahl 3 kann für vieles stehen. Sie läßt sich auf die unter dem vorigen Mantra erwähnten Dreiheiten beziehen - drei Ziele oder Sinngebungen des Lebens, drei Zeitdimensionen und der dreifältige Klang *Om*. Weitere Triaden wären die drei Welten, die drei Veden, die Dreiheit von Brahmā, Viṣṇu und Śiva, drei "Agnis" (Feuer), drei Bühnen des Lebens (Kindheit, Jugend und Alter), drei Formen der Sünde (in Gedanken, Wort oder Tat), die drei Erzeuger in Form von Tag, Nacht und Dämmerung, drei *guṇas,* und viele andere. Man kann sich vorstellen, daß die Devī allen Dreiheiten innewohnt.

875. त्रिपुर मालिनी

Tripura mālinī

Sie, die Tripuramālinī, die Gottheit der dreifachen Kreise (antardaśāra cakra, das sechste prākāra) im Śrīcakra.

876. निरामया

Nirāmayā

Sie, die von den Krankheiten des Lebens frei ist.

[...] Auch die Devotees, die die Göttliche Mutter mit beharrlicher Hingabe verehren, sehen sich dank Ihrer Gnade von Krankheiten befreit.

877. निरालम्बा

Nirālambā

Sie, die von nichts abhängt.

Devī hängt weder von inneren noch von äußeren Dingen ab. Sie ist die Stütze von allem und selbst ohne Stütze.

878. स्वात्मारामा

Svātmārāmā

Sie, die sich Ihres eigenen Selbstes erfreut.

Das Kosmische Bewußtsein teilte sich in Zwei, um das Weltenall zu erschaffen, und wurde so zum Paar aus Śiva und Śakti. Damit ließ sich das Höchstgöttliche selbst zum Garten (*ārāma*) werden, zum Zwecke göttlichen Spiels. Das Universum ist der Lustgarten Śivas und Śaktis. Die Große Gottesmutter Devī, die die Gestalt von Śiva-Śakti zeigt, hat so Ihr eigenes Selbst zum All gemacht, in dem Sie sich ergeht.

Sie erfreut sich also an beidem, an *sva* und an *ātma*, an dem, was Ihr gehört (*prakṛti* - die Natur, das physische Weltall) und an dem, was Sie ist, das Höchste Selbst. (Im vorliegenden Fall bedeutet *ārāma* die vergängliche *prakṛti*.)

879. सुधास्रुतिः

Sudhāsrutiḥ

Sie, die Quelle des Nektars.

Wenn die *Kuṇḍalinī*, erweckt durch spirituelle Übungen, zum *sahasrāra* aufsteigt, beginnt ein nektargleicher Strom aus dem darin liegenden Mond zu fließen. Er kühlt den Körper des *sādhak* und schenkt ihm Seligkeit. Das Mantra sagt aus, daß die Devī der Nektar ist.

Dem *Jñānārṇava* zufolge stellt *sudhāsruti* eine Form der Devī-Meditation dar.

880. संसार पङ्क निर्मग्न समुद्धरण पण्डिता

Samsāra paṅka nirmagna samuddharaṇa paṇḍitā

Sie, die Geschick darin hat, jene zu retten, die tief im Sumpf von samsāra stecken.

Samsāra gleicht einem Sumpf. Je mehr man versucht herauszukommen, desto tiefer versinkt man darin. Jeder Schritt läßt tief versinken. *Samsārins* haben diesen saugenden Sumpf scheinbar so gern, als wäre er Sandelholzpaste. Doch innerhalb eines Augenblicks und durch eine einzige Erfahrung kann die Große Mutter das Wunder bewirken und jene heraus- und emporheben, die hemmungslos dem Alkohol verfallen sind, ein unmoralisches Leben führen oder anderen Wesen Leid zufügen. Sie trägt den Beinamen *paṇḍita* (d. h. wörtlich "jemand, der das Selbst kennt"), weil Sie gleich einer Großen Magierin oder Eingeweihten das Geheimnis der Erhöhung der Bewußtseinsfrequenzen kennt.

Dies ist Ammas Gelübde: "Mutter wird deine Hand nehmen und dich vorwärts führen; Sie wird dir die Handschellen abnehmen, die dir wehe tun; Sie wird dir die Hand reichen und dir den Weg zeigen, so daß du nicht ausrutschst und ins *samsāra*-Feuer fällst." Welche weitergehende Sicherheit brauchen wir noch in diesem Leben? Die sich darauf einlassen und es versuchen, wissen: Ammas Versprechen enthält kein einziges leeres Wort.

881. यज्ञ प्रिया

Yajña priyā

Sie, der opfervolle Handlungen und Rituale wohlgefällig sind.

"*Yajña* ist Viṣṇu", wie es die *Śruti* postuliert (siehe Mantra 769). Demzufolge bedeutet das Mantra "Sie, die Viṣṇu gerne hat". Sie zeigt ja die Form Viṣṇus (Mantra 893), und in einer anderen Manifestation ist Sie Viṣṇus Schwester (Mantra 280).

Yajña (Opfer) stellt sich in fünf Arten dar: (1) *Brahmayajña*: das Studium der Veden; (2) *Devayajña*: *agnihotra* und all die anderen *yāgas* [Feuerrituale]. Außerdem fallen die *pūjas* für Rāhu, Śani, Kuja (Mars) und die Rezitation der göttlichen Namen in diese Kategorie. Sie alle adressieren die verschiedenen Gottesaspekte; (3) *Manuṣyayajña*: Opferhandlung für den Mitmenschen.

Die Veden lehren uns, daß "der Gast Gott ist". Die Ehrung und Würdigung des Gastes fällt also in diese Gruppe; (4) *Pitṛyajña*: Opfer für die Vorfahren; (5) *Bhūtayajña*: Fütterung von Tieren, auch Vögeln und Insekten (Opfer für lebende Wesen). Ausübung und Schutz dieser fünf Arten von Opfern gehören zu den Pflichten eines Haushälters.

882. यज्ञ कर्त्री

Yajña kartrī

Sie, die die Opferriten ausführt.

883. यजमान स्वरूपिणी

Yajamāna svarūpiṇī

Sie, die die Form von Yajamāna annimmt, der den Opferriten vorsteht.

Yajamāna ist eine der acht Formen Śivas.

884. धर्माधारा

Dharmādhārā

Sie, die Stütze des Dharma (Ethik des rechten Lebens).

Dharma bedeutet "das, was Unterstützung gibt". Devī ist die Grundlage des Dharma. Bhāskarācārya zitiert aus der *Samvarta Smṛti*: "Die in jedem Land zu findende Verhaltensethik, die durch die Überlieferung weitergegeben worden ist und den heiligen Schriften nicht widerspricht, heißt Dharma."

Wer das Dharma schützt, wird seinerseits dadurch beschützt. Und wie wird das Dharma beschützt? Durch eine *dhārmische* (rechtschaffene) Lebensführung.

Unterteilen wir das Mantra in die Elemente *dharma* + *ā* (weithin, überall) + *dhāra* (Strom), so würden wir dies erhalten: "Sie, die das Dharma überall verströmt."

885. धनाध्यक्षा
Dhanādhyakṣā
Sie, die allen Reichtum kontrolliert.

Dhanādhyakṣa ist Kubera, der Herr des Reichtums. [Zwischen ihm und der Devī existiert kein Unterschied, genausowenig wie zwischen dem Anbetenden und dem Angebeteten.]

886. धन धान्य विवर्धिनी
Dhana dhānya vivardhinī
Sie, die den Reichtum und die Ernten vermehrt.

Wenn es eine Überfülle an Reichtum gibt, dann dank des Segens der Göttlichen Mutter. Wer wähnt, sie wäre durch eigene Kraft erschaffen, sieht nicht den Fall, der ihn beim nächsten Schritt erwartet. Die Gegenwart der Devī wird an solchen Orten verspürt, wo zusammen mit der Freude über die Fülle der Ernte auch die Demut blüht.

887. विप्र प्रिया
Vipra priyā
Sie, die die Wissenden gerne hat.

Ein *vipra* ist ein *jñāni*, einer, der das Selbst erkennt. Das ist die einzige Übersetzung von *vipra*, die jener bekannten Erklärung, "die eine Wahrheit wird von *vipras* in mannigfacher Weise beschrieben", Sinn verleiht. *Vipra* wird gewöhnlich mit *brāhmaṇa* gleichgesetzt. Doch ist es nicht ein Begriff, der sich auf den durch Geburt erlangten Stand bezieht; der Stand muß durch Taten erworben werden.

"Man ist ein *vipra* aufgrund von Wissen."

"Ein Kenner des Brahman ist ein *brāhmaṇa*."

"Man ist ein *śūdra* [unterste Hauptkaste] von Geburt, doch wird man durch Handlungen zum *brāhmaṇa* [oberste Hauptkaste]."

Zwei Fragen sind hier erwägenswert: "Weiß ein *brāhmaṇa* über das unvergängliche Brahman, ohne Es zu studieren? Wird er mit dem Zeichen auf der Stirn, der Brahmanenschnur und dem Haarbüschel [auf dem rasierten Hinterkopf] geboren?"

888. विप्र रूपा

Vipra rūpā

Sie, die in der Form eines Kenners des Selbst erscheint.

Daneben: "Sie, die Menschen zu Kennern des Selbst formt." Anzumerken wäre, daß dieses Mantra Ammas wahre Form beschreibt.

889. विश्व भ्रमण कारिणी

Viśva bhramaṇa kāriṇī

Sie, die das Universum kreisen läßt kraft Ihrer Täuschungsmacht.

Bhramaṇa bedeutet sowohl kreisen als auch täuschen. Beides ist hier passend. Die Große Mutter läßt mit jongleurhafter Leichtigkeit die großen kosmischen Räume und Massen rotieren. Es ist dieselbe Gottheit, die die wahre Natur des Weltenalls verbirgt und - wie in der Projektion der Schlange auf das Seil - den in *samsāra* Verstrickten durch Myriaden von Namen und Formen hypnotisiert und verwirrt. Warum inszeniert Sie diese Illusion? Um die Bewegung innerhalb des Universums lebendig zu erhalten. Jemand, "der keine Illusionen hat", engagiert sich nicht in Handlungen (und damit auch nicht in der Beendigung von *samsāra*).

Viśva bedeutet auch Viṣṇu (*Viśva* ist der erste Name in der *Viṣṇu Sahasranāma*). Bhāskarācārya zitiert in diesem Zusammenhang eine Geschichte aus der *Kālika Purāṇa*. Es geschah einmal, daß Viṣṇu auf seinem Reittier Garuḍa durch den Himmel reiste. Da erblickte er die schöne Kāmāmba Devī auf dem Berg Nīlācala im Land von Kāmarūpa. Es war die Göttliche Mutter selbst. Doch Viṣṇu setzte seine Reise fort, ohne Ihr seine Verehrung zu erweisen. Sie beschloß, ihm eine Lehre zu erteilen, und binnen weniger Augenblicke fiel Viṣṇu ins Meer. Als nun Lakṣmī von Garuḍa darüber vernahm, war sie sehr betrübt und betete zur Gottesmutter. Gerührt über dieses Gebet, rettete Sie Viṣṇu aus der Gefahr und führte ihn zu Lakṣmī. Er aber pries die Gottesmutter und kehrte nach Vaikuṇṭha zurück. So wurde die Devī zur Ursache von Viṣṇus Verwirrung.

890. विश्व ग्रासा

Viśva grāsā

Sie, die das Weltall verschlingt.

Die *Śruti* stellt fest: "Jenes, zu dem das existierende Universum zurückkehrt."

"Jenes" ist die Gottesmutter, also niemand anderer als Brahman. Die *Brahma Sūtras* deklarieren: "Es ist das höchste Selbst, da das Bewegliche und das Unbewegliche zu Seiner Speise wird."

Erinnern wir uns der Beschreibung in der *Kaṭha Upaniṣad* (I.ii.25), die früherenorts zitiert wurde: "...für das *brāhmaṇas* und *kṣatriyas* Speise sind, und der Tod nur ein Gewürz."

891. विद्रुमाभा

Vidrumābhā

Sie, die korallengleich schimmert (mit Ihrer roten Hautfarbe).

Vidruma heißt "Koralle". Es kann auch der "Baum (*druma*) des Wissens (*vid*)" bedeuten. Oder es ist ein besonderer Baum (*vi* + *druma*), nämlich der wunscherfüllende *kalpa*-Baum. Devī, die alle Wünsche erfüllt, glänzt wie dieser Baum.

892. वैष्णवी

Vaiṣṇavī

Sie, die in der Gestalt Viṣṇus erscheint.

Devī hat die Erscheinungsform von Viṣṇu oder ist die Mutter von Viṣṇu. Die *Devī Purāṇa* portraitiert *Vaiṣṇavī* folgendermaßen: "Sie wird besungen als *Vaiṣṇavī* - mit Muschelhorn, dem scharfem Diskus und dem Knüppel -, die Mutter ist von Viṣṇu und Vernichterin der Feinde und die Form von Viṣṇu selber hat."

893. विष्णु रूपिणी

Viṣṇu rūpiṇī

Sie, in einer sich über das ganze All erstreckenden Form.

In Ihrem kosmischen Zeitvertreib manifestiert sich die Große Mutter in vier unterschiedlichen Formen. Śrī Bhāskarācārya zitiert die nachstehende Passage aus der *Lalitopākhyāna*, in der Viṣṇu sagt: "Die ursprüngliche Śakti von Maheśa erscheint in vier verschiedenen Formen - in ihrer normalen oder "genießenden" Zustandsform (*bhogarūpiṇī*) als Bhavāni, in der Schlacht als Durgā, im Zorn als Kālī und als Mann in Meiner eigenen Form."

In der *Kūrma Purāṇa* zeigt Śiva Seine kosmische Form dem Mankanaka, und dieser erkundigt sich nach der furchtbarstrahlenden Gestalt an Śivas Seite. Śiva antwortet: "Sie ist meine Höchste *Māyā* und *Prakṛti* mit den drei *guṇas*. Von den Weisen wird sie der Mutterleib des Universums genannt. Sie kennt das All und stürzt es allerorten durch *Māyā* in Verwirrung. Sie ist Nārāyaṇa."

894. अयोनिः

Ayoniḥ

Sie, die ohne Ursprung ist.

Da Sie keinen Ursprung hat, gibt es kein Ende für Sie. Sie, die keinen Wohnsitz hat. Sie, die keine Grenzen hat.

Wenn *a* der Code für Viṣṇu ist und *yoni* mit Ursprung übersetzt wird, dann ist Sie der Ursprung von Viṣṇu. Sogar die Trinität von Brahmā, Viṣṇu und Śiva erhebt sich, existiert und vergeht in Ihr.

895. योनि निलया

Yoni nilayā

Sie, die Quelle aller Ursprünge.

"Das Eine, aus dem alle Wesen entspringen", so formuliert es die *Śruti*. Diese Parāśakti ist Devī. Sie ist Ursprung selbst der Ersten Ursache und Stütze selbst für den Schöpfer Brahmā.

Dieses Mantra bedeutet auch: "Sie, die im zentralen Punkt inmitten der Dreiecke des *Śrīcakra* residiert."

896. कूटस्था

Kūṭasthā

Sie, die unverändert wie ein Amboß bleibt.

Ein Amboß ist ein solider eiserner Block, auf dem erhitzte metallische Gegenstände in Form gehämmert werden. Er verändert sich nicht, auch wenn glutheiße Eisenstücke unzählige Male darauf gehämmert werden. Ähnlich zeigt sich die Weltenmutter, die Ewige und Höchste, unbewegt wie der Amboß, auch wenn die Veränderungen aller Welten auf Ihr geschmiedet werden.

Kūṭa kann als Unwissenheit, als *ajñāna* interpretiert werden. Dann bedeutet das Mantra, daß die Devi dank unserer Ignoranz verhüllt bleibt. "Weisheit wird von Unwissenheit eingehüllt; dadurch werden die Wesen getäuscht", sagt die *Gītā* (V.15).

Kūṭa heißt auch Bergspitze. Die Devī ist so bewegungslos wie eine Bergspitze. Viele Devī-Tempeln finden sich auf Berggipfeln.

Außerdem heißt *kūṭa* "Welt". Devī hält alle Welten in sich selber fest.

Eine tantrische Bedeutung wäre: "Sie, die in den drei *kūṭas* des *pañcadaśi* Mantras residiert." Eine andere besagt, daß Sie bei der Türe (*kūṭa*) des Dreiecks im *Śrīcakra* wohnt.

[...]

897. कुल रूपिणी

Kula rūpiṇī

Sie, die Gottheit des Kaula-Pfads.

Die verschiedenen Bedeutungen von *kula* und dem *Kaula*-Pfad sind an früheren Stellen mehrfach besprochen worden.

898. वीरगोष्ठी प्रिया

Vīragoṣṭhī priyā

Sie, der das Zusammensein von Kriegern zu Ihren Ehren wohlgefällt.

Vīras müssen keine Krieger in dem Sinne sein. Gelehrte und Führerpersönlichkeiten, Herrscher und Dichter - sie alle können *vīras* sein. Und wenn sie zu Ihrer Verehrung versammelt sind, hat die Devī diese Zusammenkünfte besonders gern.

899. वीरा

Vīrā

Sie, die Heroische.

Wer eine fähige Nachkommenschaft und einen ausgezeichneten Ehepartner hat, wird *Vīrā* genannt. Unter den *vīrās* kommt allerdings niemand der Devī gleich, mit Sprößlingen wie Subrahmania, dem Krieger, Gaṇeśa, dem Hindernisbeseitiger, Kāli, Vernichterin von Daruka, und einem Ehemann wie Śiva, der das stärkste Gift schluckte, die Stadt Tripura zu Asche verbrannte und dem Herrn des Todes selber Tod ist!

900. नैष्कर्म्या

Naiṣkarmyā

Sie, die handlungslos ist [die das Handeln transzendiert].

Śrī Kṛṣṇas Worte seien hier erinnert: ”Ich habe nichts, gar nichts in den drei Welten zu bewirken, o Pārtha, noch gibt es irgend etwas zu erlangen, das nicht bereits erlangt worden wäre, und trotzdem bin Ich mit Handeln und Tun beschäftigt.” (*Gītā* III.22)

Devī, die alles tut, erwartet sich davon keinerlei Frucht. Handlungen, die frei ausführt werden, ohne deren Früchte zu fordern, werden in der *Gītā* ”Handlungslosigkeit” (*akarma*) genannt. Alle Taten der Devī gelten dem Wohl anderer. ”Da er der Frucht der Handlung nicht verhaftet, immer zufrieden, von niemandem abhängig ist, tut er überhaupt nichts, obgleich er immer tätig ist.” (*Gītā* IV.20)

Es gibt nichts, was die Devī in den drei Welten zu gewinnen hätte, nichts, was getan werden müßte. Doch immer ist Sie damit beschäftigt zu erschaffen, zu erhalten, zu zerstören und die Wünsche Ihrer Devotees zu erfüllen. Da alle ohne Erwartung von Früchten durchgeführten Handlungen als ”Handlungslosigkeit” definiert werden, wird die Devī ”handlungslos”, *Naiṣkarmyā* genannt.

Mit diesem Mantra endet das zehnte kalā, bodhini genannt.

901. नाद रूपिणी

Nāda rūpiṇī

Sie, in der Form des uranfänglichen Klangs.

Die Weltenmutter schwingt auch im Zustand von *Nādabrahman*, Brahman-als-Klang.

(Im *Svacchanda Tantra* wird *nāda* auf das *praṇava*, die Silbe/den Laut *Om* bezogen. *Nāda* befände sich am Kopf des *praṇava*, so wird dargelegt.)

Das *anāhata cakra* in der Herzgegend entspricht der Position von *nāda*. Analog zu den fünf Sinnen (Gehör-, Tast-, Geruchs-, Gesichts- und Geschmackssinn) soll *nāda* aus fünf *tuṣṭis* (Formen der Steigerung, Beflügelung) bestehen. Ihnen sind auch fünf Hindernisse (*vighnas*) zugeordnet. Damit sind der irdische Reichtum sowie dessen Erwerb, Bewachung, Ausgabe und Verlust gemeint. Der spirituelle Aspirant, der diese Hindernisse überwindet, sieht sich beflügelt und schreitet in der spirituellen Praxis des Nādabrahman geschwind voran, wird schließlich die Göttliche Mutter als *Nādarūpinī* erfahren können.

902. विज्ञान कलना

Vijñāna kalanā

Sie, die das Wissen von Brahman erfährt.

Hier bedeutet *vijñāna* das Wissen von Brahman, und *kalana* bezeichnet jemand, der es erfährt oder sich aneignet.

Der *Kūrma Purāṇa* zufolge bezieht sich *vijñāna* auf die vierzehn *vidyās* oder Zweige des Wissens. Das wären die vier Veden, die sechs *Vedāngas* (Supplementbände zu den Veden), Gesetzeskunde, *Purāṇas*, *mimāmsa* (Philosophie) und Logik. (Es gibt auch andere, ähnliche Systematisierungen des Wissens.) Die Devī trägt die Quintessenz all dessen in sich, denn Sie ist der Hort jedes Wissens.

903. कल्या

Kalyā

Sie, die zur Schöpfung fähig ist.

Dieser Name kann jemand charakterisieren, der in den Künsten beschlagen ist oder kreative Fähigkeiten oder - das Wesen der speziellen Helligkeit während der Morgendämmerung besitzt.

Im Wörterbuch hat *Kalya* die Bedeutungen "Schöpfung, Morgendämmerung, Fehlen von Krankheit, geschickte Person, gute oder günstige Rede, Honigwein." (Devī kann wie immer mit all diesen Bedeutungen assoziiert werden.)

904. विदग्धा

Vidagdhā

Sie, die [weise] Expertin in allem und jedem ist.

Welch wunderbare Weisheit läßt die Große Mutter in der Verschiedenartigkeit der Schöpfung, in der rechten Art ihres Schutzes, in der Art der Bestrafung erkennen!

905. बैन्दव आसना

Baindava āsanā

Sie, die im Baindava cakra thront.

Das *Baindava* liegt zwischen den Augenbrauen, also beim *ājñā cakra*. (Das *bindumaṇḍala* im *ājña cakra* befindet sich über dem *Hākinī*-Kreis. Die Śakti Manonmani wohnt hier.)

Baindava cakra bezieht sich auch auf das *sarvānandamaya cakra* im *Śrīcakra*. Das Mantra besagt dann dementsprechend: "Sie, die im *Śrīcakra* Ihren Sitz hat."

Bhāskarācārya gibt uns die nachstehende Interpretation, indem er das Mantra als *abaindavāsana* liest und es in *ap* (Wasser) + *aindava* (vom Mond oder von den Monden, womit hier die *jīvas* gemeint sind) + *āsana* (Sitz) aufteilt: "Es gibt nur einen einzigen Mond, doch wird er in vielen Gewässern widergespiegelt. Ähnlich ist Devī nur Eine, aber Sie wird von einer großen Zahl von *jīvas* widergespiegelt, die durch bedingende Umstände entstanden."

906. तत्त्वाधिका

Tattvādhikā

Sie, die alle kosmischen Kategorien transzendiert.

Die *tattvas* werden in den verschiedenen philosophischen Systemen unterschiedlich aufgelistet. *Sāṅkhyas* gehen von 25 Tattvas aus. 36 Tattvas sind allgemein anerkannt: die fünf Elemente und die ihnen entsprechenden Sinneserscheinungen (Klang, Berührung, Sicht, Geschmack und Geruch), die fünf Organe der Erkenntnis, die fünf Organe des Tuns, die fünf *prāṇas* (psychische Lebensenergien: *prāṇa, apāṇa, vyāṇa, udāṇa* und *samāṇa*), die fünf *upaprāṇas* (Hilfsenergien: *nāga, kūrma, kṛkara, devadatta* und *dhanañjaya*) und die sechs Chakras (beginnend mit dem *mūlādhāra*). Insgesamt ergibt das 36. Diese Kategorien/Monaden existieren bis zur Zeit der universellen Auflösung. Die Große Weltenmutter aber geht über sie hinaus und existiert nach der Weltenauflösung weiter.

(Lokalisierung und Tätigkeit der zehn *prāṇas*: *prāṇa* im Herzen, *apāṇa* im After, *samāṇa* im Nabel, *udāṇa* in der Kehle und *vyāṇa* über den Körper verteilt. *Nāga* ist tätig beim Erbrechen, *kūrma* beim Augenblinzeln, *kṛkara* beim Hungergefühl und *devadatta* beim Gähnen. Bei Eintritt des Todes bedeckt *dhanañjaya* den Körper und verbleibt eine Zeitlang so, ohne zu weichen.)

907. तत्त्व मयी

Tattva mayī

Sie, die die Realität selbst umfaßt - Sie, die Śiva selbst ist.

Tattva (Wirklichkeit) ist dreifältig - *Ātmatattva, Vidyātattva* und *Śivatattva*. Diese dreifältige Wirklichkeit wird von der Gottesmutter umfaßt bzw. Sie ist ihr Substrat. Einige Kommentatoren betrachten *Turīyatattva* als vierte Wirklichkeit. Der Begriff *Tattva* kann im vorliegenden Zusammenhang als Brahman verstanden werden, d. h. als *Sat-Cit- Ananda* (Existenz-Bewußtsein-Seligkeit).

Ātmatattva ist *Sat*, *Vidyātattva* entspricht *Cit* und *Śivatattva* entspricht *Ānanda*. Konsequenterweise bezeichnet der Beiname *Tattvamayī* jene, die *Satcitānanda* ist.

Ātmatattva, so wird gesagt, entspricht *Māyā*, *Vidyātattva* Śiva und *Śivatattva* entspricht Śakti. *Turīyatattva* wäre die Kombination der drei.

Das vorliegende Mantra wird gegebenenfalls in Begriffen von *samadhi*-Zuständen interpretiert. Man spricht von zwei Arten Samadhi - *samprajñata* und *asamprajñata*. Die erste Art ist intensiv und rasch, die zweite ruhig und langsam. [Der Autor] Jñanarnava beschreibt diese beiden Typen. Ihm zufolge zeigen Lachen, Weinen, Haare-zu-Berge-stehen, Zittern und Schwitzen das *samprajñata samadhi* an. Symptome des *asamprajñata samadhi* sind Starrheit der Augen und des Körpers, wie sie aufgrund des Verweilens des Geistes in Brahman verursacht werden.

908. तत् त्वम् अर्थ स्वरूपिणी

Tat tvam artha svarūpiṇī

Sie, Bedeutung und Wesen von tat (Das) und tvam (Du).

Tat steht für Brahman und *tvam* für den *jīvātma*. Diese beiden sind ein und dasselbe, so deklariert es der berühmte Satz der *Upaniṣad*, "Tat tvam asi." Die Weltenmutter ist dieses Selbst-Wissen. "*Jīva* ist von *Brahman* nicht verschieden", formuliert Ācārya Śaṅkara.

909. साम गान प्रिया

Sāma gāna priyā

Sie, die den gesungenen Vortrag der Sāmaveda **liebt.**

Falls wir den Namen in *sāmaga* + *ana* + *priya* auftrennen, ergibt sich: "Sie, die den Sänger der Sāma-Gesänge (*sāmaga*) wie Ihr eigenes *prāṇa* (*ana*) liebt."

910. सोम्या

Somyā

Sie, die von gütiger und sanfter Natur ist; die von kühler, sanfter Natur wie der Mond ist.

Somyā heißt vorerst das, was Gegenstand des *somayāga*, des *soma*-Rituals ist.

Devī gebührt die größte Verehrung in dieser Zeremonie, deshalb wird Sie *Somyā* genannt.

Wenn wir Bhāskarācārya folgen, so steht "Soma" für Śiva, denn Er ist mit Umā (sa + Uma) verbunden. Dem folgend, erscheint *Somyā* als jene, die zu Śiva gehört, d. h. als Devī, die die Vereinigung von Śiva und Śakti darstellt.

Soma heißt dazu "Kampfer". Devī gleicht in Helligkeit, Kühle und Reinheit dem Kampfer.

911. सदाशिव कुटुम्बिनी

Sadāśiva kuṭumbinī

Sie, die Gemahlin von Sadāśiva.

Dieses Mantra kann auch so ausgelegt werden: "Immer (*sadā*) selig (Śivā) und mit Familie (*kuṭumbini*)." Sie ist *kuṭumbinī* (das weibliche Oberhaupt der Familie), und die *śaktis* Śyāmalā, Śuddhavidyā und Aśvārūḍhā sind Mitglieder Ihrer Familie. Diese *śaktis* können auch Verkörperungen der Devī selbst sein.

912. सव्यापसव्य मार्गस्था

Savyāpasavya mārgasthā

Sie, die sowohl über den linken wie auch den rechten Pfad der Verehrung erreicht wird (die den rechten und linken Pfad besetzt hält).

Nach Auffassung der Gelehrten gibt es auch einen mittleren Weg. *Savya* (links) symbolisiert den Schöpfungsakt, *apasavya* (rechts) den Prozeß der universellen Auflösung und *mārga* den Akt der Bewahrung. Und die Weltenmutter ist die Grundlage der drei Prozesse.

Der scheinbare Lauf der Sonne während der Jahreszeiten wird in drei *ayanas* oder Pfade aufgeteilt - den nördlichen, südlichen und mittleren (äquatornahen), die jeweils *savya, apasvya* und *mārga* entsprechen und sich über vier Monate erstrecken. Das gegenwärtige Mantra bedeutet dann, daß die Devī alle drei Pfade besetzt hält [bzw. über die drei Pfade zu erreichen ist].

In der Regel glaubt man, der Eintritt des Todes während der nördlichen Passage der Sonne sei wünschenswerter, doch stellt dieses Mantra klar, daß es für einen wahren Devotee der Devī keinen Unterschied macht. So ein Devotee wird mit Ihr vereint werden, unabhängig davon, wann der Tod eintritt.

Die nördliche Passage heißt *jyotirmārga*, "Pfad des Lichts" (der Pfad des Wissens oder der Pfad der *devas*). Die südliche Passage wird *dhūmamārga*, "Pfad des Rauchs" genannt. Der erstere soll für die *jñānis*, Menschen des Wissens, und der letztere für weltliche Menschen passend sein.

Die mittlere Passage heißt *dhruvamaṇḍala*, "Wohnsitz von Dhruva" bzw. die Region von Viṣṇu. Der Lauf der Sonne [der Erde] und der Planeten soll von *dhruvamaṇḍala* aus kontrolliert werden, wie es heißt. Die Weltenmutter wohnt hier und dirigiert, was sich über diese drei Pfade bewegt. So erhielt Sie den Beinamen *Savyāpasavyamārgasthā*.

Häufig werden nur zwei Jahresabschnitte in Betracht gezogen, der nördlichen und der südlichen Sonnenpassage (*uttara* und *dakṣina ayanas*) von je sechs Monaten Dauer entsprechend.

[...]

Außerdem bezeichnet *savya* den *iḍā-, apasavya* den *piṅgalā-* und *mārga* den *suṣumnā*-Nervenkanal. Die Devī residiert in diesen drei *nāḍīs*.

913. सर्वापद् विनिवारिणी
Sarvāpad vinivāriṇī
Sie, die allen Gefahren wehrt.

In der *Kūrma Purāṇa* spricht Devī: "Mit dem Licht der Weisheit vernichte Ich selbst die Gefahren von Gebirgesgröße, wenn sie jenen zustoßen, die bei Mir ihre Zuflucht suchen, voll der Verehrung, alle Verhaftung vergessend, voller Mitleid mit allen Wesen, frei von Wünschen, frei von Ärger und voll Selbstbeherrschung - gleich ob es *sannyāsins, vānaprasthas, gṛhasthas* oder *brahmachārins* sind."

In der Schrift *Harivamśa* sagt Viṣṇu zu Devī: "Du alleine schützst die Menschen vor dem Kummer über Tod, Verlust des Reichtums, Tod der Söhne und dergleichen. Darüber gibt es keinen Zweifel." Brahmā preist Sie in der *Varāha Purāṇa*: "O Devī, jemandem, der Zuflucht bei Dir sucht, droht weder Gefahr noch Unglück."

Selbst Brahmā u. a. werden zu Dienern jenes Menschen, der sich an die Gottesmutter erinnert.

Die Bedeutung dieses Mantras mag aufgrund eigener Erfahrung eingeschätzt werden. Keiner, der bei der Göttlichen Mutter beständig Zuflucht sucht, wird die Wahrheit des Mantras leugnen können.

914. स्वस्था
Svasthā
Sie, die in sich selber ruht; Sie, die frei von allen Kümmernissen ist.

Brahman ist dasjene, von welchem nichts verschieden oder getrennt ist. Brahman weilt in Brahman. Das ist der Grund für unsere Deutung, Devī sei *Svasthā* und ruhe in sich selbst.

"Wo hält sich jenes Brahman auf? In Seiner eigenen Majestät!", so steht es in der *Śruti*. (*Chāndogya Upaniṣad* VII.24.1)

Trennen wir den Namen in *su* + *astha* auf, so ergibt sich: "Sie, die keinen festen Wohnsitz hat, aber überallhin sich wohltuend erstreckt."

915. स्वभाव मधुरा

Svabhāva madhurā

Sie, deren innere Natur voller Süße ist.

[Alternativ:] "Sie, die mit Ihrer Gegenwart (*svabhāva*) die Stadt Madhura segnet." Das heißt: "Sie, in der Gestalt der Göttin Mīnākṣī von Madhura" [Madurai, Tamil Nadu].

Bhāskarācārya zufolge kann dieser Name auch interpretiert werden als "Sie, die das Joch des Weisen trägt." Das soll bedeuten, die Devī wird kraft Ihrer Macht zum Joch [zur Deichsel] des Lebenswagens der weisesten Menschen. Wenn die Pferde vorwärtsstürmen, überträgt die Deichsel deren Kraft auf den Wagen und bewegt ihn zum Ziel. Falls die Deichsel bricht, verliert der Wagen seine Spur und stürzt gar in den Graben.

Mehrere zusätzliche Auslegungen sind offeriert worden:

- Sie, die jene Menschen leitet, die das Licht des Selbst aussenden.
- Sie, die süß zu jenen ist, welche Wunschbegierden, Ärger und andere schlechte Leidenschaften ablegten.
- Sie, die (Ihren Devotees) den Nektar spendet, der zu Ihrer Natur gehört.

916. धीरा

Dhīrā

Sie, die weise ist; Sie, die Weisheit gibt.

Dhī heißt Weisheit, Wissen vom Selbst; *ra* bezeichnet jemand, der besitzt oder gibt. Also ist Sie, die das Wissen vom Selbst gibt, *Dhīrā*. Īra ist dazu die Gottheit des zehnten Mondtages (*daśami*). *Dhīra* [kein betontes *a*] wäre dann als Īra zu sehen, die

die Weisheit gibt, und der Beiname begrüßt die Devī in Gestalt jener Gottheit.

"Nur durch die Gnade Gottes erhält man einen Geschmack der Nichtdualität", führt Śaṅkara an.

917. धीर समर्चिता

Dhīra samarcitā

Sie, die von den Weisen verehrt wird.

Sie wird wegen der Seligkeit verehrt, die aus der Erkenntnis des *Ātman* entspringt. Die Seligkeit der Selbst-Erkenntnis läßt alles andere uninteressant erscheinen, wie jene, die sie erfuhren, bezeugen. Die zurückgezogene, heitere, weise und eindeutige Seligkeit des *Ātman* "übertrifft bei weitem selbst die reinste Freude, denn unberührt ist sie von jeder Spur der Sorge oder Angst". Wäre dem nicht so, ließen dann diejenigen, die weise sind, alles andere dafür im Stich? "Du magst mich in die Hölle werfen oder mich zum Herrn der Welten machen - was auch geschehen mag, ich werde nicht von Deinen Füßen lassen, dies ist gewiß!" sagt Kalyāṇacaraṇa.

918. चैतन्यार्घ्य समाराध्या

Caitanyārghya samārādhyā

Sie, die verehrt wird, indem sich der Geist als Gabe gibt.

Dies bezieht sich auf die Verehrung der Großen Mutter ohne Benützung von Bildnissen oder Materialien - allein in der geistigen Vorstellung wird Sie angerufen und werden Ihr die Gaben offeriert.

Caitanya entspricht dem *bhuvaneśvarī* Mantra, und *arghya* bezeichnet eine Opfergabe während des Anbetungsrituals. Nebenbedeutung also: "Sie, die mit dem *bhuvaneśvarī*-Mantra verehrt wird."

919. चैतन्य कुसुम प्रिया

Caitanya kusuma priyā

Sie, die die Blume des Bewußtseins liebt.

Das Thema dieses Mantras ist die Verehrung des Gestaltlosen. Die Blume gilt hier als Wissen vom Erhabensten. Diese Blumengabe charakterisiert die höchste Form der Mutter-Verehrung.

Laut einigen Tantra-Experten beschreibt *caitanya* jenen Seligkeitszustand, der die Bezeichnung *Kuṇḍagolodbhava* trägt. Es ist ein Zustand, der beim Eintritt der *Kuṇḍalinī* in das *Viśuddhi cakra* erfahren wird. Devī liebt diese Art *caitanya*-Blume.

Śaṅkarācārya erwähnt in der Schrift *Saundarya Laharī* (Vers 3), daß die Göttliche Mutter für Menschen mit geringem Verstand wie Honig ist, der aus einem Strauß von *caitanya*-Blumen quillt. Der Honigfluß steht symbolisch für die Fähigkeit der Unterscheidung zwischen dem Wirklichen und dem Unwirklichen. Die Etikettierung "Menschen mit geringem Verstand" impliziert, daß auch gewöhnliche Sterbliche es verdienen, in die Seligkeit des Brahman einzugehen. Hastāmalakācārya, Śaṅkaras eigener Schüler, gilt dafür als Beispiel.

Die Blumenmetapher versucht, abstrakten Kategorien Gestalt zu geben. Bhāskarācārya tut dies ebenso: Die höchste Art der Verehrung besteht ihm zufolge darin, acht Sorten von Blumen zu offerieren, nämlich Gewaltlosigkeit, Beherrschung der Sinne, geduldiges Ertragen, Mitgefühl, Weisheit, Buße, Wahrheit und Meditation (Anbieten des eigenen Herzens).

920. सदोदिता

Sadoditā

Sie, die immerzu leuchtet.

Sie, die immer im strahlenden Glanze schwingt (also nie untergeht); oder Sie, die immer wieder in tapferen Menschen erscheint, um das Licht des Selbst erstrahlen zu lassen.

921. सदातुष्टा
Sadātuṣṭā
Sie, die immerzu erfreut ist.

Sie, die über die Tugendhaften erfreut ist. Devī weilt gerne in Gesellschaft tugendhaft-tapferer Menschen. Selbst mißratene Personen werden in Ihrer Gegenwart integer. Und so kommt es, daß die Devī immer in Gesellschaft guter Menschen weilt.

922. तरुणादित्य पाटला
Taruṇāditya pāṭalā
Sie, die rosig wie die Morgensonne ist.

Taruṇāditya ist die junge Sonne, und *pāṭala* bedeutet rosenfarben.

Gelegentlich wird hier auch von der Mittagssonne gesprochen. So portraitiert Bhāskarācārya die Devī als in hell-rosiger Farbe prangend. Zwar mag man einwenden, die Mittagssonne zeige keine rötliche Farbe. Doch enthält das Licht der Sonne alle Farbtöne und wird das Rötliche während der Morgen- und Abenddämmerung nur offensichtlicher. Aus dem Grunde wird hin und wieder gesagt, die Devī erscheine weißlich-rötlich wie die Mittagssonne.

Devī nimmt unterschiedliche Farben an, je nach der Form, in der die Devotees Sie verehren. "Wenn Sie heilende Erlösung spendet, erscheint Sie friedvoll und in weißer Farbe. Leitet Sie Männer, Frauen und Könige, so nimmt Sie Rosenfärbung an. Gelb erscheint Sie, wenn Sie den Reichtum kontrolliert; schwarze Farbe kündet an, daß Sie mit Töten befaßt ist. In Aktionen gegen Feinde färbt Sie sich dunkelbraun und in Ihrem erotischen Aspekt leuchtet Sie [wieder] rosenfarben. Und so wird während der Meditation, wie die *Smṛti* sagt, die immerzu leuchtende Devī in unterschiedlichen Farben imaginiert, jeweils Ihren verschiedenen Tätigkeitsaspekten entsprechend."

923. दक्षिणादक्षिणाराध्या

Dakṣiṇādakṣiṇārādhyā

Sie, die sowohl von rechts- wie auch von linkshändigen Verehrern angebetet wird [die von Gebildeten wie von Ungebildeten angebetet wird].

Dakṣiṇa bedeutet "befähigte Menschen" und *adakṣiṇa* bezeichnet Menschen mit geringerer Befähigung. Die Göttliche Mutter wird von beiden Arten von Personen verehrt.

Kṛṣṇa sagt: "Vier Arten von *sukṛtins* (Menschen von Verdienst, tugendhafte Menschen) verehren mich, o Arjuna: die in Not sind, die Erkenntnissuchenden, die Reichtumsuchenden und die Weisen." (*Gītā* VII.16) Das Wort *sukṛtin* ist dabei besonders bemerkenswert. Nicht jeder wird den Wunsch verspüren, die Gottesmutter anzubeten. Nur die tugendhaften oder verdienstvollen Menschen, zu einer der erwähnten Arten gehörend, werden bei Ihr Zuflucht suchen. Unter ihnen mag es weise, mag es fähige wie auch unfähige Menschen geben.

An dieser Stelle sollte Ammas überaus sinnvoller Rat erwähnt werden. Sie sagt: "Kinder, anstatt um Reichtum zu beten, betet doch um Hingabe! Wenn du den König unter deine Kontrolle bekommst, erhältst du das ganze Schatzhaus. Warum also um kleine Sachen betteln?" Und dies ist der Weg der Weisen.

Dakṣiṇā [mit betontem *a* am Ende] kann Opfergaben, einschließlich des Reichtums bedeuten, und *dakṣiṇa* bezieht sich auf weise Menschen, s. oben; *ārādhya* heißt "angebetet, verehrt". Dementsprechend wird die Göttliche Mutter von den Weisen (Ihren besten Devotees) mit verschiedenen Opfergaben verehrt.

Dakṣiṇas bezieht sich auch auf *devas* und *adakṣiṇas* auf *asuras*. Die Devī wird von beiden Gruppen verehrt.

Außerdem weist *dakṣiṇa* auf den Weg der Tat (*karma mārga*) und *adakṣiṇa* auf den Weg des Wissens (*jñānamārga*) hin. Die Verehrung der Devī geschieht auf beiden Wegen. Das Mantra kann auch noch bedeuten, daß die Devī großzügig oder nachsichtig (*dakṣiṇa*) ist gegenüber Ihren Devotees, die dem Pfad des Wissens folgen (*adakṣiṇas*). Das will nicht sagen, die Verehrung durch *jñāna* [Wissen, Erkenntnis] sei der Verehrung durch Arbeit (*karma*) überlegen. Es will nur besagen, daß die Devī vielleicht mehr Mitleid hat mit jenen, die dem Pfad des Wissens folgen, da dieser doch härter ist.

924. दर स्मेर मुखाम्बुजा

Dara smera mukhāmbujā

Sie, deren Lotusantlitz ein bezauberndes Lächeln zeigt.

Dara heißt auch Furcht. Bei Verwendung dieser Wortbedeutung würde das Mantra übersetzt werden mit: "Sie, die lächelt, selbst wenn Sie Furcht haben sollte." Zur Zeit der kosmischen Auflösung werden vermutlich auch Brahmā und andere Gottheiten Angst empfinden. Doch die Weltenmutter lächelt selbst dann.

Dara heißt weiterhin "Schutz". Sobald Ihre Verehrer vor einer Gefahr beschützt werden müssen, ist Sie da - mit einem Lächeln auf dem Lotusantlitz. Welch süßer Name dies ist! Nur wer Ihre Freundlichkeit je selbst erfuhr, weiß über die Süße dieses Namens.

925. कौलिनी केवला

Kaulinī kevalā

Sie, die sowohl als reines Wissen verehrt wird [wie auch in konkreter Form / seitens der Anhänger des Kaula-Pfads].

Der Name *Kaulinī* (Mantra 94) bezieht sich auf ein Wesen, das von den Anhängern des *kaula*-Pfads verehrt wird: Sie beten die Große Mutter in einer Erscheinungsform an. Der Begriff *kevala* andererseits bezeichnet jemand, die/der aus reinem Bewußtsein besteht, also eigenschafts- und namenslos ist. Das heißt, unter diesem Aspekt gesehen ist die Devī formlos. Sie existiert zur gleichen Zeit mit Form und ohne Form - *Kaulinī* und *Kevalā*. Beide Arten der Verehrung [die sich entweder auf ein Abstraktes oder auf einen göttlichen, plastischen Formaspekt beziehen] erreichen Sie gleichermaßen.

Einige Interpreten sehen das Mantra als *Kālinīkevalā*. In diesem Falle wäre Devī "reine Zeit".

926. अनर्घ्य कैवल्य पद दायनी

Anarghya kaivalya pada dāyinī

Sie, die den unübertroffen seligen Zustand der letzten Befreiung gewährt.

Kaivalya ist als Zustand jenseits der *turīya*-Stufe beschrieben worden.

927. स्तोत्र प्रिया

Stotra priyā

Sie, die Hymnen zu Ihrem Lobe liebt.

Es gibt sechs Arten des *Stotra* (Lobpreis): Begrüßung bzw. Prostration (*namaskāra*); Segnung der Gottheit, deren Macht sich vielleicht verringert hat (*āśis*); Lobpreis der inneren Essenz der Gottheit (*siddhāntokti*); Preisung der heroischen Akte der Gottheit (*parākrama*); Preisung des Ruhmes (*vibhūti*) und Gebet (*prārthanā*). [...]

Der Begriff *Stotra* bedeutet auch vedisches Mantra. Devī erfreut besonders der Lobpreis, die Ihr in Form inkantierter vedischer Mantren gewidmet wird.

928. स्तुति मती

Stuti matī

Sie, an die sich in Wahrheit alle Preisgesänge richten.

Wie zahlreich sind die Lobgesänge, die seit vedischen Zeiten angestimmt wurden! Und wieviel mehr werden zukünftig angestimmt werden! Dieses Mantra erhellt, daß die eigentliche Zielperson und Empfängerin all dieser Lobgesänge, gleichviel in welcher Sprache sie gesungen und an welche Gottheit sie adressiert sind, die uranfängliche Höchste Śakti ist - Ādi Parāśakti selbst.

Sie verleiht auch jenen Menschen Intelligenz und Wissen, die Sie lobpreisen.

929. श्रुति संस्तुत वैभवा

Śruti samstuta vaibhavā

Sie, deren Ruhm in den Śrutis gefeiert wird.

Samstuta bedeutet "wissend, erfahren". Duśyanta sagt in *Śākuntala*: "Der Körper, der bewegt sich vorwärts; doch rückwärts flieht das unwissende (*asamstuta*) Herz!" Das Sanskritwort *Śrutisamstuta* unterstellt, daß die Macht und die Glorie der Weltenmutter nur von den Veden begriffen wurde. Es gibt vier Veden, und das Mantra könnte deshalb auch folgendermaßen ausgelegt werden: "Sie, die vier bekannte Glorien hat."

Die vier Aspekte, die Devīs Glorie zeigen, sind: die Person im Herzen (*Jīvapuruṣa*), die Person im Versmaß (*Chandaḥpuruṣa*), die Person in den Veden (*Vedapuruṣa*) und die Große Person (*Mahāpuruṣa*). Diese vier stehen in Analogie zu dem *jīva*, der Silbe *Om*, den Veden und dem [Universum,] *Virāṭ*.

Manchmal werden auch die folgenden vier *śaktis* als Devīs vierfältige Glorie angegeben: Geduld (*kṣamāśakti*), Erkenntnis (*jñānaśakti*), Festigkeit (*pratiṣṭhāśakti*) und Beherrschung (*nivṛttiśakti*).

930. मनस्विनी

Manasvinī

Sie, die wohlbekannt für Ihren Verstand ist.

Der Name *Manasvinī* sollte sorgsam betrachtet werden: Ihr Verstand wird gerühmt, weil er nicht dem normalen Muster folgt.

Normalerweise hängt jeder Mensch vom Verstande ab. Bei der Devī aber hängt der Verstand von Ihr ab.

931. मानवती

Mānavatī

Sie, die edlen, hohen Sinnes ist; Sie, die mit großem Ruhm bedeckt ist.

Māna bedeutet auch Maß sowie jenes, was nicht meßbar ist. Der Ruhm der Devi ist nicht meßbar. Verwenden wir den Wortsinn "Maß", dann ergäbe sich, daß die Devī Glück und Unglück zumißt und die Bilanz darüber führt.

932. महेशी

Maheśī

Sie, die Gemahlin von Śiva.

Daneben gilt: die große Beschützerin und ein Wesen, das von großen Persönlichkeiten angebetet wird.

933. मङ्गलाकृतिः

Maṅgalākṛtiḥ

Sie, die von glückbringender Form ist.

Also jemand, dessen Handlung (*kṛti*) glückbringend ist. Ihre "Handlung" besteht in der Erschaffung des Universums.

934. विश्व माता

Viśva mātā

Sie, die Mutter des Weltalls.

Viśva steht auch für Viṣṇu. Sie ist die Mutter von Viṣṇu. Der Ursprung aller drei Gottheiten - Brahmā, Viṣṇu und Śiva - liegt ja in der Gottesmutter.

935. जगद् धात्री
Jagad dhātrī
Sie, die Weltenmutter, die das All beschützt und bewahrt.

"Du bist der Herr, der täglich gibt, ohne zu irren, was wir an Nahrung und an Kleidung brauchen, der uns beschützt und uns gesegnet macht!"

936. विशालाक्षी
Viśālākṣī
Sie, die große Augen hat.

Das Mantra drückt die große Schönheit von Devīs Augen aus, unterstellt jedoch auch, daß es keinen Ort [in den Welten] gibt, den Ihr Blick nicht erreicht.

In Kāśi (Benares,Varanāsi) wird die Göttliche Mutter als Viśālākṣī verehrt.

937. विरागिणी
Virāgiṇī
Sie, die leidenschaftslos ist.

Sie hat keinen Wunsch nach irgend etwas. Da die Devī an nichts gebunden ist, hat Sie keine speziellen Interessen, denen Sie verhaftet wäre.

938. प्रगल्भा
Pragalbhā
Sie, die erfindungsreich-geschickt und zuversichtlich ist.

Die unfehlbaren Fähigkeiten, wie sie sich in den Akten der Schöpfung, der Erhaltung und der Zerstörung ausdrücken, sind hier gemeint. Wie wunderbar ist doch der kühne Erfindungsreichtum und die Geschicklichkeit bei der Erschaffung jedes einzelnen Dinges im Weltenall!

939. परमोदारा

Paramodārā

Sie, die über die Maßen großzügig ist.

Die Große Mutter schenkt die höchste Seligkeit. Das Mantra kann auch bedeuten, daß Devī den Ozean von *samsāra* überall erschafft.

Wieder können wir das Mantra zusätzlich als *aparamodārā* nehmen, was dann bedeuten würde: "Sie, die gegenüber den Armen und Elenden großzügig ist." Die Menschen im Elend verdienen gewiß Ihre Gnade, und die Devī erfüllt allen ihre Wünsche (*aparama*: jene, die die Gnade von Ramā, der Göttin des Reichtums, nicht erhalten; arm; *udārā*: großzügig).

940. परा मोदा

Parā modā

Sie, die über die Maßen fröhlich ist.

Āmoda heißt Freude, Wohlgeruch und Ruhm. Von allem besitzt Devī das Höchstmögliche. Sie verbreitet auch überall die größte Freude.

941. मनोमयी

Manomayī

Sie, die im Modus des Geistes pulsiert.

Der Modus des Geistes erscheint manifestiert wie auch unmanifestiert, d. h. Geist kann in einer Form oder ohne Form schwingen [der Elektrizität oder Energie vergleichbar].

"Dieser Bhairava, Śiva, ist Cidākāśa. Seine *spandaśakti* (Bewegungsenergie) besteht aus Manomayi", erklärt das *Vāsiṣṭha Rāmāyaṇa*. Das erste Pulsieren aller kosmischen Elemente (*tattvas*), von der Erde bis zu Śiva, wird *manomayi* genannt. Die Große Mutter also ist diese uranfängliche Bewegung oder Energieschwingung, *ādyaspanda*.

Im Rückblick auf das Mantra *Manorūpekṣukodaṇḍā* (Mantra 10) kann man sagen: Devī trägt eine Waffe, nämlich Ihren Geist. Mit dieser Waffe erobert und unterwirft Sie jeden. Dieser Ihr Verstandesgeist kann als anderer Begriff für Brahman verwendet werden.

942. व्योम केशी

Vyoma keśī

Sie, deren Haar der Himmel ist.

Die Beschreibung der Devī mit der Mondsichel im Haar folgt derselben Vorstellung. Das gilt auch für das Haupthaar Śivas. Śiva trägt darum den Beinamen Vyomakeśa. *Vyomakeśi* ist Śivas Frau. *Vyomakeśī* bedeutet, Sie beschützt (*īśi*) selbst Atome (*vyomaka*). Devī beschützt die Atome und bewirkt, daß sie sich in ihren vielen unterschiedlichen Erscheinungsformen und Reichen konstellieren.

Der jetzige Beiname spielt auch auf die kosmische Gestalt der Devī an, bei welcher der Äther (*vyoma* oder *ākāśa*) Ihr Haar bildet.

943. विमानस्था

Vimānasthā

Sie, die auf Ihrem himmlischen Wagen thront; Sie, die in Ihrem himmlischen Wagen mit den Göttern reist.

Vimānasthā bedeutet auch, daß Sie in einem besonderen, aus Licht gefertigten Wagen fährt. Der Wagen aus Licht läßt an sehr hohe Geschwindigkeiten denken. Devī, die in so einem Gefährt reist, vermag also jedem binnen eines Augenblicks Trost und Zuflucht zu geben, reist doch das Licht 300.000 Kilometer pro Sekunde.

Es fällt nicht leicht zu glauben, daß die alten Weisen Indiens bereits vor langen Zeiten die Lichtgeschwindigkeit berechnet hatten. In einem Kommentar zur *Ṛgveda* von Sāyana gibt es diesen Vers: "O Gott der Sonne, ich beuge mich vor Dir, der Du über die Entfernung von 2202 *yojanas* in einem halben Augenblick reisest!" Eine Berechnung von Professor G. Krishnamurti aus Madras ergibt einen Zahlenwert, der nahezu identisch ist mit dem modernen Maß der Lichtgeschwindigkeit!

Der "Wagen des Lichts" bedeutet ein helles oder strahlendes Licht. Dies weist uns auf die beiden Wagen *kiricakra ratha* und *geyacakra ratha* hin, die in füheren Mantren beschrieben wurden. Die Devī reist also in diesen strahlenden Wagen.

[...]

Vi kann "Abwesenheit, Nichtvorhandensein" bedeuten und *māna* heißt Maß. Unter Verwendung dieser Übersetzung bezeichnet *Vimānasthā* jemand, der/die im unmeßbaren, grenzenlosen Brahman beheimatet ist.

Setzen wir für *māna* den Begriff *pramāna,* so erhalten wir übersetzt "Beweismodus". Nun ist Wissen Devīs Natur. Sie existiert als Wissen in den *pramānas*, d. h. den verschiedenen Arten und Methoden der Erkenntnis, die da wären: *pratyakṣa* (direkte Sinneswahrnehmung), *anumāna* (deduktive Ableitung), *upamāna* (Analogie), *arthapathi* (zwingende Schlußfolgerung aufgrund eines gegebenen Sachverhalts) und *anupalabdhi* (Beweis aufgrund des fehlenden Gegenteils).

Sie wohnt weiterhin in den Veden (*vimānas*). Das Wort *vimānas* kann auch die vierzehn *vidyās*, d. h. Wissenszweige meinen. Devī ist ebenso in ihnen beheimatet. [Zur Erinnerung:] Die vierzehn Zweige des Wissens sind die vier Veden, die sechs Ergänzungsschriften dazu, die *Purāṇas* zusammengenommen, *nyāya* (philosophische Logik), *mīmamsa* (ein philosophisches System) und die Gesetzeskunde.

944. वज्रिणी

Vajriṇī

Sie, die Gemahlin von Indra.

Indra ist gleich Vajri, da er das *vajra*, den Donnerkeil/Blitzstrahl besitzt. Wenn die Devī in der Verkörperung Indrāṇīs erscheint, spielt Sie [konsequenterweise die Rolle von] Indras Gemahlin.

Sie trägt auch die *vajra*-Waffe (siehe Mantra 497) bzw. Schmückendes, reichlich verziert mit *vajra* (Diamant/en).

Vajra steht euphemistisch für Brahman. Das Wort verweist z. B. in dem Satz der *Śruti:* "das große Furchtbare hob *vajra* hoch", auf Brahman. (*Kaṭha Upaniṣad* II.iii.2) *Vajriṇī* bedeutet demzufolge so viel wie *Sakalabrahman*, Brahman mit Form.

945. वाम केश्वरी

Vāma keśvarī

Sie, die regierende Gottheit des Vamakeśvara Tantra.

Vāmakas heißen die Śakti-Verehrer des *vāma* (linken) Pfades, wie bereits vorhin angegeben. *Vāmakeśvarī* ist ihre Gottheit.

Vāmaka bedeutet dazu "Stammvater", der *Prajāpati*, das Haupt der Rasse. *Vāmakeśvari* ist demnach die Gottheit von Dakṣa und anderen *Prajāpatis*.

946. पञ्चयज्ञप्रिया

Pañcayajña priyā

Sie, die die fünf Opfer [des rechten Savyā-Pfades] liebt.

Die Veden belehren uns über die fünf *yajñas* (Opfer), nämlich *Agnihotra*, *Darśapūrnamāsa*, *Cāturmāsya*, *Goyajña* and *Somayajña*. Den *Smṛtis* zufolge sähe die Liste der fünf Opfer so aus: *Brahmayajña*, *Devayajña*, *Pitṛyajña*, *Manuśyayajña* und *Bhūtayajña*. Devī liebt solche Opferzeremonien und segnet die Opfernden.

Die Gruppen der Opferrituale, wie sie in den Veden und den *Smṛtis* aufgelistet sind, werden generell anerkannt, doch gibt es daneben noch einige andere Zusammenstellungen dieser fünf *yajña*-Formen. Um ein Beispiel zu nennen: Das *Pāñcarātrāgama* führt *Abhigamana* (Annäherung an Gott), *Upādāna* (Sammlung von Material für das Verehrungsritual), *Svādhyāya* (Studium der Schriften), *Ijyā* (Anbetung) und *Yoga* (Meditation) auf.

[...]

Erwähnt sei, daß die fünf Opferrituale auch als Anbetung von Mond, Erde, Himmel, Mann und Frau definiert werden.

947. पञ्च प्रेत मञ्चाधि शायिनी

Pañca preta mañcādhi śāyinī

Sie, die auf einem Lager aus fünf Toten ruht.

Früherenorts wurde erwähnt, daß Devīs Ruhebett Brahmā, Viṣṇu, Rudra und Īśvara als Bettbeine und Sadāśiva als Matratze hat (siehe Mantra 58). *Tripurasundarī* ruht auf dieser Lagerstatt. Ihre tiefe Meditation über die Göttliche Mutter läßt die fünf Gottheiten bewegungslos und leichenstarr werden. Bhāskarācārya zitiert aus dem *Bhairavāmala*: "Auf jenem großartigen und glückverheißenden Bett, dessen Kissen der erhabene Īśāna, dessen Beine Brahmā und andere, dessen Matratze Sadāśiva sind, ruht die allgroße *Tripurasundarī*, die Große Mutter." Auch Śaṅkara formuliert in *Saundarya Laharī* (Vers 92), "Brahmā, Viṣṇu, Rudra und Īśvara wurden zu den Beinen Deines Bettes und Sadāśiva wurde das reine weiße Linnen darauf."

948. पञ्चमी

Pañcamī

Sie, die die fünfte ist.

Nach Brahmā, Viṣṇu, Rudra und Īśvara kommt Sadāśiva als fünfter und größter; Devī ist Seine Frau und wird deshalb *pañcamī*, die fünfte genannt.

Anstelle von *Pañcamī* kann auch "Vārāhi" stehen. In diesem Fall bedeutet das Mantra, daß die Devī in der Form von Vārāhi erscheint.

Pañcamī wird weiterhin assoziiert mit *ānandabindu*, dem fünften von fünf *bindus* [Punkten] im Körper, dem "Seligkeitspunkt".

Außerdem soll *Pañcamī* den fünften Zustand jenseits *turīya*, der weiter oben beschrieben wurde (siehe Mantra 263), bezeichnen.

949. पञ्च भूतेशी

Pañca bhūteśī

Sie, die Göttin der Fünf Elemente.

Pañcabhūta bedeutet "Dinge, die aus den fünf [ursprünglichen-Elementen] entspringen", und *īśi* bezeichnet deren "Göttin". Die fünf Dinge, auf die hier angespielt wird, sind fünf edle Steine, die aus den fünf Elementen stammen: *indranīla* (ein blauschwarzer Stein) aus der Erde, *mauktika* (Perle) aus dem Wasser, *kaustubha* [der Edelstein des gequirlten kosmischen "Milchozeans"] aus dem Feuer, *vaiḍūrya* (Lapislazuli) aus der Luft und *puṣparāga* (ein roter Stein) aus dem Himmel. Devī trägt einen Schmuck namens Vaijayantī, der mit diesen besonderen Steinen und Perlen prangt.

Es gibt den Glauben, daß das Tragen einer Kette oder eines Rings mit Steinen, die *indranīla*-ähnlich sind, Glück bringt.

950. पञ्च सङ्ख्योपचारिणी

Pañca saṅkhyopacāriṇī

Sie, die mit fünf rituellen Dingen verehrt wird.

Die fünf Dinge sind Wohlgeruch (Sandelholzpaste), Blumen, Räucherwerk, Öl- oder Butterlicht und Speise.

951. शाश्वती
Śāśvatī
Sie, die ewig ist.

Die Weltenmutter wird ewig genannt, weil Sie in den drei Dimensionen der Zeit unverändert bleibt. Sie wird überdies in alle Ewigkeit verehrt.

952. शाश्वतैश्वर्या
Śāśvataiśvaryā
Sie, die die ewige Herrschaft besitzt.

Manchmal wird dieser jetzige Name im Hinblick auf einen früher angeführten als *īśāśvataiśvarya* ausgedrückt. Er wiederum läßt sich in *īśa* + *aśvata* + *aiśvaryā* trennen, was den Sinn ergäbe: "Sie, die die Herrschaft (*aiśvarya*) über Brahmā und andere Götter (*īśa*) inne hat und sie als (Reit-, Zug-) Pferde (*aśvatā*), als Beförderungsmittel benutzt."

953. शर्मदा
Śarmadā
Sie, die Spenderin von Glück.

Devī schenkt ein Glücksgefühl, das von Kummer, Sorgen, Weh und Angst unberührt ist.

954. शम्भु मोहिनी
Śambhu mohinī
Sie, die Śiva verzaubert.

Śiva ist der Feind von Kāma, des Gottes der Wunschbegierden. Aber die Schönheit der Devī ist so verzaubernd, daß selbst im Überwinder des Kāma die Begierde entflammt, nicht nur wegen der äußeren Attraktion, auch wegen der inneren. Um eben diese Ihre innere Schönheit zu schildern, schrieb Kālidāsa das fünfte Kapitel des *Kumārasambhava.*

955. धरा

Dharā

Sie, die Mutter Erde.

Das will z. B. besagen: Sie, die in Form des Elements Erde existiert; Sie, die Unterstützung von allem. Erinnern wir uns daran, daß das Erdelement (*pṛthivī tattva*) im *mūlādhāra* lokalisiert ist, die tragende Unterstützung aller anderen Chakren. So wie die Erde alles trägt, so trägt die Große Mutter die Himmelskörper an den Fingerspitzen, wie zum Sport und Spiel. Und darum heißt Sie *Dharā*, weil Sie "trägt".

[...]

956. धर सुता

Dhara sutā

Sie, die Tochter von Dhara (Himavat) - Pārvatī.

Dharasutā kann auch Sītā sein.

957. धन्या

Dhanyā

Sie, die großen Reichtum besitzt; Sie, die über die Maßen gesegnet ist.

Maṅgalā, Piṅgalā und Dhanyā sind drei in der *Jyotiṣa Śāstra* (Astrologie) häufig erwähnten *yoginīs.*

Bhāskarācārya bezieht sich auf die *Bhaviṣyottara Purāṇa*, wenn er die vier Arten von Gedanken beschreibt, die im menschlichen Bewußtsein kurz vor dem Tod ablaufen. Es sind: *ārta*, *raudra*, *dhanya* und *śukla*.

Ārta meint jene sorgenvollen Gedanken, die ums Geld, ums Haus, um die Frau, um die Kleidung und all die anderen Besitztümer kreisen - kurz gesagt, jene durch *Māyā* inszenierten Täuschungen. *Raudra* steht für Gedanken, die sich mit körperlichen oder seelischen Verletzungen, Qualen und Kümmernissen abgeben, wie sie sich während der Lebenszeit ereignet haben mögen. *Dhanya* bezeichnet die Kontemplation der tieferen Bedeutung von *Upaniṣaden-* und *Purāṇa*-Texten, die während des Lebens [auswendig] gelernt wurden. Schließlich umreißt der Begriff *śukla* die auf einen Punkt konzentrierte Meditation über die Leidenschaftslosigkeit, welche in der Yoga-Tradition beruht, und die Befreiung von der Versklavung durch die Sinne.

[Im Text heißt es weiter:] Die Menschen, die mit *ārta*-Gedanken sterben, werden in niedrigeren Lebensformen - Vögel, Tiere - wiedergeboren werden. Jene, die mit *raudra*-Gedanken sterben, werden in noch tieferstehenden Tierreichen reinkarnieren - Insekten und Würmer z. B.

Dhanya-Meditation zur Zeit des Todes hingegen führt zur Welt der Devas. Und diejenigen, die während des Eintretens des Todes in die *śukla*-Meditation versunken sind, erlangen den höchsten Zustand, ohne reinkarnieren zu müssen. Daher sollte der weise Mensch seinen Sinn auf den meditativen *śukla*-Pfad heften. Zumindest sollte der Verstand zu einem frühen Zeitpunkt in *dhanya* trainiert worden sein; dieser Pfad ist nicht schwierig. Das ist der Grund, warum die Devī *Dhanyā* genannt wird. Diese Ihre Erscheinungsform läßt sich leicht in der Vorstellung verankern.

958. धर्मिणी

Dharmiṇī

Sie, die rechtschaffen ist.

Die Tugenden, die große Menschen jedes Zeitalters pflegen, wie Wahrheitsliebe, Geduld, Achtung der moralischen Werte und Entsagung, heißen zusammengenommen *dharma*. Das *dharma* führt die Gesellschaft auf den rechten Pfad. Devī ist diesem *dharma* verbunden. "Ich werde in jedem Zeitalter zur Bewahrung der Gerechtigkeit geboren", so lautet das göttliche Gelübde. Devī erfüllt dieses Gelübde.

959. धर्म वर्धिनी

Dharma vardhinī

Sie, die Gerechtigkeit und Rechtschaffenheit fördert.

Dharma erfüllt die Gesellschaft nicht immer und überall, obgleich es auch nicht gänzlich verschwindet. Wie das Feuer in der Aschenglut bleibt es am Glimmen, um von Zeit zu Zeit wieder aufzuflammen und Helligkeit und Wärme auszubreiten. Die *Vāmana Purāṇa* erklärt uns, daß Beherrschung der Sinne, Reinheit, Wohlgesonnenheit und Devotion das *dharma* von Śiva, Devī und Sūrya (der Sonne) bilden.

960. लोकातीता

Lokātītā

Sie, die die Welten transzendiert.

Devī transzendiert alle Welten, von Indras bis zu Viṣṇus Welt, und residiert auf dem Mahākailāsa.

961. गुणातीता

Guṇātītā

Sie, die die guṇas transzendiert.

Die [jeweilige individuelle] Mischung der drei *guṇas* entscheidet über die Eigenschaften des Einzelnen. Wir können an den *sāttvischen* Vibhīṣana, den *rājasischen* Rāvana und den *tāmasischen* Kumbhakarna denken, die drei Brüder waren. Die Göttliche Mutter bleibt jenseits dieser *guṇas*. Solange Verstand und Gemüt im Menschen existieren, bleibt es ihm versagt, die *guṇas* gänzlich zu transzendieren, da sie dem Verstand und dem Gemüt als deren Natur und Kategorien eingeboren sind. Der "Mind" vermag nur solche Dinge zu erfassen, die - wie er - aus den *guṇas* bestehen.

962. सर्वातीता

Sarvātītā

Sie, die alles transzendiert.

Devī steht jenseits aller göttlichen Formen. Es wurde bereits mehrmals gesagt, daß Sie auch über Brahmā, Viṣṇu und Śiva hinausgeht.

963. शमात्मिका

Śamātmikā

Sie, deren Natur Friede und Glückseligkeit ist.

Śamātmikā charakterisiert "jemand, der aus *śama* (Friede, Ruhe) besteht, mit einem Wesen voll *śam* (Seligkeit)". Glückseligkeit zeichnet die innere Natur des Selbst aus, und die Göttliche Mutter ruht im Selbst.

Das jetzige Mantra kann, etwas modifiziert, so verstanden werden: Das Weltall gründet auf Widersprüchen und Differenzen. Eben darum gehören Konflikte zu seiner Natur. Wohl bildet das gesamte All die Form der Weltenmutter, doch berühren Sie die Divergenzen und Konflikte dieses Universums nicht. Kṛṣṇa erklärt in der *Gītā* (II.70): "So wie die Gewässer verschiedener Flüsse in den Ozean fließen, und dieser, obgleich nach allen Seiten hin voll, davon ungestört bleibt, genauso erlangt jener inneren Frieden, in den alle Wünsche und Freuden einmünden und sich dann auflösen. Nicht aber jener erlangt den Frieden, der nach Erfüllung seiner Wünsche giert."

Das Meer wird durch den allseitigen Zufluß unsauberer Gewässer nicht verschmutzt. [Übertragen auf's Menschliche also:] Jener Mensch erlangt Friede, in dem die Wunschkonflikte keine Erregung schaffen. Und dieser *śama,* dieser Friede charakterisiert Devīs innere Qualität.

964. बन्धूक कुसुम प्रख्या

Bandhūka kusuma prakhyā

Sie, die der bandhūka-Blume in Schönheit und Anmut gleicht.

Bandhūka ist eine hellrote Blume. Erinnert seien Beschreibungen wie *Sindūrārunavigraha* und *Dādimīkusumaprabhā.*

965. बाला

Bālā

Sie, die nie die kindliche Natur aufgibt.

Die Natur eines Kindes ist Reinheit. "O Geliebte, weil Du spielst wie ein Kind, wirst Du *Bālā* (kleines Mädchen) genannt", heißt es in der *Tripurasiddhānta.* Devī ist *Bālā,* weil Sie nie Ihr kindliches Spielen aufgibt.

Bālā kann auch eine Jungfrau, ein junges Mädchen bezeichnen. Kanyākumāri ist eine berühmte Gottheit [am Südkap Indiens], die die Große Mutter repräsentiert. In dieser Bedeutung besagt das Mantra dann, daß Devī auf ewig [auch] in der Gestalt eines jungen Mädchens erscheint.

966. लीला विनोदिनी

Līlā vinodinī

Sie, die sich des kosmischen Spiels erfreut.

Die Weisen sagten, daß die Erschaffung des Universums ein göttliches Spiel (*līlā*) der Göttlichen Mutter ist; Erschaffung, Erhaltung und Auflösung gelten als Ihr Sport und Zeitvertreib.

Bhāskarācārya erzählt [im Zusammenhang mit dem jetzigen Beinamen] eine Geschichte aus dem Buch *Yogavāsiṣṭha*. Es war einmal ein König namens Padmarāja. Seine Frau Līlā war eine große Verehrerin der Devī. Als ihr Mann von unzeitgemäßem Tod getroffen wurde, betete sie zur Devī, ihn ins Leben zurückzubringen. Die Göttliche Mutter gab ihr den Gemahl zurück und machte sie überglücklich. Und da Sie also Līlā glücklich machte, wird Sie auch *Līlāvinodinī* genannt.

Lakṣmī trägt den Beinamen Līlā. Devī erfreut Lakṣmī und trägt den Namen *Līlāvinodinī* ebenso aus diesem Grund.

967. सुमङ्गली

Sumaṅgalī

Sie, die ewig Wohltuende. (Sie, die nie Witwe wird.)

"Nur wohltuende Handlungen zu tun und alle verachtenswerten zu meiden, das wird von den Weisen *maṅgala* (glückbringende Förderlichkeit) genannt." In *Sumaṅgalī* klingt diese wohltuend-glückbringende Natur an.

Maṅgala ist ein Synonym für Brahman. So ist Devī nichts anderes als Brahman.

968. सुख करी

Sukha karī

Sie, die Glücklichsein spendet.

Gründe für das Glücklichsein sind materielle und spirituelle Segnungen. Die Gottesmutter schenkt Ihren Verehrern ein Glücksgefühl, das auf dem Dharma und der Gerechtigkeit beruht.

969. सुवेषाढ्या

Suveṣāḍhyā

Sie, überaus anmutig in reichem, schönem Gewand und Schmuck.

Die reiche Schönheit Ihres Aufzugs liegt nicht im oberflächlichen Glanz, sondern in Einfachheit, Reinheit und Dezentheit. Das Mantra will besagen, daß die Devī in Ihrem glücksbringenden Gewand und Schmuck edel und anmutig erscheint.

970. सुवासिनी

Suvāsinī

Sie, die für immer gut verheiratet ist [mit Parameśvara/ Śiva].

Suvāsinī ist die Bezeichnung für eine Frau, die immer in glückstrahlende und schöne Gewänder gekleidet ist. Einer Witwe wird solche Kleidung von der Tradition nicht gestattet. Śrī Parameśvaras Gemahlin wird nie Witwe sein. Parameśvara steht hier für Brahman. Die Göttliche Mutter wird auch nicht bei der kosmischen Auflösung zur Witwe, da Brahman jenseits der Zeit ist und nie dem Tod begegnet.

971. सुवासिन्यर्चन प्रीता

Suvāsinyarcana prītā

Sie, der die Rituale der Verehrung gegenüber verheirateten Frauen wohlgefällig sind.

In bestimmten tantrischen Riten werden verheiratete Frauen (*sumaṅgalis*) als Devī verehrt. Śrī RāmaKṛṣṇa führte so ein Ritual durch. Das Mantra kann durchaus interpretiert werden als "Sie, der die *Sumaṇgalī Pūja* wohlgefällig ist."

972. आशोभना
Āśobhanā
Sie, die nach allen Seiten immer strahlt.

Śobhanā steht gleichbedeutend für glückbringend, wohlhabend und schön. Fürwahr - Devī verkörpert all diese Qualitäten.

973. शुद्ध मानसा
Śuddha mānasā
Sie, die reinen Geistes ist; die den Geist Ihrer Verehrer reinigt.

Was bedeutet ein "reiner Geist"? Śrī Kṛṣṇa spricht in der *Gītā* (II.45) darüber: "Die Veden handeln von den drei *guṇas*. O Arjuna, befreie dich von den drei *guṇas* und von allen Gegensatzpaaren und bleibe immer in *sattva* verankert. Frei von allen Gedanken an Erwerb und Sicherung des Erworbenen, derart verwurzele dich im Selbst."

Die ritualistische Sektion der Veden handelt über die drei *guṇas* und den Wunsch nach den Früchten, der bei der Ausführung solcher vedischer Rituale immer erhalten bleibt. Die wahre Erfüllung des Lebens besteht darin, von den Gegensatz-Paaren freizuwerden und ständig in der [gegensatzlosen, nichtdualistischen] Wahrheit zu weilen. Den Verstand von einem Tun, das nur durch die drei *guṇas* motiviert ist, abzuwenden und ihn auf das Selbst zu richten - die immerwährende Seligkeit -, das ist wahre geistige Erhebung. Und in diesem Zustand dauernd zu bleiben, das ist wahre Reinheit des Geistes. Falls es in diesem Zustand einen Verstand gibt, so ist er der drei *guṇas* entleert und dafür erfüllt von der Essenz des Selbst. Dieser Zustand, erworben nach einer langen Periode der Beherrschung und des *sādhana,* bezeugt dann die letzte Realisierung des Selbst, welches für immer in der Wahrheit wohnt. - Da die Devī permanent in diesem Zustand sich befindet, erhielt Sie den Beinamen *Śuddhamānasā*, "die reinen Geistes ist".

974. बिन्दु तर्पण सन्तुष्टा

Bindu tarpaṇa santuṣṭā

Sie, die sich über Opfergaben an den Bindu freut.

Bindu bezieht sich auf das *sarvānandamaya cakra* im *Śrīcakra. Tarpaṇa* bedeutet hier, *pūja* für das Chakra durchzuführen und Opfergaben zu spenden, im Rahmen vorgeschriebener Regeln.

Nicht nur in menschlichen Beziehungen - auch in Beziehung zum Göttlichen erscheint es wichtig, den Regeln der Verehrung und des Dienstes für andere zu folgen. Amma sagt oft: "Nur der Faulste wird meinen, 'Regeln und deren Respektierung sind sinnlos, ich werden ihnen nie folgen.'" Wie schon bemerkt, ist das Leben keine intellektuelle Angelegenheit, sondern eine emotionale. Einem Kind seinen Namen zu geben, ihm zum ersten Mal festes Essen zu füttern, seinen ersten Geburtstag zu feiern und so viele andere Rituale mehr - all dies sind Mittel, durch die Gefühle gezeigt und ausgedrückt werden können. Das Kind wird auch ohne diese Riten wachsen und verlangt normalerweise auch gar nicht nach ihnen. Doch sind sie eben wichtig in sich selber. Rituale werden also benötigt, unpassende Rituale jedoch müssen weichen. Sie werden von Zeit und Umständen geprägt, und so korrigieren weise Menschen von Zeit zu Zeit unbekömmliche Rituale. Dies ist der Gottesmutter wohlgefällig.

Bindu bedeutet auch Intelligenz. [Dem folgend, können wir interpretieren,] daß Devī sich über die Verehrung durch weise Menschen freut.

975. पूर्वजा

Pūrvajā

Sie, die vor allen anderen existiert - die Erstgeborene.

"O Saumyā, dieses reine *Sat* (Brahman) ist wahrlich das, was zuerst existierte", sagt die *Śruti*. Es ist das gleiche Brahman, das in Form der ursprungshaften *Prakṛti* (*mūlaprakṛti*) den Schöpfungsprozeß fortsetzt. Der Name *Pūrvajā* meint diese *mūlaprakṛti*.

Pūrvajā bedeutet auch das erste Pulsieren der uranfänglichen Śakti bzw. die erste Schöpfung.

976. त्रिपुराम्बिका

Tripurāmbikā

Sie, die Mutter der Tripuras (der drei Städte).

Tripura bezeichnet einmal die Zustände des Wachens, Träumens und Schlafens. Devī hat diese Zustände erschaffen und wird daher Tripurāmbika genannt. Die drei Körper - physischer, feinstofflicher und kausaler - werden euphemistisch auch mit "Tripuras" oder "die drei Städte" umschrieben. Devī ist ihre Mutter. "Die Seele, die in den drei Städten (*puras*) spielt", formuliert die *Śruti* und assoziiert dabei den *jīva*, der im physischen, feinstofflichen und kausalen Körper spielt.

Das *Śrīcakra* besitzt neun Chakras, vom *trailokyamohana* bis zum *sarvānandamaya*, wie an füherer Stelle beschrieben. Jedes Chakra beginnt mit einem Dreieck. Fünf abwärtsweisende Dreiecke werden als Śakti-Dreiecke (*Śaktikonas*) und vier aufwärtszeigende als Śiva-Dreiecke bezeichnet. Den *Śaktikonas* entspringen die fünf Elemente und den *Śivakonas* die vier Tattvas - Māyā, Śuddhavidyā, Maheśvara und Sadāśiva. Aus diesen fünf Elementen und jenen vier Tattvas bildet sich die Gestalt des Universums. Aus den *Śaktikonas* entstehen weiter Haut, Blut, Fleisch, Fett und Knochen. Aus den *Śivakonas* formen sich Rückenmark, Samen, Lebensenergie und *jīva*. Jedes Dreieck besitzt eine Tripura und jeder Tripura ist ein Mudrā zugeordnet. Die Tripuras sind der Reihe nach: Tripura, Tripureśvari, Tripurasundarī, Tripuravāsini, Tripurāśri, Tripuramālini, Tripurāsiddhi, Tripurāmbika und Mahātripurasundarī. Tripurāmbika ist dabei die achte Gottheit. Das jetzige Mantra stellt fest, daß Devī in Gestalt dieser Śakti auftritt.

977. दश मुद्रा समाराध्या

Daśa mudrā samārādhyā

Sie, die durch zehn mudrās (rituelle Finger- und Handhaltungen) verehrt wird.

Der Tantra-Experte M.P. Pandit bespricht die *mudrās*: "*Mudrās* sind die Sprache, durch die der Körper des Beters zur Gottheit spricht. Mantren drücken das hingebungsvolle religiöse Gefühl seines Herzens aus und *mudrās* drücken das Gefühl und die Spannung dieser Devotion körperlich aus. Es reicht eben nicht, die Hingabe im Herzen festzuhalten, sie soll auch ausgedrückt werden. *Mudrās* - Bewegungen und Haltungen der Finger und Hände - sind wie Gaben der Seele. Sie unterstützen die Selbsthingabe und die geistige Konzentration. Jedes *mudrā* ist mit der Gegenwart der Gottheit erfüllt."

Hier folgen die zehn *mudrās*:

sarvasaṅkṣobhini (das, was alle erregt)
sarvavidrāvinī (das, was jeden treibt)
sarvākarṣini (das, was jeden anzieht)
sarvavaśaṅkari (das, was alle unter Kontrolle bringt)
sarvonmādinī (das, was jeden irreführt)
sarvamahankuśa (das, was jeden inspiriert und erweckt)
sarvakhecari (das, was am Himmel reisen läßt - die *sādhaks* erfahren manchmal ein "Fliegen ohne Flügel")
sarvabīja (der Same von allem)
sarvayoni (der Ursprung von allem; dieses *mudrā* wird als das wichtigste erachtet, da es dem *Bindu* zugehört)

sarvatrikhaṇḍā: das letzte *mudrā* schließt das *Śrīcakra* in seiner Gesamtheit ein. Es erstreckt sich auf die drei Regionen des *Brahmarandra, Manipúra* und *Múlḍdhḍra.*

Die Schrift *Pūjā Paddhati* beschreibt die *mudrās* im Detail. Devī wird mit allen zehn *mudrās* angebetet.

978. त्रिपुराश्री वशंकरी

Tripurāśrī vaśaṅkarī

Sie, die Tripurāśrī kontrolliert.

Wie unter Mantra 976 erwähnt, heißt die fünfte unter den *Tripuras* Tripurāśrī. Sie wohnt im *sarvārdhasādhaka,* dem fünften Chakra des *Śrīcakra.*

979. ज्ञान मुद्रा

Jñāna mudrā

Sie, in der Form des jñānamudrā (Fingerhaltung der Weisheit).

Dieses *mudrā* heißt auch *cinmudrā.* Bei ihm formen Daumen und Zeigefinger einen Kreis, während die anderen drei Finger sich gerade wegstrecken. Das *mudrā* kann auf den bildnerischen Darstellungen vieler Gottheiten gesehen werden [hinduistischer wie buddhistischer Herkunft].

Das Mantra bedeutet auch: "Sie, die die Seligkeit (*mud*) des Wissens (*jñāna*) gibt (*ra*)."

980. ज्ञान गम्या

Jñāna gamyā

Sie, die durch den Yoga des Wissens/ die yogische Erkenntnis erreicht wird.

Śrī Bhāskarācārya zitiert eine Passage aus der *Kūrma Purāṇa,* in der Devī spricht: "Meine nicht bedingte Form - Reines

Bewußtsein und Göttliches Wohlwollen (*śivam*), frei von allen Begrenzungen, unendlich, unsterblich und allerhöchst - ist allein durch Weisheit zu erreichen. Jenen Höchsten Ort kann man also nur schwer betreten. Die weisen Menschen aber, die glauben, der yogische Erkenntnisweg sei der beste, sie kommen zu Mir."

Wie fest man auch das Wissen über Brahman im Verstand verankert, man wird deshalb nicht Brahman erfahren, denn der Verstand, die Sinne, der ganze Körper arbeiten unter Bedingungen und inherenten Beschränkungen (*upādhis*). Nur eine Einsicht, die die Sinne transzendiert und sich frei von jenen Beschränkungen gestaltet, kann sich zu dieser Brahman-Realisierung ausweiten.

981. ज्ञान ज्ञेय स्वरूपिणी

Jñāna jñeya svarūpiṇī

Sie, die sowohl Wissen wie Gewußtes, Erkennen wie Erkanntes ist.

"Der Verstand muß so still werden wie das Auge, das - nachdem es eins nach dem anderen gezählt hat und es nichts mehr zu zählen gibt - übrig bleibt."

Jñeya (das, was gewußt wird) steht also für das, was gezählt werden kann. Nachdem alles gezählt wurde, bleibt nichts zu zählen übrig, nur *jñāna* (das Wissen selbst), das "Auge", das zählte, verbleibt.

Der allseits bedingte *jīva* (*samsārin*) ist die Instanz, die prüft und zählt. Wenn auch die bedingenden Faktoren - die *upādhis,* wie z. B. der Körper - geprüft und gezählt worden sind, bleibt nur der *jīva* in Form von *jñāna* übrig. "*Jīva = Brahman*", verkündet darum Śaṅkara. Demzufolge bedeutet unser aktuelles Mantra eigentlich: "Sie, die die Gestalt des Selbst wie des Nicht-Selbst besitzt."

982. योनि मुद्रा
Yoni mudrā
Sie, die in Gestalt der yonimudrā (Fingerhaltung, die die Schöpfung symbolisiert) erscheint.

Das ist das neunte von den zehn *mudrās,* die weiter oben aufgelistet sind.

983. त्रिखण्डेशी
Trikhaṇḍeśī
Sie, die Regentin des zehnten mudrā, des trikhaṇḍa.

Die drei hier gemeinten *khaṇḍas* (Regionen) sind: das *soma-, surya-* und *agnikhaṇḍa* (Region der Sonne, des Mondes und des Feuers). Dies wären die generellen Sektionen, in die die Mantren eingeordnet sind. Devī steht ihnen als Gottheit vor. Speziell können mit diesem Beinamen auch die drei *kūṭas* oder Teile des *pañcadaśi* (des 15silbigen Mantras) gemeint sein, dessen Gottheit, wie öfters angemerkt, auch die Devī ist.

984. त्रिगुणा
Triguṇā
Sie, die mit den drei guṇas von sattva, rajas und tamas versehen ist.

Die früheste Erwähnung der *guṇas* findet sich in der *Sāṅkhya*-Philosophie. In der Natur ist alles aus den drei *guṇas* komponiert. Zwar variieren die Mischungsverhältnisse, doch kombinieren sich die drei ausnahmslos in jedem Objekt der Natur. Deshalb wird die Große Mutter Natur (*prakṛti*) *Triguṇā* genannt.

Bhāskarācārya zitiert aus den *Purāṇas,* die dies stützen: ”Devī, die Yogeśvari ist, erschafft und zerstört in Ihrem Spiel die Formen und erscheint in der Formenvielfalt samt ihren unzähligen Funktionen und Namen. Sie ist von Natur dreifältig und wird daher *Triguṇā* genannt." (*Vāyu Purāṇa*) Und weiter: "Ich verehre diese ewige Kraft, welche den drei *guṇas* zugrundeliegt und allen Wesen innewohnt." (*Viṣṇu Purāṇa*)

985. अम्बा

Ambā

Sie, die Mutter aller Wesen; Mutter des Universums.

Im Tantra wird dieser Name als *mantrajīva,* als Seele der Mantras gesehen. Die drei *guṇas* bewirken sowohl alle Energien wie die Gestaltungsformen der Energien wie auch das ganze Universum. Und die Große Mutter, Devī, Ambā, ist die Ursache der *guṇas* selbst.

986. त्रिकोणगा

Trikoṇagā

Sie, die im Dreieck residiert.

Damit ist das *yonicakra* des *Śrīcakra* gemeint.

987. अनघा

Anaghā

Sie, die ohne Sünde ist.

Sünde und Verdienst (*pāpa* und *puṇya*) sind Resultate des Tuns. Devī ist ohne Sünde und ohne Verdienst, obwohl Sie doch auf alle erdenkliche Art Zerstörung (*nigraha*) wie Segnung (*anugraha*) verteilt.

Die *Gītā* (II.48) erklärt: "Beständig im Yoga verankert, führe deine Handlungen aus, o Dhananjaya, lasse jede Verhaftung fallen und bleibe gleichmütig in Erfolg wie Mißerfolg, denn die Ausgeglichenheit des Geistes ist es, die Yoga genannt wird." Weder Sünde noch Verdienst ergeben sich aus Handlungen, die im Yoga verankert sind. Dies ist der Grund, warum Devī sündenfrei ist.

988. अद्भुत चारित्रा

Adbhuta cāritrā

Sie, deren Wege und Taten wunderbar sind.

Das Wort *cāritrā* bedeutet "zur Geschichte (*caritra*) gehörig" wie auch "eheliche Treue". Und in der Tat rufen Devīs Geschichte und Ihre Treue größte Bewunderung und größtes Staunen hervor. Das ganze Oeuvre der *Devī Purāṇa* ist eine große Schilderung Ihrer wunderbaren Taten. Man braucht nach keinem überzeugenderen Zeichen Ihrer Treue zu suchen, als es im *ardhanārīśvara*-Konzept bereits vorliegt und als es so klar illustriert wird im Namen *Kāmeśa jñāta saubhāgya mārdavoru dvayānvitā* (Mantra 39).

Bhāskarācārya interpretiert dieses Mantra etwas anders, nämlich so: "Sie, die vor den Folgen von Naturkatastrophen, wie Erdbeben, Blitzeinschlägen und Stürmen, beschützt."

989. वाञ्छितार्थ प्रदायिनी

Vāñchitārtha pradāyinī

Sie die alle gewünschten Dinge spendet.

Das schließt weltliche wie spirituelle Wünsche ein. Devī erfüllt die Wünsche der Devotees in allen vier Lebensstadien (*brahmacārya, gṛhastha, vānaprastha* und *sannyāsa*) großzügig, und das gilt auch für das höchste Lebensziel, das zu erreichen der Wunsch des *sannyāsi* ist.

990. अभ्यासातिशय ज्ञाता

Abhyāsātiśaya jñātā

Sie, die nur nach langwierig-harter Ausübung spiritueller Disziplin erfahren wird.

Nur durch langes und beständiges Praktizieren (*abhyāsātiśaya*) aller acht Yogapfade (siehe Mantra 254) ist die Devī zu erkennen (*jñāta*).

Alternativ: "Sie, die durch beständige Praxis (*abhyāsa*) überaus gut bekannt wird (*atiśayajnāta*)."

"Sie, deren Glieder das Wissen sind, deren Körper aus allen *śāstras* besteht und deren Sitz das Herz ist, eben diese Devī kann durch beständige Übung erkannt werden. Sie tut sich kund, wenn es zur Vereinigung mit dem Selbst kommt", erklärt die *Brahmāṇḍa Purāṇa*.

991. षडध्वातीत रूपिणी

Ṣaḍadhvātīta rūpiṇī

Sie, deren Form die sechs Pfade transzendiert.

Die "sechs Pfade" sind Worte (*padadhva*), Welten (*bhuvanadhva*), Buchstaben (*varṇadhva*), die philosophischen Systeme (*tattvadhva*), die Künste, wie z. B. Musik (*kalādhva*), und die Mantren, wie das *pañcadaśi* und das *gayatrī* (*mantrādhva*). Doch die wirkliche Gestalt der Göttlichen Mutter wird über keinen dieser Pfade gefunden - sie findet sich jenseits davon. Nachdem die Bhavatārinī Devī im Āśram Tempel installiert worden war, sagte Amma zu ihren Kindern: "Heute haben wir hier ein Bildnis aufgestellt. Aber meine Kinder, ihr solltet nicht nur dieses Bildnis sehen, sondern die wesentliche Wahrheit dahinter." Auf diese wesentliche Wahrheit bezieht sich das "jenseits" der sechs Pfade. Zwar werden diese Pfade beschritten, um die Devī ein wenig kennenzulernen; Ihre wahre Natur enthüllt sich dabei jedoch nicht.

Man spricht auch von sechs devotionalen Pfaden: der Pfad von Śiva, Viṣṇu, Durga, Bhāskara (Sonne), Gaṇapati und Indu (Mond). Die Schrift *Kulārṇava* erklärt, daß der Gläubige, der den Geist mit zu einem dieser Pfade gehörenden Mantren reinigt, das Wissen über Kulā (Devī) erhält. Doch impliziert unser jetziges Mantra, daß Devīs wahre Realität jenseits der Reichweite dieser devotionalen Pfade liegt.

Auch die sechs Systeme der [indischen] Philosophie stellen Wege der Wahrheitserkenntnis dar. Nochmals ist zu betonen: diese

Systeme sind lediglich Wege - die Göttliche Mutter ist das Ziel. Und Ihr eigentliches Wesen (*svarūpa*) webt und wirkt jenseits all dieser Wege.

992. अव्याज करुणा मूर्तिः

Avyāja karuṇā mūrtiḥ

Sie, die reines Mitgefühl ist.

Devī ist die Verkörperung unvermischter Gnade und reinen Mitgefühls. Mutter ist nichts als Freundlichkeit. Wie leicht passiert es den Kindern - von den Wünschen nach weltlichen Dingen in alle erdenklichen Richtungen gezogen -, daß sie in ihren Wegen irren. Und sie wissen dann gar nicht, daß sie irrten. Unbegrenztes und unvermischtes Mitgefühl ist nötig, um all diese Fehler zu vergeben. Die andauernde Ablenkung durch die Kinder und deren Fehltritte vermindern die Freundlichkeit einer Mutter überhaupt nicht. Tatsächlich zeigt eine Mutter größere Liebe und größeres Mitleid gegenüber einem Kind, das seinen Weg verloren hat. Dies ist der wahre Beweis von zärtlichem Wohlwollen.

993. अज्ञान ध्वान्त दीपिका

Ajñāna dhvānta dīpikā

Sie, das helle Licht, das die Dunkelheit der Unwissenheit zerstreut.

Dieses Mantra stellt Devī in der Form des Guru vor. Die Dunkelheit des Unwissens kann nur durch das Licht des Wissens zerstreut werden. "*Gu* bedeutet Dunkelheit und *ru* bezeichnet jemand, der sie auflöst. Wer also die Dunkelheit aufzulösen vermag, ist als Guru bekannt", wie es die Weisen beschrieben. "Viele Prostrationen vor dem Guru, der die Augen - blind sind sie vor Ignoranz - öffnet mit einer Nadel, die mit der Heilsalbe des Wissens bedeckt ist!"

994. आबाल गोप विदिता
Ābāla gopa viditā
Sie, die allen wohlbekannt ist, selbst den Kindern und den Kuhhirten.

Es gibt niemand, vom größten Gelehrten bis zum Idioten, der nicht gelegentlich das Wort "Mutter" ausspricht. Devī ist eben DIE Mutter. Das Kind, das keinen anderen Menschen kennt, wird seine Mutter kennen. MUTTER wird von allen gekannt.

Bāla bezieht sich auf Brahmā und *Gopa* auf Sadāśiva; dementsprechend [erhalten wir als Übersetzung]: Die Göttliche Mutter ist allen bekannt, von Brahmā und Sadāśiva bis zum unwissenden Kuhhirten.

Bālagopa ist gleichzeitig Kṛṣṇa, das *Paramātman*. Für Śrī Kṛṣṇa (ein *pūrṇāvatāra,* eine perfekte Verkörperung des Höchsten Wesens) ist die Große Mutter nichts anderes als Sein eigenes Selbst. Es gibt niemand, der nicht das "Ich" genannte Selbst kennt. Die einzige Meinungsverschiedenheit entsteht wegen der Frage, auf wen sich dieses "Ich" bezieht! Unser aktuelles Mantra besagt, daß rundherum jeder - angefangen bei jenem, der über die identische Gleichheit von "Ich" und Brahman oder der Ursprungskraft des Universums weiß, und geendet bei diesem, der das "Ich" für den auf seinen physischen Körper stolz fixierten *jīva* hält - jeder also die Devī gut kennt. (Sie repräsentiert das Wissen in all seinen Formen, von den groben bis zu den subtilen.)

Go bedeutet Wissen oder Intelligenz. *Gopa* heißt jemand, der das Wissen hütet, ein Gelehrter. Devī ist sowohl dem Kind wie dem Gelehrten bekannt. Der einzige Unterschied liegt in der Art dieses "Kennens", aber dieser Unterschied ist nicht wichtig: Devīs mütterliche Liebe ist für alle gleich, und alle sind darauf stolz, Sie zu kennen.

995. सर्वानुल्लङ्घ्य शासना

Sarvānullaṅghya śāsanā

Sie, deren Befehlen sich niemand widersetzt.

Wer kann Mutters Befehlen widerstehen? Von Brahmā bis zum niedrigsten Insekt stehen alle unter Ihrem Szepter. Alle Körper des Himmels tanzen zu Ihrer Musik ohne die geringste Abweichung.

Alle lebenden Wesen sind wie Fische, in einem großen Netz gefangen. Es ist nur so, daß sie es nicht wahrnehmen, bis das Netz an Land gezogen wird. Doch dann ist es zu spät. Im Netz finden sich kleinere Fische in den Mäulern größerer. Und die großen Fische fressen die kleineren, ohne zu sehen, daß große wie kleine im Netz gefangen sind! Beide enden außerhalb des Wassers, am Ufer. So sieht das Drama des Lebens aus. Der Mensch gleicht dem Fisch. Falls ihm klar wird, daß er im Netz gefangen ist, kann er rausschlüpfen und frei ins unbegrenzte Meer schwimmen. Aber das gelingt nur ein, zwei Fischen unter einer Million. Die Große Mutter, wiewohl unnachgiebig in Ihren Prinzipien, wird sie willkommen heißen mit unendlichen Wellen, die Ihre Hände sind.

Bhāskarācārya erinnert in diesem Zusammenhang an Vers 24 der *Saundarya Laharī*: "Brahmā erschafft die Welt, Viṣṇu beschützt sie und Rudra zerstört sie. Īśa verbirgt diese drei Gottheiten in sich und verbirgt dann seinen eigenen Körper. Und Sadāśiva empfängt Deinen Befehl - Du gibst ihn mit einer kurzen Bewegung Deiner Augenbrauen - und drückt dann Seine Billigung und Seinen Segen für Brahmā und die anderen zu deren Aufgaben aus."

Sollen wir diese Beschreibung nun als Mythos abtun, sie uns gläubig zu Herzen nehmen oder sie logisch analysieren? Das mag wohl nur im Licht der eigenen Erfahrung entschieden werden können.

996. श्रीचक्र राज निलया
Śrīcakra rāja nilayā
Sie, die im Śrīcakra, dem König der Chakren wohnt.

Das *Śrīcakra* stellt die Vereinigung von Śiva und Śakti symbolisch dar. Fünf Śakti-Chakren weisen nach unten, vier Śiva-Chakren weisen nach oben, und insgesamt formen sie den Körper von Śiva-Śakti. Der "König aller Chakren" ist der Verweilort der höchsten Herrscherin Parāśakti.

Die Śakti-Chakren heißen *Trikoṇa*, *Ashṭakoṇa*, *Antardaśāra*, *Bahirdaśāra* und *Caturdaśāra*. Die Śiva-Chakren sind *Bindu*, *Aṣṭadala*, *Ṣoḍaśadala* und *Caturaśra*. Das *Srīcakra* wird mit mehreren Namen bezeichnet, wie *Cakrarāja*, *Navayonicakra*, *Tricatvārimśatkoṇa* (43 Dreiecke beinhaltend), *Viyatcakra* und *Matṛkacakra*.

997. श्रीमत् त्रिपुर सुन्दरी
Śrīmat tripura sundarī
Sie, die Göttliche Tripurasundarī Devī.

Tripura ist Śiva und *Tripurasundarī* Seine Frau.

Dem Begriff *Tripura* sind viele Bedeutungen zugeordnet, z. B. die Dreiheit Brahmā-Viṣṇu-Maheśvara; die drei Opferfeuer (*gārhapatya, āvāhaniya* und *dākṣiṇa*); die drei Kräfte des Willens, des Wissens und der Tat; die drei Welten (Erde, Himmel und Unterwelt); das *gāyatri*-Versmaß (mit drei Zeilen pro Vers); die drei göttlichen Welten von Kailāsa, Vaikuṇṭha und Satyaloka; die drei *varṇas* oder Kasten (*brāhmaṇa*, *kṣatriya* und *vaiśya*); die drei *guṇas* usw. All diese Triaden werden als *Tripura* bezeichnet.

Die *Kālika Purāṇa* erläutert *Tripura* unter Bezug auf die Trinität von Brahmā, Viṣṇu und Rudra. "Maheśvara teilte Seinen Körper aufgrund Seines freien Willens in drei Teile: der Kopf wurde zu Brahmās Körper mit fünf Gesichtern, vier Armen und einer Hautfarbe, die so weiß wie der Samenbeutel der

Lotusblume ist. Der Oberkörper wurde zum Körper von Viṣṇu, mit einem einzigen Gesicht, blauer Hautfarbe und vier Armen und Händen, die das Muschelhorn, den Diskus, den Knüppel und den Lotus halten. Der Unterkörper wurde zu Śivas Körper, mit fünf Gesichtern, einer Hautfarbe gleich weißen Wolken und der Mondsichel im verfilzten Haar. Da Maheśvara sich also derart in diese Dreiheit verwandelte, ist Er als Tripura weit bekannt." *Tripurasundarī* ist die Gemahlin dieses Tripura. Und Sie ist die Śakti des ganzen Kosmos.

998. श्री शिवा

Śrī śivā

Sie, die identisch mit dem glückbringenden und göttlichen Śivā ist.

Sie, die den Reichtum und die glückverheißenden Qualitäten von Śiva verkörpert. Zahlreiche Bedeutungen des Wortes *Śrī* existieren, u. a. Lakṣmī, Sarasvatī, lachendes Glück, Reichtum, Sieg und günstige Vorzeichen. All diese Bedeutungen können mit Śiva verbunden werden, um dieses Mantra zu interpretieren.

999. शिव शक्त्यैक्य रूपिणी

Śiva śaktyaikya rūpiṇī

Sie, die Vereinung von Śiva und Śakti zu einer Form.

Der erste schöpferische Impuls im Universum ist der Wunsch. "Der Wunsch - er kam zuerst", konstatiert die *Śruti.* Dieser Wunsch war die erste Regung der kosmischen Intelligenz, war *Kāmakalā,* wie es im Tantra heißt. Der Begriff bezeichnet die erste Bewegung der ewigen und ursprünglichsten Strahlungsquelle; dies Licht (*prakāśa*) wird Paramaśiva genannt und *Kāmakalā*, seine Bewegung, heißt Parāśakti. Die Farbe des Lichts ist weiß. Und Kāma, die Mutter der Bewegung und Regung, ist von roter Farbe. Der Schatten des Lichts ist schwarz. Solcherart entpuppen sich die drei *guṇas* [...] Sie wurden nicht geschaffen, sondern existierten immer - als "ungeborenes Eines, als Rot-Weiß-Schwarzes", wie die *Śruti* es darstellt.

Śiva ist also *Prakāśa,* während Śakti als *Vimarśa* bezeichnet wird. *Vimarśa* kann Kontemplation und Reflektion bedeuten. Der erste Wechsel von der Dunkelheit zum Licht geschieht über das Rot, wie es bei der Morgendämmerung so ersichtlich wird. Das erklärt, warum man den ersten Impuls der Śakti als rotfarbig gedeutet hat. Der erste Impuls nun ändert sich zu *nāda*, dessen Ort *nādabindu* heißt. Da alles aus diesem Punkt bzw. *bindu* erschaffen wird, wird er auch *parābindu* genannt. Wenn *parābindu* sich dem Schöpfungsprozeß zuwendet, heißt er *Śabdabrahman* oder *aparabindu.* Und eben hier weilen Śiva und Śakti vereinigt als Eines - Śiva bewegungslos, Śakti wesensmäßig in Bewegung. Rufen wir uns das Bild in Erinnerung, da Devī mit den Füßen auf der Brust von Śiva steht. Der eine ist untätig und die andere voller Vitalität. Das enthüllt die tiefe Wahrheit, daß Untätigkeit in Vitalität und Vitalität in Untätigkeit enthalten sind.

Wir sehen hier den bewegungslosen Zustand Śivas, den lebendigen Zustand der Śakti und den Zustand Ihrer beider Vereinung - und so erscheint die eine Wahrheit aufgetrennt in drei. Dieser dreiteilige Sachverhalt heißt *tripuṭi* oder die drei *guṇas.* Das wäre dann die geheime Bedeutung des Dreiecks. Wir gelangen von *vimarśa* zu *nāda*, dann zu *parābindu*, dann zu *trikoṇa* bzw. *tripuṭi.*

Prakāśa und *vimarśa*, Śiva und Śakti verbinden sich derart zu Einem, und die Göttliche Mutter ist diese Union - ist die Parāśakti.

Das [bereits erwähnte] *Hamsamantra* wird auch *Śivaśaktyaikya*-Mantra genannt. Devī schwingt und pulsiert in der Form dieses Mantras.

Śivaśakti kann sich auf die Śaktis von Śiva beziehen. Diese fünf *śaktis* heißen Dhūmāvati, Bhāsvati, Spandana, Vibhvī und Hlādani. Dhūmāvati ist Teil der *pṛthvi,* der Erde - Sie verhüllt. Bhāsvati ist Teil von *Agni,* des Feuers - Sie offenbart oder assimiliert. Eine alte Weisheit besagt, "der Studierende ist Feuer".

Wie treffend! Die Kraft des Assimilierens gehört schließlich zu den Voraussetzungen eines Studenten. Spandana ist Teil von *Vāyu,* der Luft - Sie stimuliert die ausdauernde Kraft zur zähen Anstrengung. Wir grüßen voll Verehrung den quasi *purāṇischen* Charakter von Bhīma und Hanumān, beides Söhne von Vāyu. Selbst wenn alle anderen völlig erschöpft sind, beben die beiden voll Tatendrang. Vibhvī ist Teil von *ākāśa,* dem Äther - Sie durchdringt. Wesen, die viel von dieser Qualität in sich tragen, werden Devas oder göttlich genannt. Hlādani ist Teil von *jala,* des Wassers. Sie nährt und beschützt das Leben, die menschliche Rasse, die Welt.

Das Zusammenspiel aller dieser *śaktis* wird angezeigt durch das Wort *aikya.* Das Mantra *Śivasaktyaikyarūpiṇī* beschreibt also die Gottesmutter als die vereinte Gestalt aus Śivas fünf *śaktis.*

1000. ललिताम्बिका

Lalitāmbikā

Sie, die Göttliche Mutter Lalitā.

Sie ist *Lalitā,* unbeschreiblich anziehend und anmutsvoll in Gewand, Gang, Worten und Aussehen, und dazu die Mutter (*Ambikā*), die alles und jeden mit zärtlicher Liebe nährt und beschützt. Und so heißt Sie *Lalitāmbikā.*

Śrī Bhāskarācārya erinnert an die in der *Padma Purāṇa* enthaltenen Beschreibung: "*Lalitā* ergeht und erfreut sich und geht über die Welten verwandelnd hinaus." Hier bezieht sich der Begriff *Lalitā* auf Devī, die im zentralen Punkt (*bindu*) des *Śrīcakra* residiert und die lichten Strahlen der umgebenden Gottheiten transzendiert. Bhāskarācārya schließt an und schildert *Lalitā* als eine Entität, die "versehen ist mit den acht männlichen Attributen der Brillianz, Spielfreude, Süßigkeit, Tiefe, Festigkeit, Energie, Anmut und Großzügigkeit". Die Kategorie "Männlichkeit" (*pauruṣa*) paßt auch für Frauen [vor allem bei diesen Attributen]. Der *Puruṣa* ist präsent im Körper, der auch *pura,* "eine

Stadt" genannt wird; es ist der *jīva*, anders gesagt. Und Mann wie Frau sollten wohl nicht verschiedene Sorten von *jīvas* in sich bergen - *jīva* ist immer der gleiche. Das heißt also, *pauruṣa* ist angemessen für Männer wie für Frauen. Es drückt die Qualität des Menschseins schlechthin aus.

Jene *Lalitā*, die vor Śiva steht, ist die amouröse Göttin, vibrierend vor erotischen Sentiments, voller Jugend und Schönheit, die mit Ihren Worten und Bewegungen selbst in Śiva - dem Überwinder Kāmas, des Herrn der Wunschbegierden - die Begierde weckt.

Alles an Ihr bebt vor Schönheit und *lālitya,* Verspieltheit. Ihr Bogen ist aus Zuckerrohr gefertigt, Ihre Pfeile sind Blumen, und schwarze Bienen formen die Bogensehne. So sind also auch Ihre Waffen anmutig und bezaubernd! Der Name *Lalitā* ist überaus passend.

Vor allen anderen ist *Lalitāmbikā* der gefeierte, heilige Name der Göttlichen Mutter, der Ihrem Ruhm ganz gerecht wird. Devī wird immer gepriesen als Ambikā, Mutter - als die Mutter, die *Lalitā* ist.

Mit diesem letzten Mantra beenden wir das elfte kalā der Sonne, das als dhārani bekannt ist.

In den drei ersten Namen der *Sahasranāma* wird die Große Mutter als verantwortlich für die Erschaffung, die Bewahrung und die Zerstörung der Schöpfung dargestellt. Der vierte und der fünfte Name schildert jeweils göttliche Kräfte, die nicht bei anderen Gottheiten anzutreffen sind, der Natur der Gottesmutter aber zugehören. Vom sechsten bis zu den letzten Namen werden Ihre manifestierten wie Ihre nicht manifesten Glorien besungen, um endlich den wahren, heiligen Namen Lalitāmbikā kundzutun.

Die Weisen schrieben vor, daß jeder Name mit der Silbe *Om* zu Beginn rezitiert werden soll. Gewöhnlich erklingt auch am Ende ein *Om*. Daher wollen wir die Hymne beenden mit einem OM.

MĀNASA PŪJA

von Sri Mata Amritanandamayi

(Es handelt sich hier um die Beschreibung einer *manasa puja* - geistiger Anbetung -, die Amma während eines spirituellen Camps vom 15. bis 19. April 1987 in Amritapuri leitete.)

"Kinder, alles sollte mit Konzentration getan und nichts sollte überstürzt werden. *Sadhana* ist der Weg, auf dem der *jivatman* (individuelle Seele) sich mit dem *Paramatman* vereint. Ihr solltet dieses *arcana* mit größter Sorgfalt durchführen.

Zuallererst sollte jeder in seiner gewählten Haltung mit aufrechtem Rückgrat sitzen. Berührt Mutter Erde mit beiden Händen und erweist Ihr euren Respekt. Sie ist die Göttliche Mutter, die uns unsere Fehler vergibt und Ihr Mitgefühl über uns ausgießt. Betet zu Ihr: 'O Mutter, laß mich so verzeihend werden wie Du bist', und berührt dann Mutter Erde und eure Stirn mit beiden Händen.

Singt dreimal OM. Es gibt diesen Schmutz des Ichs in jedem von uns; stellt euch vor, daß er aus euch herauskommt, während ihr singt. Falls jemand vorsingt, könnt ihr danach singen.

Kinder, wiederholt in eurer Vorstellung 'Mutter, Mutter!' und zeichnet ein Dreieck vor euch auf den Boden. Oder stellt euch das Dreieck einfach vor. Setzt einen Punkt in die Mitte des Dreiecks. Schließt eure Augen, haltet beide Hände nah ans Herz und visualisiert eine wunderschöne Gestalt der Göttlichen Mutter. Ruft 'o Mutter, Mutter' und freut euch an Ihrer Schönheit. Haltet die Augen wirklich fest geschlossen. Sind die Augen geöffnet, so sehen wir tausend Dinge ringsherum und wir stehen unter dem Zwang, allem Aufmerksamkeit zu schenken. Wir werden nicht die innere Versenkung erreichen, die wir brauchen. Wir sind doch normalerweise selig, wenn wir die Augen schließen und schlafen, oder nicht?

Freut euch an der Schönheit der Göttlichen Mutter und betet: 'Mutter .. Mutter .. tauche in meinen Verstand ein! Mutter, gib mir die rechte Einstellung, so daß ich ausschließlich Deine Schönheit bewundere.' Während ihr so ruft, nehmt ihr die Devī aus eurem Herzen und stellt Sie ins Zentrum des Dreiecks vor euch.

Einige unter euch sind vielleicht Anhänger von Krishna oder Ayyappa oder von anderen Gottheiten. Diese Kinder werden für die Devī nicht die gleiche Liebe empfinden wie für Krishna oder Ayyappa. Darum könnt ihr eure Lieblingsgottheit in das Dreieck setzen, denn eure Vorstellung ist an diese Gottheit gebunden. Mutter bat euch nur, die Devī anzurufen, weil wir gleich *arcana* mit den tausend Namen der Devī Lalitā rezitieren werden. Doch welchen Namen wir auch verwenden, Sie wird immer wissen, daß wir nach Ihr rufen. Einige Kinder nennen ihre Mutter *chechi* oder *akka* (ältere Schwester), aber die Mutter weiß, daß sie nach Ihr rufen. Sie weiß, daß es nur eine Gewohnheit des Kindes ist. Genausowenig hat unsere [Göttliche] Mutter etwas gegen irgendeinen Namen, mit dem wir nach Ihr rufen. All jene Kinder, die Krishna oder andere Gottheiten verehren, können ihre erwählte Gottheit vor sich aufstellen, wenn sie das lieber haben.

Versucht bei allen Verrichtungen die Göttliche Mutter klar vor euch zu sehen. 'Mutter, ich weiß nichts über Meditation oder Puja oder irgend etwas. Verzeih all meine Fehler und nimm diese meine Anbetung an. Man sagt doch, daß Du jeden Fehler verzeihst!'

Kinder, Gott ist der Inbegriff des Mitleids und akzeptiert all unsere Mängel und Sünden. Nur Er kann die Unreinheiten jedes einzelnen auf sich nehmen. Als der Milchozean gequirlt wurde, konnte niemand das starke Gift, das dabei entstand, einnehmen; schließlich war es Śiva, der es annahm. Gott ist das Prinzip, das alle Verunreinigungen in uns akzeptiert und uns reinigt. So wie alle Keime durch eine Desinfektionslösung getötet werden, genauso werden alle Unreinheiten durch *premabhakti* (Devotion in Form von Liebe) beseitigt.

Nachdem ihr also derart gebetet habt, ruft voller Liebe 'Amma! Amma!' und berührt die Füße der Devī. Verrichtet die *manasa puja*, indem ihr 'Amma, Amma' zu Ihr ruft und vor Liebe und Hingabe schluchzt. Es gibt kein größeres Mantra als 'Amma'.

Jetzt gehen wir daran, die Devī zu baden. Stellt euch vor, ihr setzt zu diesem Zweck einen vollen Krug Wasser vor die Devī. Stellt euch vor, ihr nehmt Wasser daraus und wascht Sie mit beiden Händen. Ruft in eurer Vorstellung zu Ihr 'Amma, Amma'. In Wahrheit braucht es die Göttliche Mutter nicht, von uns gebadet zu werden. Das Bad dient der Reinigung unseres Geistes. Mutter sagt nicht, daß wir keine andere Puja ausführen sollen, sondern sagt, daß die *manasa puja* - geistige Verehrung - die beste ist. Kinder, ihr solltet wirklich alles mit geschlossenen Augen tun. Nur dann erreicht ihr volle Konzentration. Es gibt kein Innen oder Außen in der Wirklichkeit; doch für uns und jetzt gibt es innen und außen.

Gießt das Wasser über den Kopf der Devī und betet: 'O Mutter, gewähre mir den Darshan Deiner ganzen Form!' Haltet dabei diese Form beständig in eurer Vorstellung fest. Stellt euch danach vor, daß ihr mit beiden Händen ein Gefäß voll Milch nehmt und ihr die Milch als *abisheka* (Baden der Gottheit) über den Kopf der Devī ausgießt, so wie ihr es in Tempeln gesehen habt. Und jetzt stellt euch vor, wie ihr das *kalabham* (dicke Sandelholzflüssigkeit), das bereits vorbereitet ist, auf Devīs Haupt gießt. Als nächstes visualisiert, wie ihr Rosenwasser über Ihren Kopf gießt. Haltet euch vor Augen, wie es ist, wenn ihr ein Kind badet. Eigentlich solltet ihr eure Hände heben und jede einzelne Teilbewegung des Ausgießens durchexerzieren. Ohne solche Hilfsakte gelingt es nicht, den Verstand zu konzentrieren, der rastlos in der vielgestaltigen Welt umherschweift. Nur indem wir uns diese Dinge vorstellen, können wir zumindest für kurze Zeit Kontrolle über ihn erlangen. Stellt euch also vor, wie die Sandelholzpaste heruntergewaschen wird, wenn das Rosenwasser von Devīs Haupt herabfließt.

Kinder, alles sollte mit Konzentration getan werden, sonst hat es keinen Zweck. Alles dient eurem spirituellen Wachstum und der Gesundheit und dem Gedeihen eurer Familie. Falls euch die Beine wehtun, könnt ihr aufstehen und mit der Puja weitermachen. Und Kinder, wenn ihr euch zu Beginn nicht konzentrieren könnt, so grämt euch nicht darüber! Während einer einstündigen Meditation gelingt euch vielleicht eine Sekunde der Konzentration. Am Anfang ist nicht mehr möglich. Aber es reicht, um allmähliche Fortschritte zu machen. Ihr könnt auch nicht gleich eine Skulptur erschaffen, sobald ihr zu bildhauern lernt. Das ist der Grund, weshalb Mutter am Anfang über Hymnen, über die tausend Namen usw. spricht. Nur mit Hilfe solcher Methoden können wir den Verstand unter Kontrolle halten.

Jetzt stellt euch vor, daß ihr *bhasma* (heilige Asche) in kleinen Mengen auf Devīs Haupt streicht. Seht, wie es über Ihre ganze Gestalt rieselt. Dann führt in eurer Vorstellung wiederum *abisheka* durch und wascht damit die heilige Asche fort.

Berührt Ihre Füße und streckt euch vor Ihr aus [Prostration]. Ihr solltet fühlen, wie euer Kopf Ihre Füße berührt. Nun haltet euch vor Augen, daß ihr das Gesicht und den Körper der Mutter mit einem Tuch abreibt. Erinnert euch dabei daran, daß wir die alles beschützende Mutter des Weltalls vor uns aufstellten.

Jetzt ist es an der Zeit, Sie anzukleiden. Stellt euch vor, daß ihr einen Sari in der Farbe eurer Wahl um die Mutter legt. Ihr habt darin Erfahrung, eure Kinder anzuziehen. Tut jetzt dasselbe für die Göttliche Mutter. Wir haben also nun der Devī einen neuen Sari angelegt. Kinder, denkt jetzt nicht an Zuhause oder an eure Verwandten! Wir führen die Puja aus, nachdem wir unser Heim und unseren Besitz der Obhut eines guten Haushälters anvertrauten - dem Allmächtigen! Er wird sich um die Sachen kümmern, ohne dabei einzuschlafen! Kinder, ihr braucht euch um nichts dergleichen zu sorgen. Euer Verstand sollte gänzlich hier sein. Sonst ist all dies zwecklos. 'O Mutter, unsere Herzen sind voll von Dornen und von Schmutz. Wir haben bei Dir Zuflucht gesucht und vertrauen darauf, daß Du, die Du die Weltenmutter bist, all unsere Fehler verzeihst! Nur wenn Du in mein Herz kommst und dort bleibst, vermag ich meine Reise fortzusetzen, geführt von Deinem Licht. Allein bin ich nicht in der Lage, den Weg vor lauter Dunkelheit zu sehen! O Mutter, komm in mein Herz.'

Nun schmücken wir die Mutter. Wir wollen etwas Duftendes auf Ihr Gesicht und Ihren Körper auftragen. Zwar ist nichts davon für Sie; die Mutter ist selbst das Duftende in allem. Aber wir müssen Sie in unsere Vorstellung bringen; also tun wir so, als ob!

Preßt jetzt mit eurem Ringfinger ein safrangelbes Mal auf Ihre Stirn. Tretet zurück und genießt diese Schönheit. Betet zu Mutter: 'Amma, Amma, bleibe vor mir stehen! Geh nicht weg.'

Legt als nächstes goldene Fußringe um Ihre Fesseln und goldene Armreifen um Ihre Handgelenke. Sowie Ohrringe und anderen Schmuck. Mutter ist uns immer nah; nur sehen wir Sie nicht. Also werden wir entweder selbst zu Kindern oder wir stellen uns die Mutter als Kind vor. Ob so oder so, bemüht euch, euren Geist rein zu halten!

Nun nehmen wir eine schöne Krone und setzen sie auf Mutters Kopf. Stellt euch vor, ihr nehmt einen Korb voller Blumen. Unterdessen ruft und betet ihr zur Göttlichen Mutter: 'Amma, gib mir ausschließliche, einpunktige Konzentration des Geistes. Amma, tauche in mich ein!'

Es ist gut, sich selbst als Kind vorzustellen, um damit Bescheidenheit und Demut zu erwerben. Wir müssen doch von unserem egoistischen Sinn loskommen. Unsere großen Weisen maßen der Demut selbst nach erreichter Selbstrealisierung wesentliche Bedeutung zu. Nur durch Demut werden wir wachsen. Demut heißt ja nicht, daß wir jemandens Sklave werden. Tatsächlich werden wir durch sie kultivierter. Demut ist keine Schwäche. Nur nach Knopfdruck öffnet sich der Schirm. Nur aufgrund der Demut weitet sich unser Geist, um die ganze Welt einzuschließen. Nur durch Demut werden wir bereit, die Gnade Gottes zu empfangen. *Tapas* zu tun, selbst wenn es für ganze Zeitalter ist, wird keine göttliche Gnade herbeizwingen, solang der Ich-Sinn noch stark ist. Und diese Gnade ist unerläßlich, um das Gemüt von Verlangen, Ärger und den anderen negativen Eigenschaften zu reinigen.

Betet zur Göttlichen Mutter, 'Amma! Man sagt, Du seiest die wirkliche Mutter! Aber wir können Dich nicht sehen! Verbirgst Du Dich vor uns, nachdem Du uns, Deine Babies, in diesem Dschungel der Unwissenheit zurückließest? Man sagt, Du seiest ganz nah, aber ich kann Dich nicht sehen! Mutter, die wilden Tiere greifen mich an! Der Dschungel brennt! Komm schnell und nimm mich in Deine Arme, Amma! Wo ist meine Mutter? Sie sagen, ich hätte eine Mutter, aber Sie ist nirgends zu sehen. Jeder tut mir weh. Ich mache doch meine Fehler nicht wissentlich. Aber die anderen verursachen mir Schmerz. Man sagt, Du allein würdest alle Fehler vergeben. Mutter, bitte, komm schnell; ich kann das nicht länger aushalten! Wenn Du kommst, werde ich stark werden. Nimm mich auf Deinen Schoß, Mutter! Nur da habe ich Freiheit.'

Während ihr derart schluchzt, offeriert ihr die Blüten eurer Liebe - laßt sie auf das Haupt der Göttlichen Mutter regnen. Oder stellt euch vor, wie ihr sie handvollweise auf Ihren Kopf legt. Dabei laßt nichts anderes in euren Sinn eintreten. Seht ununterbrochen Ihr Gesicht. Berührt Ihre Füße, legt euch vor Sie und sagt: 'O Amma, bitte, lauf nicht fort!' Jetzt seht hin und freut euch an der Schönheit Ihrer ganzen Erscheinung - Ihr Gesicht, die Krone, der Ohrenschmuck, Ihre Lippen, das Haar, Ihr Sari, Ihre liebevolle Haltung, wie Sie uns zunickt -, seht das alles in eurer Vorstellung. Mütter werden schmollende Kinder mit der Hand heranwinken. Unsere Mutter ruft uns genauso heran, damit wir näher treten. Stellt Sie euch vor, wie Sie da steht, bereit, euch in Ihre Arme zu nehmen. Seht Sie deutlich vor euch! Wir sollten voller Hingabe sein, ganz gleich, was wir tun. Unsere Mutter ist mit einem Boot gekommen, um uns hinüberzunehmen. Wir sind aufs Boot gelangt, tragen aber noch immer unser Gepäck und weinen. Gefragt, warum wir denn weinen, antworten wir, 'ich kann diese Last nicht tragen!' Wir sind nicht bereit, die Bürde abzulegen, darum leiden wir. Überantwortet alles, erst dann wird Devī uns akzeptieren. Wir müssen voller Hingabe sein. Anderenfalls ist es so, als tragt ihr den Samen in eurem Hüftgürtel und bittet den Herrn darum, ihn keimen und wachsen zu lassen. Er wird nicht wachsen, weil wir keine Hingabe haben.

Wir sollten die Einstellung haben: 'Dieser Körper, dieses Haus, nichts davon gehört mir. Ich vermag nicht, mich darum zu kümmern. Übernehme Du und beschütze alles, Amma!'

Kinder, ihr braucht keine Angst zu haben, weil ihr gesündigt habt oder unwissend seid. Die Weltenmutter wird gerne alles annehmen, was ihre unwissenden Kinder tun. Sie wird uns nicht bestrafen. Eine Mutter wird keinen Abscheu zeigen und sich nicht die Nase zuhalten, wenn sie die Ausscheidung ihres kleinen Kindes wegputzt. Genauso wird unsere [Göttliche] Mutter auch keinen Abscheu zeigen, wenn wir aus Unwissenheit irren.

Und jetzt solltet ihr darangehen, in eurer Vorstellung die Göttliche Mutter zu umarmen. Und betet: 'Mutter, wir wissen gar nichts! Bitte, vergib unsere Fehler! Verzeih uns! Wir brennen in einem heißen Ofen. Wir strecken unsere Hände in alle Richtungen um Hilfe aus. Rette uns, o rette uns, Mutter! Selbst die, die uns am nächsten stehen, kommen uns nicht zu Hilfe, aus Furcht, hineinzufallen. Gibt es einen Ort, wo Du nicht anwesend bist? Alleine Du kannst mich retten. Amma, heb mich hoch! Ich zappele mich ab in den Banden der Familie. Ich machte unzählige Male den Fehler zu glauben, daß dieser Körper etwas ist, das ewig währt. Selbst jetzt läßt der Verstand nicht davon ab. Wir hielten uns an diesem dornigen Baum fest. Unsere Hände schmerzen von den Dornen. Wir sahen das nicht voraus; wir hielten uns an diesem Baume fest, obwohl wir die Schönheit der Blumen sahen. Hebe uns hinauf und heile unsere Wunden! Mutter, unser Sinn ist von einem wirren Gestrüpp überwuchert. Nur Dein Schwert kann dieses wilde Wuchern lichten!

Mutter, bitte verschwinde nicht aus unserer Sicht! Diese unsere Körper bestehen aus Verlangen und Ärger. Du bist reine

Liebe. Wir wissen, Du wirst nicht nah bei uns bleiben. Denn da ist die Hitze des Stolzes und der Ignoranz um uns. Doch auch dann vergib uns freundlicherweise und bleib uns nahe, Amma!' Während ihr so betet, umarmt ihr die Mutter liebevoll.

Wir können Tiere nicht dazu bringen, uns nahe zu kommen, wenn wir voll Ärger sind. Ob Hund, Katze oder Vogel, wir müssen etwas Futter anbieten und das Tier anlocken, damit es näher kommt. Ganz ähnlich müssen wir, ohne schüchtern zu sein, ohne umherzuschauen, die Mutter mit einem auf nur ein Ziel konzentrierten Sinn herbeirufen, weil wir den Zustand der völligen Versenkung noch nicht erreicht haben. Sobald wir diesen Zustand erreicht haben, werden Namen und Formen nicht mehr gebraucht. Es ist in Ordnung, aus dem Vedanta zu zitieren, aber wir haben die Ebene des Vedanta noch nicht erreicht. Wir sagen, wir seien nicht der Verstand, nicht der Intellekt, undsofort. Aber wartet nur, bis uns jemand verletzt - wir werden mit dem Messer auf ihn losgehen! Sitzen wir in der Meditation, können wir uns nicht einmal eine Sekunde lang konzentrieren. Deshalb ist es nur mittels dieser Methoden möglich, unseren Sinn zu konzentrieren.

Seht doch, daß wir auf dem Schoß der Weltenmutter sitzen - wir sitzen da wirklich! Das Weltall ist Ihr Schoß. Wenn nicht, wären wir alle schon vor langer Zeit ins Bodenlose gefallen.

Wenn wir mit Angelegenheiten der Familie beschäftigt sind, können wir nicht dauernd an den Spruch denken, daß wir Verkörperungen des Selbst sind. Aber wir können denken, daß der Herr oder die Devī unser Beschützer ist. Wir haben immer den Körpersinn. Wenn wir aber derart an die Devī denken, wird kraft unserer Demut die Schale unseres Ichs brechen. Es gibt keinen anderen Weg, sie zu brechen. Es heißt, alles sei *ātman*. Aber wir können das noch nicht verstehen. Die Hand des kleinen Babys ist durch einen Schnitt verletzt. Wenn wir sagen, 'o Baby, weine nicht, du bist *ātman*!', dann wäre das so, als würde jemand zu dir jetzt sagen, du seiest *ātman*. Das kleine Kind kennt nur den Schmerz, den es fühlt. Doch wenn wir glauben, daß wir nicht wirklich der Körper sind, wird der Schmerz etwas geringer. Wir müssen nicht an Nichtdualität und all das andere denken. 'Du bist der Fluß; wir sind der Teich. In uns gibt es Schmutz. Nur durch Deine Nähe können wir sauber werden.' Allein durch solche Gedanken vermögen wir unseren Verstand gänzlich aufzulösen.

Wir wollen jetzt ein hingebungsvolles Lied singen. Stellt euch vor, wie die Göttliche Mutter zu unserem Lied tanzt, und wie wir auch mit Ihr tanzen. Erfreut euch an der Schönheit der Mutter beim Tanz. Ihr solltet weinen, während ihr singt. Die Tränen eines Devotees sind das Licht der Welt. Die Kerze schmilzt, um das Licht hell werden zu lassen. Die Tränen eines normalen Menschen sind bedeutungslos, da sie nichts Wohltuendes erbringen. Da ist nur Dunkelheit. Wenn du weinst, da du dich in den Fuß geschnitten hast, so heilt er deshalb nicht. Er wird nur infiziert. Wenn aber ein Devotee weint, ist das so, als würde die Wunde mit Medizin versorgt und auch geheilt werden. Das ist es, was wir brauchen. Weinen um unwirkliche Dinge schafft lediglich Ruin. Wer da weint, kommt um und all die anderen mit dazu. Aber die Tränen des Devotees gelten dem, was ewig ist. Dies ist das Licht der Welt, und es ist nie Schwäche! Dies sind Tränen, die in der wirklichen Gegenwart der Devī fließen. Dies sind die Tränen der Ekstase, die fließen, wenn der *jīvātman* den *Paramātman* berührt.

'O Herr, laß meine Familie gedeihen und laß Friede in der Welt sein! Vergiß die Fehler von allen und vergib ihnen! Gib ihnen die Kraft, Deine Wahrheit zu erkennen und ihr entsprechend zu leben! Schenk uns Wohlstand und Gesundheit und schütze unsere Familien!' Während ihr so betet, sollten eure Kinder jetzt das religiöse Lied mitsingen.

Lalita Lalita Śri Lalita
Lalita Lalita Om Mata!
Lalita Lalita Jayalalita
Lalita Lalta Jaganmata!

Vedavilasini Śri Lalita
Viśvavimohini Śivalalita
Mata Bhavani Śri Lalita
Mukti Pradayini Śivalalita

Falls ihr schläfrig seid, steht auf und macht derart mit dem *arcana* weiter. Ihr werdet dann achtgeben, weil es wehtut, wenn ihr umfallt. Seid nie Freunde des Schlafs! Der Schlaf ist wie eine Katze. Wie sehr ihr sie auch füttert, sie wird immer noch etwas Eßbares stibitzen wollen. Sie wartet nur darauf. Sie lugt und schaut, wie es leicht geht und wo der Vorrat steht. Laßt euren Sinn nicht in diese Richtung schweifen. Tut er es, müßt ihr ihn schlagen und davon wegscheuchen. Das gelingt nur, wenn ihr es beständig versucht. Wenn wir darin versagen, ist es das Ende! Es wird dann auch unseren Verstand mit hineinziehen, und wir werden es nicht einmal bemerken!

Einige unter uns werden diese geistige Verehrung vielleicht nicht mögen - so ganz ohne Blumen, ohne irgend etwas. Wer aber die Bedeutung davon versteht, wird sie mögen. All die anderen Verehrungsformen kommen nach der *manasa puja*. Was können wir denn dem Allmächtigen geben? Braucht die Sonne eine Kerze? Gott benötigt nichts. Was wir aber brauchen, ist die Reinigung unserer Herzen. Wenn wir versuchen, eine Zinnschicht auf eine schmutzige Pfanne aufzutragen, so wird sie nicht halten. Zuerst müssen wir den ganzen Schmutz abkratzen. Farbe wird nicht auf einer schmutzigen Wand haften bleiben. Wir müssen zuerst den Schmutz entfernen. Genauso können wir die göttliche Gegenwart erst erfahren, nachdem wir den Schmutz aus unserem Sinn beseitigt haben.

Sprecht zur Göttlichen Mutter: 'O Mutter des Universums, empfange uns freundlich auf Deinem Schoß! Ziehe uns vorsichtig hinauf! Du bist die ewige Liebe. Du bist diejene, die bei all unseren Geburten zugegen ist. Nur Du kannst uns über den Ozean der Geburten und Tode bringen! Nimm uns in Dein Boot, o Amma!

Bitte, nimm das Ritual an, das wir gleich durchführen werden! Ein Vater akzeptiert das 'Ba' des kleinen Kindes genauso wie das 'Papa' des großen Jungen. Sei so freundlich und akzeptiere in derselben Art das Jetzige! Wir können nur 'Ba' sagen! Du kennst unsere Sprache. Mutter kennt immer die Sprache Ihres Babys. Uns fehlt die Fähigkeit, Deinen Namen richtig auszusprechen oder Dich zu preisen oder zu würdigen, wer Du bist. Doch wollen wir Deinen Namen singen wie ein Baby. Nimm das gütig an und segne uns mit Deiner Gegenwart. Deinem Willen überlassen wir uns. Wenn Du uns im Stich läßt, gibt es niemand anderen, der uns so liebt wie Du oder so hilft wie Du! Du bist jene, die uns Hunderte von Fehlern verzeiht. Die Welt aber ist auf dem Sprung und wartet drauf, uns zu vernichten, wenn wir einen einzigen Irrtum begehen, auch wenn wir hundert Dinge richtig getan haben. Verlaß uns nicht, o Amma!' Betet in dieser Art zur Mutter.

Jetzt stellt euch vor, ihr zündet eine Lampe an - die Lampe der Weisheit und Einheit. Das Feuer, mit dem sie entzündet wird, muß aus der Reibung eurer Gottesliebe entstehen. Entzündet das Räucherstäbchen und kreist damit dreimal um die Devī. Legt etwas *tambula* (Betelblätter und Arecanuß) auf die rechte Seite der Mutter. Dann beginnen wir mit dem *arcana*. Lernt, die Mantren mit offenem Herzen zu rezitieren. Offeriert jede Blüte, wobei ihr die Mutter vor euch seht. Stellt euch vor, wie jede Blüte zu diesen göttlichen Füßen niederfällt. Die wirkliche Blüte ist die Blüte der Geistes. Und eben die sollen wir Ihr geben.

Es gibt da eine Geschichte. Es war einmal ein Priester, der den Herrn mit vielen verschiedenen Arten von Blumen verehrte. Daraufhin fragte er: 'Herr! Willst Du nun irgendeine andere Blume? Oder bist Du damit zufrieden?' Der Priester war stolz darauf, daß er etwas Großes getan hatte, daß er dem Herrn alles gegeben hatte. Der Herr sagte: 'Da fehlt noch eine Blume.' 'Welche Blume ist das?' fragte der Priester. '*Manasa puspa* (Blume des Geistes)', antwortete der Herr. 'Wo kann ich die finden?' fragte der Priester. 'Genau hier', sagte der Herr. Er meinte die Blume, die das Herz ist. Ohne dies aber zu wissen, wanderte der Priester umher und suchte überall die *manasa puspa*, und all das deshalb, weil ihm die *sraddha* (Aufmerksamkeit) gefehlt hatte. Nachdem er lange hin- und hergewandert war, kam er erschöpft zurück und fiel zu Füßen des Herrns nieder und sprach voll tiefer Traurigkeit: ‘Ich konnte *manasa puspa* nirgends finden; sei bitte mit diesem hier zufrieden - ich kann Dir nur mein Herz geben!’ Der Herr antwortete: ‘Das ist die *manasa puspa*, nach der Ich fragte! Was Ich will, das ist die Blüte der Reinheit und Liebe. Ohne die - selbst wenn du Millionen ausgibst und hundert Leben lang Pujas feierst - wirst du Meine Gegenwart nicht einmal für eine Sekunde erleben. Die Selbsthingabe bildet die Brücke, die dich Mir nahe bringt. Du hast diese Brücke nicht errichtet. Ich warte, nah bei dir, darauf.’

Wißt darum, wer die Göttliche Mutter ist, und übt die Verehrung mit reinem Herzen aus. Wir lernen eben, mit der Devī offen zu sprechen: ‘Du bist der Strom. Wir sind der schmutzige Abfluß. Mutter, bitte ströme in uns ein! Beseitige unseren Unrat. Wische unsere Unwissenheit fort!’ Wir sollten das Gefühl der Selbsthingabe haben. ‘Mutter, Du bist jene, die alles zu geben vermag. Wir überantworten Dir alles.’ In Ihren Händen sind wir nur Marionetten! ‘Wir überlassen alles Deinem Willen. Wir werden alles bekommen, wenn wir von Dir abhängen. Von Milch können wir Buttermilch, Joghurt, Butter usf. bekommen. Aber bis jetzt wollten wir die Buttermilch und den Joghurt. Wir suchten nicht unser Heil bei der Milch. Wenn wir bei Dir unsere Zuflucht suchen, bekommen wir das Vergängliche wie auch das Unvergängliche. Wir suchen unser Heil bei der Milch, die Du bist. Bis heute taten wir das nicht.’ Alles erhalten wir, wenn wir uns von Gott abhängig machen. ‘Dir überlassen wir alles. Diese Deine Kinder wollen nur Seelenfrieden!’

Jetzt ist es Zeit, eine Hymne zu Ehren der Devī zu singen. Kinder, wenn sie rezitiert wird, denkt euch dies: ‘Mutter, wir wissen überhaupt nichts. Wir kennen kein Tantra oder Mantra. Wir versuchen nur, zu Amma zu rufen. Mutter, schenk uns Kraft.’

Wir sollten die demütige Einstellung haben, daß wir nichts sind. Wir sollten das *arcana* mit diesem Gefühl beginnen. Das *arcana* sollte mit Konzentration ausgeführt werden. Ohne die werdet ihr nur Müdigkeit einhandeln. Und die Zeit ist auch verschwendet. Euer Sinn sollte auschließlich an der Mutter haften. Er sollte mit der Devī verschmelzen - Sie ist das Höchste Selbst. Stellt euch beim Singen jedes Namens vor, wie ihr eine schöne weiße Blüte aus eurem Herzen nehmt und sie zu Devīs Füßen legt. Die weiße Blüte symbolisiert euer reines Herz. Jeder sollte bei der Rezitation tatsächlich mit der Hand die geistige Blüte offerieren. Nur auf solche Art können wir den Verstand festhalten. Befreit euch von eurer Hemmung, Kinder! Wir streben nach dem Ewigen. All diese äußeren Dinge werden nicht andauern."

(Bei der Manasa Puja, die Amma mit den Devotees zusammen öffentlich durchführt, singt nun ein Brahmacharin ein Lied, das mit 'O Mutter, ich kenne weder Dein Mantra ...' beginnt.)

'O Mutter, ich kenne weder Dein Mantra noch Dein Yantra; nicht eine Hymne kenn ich zu Deinem Lob. Ich weiß nicht, wie ich Dich rufen und nicht, wie ich über Dich meditieren soll. Auch keine Geschichten weiß ich, die Deine Größe rühmen. Ich kenne nicht die Gesten, um Dich anzubeten. Ich weiß nicht, wie ich schreien soll nach Dir. Doch, Mutter, ich weiß, daß Deinem Pfad zu folgen der sichere Weg ist, meinen Kummer zu enden!'

Amma: "Und nun soll eine Person die Meditationsverse für Lalitā Devī und dann die *Lalitā Sahasranāma* rezitieren, Name für Name. Nach jedem Namen sollen alle anderen mit 'Om Paraśaktyai Namah' antworten und das *arcana* in ihrer Vorstellung durchführen."

(Mutter singt die Mantren laut mit. Das Ritual dauert etwa eineinhalb Stunden.)

"Jetzt stellt euch vor, daß ihr etwas *payasam* (süßer Reisbrei) in einem Gefäß vor das Dreieck stellt, das ihr gezeichnet habt. Es ist das *payasam* der Liebe, das ihr Mutter anbieten sollt, nichts anderes. Die Süße von Reis, rohem Zucker und Kokosnuß in diesem *payasam* der Liebe ist nicht meßbar. Stellt euch vor, daß ihr mit dem süßen Brei die Mutter Löffel für Löffel füttert. Formt in eurer Vorstellung das Bild, daß Sie es mit großem Genuß ißt. Dann sagt innerlich, ‘o Amma, ich besitze kein Wissen, kenne nicht die Schriften oder Rituale, Yoga oder Puja. Bitte, Amma, beschütze mich!’

Jetzt wollen wir ein religiöses Lied singen. Kinder, klatscht zum Rhythmus in die Hände und singt. Die Mutter steht vor euch, von allem ein wenig abgehoben, alles transzendierend. Die Gesellschaft der Mutter des Weltalls ist ein festtäglicher Anlaß zur Freude. Kinder, wiederholt das Lied mit Freude. Jeder sollte zu singen versuchen.”

(Amma singt daraufhin die folgenden drei Lieder:)

Paraśakti Param Jyoti
Paratpare Radhe Devī
Jaya Radhe Jaya Radhe
Rasaraseśvari Priya Priya
Jaya Radhe Jaya Radhe
Radhe Śyam Radhe Śyam

Devī Devī Devī Jaganmohini
Chandikā Devī Chandamundahārinī
Chāmundeśvarī Ambike Devī
Samsāra Sāgaram Taranam Ceyyuvān
Nerāya Mārgam Kāttane Devī

Om Namah Śivaya
Om Namah Śivaya

“Nun schwenken wir den brennenden Kampfer vor der Devī. In Wirklichkeit sollen wir der Kampfer werden. Stellt euch vor, ihr nehmt den Kampfer, zündet ihn an und schwenkt ihn voll konzentrierter Aufmerksamkeit vor der Göttlichen Mutter, vom Haupt bis zu den Füßen und von den Füßen bis zum Haupt. Dann stellt ihn beiseite. Während wir das tun, stellen wir uns vor, daß wir selbst uns auflösen und mit Mutter verschmelzen. Danach seht vor eurem inneren Auge, wie ihr einige Blumen nehmt und sie, nachdem ihr sie um die Kampferflamme kreisen ließet, zu Füßen der Göttlichen Mutter darbietet.

Jetzt steht alle auf und bildet euch ein, ihr würdet die Devī dreimal umkreisen, wie man es in Tempeln tut. Singt innerlich 'Amma .. Amma ..'. Dann macht euer Pranam.

Wiederholt nun die *śanti* Mantren (Friedensinvokationen), die gleich inkantiert werden. Legt die Handflächen zusammen und haltet sie nah am Herzen. Singt aufmerksam und duldsam.

Wenn nebenan ein Verrückter tobt, sind wir diejenigen, die den Seelenfrieden verlieren. Deshalb sollten wir zuerst um eine gute Umgebung beten. Wir sollten um Güte in anderen bitten. Wir empfangen davon den Nutzen. Wenn wir für die Puja Blumen pflücken, sind wir diejenigen, die den Duft zuerst genießen. Ob wir es wünschen oder nicht, wir werden gewiß den Nutzen selbstloser Verehrung haben. Wir sollten das Gute in der Welt wünschen. Das wird unseren Sinn ausweiten.

Wiederholt zuerst dreimal OM.

Asato mā satgamaya
Tamaso mā jyotirgamaya
Mṛtyor mā amṛtamgamaya
Om śāntih śāntih śāntih

Om sarvesām svastir bhavatu
Sarvesām śantir bhavatu
Sarvesām pūrnam bhavatu
Sarvesām mangalam bhavatu
Om śantih śantih śantih

Om pūrnamadah pūrnamidam
Pūrnāt pūrnam udachyate
Pūrnasya pūrnam ādāya
Pūrnamevā vaśisyate
Om śāntih śāntih śāntih

Om Śri gurubhyo namah
Harih Om!

Und jetzt holen wir die Devī, die wir im Dreieck aufgestellt hatten, zurück in unsere Herzen. Stellt euch förmlich vor, wie ihr Sie mit beiden Händen nehmt und im Lotus des Herzens aufstellt, wobei ihr sagt: 'Mutter, bitte verlaß mich nie! Sei immer mit mir!' Stellt euch das vor und preßt dabei beide Hände gegen euer Herz. Verbeugt euch und macht Pranam vor dem Dreieck. Dann stellt euch vor, daß ihr das Dreieck wegwischt. Meditiert ein paar Sekunden lang über Devīs Form. Konzentriert euren Sinn auf die Devī. Ruft 'Amma .. Amma ..' und stellt eure Aufmerksamkeit auf Devīs Füße ein, dann auf Ihren Schoß, Ihre Brust, den Nacken, das Gesicht, die Nase, die Lippen, die Ohrringe, die edelsteinbesetzte Krone, Ihr Haar. Erfreut euch dieser Schönheit, indem ihr euch auf jeden Körperbereich einstellt. Jetzt konzentriert euer Augenmerk wieder; diesmal geht vom Kopf zu den Füßen abwärts. Dann macht Pranam und berührt die Füße der Mutter mit eurer Stirn.

Kinder, ihr solltet einen Monatsplan erstellen und einmal im Monat regelmäßig zusammenkommen, um diese Puja durchzuführen. Frauen können sie auch während ihrer Periode ausführen; badet, setzt euch getrennt von den anderen, zeichnet ein Dreieck vor euch auf und haltet die Puja ab. Devī wohnt schließlich in euren Herzen. In Ihrer Welt existiert keine Reinheit oder Unreinheit. Aber in unserer Welt sind wir noch nicht soweit gekommen; setzt euch darum getrennt und vermeidet, andere zu berühren. Wir sollen ein Beispiel geben; anderenfalls wird jeder beginnen,

Fehler zu machen. Ihr könnt diese Puja zuhause oder anderswo durchführen.

Śivane!"

NUTZEN DES ARCANA

"Das *arcana* bringt der Familie Gedeihen und der Welt Frieden. Es wird die Auswirkungen vergangener Fehler beseitigen. Wir werden die Kraft gewinnen, die Wahrheit zu verstehen und ihr entsprechend zu leben. Wir werden langes Leben und Wohlstand erwerben. Die Atmosphäre wird gereinigt.

Durch das Singen der *Lalita Sahasranama* wird die Energie jedes Nervs im Körper erweckt. Diese Puja wird alles Üble, das vom Mißvergnügen der Vorfahren oder vom bösen Zauber anderer stammt, beseitigen. Nach ihrer Durchführung ist es nicht nötig, eure Kinder besonderen Ritualen zu unterwerfen, um solche Übel abzuwehren. Die Kraft, die ihr durch diese geistig konzentrierte Puja gewinnt, wird von keinem Priester oder *mantravādin* in tausend Jahren der Anbetung erworben. Sowie wir mit offenem Herzen beten, verschwinden die Auswirkungen aller üblen Zauberbänne. Ihr braucht euch wegen solcher Dinge nicht mehr zu ängstigen. Natürlich gibt es im Leben manch schlechte Zeiten; sie rühren nicht von irgendwelchen bösen Zaubersprüchen her. Laßt euch davon nicht in die Irre führen. Wer diese Puja abhält, braucht nichts anderes zu veranstalten. Alle Übel werden mit ihr ausgeräumt werden."

ALPHABETISCHE LISTE DER NAMEN

NR.	NAME
994	Ābālagopaviditā
990	Abhyāsātiśayajñātā
285	Ābrahmakīṭajananī
554	Acintyarūpā
988	Adbhutacāritrā
615	Ādiśaktiḥ
649	Adṛśyā
553	Agragaṇyā
866	Ajā
663	Ajājaitrī
828	Ājñā
521	Ājñācakrābjanilayā
103	Ājñācakrāntarālasthā
993	Ajñānadhvāntadīpikā
860	Akāntā
489	Akṣamālādidharā
96	Akulā
537	Amatiḥ
985	Ambā
295	Ambikā
616	Ameyā
483	Amṛtādimahāśaktisamvṛtā
814	Amūrtā
296	Anādinidhanā
987	Anaghā
485	Anāhatābjanilayā
29	Anākalitasādriśyacibukaśrivirājitā

729 Ānandakalikā
926 Anarghyakaivalyapadadāyinī
50 Anavadyāṅgī
620 Anekakoṭibrahmāṇḍajananī
815 Anityatṛptā
517 Aṅkuśādipraharaṇā
669 Annadā
870 Antarmukhasamārādhyā
273 Anugrahadā
541 Anuttamā
642 Aparicchedyā
754 Aparṇā
413 Aprameyā
476 Āraktavarṇā
37 Aruṇāruṇakausumbhavastrabhāsvatkaṭītaṭī
15 Aṣṭamīcandravibhrājadalikasthalaśobhitā
662 Aṣṭamūrtiḥ
972 Āśobhanā
516 Asthisamsthitā
67 Aśvārūḍhādhiṣṭhitāśvakoṭikoṭibhirāvṛtā
508 Atigarvitā
617 Ātmā
583 Ātmavidyā
639 Avaradā
992 Avyājakaruṇāmūrtiḥ
398 Avyaktā
427 Ayī
894 Ayoniḥ
871 Bahirmukhasudurlabhā
824 Bahurūpā
905 Baindavāsanā
965 Bālā
677 Balipriyā
546 Bandhamocinī

964 Bandhūkakusumaprakhyā
511 Bandinyādisamanvitā
547 Barbarālakā
116 Bhadramūrtiḥ
115 Bhadrapriya
277 Bhagamālinī
715 Bhagārādhyā
279 Bhagavatī
276 Bhairavī
747 Bhaktacittakekighanāghanā
372 Bhaktamānasahamsikā
567 Bhaktanidhiḥ
117 Bhaktasaubhāgyadāyinī
404 Bhakthahārdatamobhedabhānumad bhānusantatiḥ
119 Bhaktigamyā
353 Bhaktimatkalpalatikā
118 Bhaktipriyā
120 Bhaktivaśyā
74 Bhaṇḍaputravadhodyuktabālāvikramananditā
72 Bhaṇḍasainyavadhodyuktśaktivikramaharṣitā
65 Bhaṇḍāsuravadhodyuktaśaktisenāsmanvitā
79 Bhaṇḍāsurendranirmuktaśastrapratyastravarṣiṇi
275 Bhānumaṇḍalamadhyasthā
678 Bhāṣārūpā
680 Bhāvābhāvavivarjitā
843 Bhavacakrapravartinī
742 Bhavadāvasudhāvṛṣtiḥ
841 Bhāvajñā
175 Bhavanāśinī
113 Bhāvanāgamyā
112 Bhavānī
114 Bhavāraṇyakuṭhārikā
842 Bhavarogaghnī
121 Bhayāpahā

179 Bhedanāśinī
293 Bhoginī
666 Bhūmarūpā
294 Bhuvaneśvarī
380 Bindumaṇḍalavāsinī
974 Bindutarpaṇasantuṣṭā
111 Bisatantutanīyasī
822 Brahma
100 Brahmagranthivibhedinī
676 Brahmānandā
674 Brāhmaṇī
821 Brahmāṇī
265 Brahmarūpā
672 Brahmātmaikyasvarūpiṇī
675 Brāhmī
83 Brahmopendramahendrādidevasamstutavaibhavā
673 Bṛhatī
679 Bṛhatsenā
825 Budhārcitā
919 Caitanyakusumapriyā
918 Caitanyārghyasamārādhyā
245 Cakrarājaniketanā
68 Cakrarājarathārūḍhasarvāyudhapariṣkṛtā
13 Campakāśokapunnāgasaugandhikalasatkacā
435 Cāmpeyakusumapriyā
756 Caṇḍamuṇḍāsuraniṣūdiṇī
434 Candanadravadigdhāṅgī
755 Caṇḍikā
240 Candramaṇḍalamadhyagā
592 Candranibhā
239 Candravidyā
244 Carācarajagannāthā
243 Cārucandrakalādharā
242 Cāruhāsā

241 Cārurūpā
236 Catuḥṣaṣṭikalāmayī
235 Catuḥṣaṣṭyupacārāḍhyā
691 Caturaṅgabaleśvarī
7 Caturbāhusamanvitā
505 Caturvaktramanoharā
417 Cetanārūpā
844 Chandaḥsārā
416 Citśaktiḥ
4 Cidagnikuṇḍasambhūtā
364 Cidekarasarūpiṇī
251 Cinmayī
57 Cintāmaṇigṛhāntasthā
362 Cit
728 Citkalā
512 Dadhyannāsaktahṛdayā
560 Dāḍimīkusumaprabhā
609 Daharākāśarūpiṇī
599 Daityahantrī
696 Daityaśamanī
484 Ḍākinīsvarī
600 Dakṣayajñavināśinī
923 Dakṣiṇādakṣiṇārādhyā
725 Dakṣiṇāmūrtirūpiṇī
598 Dākṣāyaṇī
498 Ḍāmaryādibhirāvṛtā
488 Damṣṭrojvalā
608 Daṇḍanītisthā
602 Darahāsojjvalanmukhī
601 Darāndolitadīrghākṣī
924 Darasmeramukhāmbujā
977 Daśamudrasamārādhyā
581 Dayāmūrtiḥ
701 Deśakālāparicchinnā

5 Devakāryasamudyatā
64 Devarṣigaṇasanghātastūyamānātmavaibhavā
607 Deveśī
886 Dhanadhānyavivardhinī
885 Dhanādhyakṣā
957 Dhanyā
955 Dharā
956 Dharasutā
884 Dharmādhārā
255 Dharmādharmavivarjitā
959 Dharmavardhinī
958 Dharmiṇī
916 Dhīrā
917 Dhīrasamarcitā
446 Dhṛtiḥ
254 Dhyānadhyātṛdhyeyarūpā
641 Dhyānagamyā
695 Dīkṣitā
631 Divyagandhāḍhyā
621 Divyavigrahā
195 Doṣavarjitā
744 Daurbhāgyatūlavātūlā
650 Dṛśyarahitā
191 Duḥkhahantrī
194 Durācāraśamanī
772 Durādharṣā
771 Durārādhyā
190 Durgā
189 Durgamā
188 Durlabhā
193 Duṣṭadūrā
668 Dvaitavarjitā
423 Dvijavṛndaniṣevitā
768 Dyutidharā

665 Ekākinī
855 Gaganāntasthā
854 Gambhīrā
857 Gānalolupā
719 Ganāmbā
636 Gandharvasevitā
856 Garvitā
420 Gāyatrī
69 Geyacakrarathārūḍhamantrinīparisevitā
605 Gomātā
266 Goptrī
635 Gaurī
267 Govindarūpiṇī
42 Gūḍhagulphā
501 Guḍānnaprītamānasā
606 Guhajanmabhūḥ
706 Guhāmbā
624 Guhyā
720 Guhyakārādhyā
707 Guhyarūpiṇī
604 Guṇanidhiḥ
961 Gunātītā
713 Gurumaṇḍalarūpiṇī
603 Gurumūrtiḥ
722 Gurupriyā
527 Hākinīrūpadhāriṇī
525 Hamsavatīmukhyaśaktisamanvitā
456 Hamsinī
84 Haranetrāgnisandagdhakāmasanjīvanauṣadhiḥ
297 Haribrahmendrasevitā
526 Haridrānnaikarasikā
304 Heyopādeyavarjitā
595 Hṛdayasthā
303 Hṛdyā

302 Hrīmatī
301 Hrīmkarī
712 Ī
658 Iccāśaktijñānaśaktikriyāśaktisvarūpiṇī
594 Indradhanuṣprabhā
41 Indragopaparikṣiptasmaratūṇābhajaṅghikā
271 Īśvarī
418 Jaḍaśaktiḥ
419 Jaḍātmikā
935 Jagaddhātrī
257 Jāgariṇī
325 Jagatīkaṇḍā
378 Jālandharasthitā
823 Jananī
851 Janmamṛtyujarātaptajanaviśrāntidāyinī
766 Japāpuṣpānibhākṛtiḥ
745 Jarādhvāntaraviprabhā
377 Jayā
788 Jayatsenā
643 Jñānadā
980 Jñānagamyā
981 Jñānajñeyasvarūpiṇī
979 Jñānamudrā
644 Jñānavigrahā
71 Jvālāmālinikākṣiptavahniprākāramadhyagā
323 Kadambakusumapriyā
21 Kadambamañjarīkḷptakarṇapūramanoharā
330 Kādambarīpriyā
60 Kadambavanavāsinī
625 Kaivalyapadadāyinī
513 Kākinīrūpadhāriṇī
557 Kālahantrī
464 Kālakaṇṭhī
328 Kalālāpā

794 Kalāmālā
612 Kalānāthā
797 Kalānidhiḥ
491 Kālarātryādiśaktyaughāvṛtā
611 Kalātmikā
327 Kalāvatī
555 Kalikalmaṣanāśinī
858 Kalpanārahitā
903 Kalyā
324 Kalyāṇī
63 Kāmadāyinī
795 Kāmadhuk
322 Kāmakalārūpā
863 Kāmakelitaraṇgitā
589 Kāmakoṭikā
62 Kāmākṣī
558 Kamalākṣaniṣevitā
375 Kāmapūjitā
796 Kāmarūpiṇī
586 Kāmasevitā
30 Kāmeśabaddhamāṅgalyasūtraśobhitakandharā
39 Kāmeśajñātasaubhāgyamārdavorudvayānvitā
77 Kāmeśvaramukhālokakalpitaśrīganeśvarā
373 Kāmeśvaraprāṇanāḍī
33 Kāmeśvarapremaratnamaṇipratipaṇastanī
82 Kāmeśvarāstranirdagdhasabhaṇḍāsuraśūnyakā
321 Kāmyā
31 Kanakāngadakeyūrakamanīyabhujānvitā
864 Kanatkanakatāṭaṅkā
329 Kāntā
861 Kāntārdhavigrahā
86 Kanṭhādhaḥkaṭiparyantamadhyakūṭasvarūpiṇī
449 Kāntiḥ
465 Kāntimatī

793 Kapardinī
80 Karāṅgulinakhotpannanārāyaṇadaśākṛtiḥ
26 Karpūravīṭikāmodasamākarṣidigantarā
326 Karuṇārasasāgarā
862 Kāryakāraṇanirmuktā
859 Kaṣṭhā
590 Kaṭākṣakiṅkarībhūtakamalākoṭisevitā
556 Kātyāyanī
441 Kaulamārgatatparasevitā
94 Kaulinī
925 Kaulinīkevalā
798 Kāvyakalā
613 Kāvyālāpavinodinī
623 Kevalā
478 Khaṭvāṅgādipraharaṇā
70 Kiricakrarathārūḍhadaṇḍanāthāpuraskṛtā
622 Kliṅkārī
721 Komalāṅgī
437 Komalākārā
690 Kośanāthā
374 Kṛtajñā
9 Krodhākārāṅkuśojvalā
169 Krodhaśamanī
757 Kṣarākṣarātmikā
867 Kṣayavinirmuktā
344 Kṣayavṛddhivinirmuktā
343 Kṣetrakṣetrajñapālinī
345 Kṣetrapālasamarcitā
341 Kṣetrasvarūpā
342 Kṣetreśī
869 Kṣipraprasādinī
466 Kṣobhinī
440 Kulakuṇḍālayā
92 Kulāṅganā

90 Kulāmṛtaikarasikā
93 Kulāntasthā
897 Kularūpiṇī
91 Kulasanketapālinī
95 Kulayoginī
439 Kuleśvarī
714 Kulottīrṇā
442 Kumāragaṇanāthāmbā
110 Kuṇḍalinī
43 Kūrmapṛsṭhajayiṣṇuprapadānvitā
438 Kurukullā
14 Kuruvindamaṇiśreṇīkanatkoṭīramaṇḍitā
436 Kuśalā
896 Kūṭasthā
740 Lajjā
503 Lākinyambāsvarūpiṇī
35 Lakṣyaromalatādhāratāsamunneyamadhyamā
1000 Lalitāmbikā
738 Lāsyapriyā
739 Layakarī
648 Līlākḷptabrahmāṇḍamaṇḍalā
865 Līlāvigraharūpiṇī
966 Līlāvinodinī
171 Lobhanāśinī
960 Lokātītā
664 Lokayātrāvidhāyinī
454 Lolākṣīkāmarūpiṇī
647 Lopāmudrārcitā
432 Madaghūrṇitaraktākṣī
159 Madanāśinī
433 Madapāṭalagaṇḍabhūḥ
431 Madaśālinī
717 Madhumatī
510 Madhuprītā

575 Mādhvīpānālasā
370 Madhyamā
222 Mahābalā
231 Mahābhairavapūjitā
219 Mahābhogā
223 Mahābuddhiḥ
237 Mahacatuḥṣaṣṭikoṭiyoginīgaṇasevitā
209 Mahādevī
78 Mahāgaṇeśanirbhinnavighnayantrapraharṣitā
752 Mahāgrāsā
220 Mahaiśvaryā
578 Mahākailāsanilayā
751 Mahākālī
233 Mahākāmeśamahiṣī
403 Mahākāmeśanayanakumudāhlādakaumudī
210 Mahālakṣmī
48 Mahālāvaṇyaśevadhiḥ
227 Mahāmantrā
215 Mahāmāyā
580 Mahanīyā
59 Mahāpadmāṭavīsamsthā
81 Mahāpāśupatāstragninirdagdhāsurasainikā
214 Mahāpātakanāśinī
571 Mahāpralayasākṣinī
213 Mahāpūjyā
218 Mahāratiḥ
212 Mahārūpā
109 Mahāsaktiḥ
217 Mahāśaktiḥ
582 Mahāsāmrājyaśālinī
229 Mahāsanā
753 Mahāśanā
216 Mahāsattvā
224 Mahāsiddhiḥ

226 Mahātantrā
774 Mahatī
234 Mahātripurasundarī
584 Mahāvidyā
493 Mahāvirendravaradā
221 Mahāvīryā
230 Mahāyāgakramārādhyā
228 Mahāyantrā
225 Mahāyogeśvareśvarī
932 Maheśī
232 Maheśvaramahākalpamahātāṇḍavasākṣiṇī
208 Māheśvarī
750 Maheśvarī
718 Mahī
570 Maitryādivāsanālabhyā
524 Majjāsamsthā
458 Malayācalavāsinī
455 Mālinī
165 Mamatāhantrī
500 Māmsaniṣṭhā
930 Manasvinī
931 Mānavatī
776 Mandārakusumapriyā
28 Mandasmitaprabhāpūramajjatkāmeśamānasā
933 Maṅgalākṛtiḥ
40 Māṇikyamakutākārajānudvayavirajitā
495 Maṇipūrābjanilayā
101 Maṇipūrāntaruditā
941 Manomayī
207 Manonmanī
10 Manorūpekṣukodaṇḍā
415 Manovācāmagocarā
846 Mantrasārā
786 Mantriṇīnyastarājyadhūḥ

75 Mantriṇyambāviracitaviṣangavadhatoṣitā
238 Manuvidyā
47 Marālīmandagamanā
785 Martāṇḍabhairavārādhyā
457 Mātā
445 Matiḥ
577 Mātṛkāvarṇarūpiṇī
576 Mattā
716 Māyā
538 Medhā
509 Medoniṣṭhā
775 Merunilayā
735 Mithyājagadadhiṣṭhānā
565 Mitrarūpiṇī
163 Mohanāśinī
562 Mohinī
564 Mṛḍānī
211 Mṛḍapriyā
561 Mṛgākṣī
579 Mṛṇālamṛdudorlatā
749 Mṛtyudārukuṭhārikā
181 Mṛtyumathanī
868 Mugdhā
519 Mugdaudanāsaktacittā
16 Mukhacandrakalaṅkābhamṛganābhiviśeṣakā
563 Mukhyā
736 Muktidā
839 Muktinilayā
737 Muktirūpiṇī
838 Mukundā
99 Mūlādhāraikanilayā
514 Mūlādhārāmbujārūḍhā
89 Mūlakūṭatrayakalebarā
88 Mūlamantrātmikā

397 Mūlaprakṛti
840 Mūlavigraharūpiṇī
816 Munimānasahamsikā
813 Mūrtā
34 Nabhyālavālaromālilatāphalakucadvayī
299 Nādarūpā
901 Nādarūpiṇī
900 Naiṣkarmyā
44 Nakhadīdhitisañchannanamajjanatamoguṇā
460 Naliṇī
732 Nāmapārāyaṇaprītā
300 Nāmarūpavivarjitā
450 Nandinī
733 Nandividyā
298 Nārāyaṇī
734 Naṭesvarī
19 Navacampakapuṣpābhanāsādaṇḍavirājitā
24 Navavidrumabimbaśrīnyakkāriradanachadā
287 Nijājñārūpanigamā
12 Nijāruṇaprabhāpūramajjadbrahmāṇḍamaṇḍalā
27 Nijasallāpamādhuryavinirbhartsitakacchapī
569 Nikhileśvarī
185 Nīlacikurā
177 Nirābādhā
132 Nirādhārā
156 Nīrāgā
161 Nirahaṅkārā
137 Nirākārā
138 Nirākulā
877 Nirālambā
876 Nirāmayā
133 Nirañjanā
151 Nirantarā
186 Nirapāyā

147	Nirāśrayā
187	Niratyayā
150	Niravadya
174	Nirbhavā
178	Nirbhedā
667	Nirdvaitā
139	Nirguṇā
155	Nirīśvarā
134	Nirlepā
170	Nirlobhā
158	Nirmadā
135	Nirmalā
164	Nirmamā
162	Nirmohā
180	Nirnāśā
154	Nirupādhiḥ
389	Nirupamā
143	Nirupaplavā
390	Nirvāṇasukhadāyinī
176	Nirvikalpā
145	Nirvikārā
160	Niṣcintā
140	Niṣkalā
153	Niṣkalaṅkā
142	Niṣkāmā
152	Niṣkāraṇā
182	Niṣkriyā
168	Niṣkrodha
166	Niṣpāpā
183	Niṣparigrahā
146	Niṣprapañcā
172	Nissamśayā
429	Niḥsīmamahimā
789	Nistraiguṇyā

184 Nistulā
136 Nityā
149 Nityabuddhā
388 Nityaklinnā
144 Nityamuktā
73 Nityāparākramāṭopanirīkṣaṇasamutsukā
391 Nityāṣoḍaśikārūpā
148 Nityaśuddhā
566 Nityatṛptā
430 Nityayauvanā
568 Niyantrī
379 Oḍyāṇapīṭhanilayā
767 Ojovatī
45 Padadvayaprabhājālaparākṛtasaroruhā
280 Padmanābhasahodarī
247 Padmanayanā
248 Padmarāgasamaprabhā
23 Padmarāgaśilādarśaparibhāvikapolabhūḥ
278 Padmāsanā
949 Pañcabhūteśī
58 Pañcabrahmāsanasthitā
250 Pañcabrahmasvarūpiṇī
428 Pañcakośantarasthitā
274 Pañcakṛtyaparāyaṇā
948 Pañcamī
947 Pañcapretamancādhiśāyinī
249 Pañcapretāsanāsinā
950 Pañcasaṅkhyopacāriṇī
833 Pañcāśātpīṭharūpiṇī
11 Pañcatanmātrasāyakā
515 Pañcavaktrā
946 Pañcayajñapriyā
167 Pāpanāśinī
743 Pāpāraṇyadavānalā

366 Parā
369 Paradevatā
782 Parākāśā
618 Paramā
252 Paramānandā
812 Paramantravibhedinī
808 Paramāṇuḥ
807 Paramdhāma
396 Parameśvarī
806 Paramjyotiḥ
940 Parāmodā
939 Paramodārā
573 Parāniṣṭhā
790 Parāparā
572 Parāśaktiḥ
809 Parātparā
246 Pārvatī
811 Pāśahantrī
810 Pāśahastā
482 Paśulokabhayankarī
354 Paśupāśavimocanī
368 Paśyantī
773 Pāṭalīkusumapriyā
619 Pāvanākṛtiḥ
480 Pāyasānnapriyā
593 Phālasthā
507 Pītavarṇā
394 Prabhārūpā
393 Prabhāvatī
827 Pracaṇḍā
938 Pragalbhā
574 Prajñānaghanarūpiṇī
261 Prājñātmikā
830 Prakaṭākṛtiḥ

783 Prāṇadā
832 Prāṇadātrī
784 Prāṇarūpiṇī
831 Prāṇeśvarī
826 Prasavitrī
395 Prasiddhā
610 Pratipanmukhyarākāntatithimaṇḍalapūjitā
829 Pratiṣṭhā
781 Pratyagrūpā
367 Pratyakcitīrūpa
730 Premarūpā
731 Priyaṅkarī
770 Priyavratā
803 Pūjyā
545 Pulomajārcitā
542 Puṇyakīrtiḥ
543 Puṇyalabhyā
288 Puṇyāpuṇyaphalapradā
544 Puṇyaśravaṇakīrtanā
802 Purātanā
292 Pūrṇā
291 Puruṣārthapradā
975 Pūrvajā
804 Puṣkarā
805 Puṣkarekṣaṇā
801 Puṣṭā
444 Puṣṭiḥ
157 Rāgamathanā
8 Rāgasvarūpapāśāḍhyā
382 Rahastarpaṇatarpitā
381 Rahoyāgakramārādhyā
688 Rājapīṭhaniveśitanijāśritā
305 Rājarājārcitā
684 Rājarājeśvarī

687 Rājatkripā
308 Rājīvalocanā
306 Rājñī
685 Rājyadāyinī
689 Rājyalakṣmi
686 Rājyavallabhā
314 Rākenduvadanā
494 Rākinyambāsvarūpiṇī
317 Rakṣākarī
318 Rākṣasaghnī
499 Raktavarṇā
313 Ramā
319 Rāmā
320 Ramaṇalampaṭā
310 Ramaṇī
741 Rambhādivanditā
307 Ramyā
312 Raṇatkinkiṇimekhalā
309 Rañjanī
799 Rasajñā
800 Rasaśevadhiḥ
311 Rasyā
316 Ratipriyā
315 Ratirūpā
32 Ratnagraiveyacintākalolamuktāphalānvitā
38 Ratnakiṅkiṇikāramyaraśanādāmabhūṣitā
596 Raviprakhyā
748 Rogaparvatadambholiḥ
490 Rudhirasamsthitā
104 Rudragranthivibhedinī
269 Rudrarūpā
614 Sacāmararamāvāṇīsavyadakṣiṇasevitā
356 Sadācārapravartikā
661 Sadasadrūpadhāriṇī

272 Sadāśivā
911 Sadāśivakuṭumbinī
709 Sadāśivapativratā
921 Sadātuṣṭā
201 Sadgatipradā
711 Sādhu
128 Sādhvī
920 Sadoditā
383 Sadyahprasādinī
694 Sāgaramekhalā
528 Sahasradalapadmasthā
283 Sahasrākṣī
284 Sahasrapād
105 Sahasrārāmbujārūḍhā
282 Sahasraśirṣavadanā
634 Śailendratanayā
290 Sakalāgamasandohaśuktisampuṭamauktikā
520 Sākinyambāsvarūpini
385 Sākṣivarjitā
87 Śaktikūṭaikatāpannakaṭyadhobhāgadhāriṇī
909 Sāmagānapriyā
198 Samānādhikavarjitā
792 Sāmarasyaparāyaṇā
502 Samastabhaktasukhadā
963 Śamātmikā
98 Samayācāratatparā
97 Samayāntasthā
122 Śāmbhavī
954 Śambhumohinī
422 Sandhyā
268 Samhāriṇī
355 Samhṛtāśeṣapāṣaṇḍā
126 Śāṅkarī
66 Sampatkarīsamārūḍhasindhuravrajasevitā

710 Sampradāyeśvarī
692 Sāmrājyadāyinī
880 Samsārapaṅkanirmagnasamudharaṇapaṇḍitā
173 Samśayaghnī
726 Sanakādisamārādhyā
197 Sāndrakaruṇā
141 Śāntā
447 Śāntiḥ
131 Śāntimatī
853 Śāntyatītakalātmikā
129 Śaraccandranibhānanā
123 Śāradārādhyā
704 Sarasvatī
953 Śarmadā
125 Śarmadāyinī
51 Sarvābharaṇabhūṣitā
659 Sarvādhārā
702 Sarvagā
196 Sarvajñā
697 Sarvalokavaśaṅkarī
758 Sarvalokeśī
200 Sarvamaṅgalā
204 Sarvamantrasvarūpinī
203 Sarvamayī
703 Sarvamohinī
552 Sarvamṛtyunivāriṇī
124 Śarvāṇī
819 Sarvāntaryāminī
995 Sarvānullaṅghyaśāsanā
913 Sarvāpadvinivāriṇī
698 Sarvārthadātrī
49 Sarvāruṇā
199 Sarvaśaktimayī
206 Sarvatantrarūpā

724 Sarvatantreśī
962 Sarvātītā
532 Sarvatomukhī
529 Sarvavarṇopaśobhitā
263 Sarvāvasthāvivarjitā
645 Sarvavedāntasamvedyā
551 Sarvavyādhipraśamanī
205 Sarvayantrātmika
530 Sarvāyudhadharā
202 Sarveśvarī
708 Sarvopādhivinirmuktā
852 Sarvopaniṣadudghuṣṭā
533 Sarvaudanaprītacittā
705 Śāstramayī
845 Śāstrasārā
952 Śāśvataiśvaryā
951 Śāśvatī
700 Satcidānandarūpiṇī
820 Satī
130 Śātodarī
791 Satyajñānānandarūpā
646 Satyānandasvarūpiṇī
818 Satyarūpā
693 Satyasandhā
817 Satyavratā
699 Sāvitrī
912 Savyāpasavyamārgasthā
991 Ṣaḍadhvātītarūpiṇī
523 Ṣaḍānanā
386 Ṣaḍaṅgadevatāyuktā
108 Ṣaṭcakroparisamsthitā
387 Ṣāḍguṇyaparipūritā
473 Siddhamātā
472 Siddhavidyā

471 Siddheśvarī
632 Sindūratilakāñcitā
46 Śiñjānamaṇimañjīramaṇḍitasrīpadāmbujā
591 Śirasthitā
412 Śiṣṭapūjitā
411 Śiṣteṣṭā
53 Śivā
405 Śivadūtiḥ
727 Śivajñānapradāyinī
52 Śivakāmeśvarāṅkasthā
408 Śivaṅkarī
407 Śivamūrtiḥ
410 Śivaparā
409 Śivapriyā
406 Śivārādhyā
999 Śivaśaktyaikyarūpiṇī
540 Smṛtiḥ
492 Snigdhaudanapriyā
462 Śobhanā
683 Śobhanāsulabhāgatiḥ
910 Saumyā
2 Śri Mahārājñī
1 Śri Mātā
998 Śrī Śivā
996 Śrīcakrarājanilayā
392 Śrīkaṇṭhārdhaśarīriṇī
127 Śrīkarī
85 Śrīmadvāgbhavakūtaikasvarūpamukhapaṅkajā
56 Śrimannagaranāyikā
3 Śrimat Simhāsaneśvarī
997 Śrīmat Tripurasundarī
376 Śṛṅgārarasasampūrṇa
587 Śrīṣodaśākṣarīvidyā
264 Sṛṣṭikartrī

585	Śrīvidyā
539	Śrutiḥ
929	Śrutisamstutavaibhavā
289	Śrutisīmantasindūrīkṛtapādābjadhūlikā
36	Stanabhāradalanmadhyapaṭṭabandhavalitrayā
927	Stotrapriyā
928	Stutimatī
761	Subhagā
682	Śubhakarī
461	Subhruḥ
765	Śuddhā
973	Śuddhamānasā
25	Śuddhavidyāṅkurākāradvijapaṅktidvayojvalā
61	Sudhāsāgaramadhyasthā
106	Sudhāsārābhivarṣiṇī
879	Sudhāsrutiḥ
968	Sukhakarī
192	Sukhapradā
681	Sukhārādhyā
531	Śuklasamsthitā
522	Śuklavarṇā
467	Sūkṣmarūpiṇī
506	Śulādyāyudhasampannā
967	Sumaṅgalī
55	Sumerumadhyaśṛṅgasthā
459	Sumukhī
660	Supratiṣṭhā
260	Suptā
463	Suranāyikā
970	Suvāsinī
971	Suvāsinyarcanaprītā
969	Suveṣāḍhyā
915	Svabhāvamadhurā
536	Svadhā

54 Svādhīnavallabhā
504 Svādhiṣṭhānāmbujagatā
535 Svāhā
258 Svapantī
414 Svaprakāśā
764 Svargāpavargadā
638 Svarnagarbhā
914 Svasthā
448 Svastimatiḥ
723 Svatantrā
365 Svātmānandalavībhūtabrahmādyānandasantatiḥ
878 Svātmārāmā
486 Śyāmābhā
259 Taijasātmikā
847 Talodarī
559 Tāmbulapūritamukhī
361 Tamopahā
360 Tanumadhyā
359 Tāpasārādhyā
357 Tāpatrayāgnisantaptasamāhlādanacandrikā
20 Tārākāntitiraskārināsābharaṇabhāsurā
922 Taruṇādityapāṭalā
358 Taruṇī
425 Tat
22 Tāṭankayugalībhūtatapanoḍupamaṇḍalā
107 Taḍillatāsamaruciḥ
363 Tatpadalakṣyārthā
906 Tattvādhikā
908 Tattvamarthasvarupinī
907 Tattvamayī
424 Tattvāsanā
452 Tejovatī
270 Tirodhānakarī
872 Trayī

629 Tridaśeśvarī
984 Triguṇā
763 Triguṇātmikā
627 Trijagadvandyā
983 Trikhaṇḍeśī
986 Trikoṇagā
597 Trikoṇāntaradīpikā
588 Trikūṭā
477 Trilocanā
628 Trimurtiḥ
453 Trinayanā
626 Tripurā
875 Tripuramālinī
976 Tripurāmbikā
978 Tripurāśrivaśaṅkarī
787 Tripureśī
874 Tristhā
760 Trivargadātrī
873 Trivarganilayā
630 Tryakṣarī
762 Tryambakā
262 Turīyā
443 Tuṣṭiḥ
481 Tvaksthā
426 Tvam
848 Udārakīrtiḥ
849 Uddāmavaibhavā
6 Udyadbhānusahasrābhā
633 Umā
281 Unmeṣanimiṣotpannavipannabhuvanāvaliḥ
487 Vadanadvayā
479 Vadanaikasamanvitā
17 Vadanasmaramāṅgalyagṛhatoranacillikā
496 Vadanatrayasamyutā

640 Vāgadhīśvarī
350 Vāgvādinī
352 Vahnimaṇḍalavāsinī
371 Vaikharīrūpā
892 Vaiṣnavī
497 Vajrādikāyudhopetā
468 Vajreśvarī
944 Vajrinī
18 Vaktralakṣmīparīvāhacalanmīnābhalocanā
469 Vāmadevī
351 Vāmakeśī
945 Vāmakeśvarī
332 Vāmanayanā
989 Vāñchitārthapradāyinī
349 Vandārujanavatsalā
348 Vandyā
331 Varadā
518 Varadādiniṣevitā
850 Varṇarūpiṇī
286 Varṇāśramavidhāyinī
333 Vāruṇīmadavihvalā
670 Vasudā
470 Vayovasthāvivarjitā
338 Vedajananī
335 Vedavedyā
652 Vedyavarjitā
904 Vidagdhā
337 Vidhātrī
891 Vidrumābhā
549 Vidyā
402 Vidyāvidyāsvarūpiṇī
451 Vighnanāśinī
346 Vijayā
253 Vijñānaghanarūpiṇī.

902 Vijñānakalanā
651 Vijñātrī
340 Vilāsinī
347 Vimalā
943 Vimānasthā
548 Vimarśarūpiṇī
336 Vindhyācalanivāsinī
887 Viprapriyā
888 Viprarūpā
899 Vīrā
778 Virāḍrūpā
937 Virāgiṇī
898 Vīragoṣṭhipriya
779 Virajā
836 Vīramātā
777 Vīrārādhyā
936 Viśālākṣī
102 Viṣṇugranthivibhedinī
339 Viṣṇumāyā
893 Viṣṇurūpiṇī
834 Viśṛnkhalā
475 Viśuddhicakranilayā
76 Viśukraprānaharanavārāhīvīryananditā
889 Viśvabhramaṇakāriṇī
759 Viśvadhāriṇī
334 Viśvādhikā
637 Viśvagarbhā
890 Viśvagrāsā
934 Viśvamātā
256 Viśvarūpā
384 Viśvasākṣiṇī
780 Viśvatomukhī
401 Vividhākārā
835 Viviktasthā

550 Viyadādijagatprasūḥ
837 Viyatprasūḥ
671 Vṛddhā
421 Vyāhṛtiḥ
399 Vyaktāvyaktasvarūpiṇī
400 Vyāpinī
942 Vyomakeśī
883 Yajamānasvarūpini
882 Yajñakartrī
881 Yajñapriyā
769 Yajñarūpā
534 Yākinyambāsvarūpiṇī
474 Yaśasvinī
654 Yogadā
656 Yogānandā
653 Yoginī
655 Yogyā
982 Yonimudrā
895 Yoninilayā
657 Yugandharā

www.ingramcontent.com/pod-product-compliance
Lightning Source LLC
Chambersburg PA
CBHW070832160426
43192CB00012B/2174
9781680375688